Михаил Кербель

Мишкино счастье

Ottawa, 2021

Благодарю моего главного редактора и друга Михаила Унке и главного художника Сергея Бурханова за помощь в издании этой книги.

Михаил Кербель
Мишкино счастье
Accent Graphics Communications, Ottawa, 2021
ISBN: 978-1-77192-593-8

456 с.
© 2021 Михаил Кербель

*Дорогие мои детки, внуки и будущие правнуки.
Эту книжку я пишу в первую очередь, для вас.
Я хочу чтоб вы знали и помнили о том,
что у каждого человека есть корни.
Это – наши родители, дедушки, бабушки...
Они живы пока мы помним о них.
И они продолжают согревать нас теплыми улыбками со
старых фотографий, при взгляде на которые в
наших сердцах снова и снова звенит пронзительная струна,
связывающая нас навсегда.
Мне хочется, чтобы вы узнали о моей жизни и обо мне.
Было разное: хорошее и плохое, счастье и горе.
Если некоторые страницы покажутся вам слишком
откровенными – простите.
Я – далеко не идеален, но буду рад, если вы унаследуете
три качества, сложившиеся на протяжении всего пути
моей жизни:*
**любовь к детям,
умение дружить,
стремление добиваться своей цели, во что бы то ни стало.**

Ну что, в путь... ?

Глава 1. Корни

Отец

Родителей отца в живых я не застал. По рассказам знаю о них немного.

Семья отца жила в селе Плиски, Черниговской области.

Дедушка – Яков, бабушка – Таня. Там же в феврале 1906 года родился и мой отец, Петр Яковлевич.

У папы были две сестры и младший брат Лев. Он геройски погиб на войне с фашистами: восемнадцати лет, будучи командиром, поднял взвод в атаку под убийственным огнем противника.

Крестьянствовали. А ведь в моё время говорили: еврей крестьянин – самый короткий анекдот.

Папа вспоминал: с семи лет ему приходилось помогать своему отцу (моему дедушке) в поле: сеять, косить, молотить. Крынка молока и кусок черного хлеба – их завтрак и обед на весь день.

Дедушка Яков был человеком необыкновенной силы. Тяжеленную «бабу» (железный куб, которым забивали сваи при строительстве мостов) он мог ворочать руками.

А однажды, во время гражданской войны, село заняла Добровольческая армия генерала Деникина.

Ночью дедушка проснулся от того, что неестественно громко мычала их единственная корова-кормилица. Выскочив во двор, он увидел, как двое бандитов тянут ее со двора. Подбежав к ним, он схватил обоих за шиворот, приподнял и стукнул головами друг о друга. Затем взгромоздил их на спину коровы и повез к штабу. Утром оба бандита были выпороты плетками на виду у всех жителей села.

Когда папе исполнилось 13 лет, семья переехала в укутанный каштанами и кленами старинный (старше Москвы) городок Ромны – на высоком берегу реки Сула – притоке Днепра.

Дедушка болел, бабушка – по хозяйству, и папа в 14 лет стал основным кормильцем семьи. Работа – восемь часов без остановки носить неподъемные мешки с мукой на мельнице. А если учесть его «могучую» фигуру – кожа да кости – вообще веселье. Ничего, сдюжил. Кстати, таким худым он так и прожил всю свою 77-летнюю жизнь.

Каторга на мельнице закончилась только к восемнадцати годам, когда отцу удалось выучиться на парикмахера и стать одним из лучших мастеров в городке.

К нему тянулись люди и не только потому, что он оказался таким способным, а еще и потому, что был он необыкновенно добрым и светлым человеком, с обезоруживающей улыбкой и готовностью помочь каждому в любой жизненной ситуации.

С профессией отца связан один очень грустный эпизод.

В 1933 году на Украине, как и на территории почти всей страны, грянул жуткий голод – ГОЛОДОМОР.

В городе еды не достать. В крохотном двухкомнатном домике лежат без сил от голода бабушка, дедушка, две сестры, брат моего отца, да еще и родной дядя. Реальная катастрофа.

И тогда отец сложил в котомку инструменты и пешком пошел по ближним и дальним селам района стричь и брить селян. Платили продуктами. И через несколько дней он вернулся с полной котомкой еды.

Семья по-прежнему голодала, а у отца продуктов – полный мешок. Поскольку после длительного голода есть можно только понемногу, он дал каждому по чуть-чуть. Но дядя попросил еще.

На слова отца:

– Нельзя сразу так много, может быть плохо, надо подождать, – получил упрёк:

— Ты что, РОДНОМУ ДЯДЕ жалеешь ???!!!.-
Не посмев отказать, отец дал ему еще хлеба, и в тот же день дядя умер.

Ужасно. Всю жизнь отец корил себя за ту слабость. Искренне и глубоко.

В 1941 грянула Великая Отечественная война. Немцы ворвались в Украину.

Отец ушел на фронт, был полковым парикмахером и прошел по дорогам войны почти всю Европу. В полковом госпитале работали и его мать, и сестры. Дошел до столицы Австрии – Вены. Вспоминал, как тепло и радушно встречали их – освободителей от фашистского ада – чехи. Они часами дежурили на перронах, чтобы передать советским солдатикам овощи, фрукты, домашнее печенье.

О самой войне, ее ужасах папа почти не говорил. Не хотел. Однажды только обмолвился что приходилось очень часто голодать, есть картофельные очистки (сам картофель отдавали в госпиталь). А самым страшным было – хоронить товарищей, боевых друзей. Ему выпало счастье – пройти всю войну и остаться живым. Орденов не получил, но медали были.

Вернулся опять в Ромны, к семье. У его сестер были дети (мужья погибли на фронте): два Якова и Рита. Папа относился к ним, как к родным детям и, практически не видевшие своих отцов, племянники долгое время считали и называли его своим ПАПОЙ. Пока не повзрослели и не узнали правду.

И снова задача прокормить восемь человек семьи легла на его плечи.

Личной жизни – ноль, не до того. И только когда родителей не стало, а сестры с детьми разъехались, он задумался о женитьбе. Шел 1950-й год. Отцу – 44.

Однажды его дружок предложил поехать в городок Гадяч Полтавской области, чтоб познакомить с симпатичной девушкой, которую хорошо знал.

Расстояние в 100 км в то время поезд «пролетал» всего за одну ночь, и утром «женихи» уже были в Гадяче. Когда добрались до дома невесты, ее там не оказалось, решили подождать.

Через некоторое время во двор вошла миловидная невысокая женщина с зелено-голубыми глазами и спросила о хозяйке. Узнав что ее нет, ждать не стала. Но и отец не стал больше ждать. Он последовал за незнакомкой до самого ее дома и, узнав что она не замужем – тут же попросил у родителей ее руки. Любовь с первого взгляда! Судьба!

Что успел заметить отец, так это угнетающую бедность в однокомнатной квартирке и обмотанные тряпками ноги невесты в резиновых галошах. В галошах – зимой!

И когда через неделю он вернулся и привез в подарок маме теплые новые валенки и полную корзину продуктов, бабушка Лея, глава семьи, безапелляционно сказала маме:

— Петя – хороший. Выходи за него.

Родительское слово тогда было законом. Не то что через двадцать пять лет, когда собрался жениться я.

Отец был и остается для меня Человеком с большой буквы. Строгость и порядок – «мама» и «папа» его детства. Таково было воспитание всех четырех детей в этой крестьянской семье. «Сюсюканьем» не пахло. Слова матери или отца не обсуждались – выполнялись. Дети обращались к родителям только на «Вы» даже когда выросли. Эти почитание и любовь отец пронес через всю свою жизнь.

Религиозный с детства, окончивший всего 4 класса начальной школы, он прожил жизнь, неукоснительно следуя главной заповеди всех существующих на свете религий: делай добро и относись к ближнему своему, как к самому себе.

Не помню, чтоб отец когда-либо разъяснял мне, что такое «хорошо» и что такое «плохо». Единственное воспитание – его собственный пример: смотри как я живу, и живи так же.

Отец никогда не пил спиртное и не курил. Тяжелая юность и война отняли немало здоровья. Он перенес несколько серьезных операций, но продолжал работать до 70-ти лет, хотя мог выйти на пенсию в 60. Отец вообще не мог сидеть без работы. Уйдя на пенсию, всегда находил себе занятие по дому. И только к вечеру брал в руки газету или смотрел появившийся у нас только в 1968 году телевизор.

Когда в 7-м классе я тайно попробовал курить, отец почувствовал запах, но ничего не сказал. Я думал, не заметил. На следующий день он принес пачку сигарет, положил передо мной на стол и предложил:

— Зачем прятаться, обманывать нас? Хочешь курить? Так кури при мне. При маме. Кури, сынок! – Я готов был провалиться сквозь землю. Лицо и сердце горели от стыда. И все. Точка.

В 1967 году в нашей семье произошло грандиозное событие: мы получили квартиру на третьем этаже нового кирпичного пятиэтажного дома, как тогда говорили, со всеми удобствами. Теперь ушла необходимость топить печку, бегать в туалет во двор и ведрами носить воду из колонки на улице. Правда, чтобы принять душ, надо было дровами растопить встроенную печку-титан, и теплой воды хватало, чтобы помыться одному человеку. Квартиру сдали в ужасном состоянии, всю сырую и мокрую. Папа поставил круглую чугунную печку-буржуйку, выведя трубу в форточку и около месяца топил ее, чтобы стены просохли. В соседних квартирах тоже делали ремонт.

Однажды мы с моим другом Толиком Петровецким, еще десятиклассники, шли по двору, направляясь к новому дому. На балконе третьего этажа соседской квартиры увидели трех взрослых маляров-ремонтников, полупьяных и горевших желанием «порезвиться». Как только мы внизу, а они вверху встретились взглядами, матерная брань ушатом грязных помоев обрушилась на наши лица. Мы остолбенели.

— Шо зырите? Поднимайтесь к нам. Умоем ваши мерзкие рожи!- кричали они с балкона.

Бесстрашный Толик кинулся в подъезд, я за ним, лихорадочно соображая, как мы вдвоем справимся с тремя отморозками. Третий этаж, дверь в квартиру открыта. И, вдруг, откуда ни возьмись, из нашей квартиры выскочил отец, видно, тоже услышавший «приглашение». Худющий, сутулый от постоянного стояния у парикмахерского кресла, он первый вихрем ворвался в открытую квартиру. Залп негодования из его глаз был такой силы, что вся троица мгновенно исчезла в туалете, забаррикадировав дверь. Толик рвал ручку, пока не оторвал вовсе. Успокоившийся отец увел нас со словами:

— Не волнуйтесь. Завтра их тут не будет. Так и вышло. Больше мы этих «героев» не встречали.

Любовь отца к семье, забота о ней не поддаются описанию. Он часто работал в две смены, заменяя коллег. По 16 часов в день. И все - на ногах (вены в палец толщиной), присесть некогда. А отстояв одну смену, брал работу домой. И в коридоре на керосиновом примусе кипела вода, превращаясь в пар, на котором отец тайно завивал волосы местным модницам. Частная подработка.

Экономный до предела: сам штопал себе носки, чинил одежду. Каждую копеечку откладывал (как потом оказалось, на сберкнижки мне и маме). Жалея потратить на себя самую малость, он ничего не жалел для семьи.

Нельзя сказать, что мы жили бедно, мы жили как все в Советском Союзе. С самыми малыми запросами. На еду, скромную одежду и учебу хватало. Главное – суметь купить. Любую хорошую вещь купить – проблема: курицу, мясо, гречку – длиннющие очереди в магазине и не факт, что тебе хватит. Холодильник, стиральную машину, ковер, одежду, обувь – только по блату, по знакомству. Телевизоров, музыкальных центров, видеомагнитофонов, автомобилей, ай-фонов, компьютеров, ай-пэдов как и «крутых» кроссовок не было вообще. Не существовало даже в нашем воображении.

Как не существовали тогда и многочисленные сейчас фонды Милосердия.

И папа – в единственном числе – был реальным хоть и неформальным фондом милосердия в нашем городке.

Звонок в дверь:

— Простите, Петр Яковлевич здесь живет?

— Здесь. Что случилось?

— На Процовке старый Рабинович, Вы его не знаете? Так он тяжело заболел. Родственников нет, ухаживать некому. Сказали, Вы поможете.

— Ясно. Адрес?

Папа берет половину денег из дома, обходит соседей, беспредельно уважавших его и дающих кто сколько может, нанимает сиделку, покупает лекарства – делает все возможное и невозможное, чтобы помочь незнакомому человеку.

Через пару месяцев снова звонок в дверь:

— Петр Яковлевич здесь живет?

— Здесь. Что случилось?

— На Засулье сегодня умерла одинокая старушка. Хоронить некому.

— Адрес?

Порядок тот же: деньги из дому, сбор по соседям, организация похорон неизвестной старушки. И так несколько раз в год.

Конечно, такая благотворительность, в первую очередь, была результатом потребности души. Производным трудно прожитой жизни. Отец никогда не задумывался, почему это делает. Это было как пить воду и есть хлеб.

Немаловажную роль в этом сыграла его религиозность. И совсем не такая уж плохая штука эта религия, как нам столько десятков лет вдалбливало советское государство. Ничему плохому она не учит. Только хорошему. Учит ты-ся-че-ле-ти-ями!

В нашем городке жило не так много евреев, и в религиозную общину они объединены не были. В каждом районе была группа людей, тайно собиравшихся на субботние молитвы. Наша маленькая «двушка» в этот день превращалась в маленькую синагогу, а отец – в раввина. Он надевал белые шелковые одежды и другую атрибутику и читал Тору десятку собравшихся верующих мужчин, пронесших свою веру сквозь шесть десятилетий угнетения религии в коммунистической империи – Союзе Советских Социалистических республик.

Папа хорошо знал и иврит, и идиш, на котором они с мамой изредка между собой говорили. Но мне еврейский язык как и иудейскую религию не передали, полагая, что в антисемитской Украине мне это не пригодится. Поэтому ни языка, ни истории, ни религии евреев я не знал. Был с ног до головы воспитан в украинско-русской культуре. С детства и до сих пор. Так получилось.

Прошло уже 37 лет с тех пор как отца уже нет. Я очень часто вспоминаю его с болью от того, что не могу увидеть его, дотронуться до него, услышать его голос. И мне очень не хватает тепла его любви и доброты.

Могу с уверенностью сказать: самое лучшее, что есть во мне, я взял у него!

Отец

Мама

Мамина семья жила в Гадяче, Полтавской области Украины, где в марте 1915 года и родилась моя мама Островская Эсфирь Григорьевна.

Хорошо помню бабушку Лею и дедушку Гришу, так как до 10 лет почти каждый год ездил из Ромен к ним на лето. Ездил с радостью, так как любил сладкий воздух Гадяча– рядом была конфетная фабрика.

Бабушка – высокая стройная с голубыми глазами, очень красивая женщина – была в доме «королевой Елизаветой», хотя всегда занималась только хозяйством. Ее, кстати, все и звали Лизой.

Дедушка Гриша – небольшого роста, коренастый, до пенсии работал сторожем на складе. Прошел две войны: русско-японскую 1905 года и Первую мировую 1914-1918гг. Рассказывал о себе немного, но кое-что интересное я запомнил.

Эпизод из его участия в японской войне в 1905 году.

Форсировали речку. Ночью. Под плотным огнем японцев. Плавать дедушка не умел, а на плотах не хватило места. Остаться на этом берегу – дезертир. Тогда он подобрал доску, оставшуюся от строительства плотов, лег на нее и, гребя одной рукой (в другой винтовка), поплыл. Поскольку плоты были мишенью более заметной для противника, до берега добралась только половина российских солдат. Дедушка на одиночной доске доплыл благополучно, хоть и на последнем издыхании, сил грести больше не было. Доску с ним волны реки просто вынесли на берег.

А в Первую мировую войну в 1916 году дедушка получил высшую солдатскую награду – Георгиевский крест. Он рассказывал, как несколько месяцев подряд они кормили вшей в окопах. Ни вперед, ни назад. Дожди, ветра, холода, грязь, голод. Проклинали всех и вся. Настроение – убийственное. За триста метров от них – немцы в таких же окопах. Даже как-то привыкли к ним. Перекрикивались. И вдруг команда: завтра в наступление, в штыковую атаку, выбить немцев с их позиций.

Когда дедушка прибежал в землянку, то не нашел своей подушки: все уже были расхватаны. Солдаты запихивали их спереди под шинель, чтобы прикрыть грудь и живот от пуль. Пули, вращаясь, застревали в перьях подушек. Делать нечего, отыскал кусок толстой доски (дежавю) и приладил ее под шинель, чтобы защитить грудь если не от пули (доску прошьет легко), то хотя бы от штыка (не римский щит, но какая-то защита).

Ночь без сна. Чуть рассвело – команда: «В атаку!!! Вперед!!!» Выскочив из окопов, побежали. Молча. До противника 300 метров. Смертельных метров. Атака была столь внезапной, стремительной и в полной тишине, что немцы даже не успели открыть огонь.

Они бежали, бежали, бежали, и этот бег казался бесконечным.

Бегущие солдаты вокруг дедушки падали, теряя сознание просто от страха. Страха простых людей, которым никогда не приходилось вонзать штыки в человеческие тела, убивать и слышать предсмертные хрипы. Людей, вдруг осознавших, что сейчас, в эту самую минуту, в этот миг, их самих могут пронзить вражеские штыки и пули, и это будет всё, конец – смерть, страшная и мучительная.

А дальше с дедушкой случилось что-то странное. Необъяснимое. Он абсолютно потерял ощущение реальности. Ибо не помнил, что и как делал он. Не помнил, кто и что делал с ним. Он абсолютно не помнил картины боя: ни своих мыслей, ни своих чувств. Скорее всего, было только одно всепоглощающее чувство – страх, который сжал, спрессовал в ноль все его мироощущение. Но, к счастью, не его волю. Потому что когда дедушка пришел в себя, все уже кончилось, а он остался жив.

Они победили, заняли позиции немцев, хоть больше трети его товарищей осталось в той земле навсегда.

А в доске, которую дедушка засунул под шинель и в самой шинели, насчитали 12 крупных дыр от ударов штыками и кинжалами. Поэтому командиры решили, что он расправился с двенадцатью врагами и представили его, маленького еврейского парня, к высшей награде Российской империи – солдатскому Георгиевскому кресту, который он благополучно и получил.

На этом его участие в войне закончилось. То ли от пережитого стресса, то ли от удара по голове, который дедушка даже не ощутил, но его зрение резко упало. Он был комиссован и отправлен домой. Конечно же – Героем.

Этот крест в самый критический момент голодного 1933 года – Голодомора – спас всю дедушкину семью: жену и двоих детей. Когда все запасы еды закончились и несколько дней во рту не было ни крошки, он обменял Георгиевский крест на большой кусок сала, который ели в день по крохотному кусочку. Это дало возможность выжить, хоть люди вокруг умирали от голода тысячами.

Еще дедушка Гриша был поэтом.
Удивительно: проработавший всю жизнь в таких «романтических» профессиях как продавец хозяйственного магазина и сторож на складе, читавший немного, с небольшим кругом общения дедушка писал такие стихи:

Бледно-нежное слово – «Прости»,
Ласка томного взгляда.
Сердце шепчет: Любовь не грусти,
Мне холодного счастья не надо.

Дорогая, меня не вини
За случайные муки.
Разгораются в сердце огни
В дни печальной разлуки.

Дедушка Гриша

Серебряный век. Меланхолия. Романтизм.

Дедушка Гриша прожил 87 лет. Последние из них – у нас в Ромнах. За вечер мог выпить шесть стаканов чая, прихлебывая из блюдечка и смачно выдыхая после каждого глотка. С одним куском сахара величиной с грецкий орех.

Никогда ничем не болел и вдруг – инсульт. Более двух недель лежал без сознания. В последний день его жизни мои родители были на работе, а я, пятнадцатилетний школьник, оставался с ним. Читал в другой комнате, регулярно посматривая, не пришел ли дедушка в себя. В очередной раз подошел посмотреть и ... пронзило страхом – мёртв.

Это первое соприкосновение со смертью, как с абсолютно неестественным, ощутимо потусторонним, не физическим полем – было ужасным. Внутри все сжалось до боли. И я был совсем к этому не готов. Пулей вынесло на крыльцо. Мама поднималась навстречу. Все поняла.

Бабушка ушла из жизни раньше. У нее было три внука: я и дети маминой сестры Розы, жившие в Кременчуге: Веня и Элина. Я был у бабушки любимчиком. Может быть потому, что виделись мы чаще, да и последние годы она провела у нас.

У меня, семилетнего, была копилка-кошечка. Сверху щель для монет, снизу дырка, заткнутая пробкой, куда я собирал потихоньку свое собственное состояние. Копилка была близка к наполнению.

Однажды в воскресенье обнаружил, что она пуста. Заплакал. Подошла бабушка. Узнав в чем дело, она спросила мою маму, а когда та ответила, что потратила эти деньги на базаре, бабушка при мне влепила ей пощечину, приказав наполнить копилку и извиниться.

— Ты взяла без спросу деньги ребенка. Чтоб это было в последний раз.

Вот так. Сурово. Очень сурово. Королева Елизавета. Всегда содержавшая свое крохотное «королевство» в удивительной физической и нравственной чистоте. В такой же чистоте воспитывалась и моя мама.

Семья бедствовала. Постоянная забота о куске хлеба.

После окончания школы мама поступила в медицинский институт в Харькове, мечтала стать врачом. Не вышло. Все та же бедность. Не чем было платить за квартиру. Не на что было купить тетрадки. Записывала лекции на полях старых газет. Питалась кашей и картошкой. К концу года не выдержала. Ушла из института в медицинский техникум, который давал общежитие и хоть скудное, но все же питание в студенческой столовой.

Встретила военного, красавца Льва Гитика. Поженились. И в том же году война. Он ушел на фронт и пропал без вести. А мама всю войну прослужила медсестрой в полевых госпиталях. Награждена медалями.

К тому моменту, когда родился я, она работала инструктором санитарного просвещения в Роменской санитарной станции, организовывала лекции на медицинские темы. Невероятно тщательно относящаяся к своей работе, мама, боясь опоздать хоть на минуту, выходила из дому на час раньше, хоть идти-то было всего пятнадцать минут. Миловидная, скромная, не конфликтная. Правда, папу иногда пилила за то, что слишком много работал.

Мама

Но никогда в нашей семье простых, без высшего образования людей, не прозвучало ни одного грубого слова. Врожденная интеллигентность.

Не скажу, что мама много времени уделяла кухне, но готовила очень вкусно. Особенно котлеты. С жареной корочкой снаружи и мягкие внутри. Всю свою последующую жизнь, когда случалось есть котлеты, я искал в них вкус маминых. И, конечно, не находил. А с её медовым пирогом с корицей, таким сладким и душистым, никакой «Киевский» торт даже рядом не стоял. Я очень любил маму, и только она могла затащить меня маленького к стоматологу. Дрожа всем телом, я держал её за руку и, казалось, боль от визжавшей бормашины становилась меньше.

Глава 2.
Детство и юность

Появился я на свет в апреле 1951 года. Жили мы с папой и мамой в широком одноэтажном доме на два входа. Справа – вход в четырехкомнатную коммуналку, две комнаты в которой занимали мы, причем, чтобы попасть к себе мы должны были пройти через обе комнаты соседей. Туалет – во дворе. Купались только в корыте, воду нагревали на примусе-керосинке. А с левой стороны дома был вход в детский садик, куда я и был отдан в три года

Себя помню лет с пяти, когда был приглашен на радио петь песню о Ленине. Пел звонко и старательно, поэтому, наверное, и пригласили.

И с этого же возраста начал читать сказки, много и без перерыва. К школе я уже прочел все имеющиеся в районной библиотеке русские народные сказки, сказки братьев Гримм и сказки народов мира. Читал взахлеб: когда папа вечером перед сном выключал свет, я продолжал читать, светя фонариком под одеялом.

Как-то у нас на улице собрались ребята, мои приятели, и я стал пересказывать эти сказки им. С тех пор они постоянно приходили к нам на крыльцо, ждали пока я выйду и могли слушать бесконечно, забывая про игры: в «войну», в футбол и в прятки.

Наша игра в «войну» была не совсем безобидной. Мы мастерили самострелы: деревянные прямоугольные бруски с проволочным курком, к которому крепилась резинка. Мы сами делали пульки – проволочные скобы, которыми натягивали резинку и – самострел готов. В бою – команда на команду – удары пулек были вполне ощутимы. В голову, конечно, не стреляли, опасно для глаз.

Пять лет

На улице отвратительно воняло бытовым антисемитизмом. Слово «жид» – презрительное, клейкое, опаляющее внутренности – не раз приводило меня в бешенство, хотя и не говорилось в мою сторону. Мальчишки, услышав от родителей, между собой употребляли его довольно часто. В анекдотах и просто так. Большего оскорбления не существовало. Жадность, позор, инородность – все было в этом слове. И хотя драчуном я не был, но, если бы кто оскорбил меня, полез бы обязательно. К счастью, не пришлось.

Первый раз – в первый класс

В 1958 году я отправился в первый класс Роменской средней школы №2 имени академика Иоффе – гениального советского физика, закончившего эту школу. Обучение велось на русском языке, а украинский учили как и английский несколько раз в неделю, только чаще, и знали мы его очень хорошо. Между собой роменчане разговаривали на смешанном русско-украинском диалекте, так как Сумская область, к которой принадлежали Ромны, граничила с Курской областью России.

Однажды в первом классе кто-то из учителей не пришел на урок. Неожиданно, я вышел к доске, и стал рассказывать сказки. Рассказывал так увлеченно эмоционально и образно, что одноклассники слушали, замерев, будто смотрели фильм. Даже вошедший в класс в конце урока завуч не стал перебивать. Он сел и, подперев голову рукой, слушал со всеми до конца урока.

После этого всякий раз, когда срывался какой-то урок, одноклассники кричали: «Мишка, давай!»- Я выходил на место учителя и начинал рассказ. Первое время о том, что прочитал. Потом стал выдумывать на ходу. Сначала сказки, а потом всякие истории про войну, про рыцарей и т.д. В эти минуты я «исчезал» и из класса, и из своего времени, растворяясь в мире сочиняемых образов и выдуманных героев.

Так начинался процесс творчества, и он мне понравился. Представьте: вы – в центре внимания, все слушают только вас, ловят каждое слово. Чувствуете молчаливое одобрение и растущее уважение сверстников. В общем стал штатным рассказчиком. В школе и дома.

На этом и держался авторитет у одноклассников, так как ни силой (худой и длинный), ни удалью не отличался. Но обижать меня не покушались даже самые отъявленные хулиганы и второгодники. Я был для них как с другой планеты. Правда, иногда заступаясь за обижаемых, конечно, получал. Пару случаев за 10 лет учебы.

Первыми школьными друзьями стали Володя Шкутов (мы жили рядом) и Коля Тугарин, с которым мы дружим уже 62 года: с первого класса до сего дня. Учеба давалась легко, хорошие оценки – тоже.

Два воспоминания того периода.

Первое: вкус и запах мороженого. Не передать. Высшее наслаждение. Молочное и сливочное. Белое-пребелое. Пахнущее сладким ванильным холодом. В вафельных и бумажных стаканчиках. Никакой химии, консервантов и красителей. По девять и тринадцать копеек. Сказка! И сейчас слюнки текут...

Второе: первая операция. Начиная с трех лет, я часто болел. Ангина, грипп, простуда. К семи годам врачи посоветовали удалить гланды в горле и полипы в носу. Операция делалась без наркоза. Меня повезли в больницу в областной город Сумы. Мама была рядом, успокаивая, что все пройдет быстро и не больно, и после окончания сразу дадут мое любимое молочное мороженое. Много мороженого.

На деле оказалось совсем не так. Мне привязали руки к подлокотникам кресла, и я с ужасом почувствовал во рту и горле «раскаленное» железо. Жуткая непрекращающаяся боль, хруст отрываемого мяса, кровь, стекающая по подбородку, и снова боль. Во рту железный ограничитель – рот закрыть невозможно. Слезы градом из глаз. Даже сейчас в горле живо это ощущение.

И самое обидное, ни сразу, ни в последующие дни никакого мороженого мне так и не дали. Обещали и не дали. Сэкономили!

Первая любовь

В третьем классе я первый раз влюбился. В 10 лет. Рановато, вообще-то.

Алла Осипенко была кукольной красоты девочка, почти Барби, дочь офицера, приехавшая к нам в 3-й класс из большого города. И случилось чудо: в перый же день ВСЕ МАЛЬЧИКИ В КЛАССЕ кроме Коли Тугарина в нее влюбились. Мы учились во вторую смену с 2-х до 7-ми часов вечера. Зима. Уроки заканчивались, когда на дворе уже темно. И в первый же вечер мальчики 3-го «Б» класса всей толпой отправились провожать Аллу домой.

На следующий день класс разделился на две группы: в одной – хулиганы и двоечники, в другой – остальные. И между ними вспыхнула самая настоящая война за внимание «прекрасной Елены», то есть Аллы. Дошло до того, что ребята из хулиганской команды, подкараулив Юру Двинского в городском парке, пальнули ему в спину из самодельного ружья настоящей пулей. Спас ранец с книжками за спиной, пуля застряла в книгах. И это десятилетние мальчишки! Все серьезно. Любить, так любить. Стрелять, так стрелять.

А пока шли баталии местного значения, мы с Вовой Шкутовым потихоньку завладели расположением девочки. Дело в том, что большую часть дороги из школы домой нам с ней было по пути. Мы шли на несколько шагов впереди нее и провожавшей ее мамы-учительницы, и я громко и вдохновенно рассказывал (якобы Вове) сочиняемые на ходу истории. Алла и ее мама, естественно не могли их не слышать, и день за днем Алла все больше заинтересовывалась продолжением моих эпопей.

Через неделю, убедившись, что мы нормальные ребята, ее мама сама попросила нас провожать Аллу до дома. Только нас двоих! Невероятная победа!

Так втроем мы и подружились.

Когда я сообщил своей маме, что влюбился, она посмотрела на меня так, что мне, вдруг, стало ужасно неудобно и, покраснев, будто меня уличили в чем-то постыдном, я попробовал выкрутиться:

— А дружить можно?

— Дружить можно.- Успокоилась мама.

Со временем одноклассники узнали о нашем успехе, и однажды перед началом уроков второгодник и хулиган Ленька Москаленко прыгнул на меня с высокого школьного крыльца. Мы оба упали. Он, будучи гораздо сильнее, схватил меня за горло и прорычал:

— Ну что, будешь еще за Осипой «бегать»?

— Буду – выдохнул я, обреченно, но не сдаваясь.

Учителя и звонок на урок растащили нас. Но больше на нашу с Вовой Шкутовым монополию на общение с Аллой уже никто не посягал.

Теперь нам осталось только выяснить, кого же из нас предпочитает она.

Был чудесный тихий зимний вечер. Мягко падал пушистый снег, дышал под ногами. Мы с Вовой шли среди белых раскрытых парашютов по длинному скверику рядом с ней. Непривычно молчали.

Неожиданно, уже недалеко от ее дома, я с дрожью в голосе выдавил:

— Алла, мы оба тебя любим... Выбери одного из нас.

А поскольку она не отвечала (ее, видно, и так все устраивало, в десять-то лет) попросил нарисовать на снегу: если кружок, значит счастливчик - я, если «птичка» — Вова. Отошли, с замиранием сердца ожидая приговора. Она подумала, быстро начертила что-то на снегу и пошла в сторону дома. Мы подбежали посмотреть и ...

На кружок это совсем было не похоже, хотя и на «птичку» не очень. Но Вова подпрыгнул и с радостным криком помчался вслед за Аллой.

У меня же ноги налились свинцом, а сердце разрывалось от стыда и горя. Ведь это же Я своими историями заинтересовал Аллу! Ведь это со мной она практически все время говорила, смеялась – общалась!

И, медленно ступая по заснеженной тропинке, молча понес домой свое первое в жизни поражение. Сколько их потом еще будет...

Правда, больше ни я, ни почему-то Вова, Аллу домой не провожали. А к следующему 4-му классу «любовь» к ней дружно испарилась. У всех наших мальчишек.

Первые успехи в творчестве

Мы очень любили наш городок Ромны. Огромный зеленый холм, обтекаемый рекой Сулой с одной стороны и притоком Сулы – Роменкой – с другой. Ромны в древности назывались «Ромен» – старославянское слово «ромашка».

На вершине холма – собор с куполами, издалека заметными для подъезжающих к городу. Ромны был очень похож на столицу Украины город Киев (в миниатюре), который тоже расположен на холме, увенчанном куполами соборов.

Город, вдоль и поперек прошитый тенистыми скверами, где каштаны росли так густо, что почти смыкались кронами, образовывая летом живой тоннель, где в любую жару сохранялась прохлада и можно было отдохнуть на одной из скамеек. В центре города – огромный старый парк с деревьями в два обхвата, темными аллеями, летним театром, каруселями, стрелковым тиром и круглым бассейном.

Виды родного города

«Мой город»- так называлось первое стихотворение, которое я придумал в 14 лет, вернее это было домашнее сочинение, заданное в начале года учителем литературы. Вот первые куплеты:

*«Солнце светит, улыбаясь,
Над прекрасною страной,
И в лучах его купаясь
Зеленеет город мой.*

*Поднятый рукой могучей
С пепла и руин войны
Был отстроен еще лучше
Город мой родной – Ромны.*

*Его улицы прямые
Тополями увиты,
Скверы и кусты густые
А вокруг – цветы, цветы.*

*Голубые змейки речек-
Их приятна бирюза.
Купола церквей, как свечи,
Улетают в небеса...»*

Сочинение вызвало фурор в учительской – среди седьмых классов это было первое в школе сочинение в стихах. Поставив мне «пятерку» учительница посоветовала послать стих в местную газету, что я и сделал. Конечно, в то время для меня, семиклассника, увидеть свои стихи в газете, которую читает весь город было несбыточной мечтой. Так что, подписывая на конверте адрес редакции, я и не рассчитывал на ответ. И, вдруг, буквально через несколько дней получаю короткое письмо:
«Уважаемый Михаил! Ваше стихотворение «Мой город» одобрено к печати и будет опубликовано к Дню города .»
— Ура! Ура! Ура!
А спустя еще несколько дней, 16 сентября 1965, года я держал в руках газету с моим стишком и моим именем на первой странице. Сердце трепетало.
Восторг! Вот она – СЛАВА!

С тех пор иногда домашние сочинения я стал писать в стихотворной форме. «Пятёрка» была обеспечена. Более того, в следующем, 8-м классе удалось выиграть сначала городскую, а потом и областную олимпиаду сочинений на заданную тему. Обе олимпиады были заочными. Оба раза писал стихами.

На областной олимпиаде давались три темы. Из них я выбрал: «Героизм в Великой Отечественной войне». Написал стихотворение о поединке человека с танком. И через некоторое время поехал в столицу Украины город Киев уже на очную республиканскую Олимпиаду сочинений.

Ощущение провинциального восьмиклассника, впервые всего на день попавшего в столицу республики: страшновато, неуютно, неудобно. Всё огромно – улицы, площади, памятники, здания. Теряешься в пространстве.

Писали в аудитории Института повышения квалификации учителей. Двадцать пять участников, по одному из каждой области Украины. Казалось, все кроме меня выглядят так шикарно и все такие гордые и умные – куда уж мне (комплекс провинциала)! На доске предложили опять три темы на выбор. Когда увидел, что одной из них была «Подвиги отцов – пример для нас», сразу понял, что буду делать. «Подвиги отцов» у меня уже были – «Человек и танк» – сочинение, написанное на областной Олимпиаде, 14 куплетов. Оставалось добавить «пример для нас». На написание сочинения давалось четыре часа.

Стоял прекрасный солнечный день, и, несмотря на первые минуты самоуничижения – прекрасное солнечное настроение. Строчки ложились легко, едва успевая за мыслями. И вот что в итоге получилось:

«Полдень. Клейкий пот прилип к рубашке,
Задремал пшеницы океан.
Синеглазый, с грудью на распашку
По тропе шагает мальчуган.

Зной сильней, но мальчик с новой силой
Ускоряет шаг, почти бежит,
Видя стройный тополь над могилой,
Что средь поля островком стоит.

Вот и тополь. Часовым бессменным,
Вытянувшись в струнку, он застыл.
Мальчик подошел, встал на колено
И букет ромашек положил.

А потом задумался немного:
Как-то в День Победы в первый раз
У могилы той от часового
Вот какой услышал он рассказ:

«Шла война. Зимою горстка наших
Залегла в овраге пред холмом.
Шесть атак они отбили вражьих
Много немцев не вернется в дом.

Отдых на минуту, ведь наверно
Фрицы и в седьмой пойдут опять.
«Сколько их осталось – неизвестно,
Но и с тыщей будем воевать,

Жаль, что передать мы не успеем:
«Враг задержан!» – каждый думал так.
Вдруг, из-за холма железным зверем
Показался гитлеровский танк.

«Эх, совсем боеприпасов мало-
На отряд лишь несколько гранат.
Задержать, во что бы то ни стало!»-
Как присягу повторял солдат.

Паренек чернявый с Украины
Был всегда приветлив он и тих,
Но в бою с врагом страны любимой
Вдохновлял бесстрашием других.

Его доблесть командир заметил
И спросил, как друг, как старший брат:
«Сможешь ?» – он, не думая, ответил:
«Да. Смогу, товарищ лейтенант.»

*Разложил на связки он гранаты,
Улыбнулся и... уполз в пургу,
В взятом в разведгруппе маскхалате
Скоро незаметен стал в снегу.*

*Приближался танк. За ним шагали
Группы автоматчиков. И там
В страшном, смертном бое повстречались
В миг последний Человек и танк.*

*«Дом родной, любимой светлый образ,
Солнце, голубые города –
Неужели это все я больше
Не смогу увидеть никогда?»-*

*Черный танк. Он парню показался
Весь в крови невинных, их слезах,
Ненавистью в сердце отозвался:
Красный танк стоял в его глазах.*

*Воин полз. Последний метр. Вдруг, страшный
Взыв немую тишину потряс!!!
С Украины паренек отважный
Глубоко вздохнул. В последний раз...*

*Ураганом. Смерчем налетела
И одной атакой смяв врагов,
Высоту взяла ударом смелым
Горсточка советских храбрецов.*

*Тот порыв горячий и единый,
Поднявший бойцов в неравный бой,
Ненавистью парня с Украины
Вел вперед, к победе, за собой.*

*И теперь на поле, у могилы
Тополь встал: зеленый, свеж, лучист,
Стройный и красивый, сердцу милый,
Он стоит, как славы обелиск.» -*

Зной уж спал. И ветерок игривый
В прятки с колосками заиграл.
Чуть заметный, вдруг, над спелой нивой
Мальчик дым какой-то увидал.

«Хлеб... Огонь...»- мелькнули мысли. Пулей
полетел и вдруг на миг застыл:
Бледное пятно огня, окурок,
Человек, что вдаль уж уходил.

Но растерянность была не долгой,
Увеличив ярость во сто крат,
Чтоб остановить огня прополку,
Бросился он рвать, топтать, сбивать.

Языком, как бритва, злым, горячим
Ноги паренька огонь лизал,
Извиваясь в диком танце скачут
Всадники из дыма в рот, глаза.

Вспыхнула одежда, задыхался,
Но, как в битве раненый орлан
на врага – так на огонь бросался,
Боль забыв, бесстрашный мальчуган.

И огонь не выдержал, поддался,
За собой оставив черный круг,
Он в агонии уж извивался,
Но не видел этого наш друг.

Потеряв сознанье, обожженный,
Он лежал на поле золотом.
Тот же ветерок неугомонный,
То же солнце в небе голубом...

МИР, ПОБЕДЫ ДЕНЬ ПРИБЛИЗИЛ ВОИН.
ОТ ОГНЯ СПАС МАЛЬЧИК ТРУД ЛЮДСКОЙ.
ВИДИМ МЫ, ЧТО СЫН ОТЦА ДОСТОИН –
К ЦЕЛИ ШЕЛ ОН ВЕРНОЮ ТРОПОЙ.

*ВОТ ТАКИМ БЫ ЖИТЬ, ТВОРИТЬ И СТРОИТЬ,
ПОБЕЖДАТЬ НЕПРАВДУ, ГОРЕ, СТРАХ.
В ЖИЗНИ СКРОМНЫЕ, В БОЮ – ГЕРОИ
БУДУТ ВЕЧНО В ЧЕСТНЫХ ЖИТЬ СЕРДЦАХ!»*

Перед началом нашей работы в аудиторию зашли два преподаватели и предупредили: как бы хорошо не было написано сочинение, наличие в нем грамматических ошибок автоматом сводит до нуля вероятность занять призовое место. И, если они заметят, что кто-то подглядывает в словарь или разговаривает, тут же немедленно удалят.

Русский язык я знал неплохо, в основном благодаря множеству прочитанных книг, но блестящими знаниями похвастать не мог. Часто с головой уходя в содержание, спешил и делал ошибки. Так было и на сей раз. Обрадовавшись, что такая классная тема и что так легко приходят строчки, я совсем забыл о грамматике. Одна из наблюдающих преподавателей проходила по рядам, поглядывая в тетрадки пишущих. Подойдя ко мне и увидев, что я пишу стихами, она остановилась и вместе со мной нырнула в сюжет, появляющийся на листах моей тетради.

— Ты что, собираешься все сочинение писать стихом?» – прошептала она с удивлением.

— Да. Я и на предыдущих олимпиадах делал так же» – ответил тоже шепотом.

И тогда она, взяв мою ручку (писали мы перьевыми ручками, обмакивая перья в чернила), и, начиная с первой страницы, исправила все имеющиеся на тот момент и незамеченные мною ошибки. В основном – запятые. Вот это была удача! И потом еще несколько раз она подходила ко мне, кое-что поправляя в написанном.

Где-то через месяц меня вызвали в учительскую комнату в школе, и директор официально и торжественно вручил мне приз: часы – будильник «Слава» и Диплом за занятое первое место в Республиканской олимпиаде сочинений.

Интересный момент. В шестидесятые-семидесятые годы двадцатого века на Украине процветал не только бытовой, но и (скрыто) государственный антисемитизм. Евреев не принимали в престижные вузы, не давали престижных и ответственных работ и т.д.

Вскоре после той олимпиады сочинений выходит номер Республиканской украинской «Учительской газеты». И на второй ее странице напечатаны итоги олимпиады, в которой я участвовал. Моя фамилия – Кербель (есть три варианта значения этого слов: с немецкого – «пряность» и «корзина», а с идиш – «рубль»). Так вот, видно, такая фамилия показалась редакторам газеты уж слишком НЕ УКРАИНСКОЙ, НЕПРАВИЛЬНОЙ для победителя в УКРАИНСКОМ республиканском конкурсе. И вот я читаю о себе в этой почтенной газете :

«Первое место в республиканской Олимпиаде сочинений среди восьмых классов занял ученик средней школы №2 города Ромны Сумской области КЕРБЕЛЫХА МЫХАЙЛО». (?!)

Лихо сработано. И фамилия для непосвященных почти «украинская», и тем кто меня знает, догадаться хоть с трудом, но возможно.

Витя Московец

Мы были знакомы с первого класса, так как жили почти рядом, на одной улице, дома – через дорогу. Одногодки, я учился в классе «Б», а он – в «В».

Выше среднего роста, смуглый, жилистый, с карими глазами на умном волевом лице. Сгусток энергии: физической, душевной и ментальной.

С первых классов он был лучшим спортсменом школы, да, пожалуй и всего города. По всем игровым видам спорта: футбол, гандбол, хоккей и т.д. В школе тоже отличник. Как и я, учился в «музыкалке» игре на баяне, как и я, учебу эту не жаловал. Умел писать стихи. Хорошие стихи. Лучше моих. Мы и раньше знали друг о друге, часто виделись, но близко сошлись только в 7-м классе на почве любви к шашкам. На школьной олимпиаде с пятых по седьмые классы по шашкам я занял третье место, а он – второе. Мы стали встречаться, играть в шашки и, конечно, разговаривать. И оказалось, что мы совершенные «близнецы». Не лицами – душами.

Мы были одинаково образованы и начитаны. Нам нравились одни и те же книжки и было так интересно друг с другом, что когда мне мама говорила: «Сейчас буду жарить для тебя яичницу» – я отвечал: «Хорошо. А я пока к Вите сбегаю».

Нас, как магнитом, тянуло друг к другу.

Шашками увлеклись настолько, что приняв участие в конкурсе газеты «Юный ленинец» по шашечной композиции, мы оба, не помогая друг другу, выиграли его и в 14 лет выполнили норму 1-го взрослого разряда, не занимаясь ни в каких шашечных кружках и даже не прикоснувшись к теории шашек.

Баскетбол.

Насколько Витя был сильным и спортивным, настолько я – худым и длинным слабаком: ни по канату залезть, ни через «козла» прыгнуть.

По физкультуре – «четверка» из уважения к «пятеркам» по всем остальным предметам. Учеба, музыка и особенно книжки забирали все мое время.

Заметив это, Витя в 8-м классе предложил попробовать поиграть в баскетбол: я – по росту один из самых высоких в школе. Ему тоже была интересна новая игра.

В городе были хорошо развиты гандбол, футбол, хоккей, а вот баскетбола не было совсем. На городском стадионе открытая баскетбольная площадка с деревянными щитами и земляным полом всегда пустовала. И вот летом на каникулах, раздобыв какой-то даже не баскетбольный мяч, мы с ним стали учиться попадать в кольцо, передавать пасы и вести мяч по пыльной площадке. Вдвоем. Играли часами и каждый день. Увлеклись. И что-то стало получаться. Витя способнее, у него получалось лучше.

В один из дней, когда до школы оставалось всего ничего, к нам подошел Виктор Бабенко, тренер городской спортивной школы. Смуглый крепыш небольшого роста с заводным и взрывным характером,

В том далеком 1966 году Роменская спортшкола впервые получила приказ областного Спорткомитета привезти на областные соревнования по баскетболу сборную города Ромны. А поскольку таковой в городе никогда не имелось, а в спортшколе не было даже баскетбольной площадки, создать команду поручили Виктору Бабенко. Увидев, как на стадионе мы с Витей пытаемся овладеть азами игры, он предложил нам попробовать себя в формирующейся сборной города.

Тренировки проходили в спортзале 7-й школы на другом конце города, куда надо было ехать автобусом. Родители были против, но я, находя разные предлоги, все-таки регулярно ездил на тренировки, где тренер, гонял нас так, что к концу занятий мы в полном смысле слова валились с ног прямо в раздевалке.

Поскольку тренировались мы пять раз в неделю по 3 часа, да еще у меня и уроки в музыкалке, и репетиции городского оркестра народных инструментов, времени делать уроки почти не оставалось. Как удавалось при этом еще и получать хорошие оценки в школе – ума не приложу.

Сентябрь, ноябрь, декабрь, январь – пролетели быстро. И в конце февраля сборная команда города Ромны впервые поехала на областной чемпионат по баскетболу в город Шостку.

Нас разместили в каком-то школьном спортзале, где стояли 15 железных панцирных кроватей, выдали талоны на питание в школьной столовой, и на следующий день мы поехали на первую игру с чемпионом предыдущих школьных турниров командой города Сумы – столицы области.

Первое впечатление от огромного баскетбольного зала с прозрачными плексигласовыми щитами – шок. У нас в Ромнах специального баскетбольного зала не было, как не было и пластмассовых щитов – только допотопные деревянные. Скромные салатовые трикотажные трусы и майки нашей баскетбольной формы резко контрастировали с профессиональной, ярко-красной, блестящей шелковой формой наших именитых соперников.

Сборные всех городов-фаворитов: Сум, Шостки, Конотопа тренировались по несколько лет в секциях баскетбола местных спортивных школ и не раз участвовали в соревнованиях разного уровня. У нас же за плечами было всего пять месяцев совместных тренировок и никакого турнирного опыта.

Мы дрогнули. И закончив 10-минутную разминку перед игрой, прямо сказали об этом тренеру. На что он, сверкнув острым взглядом своих голубых глаз, ответил:

— Ребята, я ничего у вас не прошу и ничего от вас не требую. Единственное: покажите себя бойцами. Настоящими бойцами. Мужчинами.

И эти несколько слов перевернули наши души. Мы вышли на площадку, как на последний бой, который «трудный самый». И это был настоящий бой.

Первая секунда матча. Я перепрыгиваю соперника и отбрасываю мяч Вите Московцу – нашему капитану. Пробежав несколько шагов, почти из центра поля он вдруг резко бросает мяч в сторону кольца сумчан. Абсолютно иррациональная идея (как он потом признавался, метнул скорее от волнения, чем осознанно). И как в съемке замедленного действия, описав высокую дугу, мяч пронзил кольцо соперника.

ГОЛ!!! Первый гол и он НАШ! С центра поля!!!

Конечно, случайность, но ее роль была неописуемой!

«О-О-О»- взорвался криком зал. Дело в том, что болельщики: из Шостки, а также игроки других команд, заполнившие зал, все дружно болели против заносчивых сумчан, прошлогодних чемпионов – они же «гранды», из столицы области, а мы – мелюзга из каких-то районных городишек. И этот громовой и столь неожиданный крик зала пронзил нас, вогнал в души радостную силу, позволив не только сражаться на равных, но и вести игру.

На площадке бушевало пламя. Мы искрами метались по всему полю, прессингуя противника и на его, и на своей половине. Мы перехватывали их пасы друг другу. Защищаясь, прыгали втроем за одним мячом и вдвоем на каждого их нападающего, пытавшегося бросить мяч в нашу корзину. Мы не позволяли им подобрать ни один мяч под нашим кольцом.

Это была тяжелейшая вязкая игра, которая закончилась с совсем не баскетбольным счетом – 24 : 12 в нашу пользу, из которых 4 очка было на моем счету и 8 очков – на счету Вити Московца. Это была победа не нападением, а защитой, защитой, в которой мы выложились до самой последней капли своих сил.

Истекающие потом и дышащие, как рыба, выброшенная на берег, мы стояли на баскетбольной площадке после финального свистка, а полный чужих болельщиков и чужих игроков зал оглушительно орал: «МО-ЛОД-ЦЫ! МО-ЛОД-ЦЫ! МО-ЛОД-ЦЫ!».

Миг СЧАСТЬЯ! Сердца разрывались от СЧАСТЬЯ! Боже, какое же это было СЧАСТЬЕ!

Накал и пик тех эмоций я прекрасно помню и чувствую даже сейчас.

В итоге мы заняли четвертое место из восьми команд, что само по себе для команды впервые сыгравшей в областном турнире и неплохо. Но после взлета первой блистательной победы над сильнейшей командой области и последующих поражений, мы уезжали и расстроенные и подавленные.

Счастье – как Счастье. Вечным не бывает.

И вообще, если посчитать такие моменты в жизни, когда и душа, и тело ПЕРЕПОЛНЕНЫ СЧАСТЬЕМ, ОБЛИВАЮТСЯ СЧАСТЬЕМ – хватит пальцев на одной руке.

Вторая любовь

В 8-м классе у нас появилась новая девочка. Юля Шаинская. Она приехала из города – Новокузнецка, что в Западной Сибири. Стройная, с большими серыми глазами. Но, увидев ее, я больше не смог оторваться. 15 лет, конечно, не 10. И чувство, подпалившее душу, было другим. Когда она выходила к доске, я смотрел на нее и получал невыразимое удовольствие только от того, что мог это делать. И даже когда Юля, ответив у доски урок, садилась на свое место на первой парте (я – на последней), я смотрел на ее русые волосы, бантики, шею, и был счастлив, счастлив, счастлив.

Через некоторое время решился предложить проводить ее домой. И опять у меня был соперник. Вова Сапсай, лучший футболист школы, выросший в основном во дворе, и поэтому гораздо взрослее меня. По крайней мере, уже знал, откуда дети берутся.

Мы втроем не спеша шли по тихим вечерним улицам. Ветер яростно метет ветками кленов черное небо над нами, и каждый из ребят старается показать себя интересней, так как Юля была девочкой умненькой и училась только на отлично. Приятно провели время. Вежливо попрощались: «До завтра.»

Завтра она не пришла. Заболела. Заболел и я: душа стонала от невозможности изменить что-либо. Школа, класс опустели. Никого и ничего. Каждое утро при входе в класс надеялся, что увижу её. И каждое утро – разочарование.

Проболела Юля целых две недели. Хотя в последний день перед тем, как вернулась в школу, ее видели в городе. И не одну. Рядом шел Славка Назаров, парень на два года старше нас, школьный Казанова.

Первое, что я (и не только я) увидели, когда она пришла в класс, это огромный синяк у нее на шее. И Вова Сапсай сразу подробненько разъяснил мне происхождение этой достопримечательности.

Сказать, что это был удар кинжалом прямо в сердце – ничего не сказать. Это был удар двуручным мечом. Ведь мы были воспитаны настолько целомудренно, что единственное, о чем я мог мечтать, представляя наши будущие встречи, так это о том, чтобы просто быть рядом с Юлей: смотреть на нее, говорить с ней, слышать ее голос, видеть как она смеется, и может, если уж очень повезет, через какое-то время держать ее руку в своей.

Грубый поцелуй – оставивший синяк на её шее, это было для меня чудовищно – верх разврата.

Так ярко вспыхнувшее чувство медленно, но неуклонно затухало. И потухло.

Не сложилось. Не судьба...

9-й и 10-й классы

Это время было самым насыщенным из всего школьного периода моей жизни.

Незадолго до этого в кинотеатре города прошел американский боевик «Великолепная семерка». В девятом классе стихийно у нас в школе сложилась своя «семерка»: Витя Московец, Коля Тугарин, Толик Петровецкий, Гена Хацкевич, Юра Двинский, Валик Ващенко и я. Коротко о каждом.

Коля Тугарин. Среднего роста, светло-русые волосы, серые глаза. Самородок. «Кулибин». Еще в седьмом классе он из каких-то проводков и транзисторов собрал радиоприёмник, по которому связывался с радиолюбителями из-за рубежа. Руки и голова в технических вопросах – золотые. У его отца был трофейный немецкий мотоцикл с коляской. Так Коля не только еще пацаном гонял на нем, но и ремонтировал регулярно. Как и мы с Витей Московцом Коля закончил музыкалку по баяну и играл со мной в оркестре народных инструментов на домре. Сдержанный, скромный, твердый духом – никого не боялся.

Однажды упоминаемый выше Ленька Москаленко, старше на год, больше и сильнее Коли, попробовал «наехать» на него. Мгновенный удар – и на один зуб у Леньки стало меньше. В дневник Коле учительница так и написала: «Ударил Москаленко и выбил ему зуб». Не уверен, что за этим последовал нагоняй от родителей. Кто такой Москаленко знали все.

Толик Петровецкий Небольшого роста крепыш с большими серыми глазами. Чемпион города по спортивной гимнастике. Живая, эмоциональная, энергичная манера общения. Лицо излучает интеллект и национальность.

(Анекдот: – А Вы по национальности...??? – Да. А Вы ? – Нет. – А шо так ?)

Толик как и Витя Московец обладал уникальными актерскими способностями. Когда они разыгрывали юмористические сценки (а некоторые придумывали и сами), мы умирали от смеха. Каждый раз. Всегда.

Толик как и я – гуманитарий, любитель литературы, мы вместе ходили на кружок русской литературы. Он писал хорошие сочинения и занимал призовые места в городских конкурсах.

Гена Хацкевич Обожаемый учителями и друзьями невысокого роста плечистый блондин, всегда с обаятельнейшей улыбкой, отличник, спортсмен, генератор энергии. Мы с ним дружили еще до 7 класса, вместе делали уроки, играли в шашки.

Он очень хорошо играл и в шашки, и в футбол, и в ручной мяч. А еще он увлекался математикой, которая и стала его судьбой. Геннадий Алексеевич Хацкевич уже давно – доктор математических наук, профессор.

Юра Двинский. Красавчик, любимец девочек, лучший солист танцевального народного ансамбля городского Дома культуры. Единственный из нас учившийся так себе, но рубаха-парень, тянувшийся к нашей компании и искренне к нам привязанный.

Валик Ващенко. Сначала был Вайнберг – по папе. В последнем классе школы стал Ващенко – по маме. Никуда не денешься. Поступать в элитный ВУЗ у еврея шансов почти «0». Валик – мажор советского разлива. Папа – зав.отделением в городской больнице, мама – старший инспектор городского Отдела образования: все школы города под ней. Валик и по манере одеваться, и по манере общения, и по привычкам – типичный мажор. При этом он был секретарем комсомольской организации. Но учился на «отлично», хорошо пел, не лишен артистизма.

О Вите и о себе уже писал.

Мы были из разных классов: Валик, Толик и Гена – из 9-го«А», я, Коля и Юра – из «Б», Витя – из «В». А объединили нас в одну команду увлечения после уроков, а иногда и вместо них.

Мы придумывали сценарии и проводили популярные тогда «голубые огоньки»: зрители сидят за столиками с лимонадом и печеньем, и перед ними по определенному сценарию, в том числе и с их участием, исполняются песни, танцы, театральные миниатюры.

Мы организовывали и участвовали в концертах, посвященных различным датам: Женскому дню 8 Марта, Международному празднику трудящихся 1 Мая, Новому году, 23 февраля – Дню Советской Армии.

Мы организовали и всей «семеркой» вошли в команду клуба веселых и находчивых (КВН) нашей школы, которая заняла 1-е место среди команд 12 -ти школ города. Причем, у всех кроме последней игры мы выигрывали с большим отрывом.

Финальная игра со школой №4

Зал заполнен до потолка. Все проходы забиты болельщиками. Во Дворце культуры, где это происходило, снесли две входные двери – так неудержимо было желание старшеклассников попасть на финал КВН.

На выход – приветствие – мы оделись – моряками-анархистами. И вот на сцене в тельняшках и бескозырках появляемся: я – длиннющий и худющий (1м 94см роста) с баяном наперевес и крошечный полненький Саша Тамаров (1м 55см) прямо под моим баяном и с балалайкой. И под звуки «Цыпленок жареный, цыпленок вареный, цыпленок тоже хочет жить...» мы медленно с гордо поднятыми головами обходим всю сцену. Контраст в росте и комично сыгранные образы вызвали хохот в зале еще до произнесения первых слов.

И все последующие конкурсы у нас получались лучше. Но жюри – комсомольские и партийные чиновники – стало притормаживать наш слишком уж победный ход. Наша школа – школа №2 – считалась в городе школой интеллектуалов, которые побеждали практически на всех олимпиадах по школьным предметам и не только в городе, но и в Сумской области. К лучшим всегда зависть. Лучших надо уравнять со средними. Политика.

Мы с ужасом наблюдали, как шаг за шагом медленно, но неуклонно приближаемся к поражению. Несправедливо. Зал свистит и топочет ногами – жюри хоть бы хны.

Иду на конкурс поэтов. Получаю задание: «Что сказали бы три советских поэта о Фантомасе (бандите из французского боевика-комедии, прошедшей недавно на экранах советских кинотеатров)?». Причем, стихи мои должны походить на стиль каждого поэта.

Задание моей сопернице: «Что сказали бы о Фантомасе три русских дореволюционных поэта-классика?» – Каждого поэта по одной строфе.

Мы ушли за сцену. Времени в обрез.

Я знал, что официальная критика приняла фильм о Фантомасе резко отрицательно. Следовательно, я обязан придумать в том же духе.

Взял Есенина: что–то соединил с березками и кабаком.

Еще – Юлию Друнину и Маяковского.

Маяковского о Фантомасе читал последним. В его же духе «горлопана и главаря». Громко и с выражением.

— ФИЛЬМ — ДРЯНЬ!
    НЕ ОСТАВИТЬ
        НИ КАДРА, НИ ФРАЗЫ!
С КОРНЕМ
    ВЫРВЕМ
        ФРАНЦУЗСКУЮ ЗАРАЗУ!

Зал грохочет аплодисментами. Аплодировали даже болельщики соперников.

Бледненько читает свои куплеты под Пушкина, Лермонтова и Некрасова, девушка-поэт из 4-й школы: ни ритма, ни рифмы, ни содержания – хлопают единицы, хотя болельщиков 4-й школы было не меньше, чем наших.

Появляются оценки. Они одинаковы(???).

Зал взорвался свистом негодования и топотом ног, и не было слышно, о чем говорит с жюри подбежавший к ним со сцены Витя Василенко – бессменный и единственный ведущий КВН, студент филологического факультета университета, умница и поэт. Как выяснилось, сказал он им коротко и ясно: «Еще раз такое судейство, и вести КВН будет некому. Я уйду. Зал вас разорвет.»

И это сработало. Потихоньку положение стало выравниваться. Мы даже немного лидировали. Но казусы еще были. Победили мы с небольшим отрывом. Но все-таки победили!

Между прочим, наш КВН кардинально отличался от КВН нынешнего, который можно видеть по телевизору. Даже в высшей лиге соревнующиеся команды показывают только домашние заготовки. Никаких тестов на находчивость и чувство юмора в течение игры не предлагается. А наблюдать, как команды читают по бумажке смешные фразы, приготовленные дома зачастую из интернета, и соревнуются, чьи фразы юморнее, иногда просто скучно.

В наше время заранее готовили только выход-приветствие. Все последующее время предлагались не только всей команде, но и отдельным ее участникам конкурсы-тесты, где на ходу надо было сочинять или отвечать, показывая и свою находчивость, и свое чувство юмора, и свой артистизм. Этого не подготовишь. Этим надо обладать.

Музыкальная школьная жизнь.

В 9-м классе я собрал первую музыкальную группу: баян, гитара, ударник и контрабас. Витя, Гена, Валик и паренёк из 8-го класса Вова Галифанов сложились в классный вокальный квартет. Тренировались петь в два, три, а иногда и в четыре голоса – каждый свою партию. Их успех на любых концертах был неизменным.

Именно в это время я стал писать песни уже на регулярной основе.

Когда нас пригласили дать концерт на Роменской швейной фабрике (зрители 500 женщин и 50 мужчин), и наш вокальный квартет спел мою песню, написанную по мотиву рассказа А.Грина «Бегущая по волнам», их вызывали на бис четыре раза!

«Может быть придет добрая печаль,
Может захлебнется морем...
А в глухой дали где-то есть причал,
Где твое прибьется горе.
И устанут чайки ждать ветра,
И уснут на гребнях мутных,
И еще что-то не спето,
И прошедшего хочется смутно...

В синей полутьме горизонт устал
И задумался о чем-то.
И родится вновь синяя звезда,
Как глаза одной девчонки.

*И кому-то повезет в море,
Но таких не много счёл я,
А кого-то волны смоют –
Вот его-то и спасёт девчонка.*

*Сильными всегда
Молодость полна –
Море их рождает часто.
Но никто не смог
Просто по волнам
За своей мечтой умчаться.*

*Лишь девчонка, что умела верить,
Оказалась самой сильной.
Вот такая и сумеет
Сделать жизнь
По-настоящему
красивой...»*

Конечно, сумбур. Больше юношеских эмоций, чем смысла. Но, положенная на приятную мелодичную музыкальную основу, в безупречном вокальном исполнении в четыре голоса четырех шестнадцатилетних красавцев она вызывала такие эмоции зрителей. А эмоции и есть, по моему мнению, самое главное. В любом виде творчества.

«Бегущая по волнам» была вторая из более чем ста песен, написанных с 9 класса и по сей день.

А самой первой песней была «Прощание». Мы тоже исполняли ее на концертах.

*Загрустило небо за рекою,
Запахнулось туч накидкой темной...
И в тисках осеннего покоя
Журавли плывут своим путем в ночь*

*Их вожак угрюм и неприветлив-
Крик беззвучный боли в взмахе клана.
Где-то за морями солнце светит –
Здесь леса в рубашках из тумана.*

*Стая в мутно-серый холст небесный
Вписана отчетливо и тонко,
Словно грустью залитая песня
Сказочного гадкого утенка.*

*А над ней гроза уж когти точит
И грозит склевать дождем и градом.
И лишь забытье холодной ночи
Служит им недолгою отрадой.*

*Ветер, провожая их, стремится
Разорвать, как книжку, злую осень:
Пожелтевшие лесов страницы
В переплете из зеленых сосен.*

*Взгляд вперед, но птицы внемлют чутко:
Скоро горизонтом речка станет...
И в сердца огнем ворвется чувство
К родине любви у птичьей стаи.*

История этой песни не закончилась в Ромнах.

Однажды Миша Унке, старший сын нашей любимой учительницы Анны Михайловны (о ней чуть позже), уже студент Университета приехал из Ленинграда домой, а мы, еще школьники, собрались у них дома. Как всегда обменивались новостями, шутили, пели. В том числе спели и эту песню. Она так понравилась Мише, что он тут же выучил ее и увез с собой в Ленинград. Через несколько лет мы опять встретились в Ромнах, и Миша рассказал, что не раз под гитару пел «Прощание» в компании своих друзей. Только в своей компании.

И как же он удивился, когда через несколько лет, после сдачи выпускных экзаменов, проходя по коридорам Университета, он вдруг услышал знакомую песню. Знакомые слова. Он заглянул в аудиторию, из которой доносилась песня, и увидел совсем незнакомых молодых ребят с гитарой, поющих «Прощание». Мелодия – чуть изменена, но все равно ему было приятно, что он отправил в такое далекое плавание песню, написанную в его родном городе учеником его мамы.

В преддверии окончания школы.

В 10-м классе та же карусель: спорт, концерты, «Голубые огоньки», КВН.

Но к этому добавилось еще кое-что.

Как-то в конце года в классе устроили танцевальный вечер. Сдвинули парты, освободив небольшой «пятачок» для танцев. Мальчики танцевали, а я стоял в углу. Вдруг высокая, стройная сероглазая Лариса Волковицкая подошла ко мне и, взяв за руку, потащила танцевать. Это был мой первый танец в жизни. Первое прикосновение к женскому телу. Когда мои руки легли на ее плечи, близость к девушке вдруг вызвала абсолютно незнакомое, сладкое и в то же время – пугающее чувство. Хотелось, чтоб этот танец продолжался и продолжался.

В это же время мы с ребятами стали сумасшедшими болельщиками городских футбольных команд: «Электрон» (команда Завода автоматических телефонных станций) и «Звезда» (команда воинской части, расположенной в городе). На городском стадионе разворачивались смертельные баталии первенства области, а мы надрывали горло, болея за своих. У нас были свои кумиры, пообщаться с которыми уже было счастьем.

Я подружился с Рафиком, вратарем «Звезды», и даже удостоился его визита ко мне домой, где я накормил его мамиными котлетами и пирогом с вишнями. И когда затем перед игрой я подходил к воротам, и Рафик, идя навстречу, пожимал мне руку на виду всего переполненного стадиона, литавры гордости били в мое сердце!

Как-то после одного из драматичнейших футбольных матчей я, придя домой, сел и под свежим впечатлением написал эмоциональный репортаж о нем. Отнес в районную газету. И уже на следующий день почти без сокращений читал свой репортаж в свежем номере. После этого я стал писать репортажи о футбольных матчах регулярно. Так что к окончанию школы у меня на руках было 27 печатных работ. Приличный багаж для поступающего на журналистику. Именно на этот факультет я и решил поступать в Университет еще в 8-м классе.

Факультеты журналистики в Украине были в университетах Киева и Львова. И я знал, что в Киеве кроме сдачи экзаменов требуют наличие хотя бы пяти публикаций (у меня их было 27) и наличие двух лет трудового стажа, подтвержденного записью в Трудовой книжке.

Поэтому после окончания 8 класса я пришел в районный Дом культуры и предложил себя в качестве аккомпаниатора на баяне. Без зарплаты, но с Трудовой книжкой. Повезло.

Как раз в то время должен был открыться кружок бальных танцев, куда меня и взяли работать. Работал по вечерам, четыре раза в неделю по два часа. Такой была моя первая не пыльная работенка, и еще не раз в жизни я вспоминал добрым словом отца, заставившего меня выучиться играть на баяне. Поэтому к моменту поступления в институт у меня на руках была новенькая Трудовая книжка с записью о двух годах трудового стажа.

Наша «семерка» сдружилась настолько, что я не представлял себе, как после окончания школы мы разъедемся в разные институты по разным городам. И вот мы с Витей собрали остальных в математическом кабинете школы, который Коля Тугарин оснастил электронными машинами, и ему позволялось заходить туда в любое время. Мы предложили: давайте поедем поступать в один город, продолжим нашу дружбу и увлечения, создадим свой маленький счастливый мир, свой «город Солнца», ведь нам так хорошо вместе!

Идея оказалась слишком романтичной. Ничего не вышло. Победил прагматизм: Толику Петровецкому удобнее было поступать в Педагогический институт в Сумы, Коля Тугарин настроился в Харьковский политехнический, Валик Ващенко – в Московский авиационный, а Юра Двинский – в Воронежский университет. Кстати, все они: Толик, Валик и Коля Тугарин, кроме Юры, поступили с первого раза.

С Витей Московцом и Колей Тугариным

Школу мы закончили хорошо: Гена и Валик с золотыми медалями, мы с Витей – с серебряными. У меня были две «четверки»: по черчению и по физике. По физике «четверку» выпросил себе сам.

Дело в том, что хотя в процессе учебы «пятерку» по физике я зарабатывал легко, а в 8-м классе даже случайно занял призовое место на городской олимпиаде, по-настоящему глубоко физику как и математику никогда не понимал. А вот Коля Тугарин – был настоящим «асом» и в физике, и в математике.

Я уже упоминал, что в 10-м классе Коля оборудовал электронными машинками для тестов математический кабинет. Узнав об этом, Петр Ефремович, учитель физики, попробовал заставить его сделать то же и в кабинете физики. У Коли характер: заставляешь – не буду.

Выпускные экзамены. Физика. Я отвечал как раз перед Колей и спокойно получил свою «пятерку». Вернулся к парте и стал не спеша собирать вещи. Вдруг, слышу:

— Ну что ж, Тугарин. Больше «четверки» я тебе поставить не могу.

Несправедливость учителя и дружба с Колей швырнули меня обратно к экзаменационному столу.

— Петр Ефремович, Вы ставите Тугарину «четыре» ? Да лучше него никто в школе физику не знает!

— Миша, ты свой экзамен сдал? Иди домой. – Спокойно, но с угрозой ответил учитель.

— Если Тугарину – «четыре», и я «пятерку» не заслуживаю.

Учитель молча исправил мою «пятерку» на «четверку». Вторую – в Аттестате об окончании школы.

Анна Михайловна

Девятый класс подарил мне дружбу и любовь уникальнейшей женщины. Дружбу и любовь с первой нашей встречи и до последнего дня ее жизни.

Анна Михайловна Унке. Чуть выше среднего роста, стройная, тонкие черты лица, высокий лоб. Умные светло-карие глаза. Живая и в то же время сдержанная, энергичная, с командным голосом повышенной громкости.

Анна Михайловна всю жизнь преподавала английский язык в нашей школе(жаль, что не в моем классе), и ее ученики без труда получали «пятерки» по английскому на вступительных экзаменах в институты и университеты. В республиканском Доме учителя в

Киеве на Доске Почета были вывешены фотографии: по одному учителю каждого школьного предмета. Английский язык – ее фото. Лучшая учительница английского языка в Украине!

Но уникальность ее была не в этом. Такого Человека я больше в жизни не встречал.

Анна Михайловна была АЛЬТРУИСТКОЙ ДО МОЗГА КОСТЕЙ. Ученики всех классов, где она вела классное руководство, становились ЕЁ детьми. Детьми без кавычек. Детьми, одинаково любимыми ею и одинаково любящими ее.

Двери ее дома не закрывались. Каждый день, без выходных, к ней приходили ребята, в разное время окончившие школу. Сидели до ночи. Делились всем, буквально всем: от успехов и проблем в школе, институте, на работе до самых потаенных интимных секретов. И все это принималось в ее большое сердце. Она не только слушала, понимала, анализировала, но и сопереживала, соучаствовала, давала советы, которые почти всегда оказывались верными и действенными.

Более того, бывали случаи, когда кто-то из ее учеников на вступительных экзаменах в ВУЗы в Киеве, Харькове или других городах получал по ее мнению незаслуженно низкую оценку, она срывалась в эти города, и, не могу даже представить каким образом, убеждала руководство того или иного Университета пересмотреть оценку или дать возможность пересдать предмет.

Только она могла помирить поссорившихся влюбленных, только она могла убедить родителей снять запрет на встречи мальчиков с девочками и наоборот. Только она могла писать письма в армию (в том числе и мне), поддерживающие в самые трудные минуты.

Она жила жизнью своих учеников, полностью растворяясь в них: каждодневно и многие годы.

Мне рассказали историю одного из выпускных вечеров в нашей школе.

Уже стемнело. В разгар праздничного застолья двое пьяных идиотов пристали к парню и принялись его избивать на глазах у всех. Выпускники – парни и девушки – испуганно молчали, не решаясь вступиться. Все знали, что нападавшие связаны с криминалом.

И вдруг откуда ни возьмись, вихрем налетела Анна Михайловна. С криком: «Вы что же делаете? Прекратить!!!» – она вклинилась между хулиганами и их жертвой. Энергия разъяренной тигрицы была столь страшной, а ее авторитет столь непререкаемым, что нападавшие испарились в темноте, будто их и не было.

И еще не по приказу, а по призванию Анна Михайловна руководила всей внеклассной работой школы. И таким образом в 9-м классе она автоматически и органично стала гуру нашей «семерки».

Она была НАД НАМИ и С НАМИ во всех мероприятиях: Концертах, КВН-ах, «Голубых огоньках», конкурсах спортивных бальных танцев. Причем, в бальных танцах сама делала композиции, и сама же тренировала пары для участия в городских и областных конкурсах. Часто отпрашивала нас с уроков для репетиций в школьном зале перед выступлениями. И на всех этих репетициях и выступлениях она всегда была рядом, волновалась больше нас, подбадривала нас и словом и делом. ОНА БЫЛА В НАС.

И так же, как многие поколения школьников до нас, мы оккупировали дом Анны Михайловны. Плотно и надолго. Это был... своеобразный клуб. Мы собирались у нее вечерами за столом под лампой с оранжевым абажуром и часами говорили, говорили, говорили. Играли в разные интеллектуальные и не очень игры. Шутили. Делились самым откровенным. При этом, не замечая, постоянно обрывали бахрому скатерти на ее столе. Иногда появлялась принесенная нами символическая бутылочка легкого вина, а Анна Михайловна опустошала для нас холодильник.

Это был период, когда она жила одна с сыном Эдиком, на два года младше нас. Другой ее сын, Миша, на три года старше нас, тот, кто запустил мою песню «Прощание» в путешествие по Ленинградскому университету, домой приезжал не часто.

Анна Михайловна стала для меня второй матерью. Причем уже тогда я это понимал. Только один факт: каждый раз, возвращаясь в родной город откуда-нибудь, я спешил в первую очередь не домой, а к Анне Михайловне. Домой потом.

Вот что значит – РОДНАЯ ДУША! Вот что значит, когда тебя ПОНИМАЮТ, когда тебе СОПЕРЕЖИВАЮТ, когда ТВОИ ИНТЕРЕСЫ РАЗДЕЛЯЮТ и они становятся ОБЩИМИ интересами!

(Если бы, выбирая себе жену, мужчины (в том числе и я) понимали, что именно ЭТО – ГЛАВНОЕ, что одного симпатического личика недостаточно, разводов не было бы вовсе).

Поступление в вуз. Попытка первая.

Итак, отгуляли выпускной вечер, и оставался месяц до приемных экзаменов в Университет. Поскольку всю «семерку» убедить поехать в один город не удалось, Витя Московец, Гена Хацкевич и я все-таки решили поступать вместе в Белорусский университет в город Минск.

Витя на факультет физики (которой он никогда не увлекался), Гена – математики (которой он увлекался всегда), а я – журналистики. Учитывая серебряную медаль, мне достаточно было сдать на отлично русский язык и литературу устно и письменно (сочинение). Ребятам соответственно: физику и математику.

Если бы я получил «четверку», то надо было сдавать еще историю СССР и английский язык. Поскольку я три года посещал кружок русской литературы, а исторические книжки читал постоянно, оставался один пробел – английский язык. Лора Дмитриевна, учившая нас английскому языку с пятого по десятый класс была насколько доброй, настолько и нетребовательной. Поэтому даже средними знаниями мы не отличались.

И тут позвонила Анна Михайловна.

— Завтра в 9-00 у меня с тетрадкой и ручкой.

Так я лично на себе испытал, что такое учеба у лучшего преподавателя республики. Нас было несколько ребят, которых она решила за месяц подготовить к экзамену по английскому. ЕЁ ребят.

Конечно, никаких денег. Мы и не заикались. Над нашим рабочим столом Алик Кургузов, неплохой художник, прикрепил плакат: забавная рожица школяра и подпись: «А МЫ – УМЫ. А вы...увы ».

Без единого выходного, семь дней в неделю пять часов подряд жесточайшего вдалбливания самого необходимого материала. После каждого часа град вопросов: усвоили или нет, и задание на следующий день в объеме на хороших три дня запоминания. Приходилось засиживаться до 12 ночи, а утром опять к Анне Михайловне. И спрашивала урок она столь жестко и таком в сумасшедшем темпе, что несмотря на нашу давнюю и взаимную любовь, отвечая, мы дрожали от страха сказать что-то не так.

Но как же действенно сработал ее метод! Забегая вперед, скажу : через три недели после занятий с нею на экзамене по английскому языку в Минском госуниверситете я получил твердое «отлично», прочитав и переведя с английского текст и рассказав тему о советской космонавтике.

Кроме того, этот же месяц я занимался еще и с учительницей русского языка и литературы, хорошо закрепив полученные ранее на уроках и в литературном кружке знания.

И вот Витя, Гена и я в 17 лет впервые без родителей сели в грохочущий и пыхтящий черным дымом поезд и поехали в столицу республики Белоруссия город Минск. Остановились в частном домике давних знакомых моих родителей, заняв крохотную комнатку, спали на одной широченной кровати. Утром поехали в Университет.

Минск ошеломил своими нереально огромными размерами: широкие проспекты с отстроенными после войны зданиями, площадь Ленина, как полгорода Ромны, уносящееся в космос серое здание Университета и мы – три провинциальных парня, подавленные всем этим громадьем.

Сдали документы, получили экзаменационные листы. Мой был №13. Несчастливое это число будет преследовать меня всю жизнь.

Оказалось, что ни два года моего рабочего стажа, ни 27 печатных работ в Минском Университете НИКАКОГО ЗНАЧЕНИЯ НЕ ИМЕЮТ. Статус VIP и льготы имели только коммунисты.

В тот 1968 год конкурс на факультет журналистики был огромным – 30 человек на одно место! На 50 мест более 1500 желающих поступить. Время романтических профессий. Самые большие конкурсы на факультетах: журналистики, геологическом, географическом, в мореходные училища и других, дающих надежду на путешествия, приключения, встречи с интересными людьми.

О высокой зарплате, домах, автомашинах, яхтах никто не думал и не мечтал. Это не присутствовало ни в мыслях, ни в желаниях, ни в обычной жизни граждан самой великой страны в мире – Союза Советских Социалистических республик, которых до 1991 года было всего 15: Россия, Украина, Белоруссия, Литва, Латвия, Эстония, Узбекистан, Таджикистан, Туркмения, Грузия, Армения, Азербайджан, Казахстан, Молдавия и Киргизия. Сейчас это 15 различных государств, шесть из которых уже много лет находятся в состоянии войны друг с другом, благодаря двум президентам, двум муд...рецам – Михаилу Сергеевичу Горбачеву и Борису Николаевичу Ельцину.

Перед экзаменом – консультация по русскому языку и литературе. Огромная аудитория. Более тысячи абитуриентов. Проводит профессор, один из будущих экзаменаторов. Рассказал общие положения и требования к написанию сочинений. Предложил задавать вопросы. И первый вопрос из зала:

— А можно писать сочинение стихом?

Я весь напрягся, превратившись в слух.

— В истории Белорусского университета еще не было случая, чтобы сочинение, написанное в стихотворной форме, получило положительную оценку. Грамматических ошибок столько, что больше «двойки» никто не получал. Да это и не удивительно: практически невозможно за три часа полностью раскрыть тему, соблюсти и рифму, и ритм стиха, да еще и написать без ошибок.

Коротко и ясно. Моя надежда повторить успех прошлых Олимпиад умерла. Чувство такое, будто, не успев выйти на борцовский ковер, неожиданно получаешь «подножку». Причем, от арбитра.

И вот сочинение – первый экзамен, по которому я ПРОСТО ОБЯЗАН получить «пятерку», если не хочу сдавать ещё три экзамена, и любая случайность может оставить за бортом корабля, в котором поплывут в желанное студенческое «завтра» те, кто набрал нужное количество проходных баллов.

Расселись в аудитории. Поднимаю взгляд на доску, где, как всегда, написаны три темы сочинений на выбор. И вдруг вижу первую тему: «НИЧТО НЕ ЗАБЫТО, НИКТО НЕ ЗАБЫТ!» Боже мой! Да это почти то же самое, что «Подвиги отцов – пример для нас!», с которым я в 8-м классе выиграл республиканскую Олимпиаду! Готовое сочинение! Стоит просто переписать его. Слово в слово, запятая в запятую. Радость неописуемая. Пульс – в норме. Ну, вперед!!!

И тут медленно, ядом в уши тихий дьявольский шепот откуда-то из подсознания:

— Тебе ясно сказали, еще ни один поэт, написавший сочинение стихом не получил даже «тройку». Ну, напишешь. Получишь «двойку». А потом сам изгрызешь себя заживо: «Какой же идиот! Ведь предупреждали! Самый умный ? Вот и получил?! » Радость погасла.

Скрепя сердце, взял другую тему: «Катерина – луч света в темном царстве» по пьесе Островского «Гроза», которую все мы, участники школьного литературного кружка, знали чуть ли не наизусть. За два часа спокойно написал, конечно, прозой. Затем два раза проверил грамматику. И в полной уверенности в законной «пятерке» сдал сочинение экзаменаторам за полчаса до окончания предоставленного времени.

На следующий день сдавали экзамены Витя – физику и Гена – математику. Оба сдали на «отлично» и, имея медаль за школу, были благополучно зачислены в Университет. Мы бурно отпраздновали их успех, причем, уложились всего в одну бутылочку сухого вина. Алкоголь с лихвой заменяло пьянящее чувства радости друг за друга. А на утро поехали все вместе смотреть мою оценку по сочинению.

На мраморной колонне был вывешен список. С трудом отыскав свою фамилию, я прочитал: «Удовлетворительно». Сердце упало. Не «Отлично», в чем был уверен. Не «Хорошо», что по какой-то случайности могло произойти.

А «У-дов-лет-во-ри-тель-но» – «тройка». Хуже только «двойка».

Когда этот ужас, дошел до сознания, пылающая волна стыда, позора и горя залила все мое тело, разум и душу. Чувство краха, разгрома, поражения и... абсолютного непонимания, КАК ЭТО МОГЛО ПРОИЗОЙТИ???

После взлета на вершину многочисленных побед на Олимпиадах и почти трех десятков статей, напечатанных в газетах – даже не падение – обрушение. Не в пропасть. В никуда!

Передо мной стояли мои друзья, оба отстрелявшиеся на «отлично», уже студенты, и смотрели с таким недоумением и жалостью, что лучше бы мне не родиться.

Победителей не судят, побежденные всегда виновны. Когда способность соображать вернулась, решил во что бы то ни стало разузнать, в чем же был виновен я.

У дверей деканата факультета журналистики толпились такие же неудачники, требовавшие показать написанные ими сочинения. Наконец, к нам вышел декан и заявил, что такой практики в Университете не было, нет и не будет. И вдруг толпу раздвинул крепкий седой мужчина в генеральском мундире и непререкаемым тоном заявил:

— Вы сейчас же покажете мне сочинение моего сына!

Он властно отодвинул оторопевшего декана и направился вглубь деканата. В ту же секунду за его широкой спиной я тоже проскользнул внутрь, и двери деканата захлопнулись.

Мы оба вошли в комнату преподавателей, где таким же властным тоном генерал произнес: «Сочинение Петрушевича, живо!»

«И Кербеля!» - стараясь подражать командирскому голосу, потребовал я.

И вот заветные листки с моим почерком у меня в руках. Ни одной грамматической ошибки там не было. «Тройку» мне поставили вот за что.

В моем описании одного из купцов: «Его капиталы составлены из денег, нажитых потом и кровью народа.» - экзаменатор после слова «капиталы» поставил красными чернилами жирную запятую, в глагол «составлены» добавил вторую «н» и дописал в конце слова букву «е», т.е. ввел в простое предложение причастный оборот. Получилось: «Его капиталы, составленные из денег, нажитых потом и кровью народа» - предложение без сказуемого, что стилистически уж никак не лучше первоначального варианта.

Эти три поправки значились на полях как три ошибки, а за три ошибки полагалась «тройка». Вот и все. Что делать дальше, как обжаловать такую оценку - в свои 17 лет я еще не знал, хотя и понимал абсолютную несправедливость происшедшего. Надо было брать в руки весло и преодолевать три следующие «порога», три устных экзамена: по русскому языку и литературе, истории, английскому языку.

На экзамен по русскому языку и литературе шел спокойным и уверенным. На вопросы билета по литературе отвечал практически одними цитатами из произведений классиков, что в то время считалось высшим пилотажем. По билету никаких претензий. И вдруг:

— Михаил Петрович, вы приехали к нам с Украины. Почему в Белоруссию? У вас в Киевском и Львовском университетах такие же факультеты журналистики. Вы знаете, что у нас надо будет изучать белорусский язык?

— Я знаю русский, знаю украинский, с удовольствием выучу белорусский.

— Сначала все так говорят. А потом получают диплом и уезжают на родину.

Сколько у вас в Украине молодежных радиостанций?

В голове: «Причем тут русская литература???»

Ладно. Радио я слушал регулярно (ТВ пришло позже). Перечислил четыре молодежные радиостанции. Но, оказалось, была еще одна, о которой я никогда не слышал. На что мне и указали.

Следующий вопрос:

— Где родился Адам Мицкевич?

— Простите, но ведь это польский поэт! В программе по русской литературе о нем ни слова.

— Да, но если бы Вы окончили белорусскую школу, вы бы знали, что родился он в фольварке Заосье, Новогрудского уезда, на территории нынешней Белоруссии, чем мы все и гордимся. К сожалению, больше «четверки» Вы не заслуживаете.

— Подождите. Задайте мне еще вопросы, любые вопросы по русской литературе. Пожалуйста!

— Довольно. Вот Ваша зачетка. Успеха на следующих экзаменах!

Занавес. Еще один балл потерян. Надежда на поступление помахала мне ручкой. Не спасли и последующие «пятерки» по английскому и по истории: 17 баллов. Проходной – 18. Потому что 15 мест из 50-ти отдали коммунистам с 16-тью баллами. СЛАВА КПСС (коммунистической партии Советского Союза)!!! Именно партия, официально провозглашая интернационализм и дружбу всех народов мира, на самом деле проводила жесткую политику национальных кадров: в Белоруссии должны учиться белорусы, в Украине – украинцы, а вот евреи – в... ???.

Глава 3. Армия

Возвращение Московца

Итак я вернулся домой. Неудачник. На учителей и знакомых смотреть – глаза не поднимались. Завышенные амбиции. Тем больнее переживать поражение. Неделю пролежал дома, не выходя на улицу, не читая книги и даже не смотря впервые появившийся в доме маленький черно-белый телевизор. Но все проходит. Надо вставать и жить дальше.

Работу нашел быстро. В профессионально-техническом училище (что-то вроде нынешнего колледжа) нужно было организовать художественную самодеятельность: хор, вокальный и инструментальный ансамбли, подготовить программу концертов к различным праздникам.

Время до Нового года пролетело незаметно. И вдруг звонок из Минска.

— Мишка, все надоело, физика – не мое, да и соскучился. Бросаю Минск и приезжаю домой. Встречай.

Так, проучившись полгода, закончил свои первые «университеты» Витя Московец. Неожиданно. Снег на голову. Я аж светился от радости встречи с однодушником.

Витя приехал, и первым делом мы пошли к Анне Михайловне. Встреча, объятия, новостей – не пересказать. И в это же время к ней заглянула Оля Олешко. Маленькая, миленькая, умница. Большие зеленые глаза («у беды глаза зеленые – не простят не пощадят...»), маленький тонкий носик, полные губки. Она училась в параллельном классе и закончила школу с золотой медалью. Мы все знали друг друга. Знали, что в последнем классе она недолго встречалась с симпатичным хулиганом Вовкой Доропеем. Оля была любимицей Анны Михайловны, но больше – как прилежная ученица. Она и поступила в Харьковский Университет на факультет математической лингвистики: сочетание английского и математики, а сейчас приехала навестить родителей на зимние каникулы.

Пару часов общих разговоров. Пора уходить. Попрощались с Анной Михайловной и вышли в морозную снежную ночь. И вдруг Витя пошел провожать Олю домой. А, проводив, прибежал ко мне. Совершенно влюбленный. С ног – до сердца, от сердца – до головы.

Еще в 10-м классе Витя начал писать стихи. Хорошие стихи. Лучше моих.

Как поэт он был намного талантливей меня. Увлекался Маяковским и знал наизусть «Облако в штанах» и «Флейта-позвоночник». Свои стихи Витя писал «лесенкой», каламбурил

(«*даже*

    финским

        скалам бурым

            отвечаю

                каламбуром»).

И какая же лавина стихов и признаний хлынула на Олю, тоже вспыхнувшую от жара его любви. Она – в Харькове. Витя – в Ромнах. Пять дней он разгружает вагоны, чтобы заработать на поездку в общем вагоне поезда в Харьков. Ночует на лавочках Харьковского вокзала. Ждет, когда Оля закончит занятия и выкроит пару часов погулять с ним. Зимой. В мороз. Потом ей надо бежать домой, на съемную квартиру, готовить уроки. А Витя снова – на вокзал, на свою лавочку . Там тепло и можно сочинять стихи. Через пару дней возвращается в Ромны.

Однажды часа в три ночи он разбудил меня звонком в дверь. Глаза – два пылающих костра. Родители спали. Пошли на кухню. Показывает полученную в 12 ночи телеграмму от Оли. Два слова: «Люблю. Очень.» А потом достает тетрадку с только что написанной поэмой куплетов на пятнадцать, в которой каждый куплет заканчивался словами «Люблю. Очень.». И конечно же назавтра он уже был в Харькове и читал, и дарил Оле эту поэму.

Так прошла зима. Весной перед летними экзаменами времени у Оли стало намного меньше, и Витины поездки в Харьков стали реже. Но письма-голуби с прозой и стихами летали в Харьков без перерыва.

Приглашение в музыкальный взвод

В воздухе пахло маем и армией. Подходил наш срок пару лет послужить Отечеству. Однажды вечером, придя домой, я услышал от отца:

— К нам сегодня приходил капитан Кушкин (его сын учился в нашей школе). Он набирает ребят для музыкального взвода воинской части в городе Шостка (там, где мы играли в баскетбол). Директор музшколы рекомендовал тебя. Капитан обещает: служба – «не бей лежачего». Играй на дудке, в отпуск каждые полгода, кормят на убой и опасности никакой. Да еще и в родной Сумской области – триста километров от дома. Но я ему сказал, что ты без Вити Московца не пойдешь. Он согласился взять и его. Так что ждите повестки.

Через несколько дней мы с Витей уже топали в военный комиссариат оформлять необходимые документы. И вот – ее величество Судьба – за двести метров до военкомата встречаем Леву Липковича – вылитый молодой Пушкин, музыкант от Бога. Парень, выросший без отца, с больной матерью, полуголодное детство, с 14 лет основной кормилец в семье благодаря баяну: свадьбы, праздники, новогодние утренники – любые подработки. Мы были знакомы, хотя никогда не дружили, и он был на пару лет старше. К тому времени Лева играл в городских эстрадных оркестрах и владел чуть ли не всеми музыкальными инструментами.

— Привет! Вы куда?
— В военкомат, в музвзвод в Шостку.
— В музвзвод? И я хочу. Мне тоже в этом году в армию.
— Пошли (знал бы я тогда, чем мне это «Пошли» аукнется).

Так нас троих и оформили в воинскую часть, охранявшую военный завод в Шостке, и обязали через 10 дней прибыть на сборный пункт для отправки на службу.

Конец мая 1969 года. Солнце по-летнему теплыми волнами заливает город. Проводы в армию – в квартире у Вити. Куча друзей, родители. Музыка, шум, гам, тосты.

Приехала из Харькова Оля. Специально проводить Витю. Они сидели рядом. Её рука в его руке. Мы пили, пели, веселились. Но сквозь угар вечеринки я вдруг явственно ощутил: Оля – другая. И провожала она Витю не по чувству, а по долгу. Взгляд доброжелательно спокойный. Это пугало. Ведь он по-прежнему любил её, жил ею.

На следующий день нас увозили в Шостку. Странный момент прощания с родителями: меня ждет прекрасная и легкая служба, всего лишь музыкальный взвод, а папа вдруг заплакал. Я опешил: впервые видел его слёзы.

— Что случилось? Это же только музыкальный взвод! Все будет хорошо! – пытался я его успокоить.

— Нет. Я чувствую, тебя ждет трудное, очень трудное время.

Это слова оказались пророческими. И в том, что отец обладал этим даром, мне не раз еще пришлось убедиться в будущем.

Первый армейский день

Перед началом службы все призывники должны пройти двухмесячный «Курс молодого бойца» в Учебном пункте, где обучали азам: стрелять из автомата, Уставу караульной службы, ходить строевым шагом, химической защите и т.д. И когда нас троих привезли в палаточный лагерь, остальные призывники весны 1969 года уже более месяца этим занимались и, главное, втянулись в ритм нагрузок. Мы же были «свеженькими», только из-за провожального стола.

Нужно признаться, что последний год ни спортом, ни другими физупражнениями я не занимался. Витя же сохранил наработанную за предыдущие годы форму: бегал и прыгал он прекрасно.

Сразу повели получать солдатскую форму. Выдали майку, трусы, ремень, гимнастерку, пилотку со звездочкой, брюки, портянки (вместо носков), сапоги. Надеваю сапоги – нога болтается. Прошу каптерщика-грузина с усами, как у таракана, дать поменьше.

— Других нэт. Пару днэй потэрпишь, потом помэняю.

— Ну, – думаю – может в армии так положено. Потерплю.

Витя, я и Лева попали в разные взводы (взвод – 30 солдат), в каждом взводе три отделения по 10 солдат, и каждое отделение спало в своей большой палатке. Вечером занятия по изучению Устава караульной службы. Проводит офицер, командир взвода. Дает задание выучить ряд правил, примерно на страницу текста. Время – 45 минут. Успеваю выучить две страницы. Офицер начинает спрашивать. Поднимаю руку и почти наизусть барабаню то, что только что прочитал. Офицер улыбается:.

— Мы одну страницу уже три дня мучаем, а ты две за 45 минут вызубрил? Учитесь, лоботрясы.

Вообще-то он употребил другое слово, неприятно резанувшее слух.

За все время моей армии я так и не привык, что из 10 слов, произнесенных хоть солдатами, хоть сержантами, хоть офицерами вплоть до старших командиров, минимум половину составлял мат. Нецензурная брань. Где надо и где не надо. Конечно, общаясь на улице с ребятами, я и раньше слышал мат, но не в таком количестве. Дома – никогда. И, видимо, поэтому мат не переносил. С тех пор и до настоящего дня.

В этот спокойный вечер, поглядывая на постриженных налысо ребят моего отделения (меня постригли позже), я чувствовал некоторое превосходство. По команде «отбой» улегся в солдатскую панцирную койку и заснул крепким сном, успев подумать: «А армия-то ничего. Ничего страшного.»

Марш-бросок

Следующее утро быстро показало, как же я ошибался!

Крик сержанта: «30 секунд – подъем!!! На зарядку становись!» – выкинул меня из койки. Все вокруг, лихорадочно надевая брюки и сапоги, без гимнастерок выскакивали из палатки. Наш Учебный пункт располагался на стадионе. И зарядка началась с быстрого бега по 400-метровой беговой дорожке стадиона. Три круга. Пробежав два, я «сдох», хотел остановиться, но злой окрик сержанта и чья-то рука сзади, поддержавшая мою спину, помогла продолжить бег. Оглянулся. Невысокий черненький крепыш кивнул мне:

— Немного осталось.

Теплое чувство благодарности добавило силы и помогло добежать до конца. Позже я узнал, что это был Али Алиев, паренек из азербайджанского аула. Мой добрый ангел. Он меня еще выручит не раз.

После зарядки и умывания – быстрый завтрак. А потом нам выдали противогазы и автоматы (через плечо), подсумки с металлическими рожками для патронов и штыковые лопатки (пристегнуть к поясному ремню).

— Мы куда ? – спросил у стоявшего рядом.

— Марш-бросок на стрельбище, 6 километров, если кто отстает, весь взвод бежит еще километр вперед, а потом возвращается за отставшим. Благодарность соответствующая. После стрельбы снова бегом домой. Те же 6 километров.

Мир покачнулся. Первый раз, без привычки, с тяжелым автоматом, противогазом, сумкой с двумя железными магазинами для патронов и штыковой лопатой пробежать 6 км в летнюю жару – казалось абсолютно нереальным.

– Может будем бежать потихоньку ? – Успокаивал себя, но тут же раздалась команда:

— Взвод, вперед, бегом марш!

И мы побежали. Да так, будто бежали стометровку. «Господи, они что, с ума сошли ?! Куда так быстро ? И километр так не пробежать...» - пронеслось в голове. И еще: «Только бы не отстать, только бы не отстать...»

Пока бежали по городу, было еще ничего: взгляд выхватывал аккуратненькие белые домики с серыми шапками шиферных крыш и аллеи сквериков, почти как в моем родном городе. А вот когда мы углубились в редкий сосновый лесок с мягкой песчаной почвой, по которой бежать в два раза труднее, стало совсем плохо.

Удушающая жара, пыль выше глаз, заливаемых потом, который невозможно смахнуть, так как одна рука придерживает автомат за правым плечом, а вторая – противогаз за левым. Сердце выскакивает изо рта, забитого пылью. Автомат, резко потяжелевший, то и дело больно тычется в бок, который и без того терзает колющая боль, будто в него вонзились тысяча иголок. Штыковая лопата бьет по ноге, и к тому же ощущение такое, что бегу босыми ногами по горящей нефти – сапоги-то не заменили.

Дикое желание остановиться хоть на миг тут же пресекается нечеловеческим матом сержанта и ударом приклада в спину. Пульсирующая в голове мысль: «Только бы не отстать, только бы не отстать...» - сменяется на: «Ты еще живой... Ты еще живой...»

Сознание потихоньку затуманивается. И вдруг необыкновенная лёгкость – подарок богов – кто-то сдёргивает с меня автомат. Краем глаза вижу, что это все тот же Али Алиев. Убирает с плеча «пудовую» тяжесть в последнюю секунду перед тем, как я уже почти падаю на землю. Безмолвный смуглолицый азербайджанский ангел.

И снова бег. Без конца и без края. Без времени и расстояния. Бег и боль. Бег и боль. И – «Ты еще живой... Ты еще живой... Ты еще живой..» – продолжаю зомбировать себя, благодаря чему почти дотягиваю до стрельбища.

«Почти» – потому что метров за триста до финиша я все-таки отстал.

Не мог бежать. Еле плелся, кусая губы от боли, а взмыленный, судорожно хватающий воздух взвод стоял и молча смотрел на меня. Крик офицера – командира взвода:

«Почему отстал?!» – заставил забыть обо всем. Я понимал: неправильный ответ и... хуже только смерть. Сам не зная почему, вдруг, выдавил: «Ноги...».

— Снимите с него сапоги! Ну, если соврал!!!

Я бухнулся на землю, и кто-то стащил с меня сапоги. Взвод вздрогнул. Белые портянки моих сапог превратились в кровавые тряпки – ноги были стерты до мяса.

— Поводите его по траве,- аж отвернулся офицер.

Двое крепких солдат подхватили меня под руки и потащили к огневому рубежу.

«Лучше бы дали полежать... пять минут».

Но лежать некогда. На стрельбище надо стрелять. Первое упражнение стрельба лежа с упором на локти. Довольно далеко перед нами черная мишень на белом фоне, на которой нарисованы круги, обозначенные цифрами. Самый центр – 10 очков, дальше по убывающей: 9,8,7,6,5 - черные круги заканчиваются и начинается белое поле – «молоко». Три патрона. Три выстрела. Попадешь в центр, выбьешь в сумме 26 очков – «отлично», 24 – «хорошо», 21 – «удовлетворительно». Меньше – «неудовлетворительно», то есть «двойка».

Последние два года мы с Витей увлекались стрельбой из воздушной винтовки в стрелковом тире роменского парка. Стреляли регулярно и всегда возвращались домой с игрушками-призами. В последнем классе я даже раз стрелял за сборную школы на первенстве города из оружия посерьёзней – малокалиберной винтовки.

Но из автомата Калашникова – лучшего в мире оружия – стрелять никогда не приходилось. В день марш-броска я увидел его впервые. И если остальные солдаты уже месяц изучали, разбирали-собирали оружие, то я о нем понятия не имел. Не знал, как правильно держать автомат, стреляя лежа. Не знал, что у него есть предохранитель, не сняв который выстрелить невозможно.

И вот команда: «На огневой рубеж шагом марш!»

Солдаты по трое выходили вперед и ложились на землю. Перед каждым черно-белая мишень. Расстояние – 150 метров. Моя очередь. Выхожу вместе с двумя солдатами, каждый напротив своей мишени, ложусь. Вместо того, чтобы держать автомат на весу на локтях, упираю рожок с патронами в землю. Ловлю мушку в разъем прицела (как привык в Роменском тире).

Команда: «Огонь!» Нажимаю курок. Рядом справа и слева хлопают по ушам непривычно громкие выстрелы сослуживцев, а мой автомат молчит. Опять команда: «Огонь!». Опять нажимаю курок – тишина. Автомат не стреляет. Перед третьей командой успеваю повернуться к солдату, лежавшему справа.

— Автомат не стреляет …?

— Предохранитель опусти – показывает тот на своем автомате ручку, которую нужно нажать вниз.

И тут команда: «Огонь!».

Еле успев поймать мушку в прицел и навести в центр мишени, сжавшись в один нерв, на выдохе трижды нажимаю на курок, улетев к мишени вместе с тремя пулями. Даже ударов в плечо приклада автомата – отдачи от выстрелов – не почувствовал. Фух! Отстрелялся.

Офицер и зам.командира взвода старший сержант Галлиулин, подходят к мишеням, по очереди вызывают стрелявших в них солдат и считают количество выбитых ими очков. Я слышу результаты стрельбы и оценки каждого: в основном «тройки» и «двойки», пара «четверок и одна «пятерка» (26 очков) у Дацюка, здоровенного парня с Западной Украины, зам.командира отделения.

Последней звучит моя фамилия. Подхожу на цыпочках (на всю ступню стать не могу) и впиваюсь взглядом в свою мишень. Сначала в «молоко» – ни одной пробоины. «Господи, даже в «молоко» не попал?!»- стыд и страх перехватывают дыхание. И как сквозь вату слышу глухой голос офицера: «9+9+10. (28!) Хм, «Отлично». Молодец воин! Бегаешь плохо, зато стрелять умеешь.»

Еще не осознавая своей удачи, вместе со всеми иду к другому огневому рубежу: стрельба очередями (по два патрона сразу) по появляющейся на три секунды деревянной зеленой мишени в рост человека. Расстояние – 300 метров. Попадаешь с первой очереди – «отлично», со второй – «хорошо», с третьей – «удовлетворительно», не попал – «неудовлетворительно», т.е. «двойка». И опять меня вызывают последним. И опять взвод стреляет на «двойки» и «тройки», кроме Дацюка, выбившего мишень с первого раза, но не попавшего в неё второй и третьей очередями.

Мой черед. Теперь уже спокойно ложусь на линию стрельбы. Снимаю с предохранителя. Снова упираю рожок автомата прямо в землю – устойчивость лучше, чем на весу на руках. Ловлю мушку в прицел. Ничего не вижу и вдруг далеко, из под земли, встает зеленый фанерный силуэт человека. Нажимаю курок, считая: «Двадцать два» – отсекаю два патрона из автомата. Мишень падает. Попал с первого раза. Подходит офицер. Кричит:

— Поднимите еще раз!

Поднимается мишень. Еще очередь. Мишень падает.

— Поднимите еще!

Третья очередь и третья мишень сбита. Три «отлично».

— Взвод построиться! Рядовой Кербель, два шага вперед! - кричит командир.

Не выхожу – вылетаю, не чувствуя горящих ног, с грудью, полной счастья и гордости.

— Лучше всех в 3-м взводе стреляет рядовой Кербель. Маршброски для него отменяются. На стрельбище он будет ездить на машине, отвечать за оборудование: мишени, бинокли. А вам, до сих пор не научившимся стрелять, команда: «ГАЗЫ»!

Все быстро нырнули в противогазы, что в полуденной жаре было почти равно удушению.

— Взвод, по-пластунски, вперед!

И бедные мои сослуживцы поползли в противогазах, считая секунды до разрешения снять их и снова бежать проклятые 6 километров по песку и лесу, подгоняемые прикладами и матом сержантов.

Стрельба была главным делом потому, что наш полк охранял военный завод. Ну очень большой важности. Мы даже точно не знали, что там производят. Но по тому, с какой скоростью мы, восемнадцати – двадцатилетние парни теряли волосы, можно было догадаться, что изделия завода и их производство радиоактивны.

Вокруг завода посты на вышках вдоль взрыхленной контрольно-следовой полосы, за которой колючая проволока. Попытки проникновения на объект мы должны были пресекать сначала голосом, потом предупредительным выстрелом вверх, а если нарушитель не реагирует – стрельба на поражение. Естественно, только на «отлично». В любое время дня или ночи.

В первый раз возвращение в полк на машине спасло меня, но я отлично понимал, что если буду ездить на стрельбище постоянно, а остальные будут бегать этот мучительный кросс, то сослуживцы меня возненавидят. Поэтому поехал на машине еще только один раз. В дальнейшем ноги зажили, и я бегал вместе со всеми.

Постепенно, хоть и трудно втягивался в будни учебной роты. Самое тяжелое – физподготовка. Бегать, прыгать, полоса препятствий, отжимания, упражнения на турнике: подтягивание, подъем силой, подъем переворотом.

А у меня при росте 1 метр 94 сантиметра вес – 70 кг. Кожа да кости. Мышц минимум. Проблема. Конечно, не я один такой, но от этого не легче. Зато стрельба и политическая подготовка – главные предметы – только «отлично». Через пару дней я уже успевал вместе со всеми за 30 секунд раздеться вечером перед сном и за 30 секунд одеться утром. Это было обычным. Необычное произошло, когда срок обучения в Учебном пункте почти заканчивался.

Однажды среди ночи мы услышали пьяный рев нашего зам. командира взвода старшего сержанта Галлиулина:

— Взвод, 30 секунд подъем!

Вскочили, оделись, выстроились у палатки. Звезды – россыпью бриллиантов на черном полотне июньского ночного неба.

— Взвод, 30 секунд отбой!

Разделись, нырнули в кровати.

Через несколько минут:

— 30 секунд подъем!

Снова оделись. Построились.

— 30 секунд отбой!

И так полтора часа подряд. С перерывами на пять-десять минут. Пьяный сержант садистски упивался своей властью, измываясь над нами. Взмыленные, не выспавшиеся, злые мы проклинали

Галлиулина и тот час, когда родились на свет (наутро очередной марш-бросок). Экзекуцию прекратил наш командир отделения младший сержант, спавший в одной палатке.

— Не вставать! - коротко бросил он после очередного пьяного рыка: «30 секунд подъем!». За нами отказалось выполнять команду и второе отделение, затем третье.

На следующий день мы узнали, что следствием ночной «тренировки» стало разжалование Галлиулина из старших сержантов в младшие и отзыв из учебного пункта в роту, в караульную службу.

Приближался день окончания учебы, принесения присяги на верность Родине и распределения по подразделениям: музыкальный взвод, взвод связи, хозяйственный взвод и семь рот по 100 солдат в каждой.

Караульная служба в ротах: через день выезжать из города на охрану военного завода. Второй, свободный от караула день – занятия на стадионе и в казармах те же, что и в Учебке: строевая, физическая и политическая подготовки, защита от химического и ядерного нападения, уставы службы.

Поскольку нас с Витей брали специально для музыкального взвода, о том, куда мы попадем, беспокоиться было нечего: муз. взвод, куда же еще. О Леве мы как-то не подумали. Он был в другом взводе и мы не пересекались.

19-е июня 1969 года (присяга - 22 июня). Неожиданно нас с Витей вызывает начальник штаба полка подполковник Матросов – громадный, с чапаевскими усами мужик, выбивавший на стрельбище 30 очков из 30, держа автомат в одной руке. Умница и полиглот (через год его арестуют за издание на Западе антисоветской книжки).

— В общем, так, ребята. Послезавтра распределение. В музвзводе два места. На одно мы берем вашего земляка Льва Липковича, он на всех инструментах играет, а на второе... Я знаю, что вы друзья «не разлей вода» да еще и медалисты по школе (откуда узнал?), вот сами и решайте: кому в муз.взвод, а кому в роту. Тот, кто пойдет в муз.взвод, пусть сочинит речь и выступит на присяге у Вечного огня. Народу будет много: родители, офицеры, весь полк.

Коротко и ясно. Ну, что ж, сели мы с Витей вечером перед отбоем на лавочку, открыли банку сгущенного молока и началось:
— Ты пойдешь в музвзвод.
— Нет, ты пойдешь.

— Это к тебе домой пришел капитан Кушкин.
— Не имеет значения, я тебя сюда притащил.
Спорили до тех пор пока не съели всю сгущенку и мне в голову не пришла мысль:
— Витя, 22 июня у тебя день рождения! Муз.взвод – это мой тебе армейский подарок. От подарка не отказываются.
На том и порешили.
Через день на распределении, когда была названа моя фамилия, и я строевым шагом подошел к начальнику штаба, он, пожав мне руку, произнес:
— Третья рота. Ничего Миша, послужи в карауле. А когда освободится место в музвзводе, мы тебя туда переведем.
«Когда» так и не наступило. Не наступило никогда.

Третья рота

Учебный пункт, где мы проходили Курс молодого бойца, и казармы полка, в котором придется служить, были хоть и недалеко друг от друга, но за прошедший месяц о порядках, царящих в казармах мы так ничего и не узнали. Ни плохого, ни хорошего. Информация не доходила. Поэтому, услышав, что попал в третью роту, я не испытал никаких эмоций.

Эмоции хлынули уже в первый день прибытия в казарму в расположение третьей роты.

Эта рота, как оказалось, была необъявленным «штрафным батальоном» нашего полка. Всех пьяниц, хулиганов, самовольщиков (самовольно оставивших часть) ссылали сюда. Во-первых, потому, что ее командиром был капитан Борщ, умевший и ладить, и держать в руках эту публику. Во- вторых, служба у нас была самой тяжелой в полку. Людей не хватало, и вместо положенных 8 часов караула на постах, и в зимнюю стужу, и в летний зной приходилось стоять и по 12, и по 14 часов. Плюс между караульным помещением, где мы жили и отдыхали, и постами было самое большое расстояние: на пост и обратно – топать и топать.

Я попал во 2-й взвод из трех, где царем и богом был заместитель командира взвода старший сержант Иванников. Нескладный, маленького роста, сутулый и белобрысый. Истерик с хриплым, но зычным голосом. Необразованный и невоспитанный, садист и антисемит. Подарочек еще тот!

Иванников невзлюбил меня с первой минуты нашей встречи и эту «любовь» сохранил, пока не уволился. Особенно возненавидел после того, как буквально через неделю службы меня избрали комсоргом роты, каковым до этого был он сам. Дело в том, что в Советском Союзе все подростки с 14 лет вступали в ряды Всесоюзного коммунистического союза молодежи (комсомол). Комсомольские организации, которыми руководили избранные комсорги, были в классах, школах, городах и т.д. То же происходило и в армии.

В полку, как и во всей Советской Армии, махрово цвела «дедовщина».

Все воины делились на четыре категории. Салаги – солдаты, только призванные на службу. Абсолютно бесправные, ничего не знающие и не умеющие, разных национальностей, из разных республик Советского Союза. Сплоченности – ноль. Были обязаны выполнять любые требования «дедов» и сержантов. Например, «дед» мог швырнуть «салаге» свои сапоги: «Три минуты почистить и доложить; койку заправить и доложить; белый воротничок к гимнастерке подшить и доложить...» – и т.д. Основная масса уборки в казарме и в караульном помещении падала на «салаг».

«Черпаки» – солдаты, прослужившие полгода. Разливали еду по мискам. Не намного больше прав, чем у «салаг», но уже не прислуживавшие «дедам», хотя уборку делали тоже.

«Полудеды» – солдаты и сержанты, прослужившие год. К уборке не привлекались. По учебным тревогам на посты среди ночи не бегали. Как и «деды» ходили в увольнения в город.

И, наконец, «деды» – солдаты, прослужившие полтора года из двух.

Их положение фактически было даже выше сержантов, зам. командиров взводов, если те прослужили меньше. Это была дружная, сплоченная команда. Сплотили их общие муки и испытания в то время, когда сами были «салагами» и «черпаками», а также полтора года совместной службы в карауле и казарме, закалившие их физически.

Сплотила неписанная, но незыблемая традиция льгот и привилегий: в карауле, куда привозили еду в бачках, «деды» первыми наполняли свои миски, выбирая лучшие куски мяса. Они же делили сливочное масло и сахар: сначала в палец толщиной себе, остальное – сослуживцам. В результате такой дележки «салагам» доставалось по несколько ложек жидкого супа, а масло на хлебе чуть блестело пятикопеечной монетой. Деды стояли в карауле на постах всего по 6 часов, а «салаги» за них – по 12. «Деды» как и «полудеды» ходили в увольнения в город: прогулки, танцы, мороженное, спиртное, девушки.

«Дедовщина» была выгодна и офицерам. «Деды» следили за порядком в казарме и в караулах лучше сержантов. Их боялись больше. Они могли избить и избивали молодых солдат за любые нарушения по службе, неизбежные в первое время по незнанию, непривычке или усталости. В полку был взвод проводников служебных собак. У половины ребят, служивших в нем, были отбиты почки – результат воспитания «дедами». Чтоб не комиссовать бедняг по здоровью, начальство отправляло их служить собаководами: кормить собак и разводить их по постам.

И вот я, худющий книгочей, из родной атмосферы музыки и стихов, КВН-ов, концертов и Голубых огоньков, обласканный аплодисментами и теплом друзей, совершенно не готовый к такому жуткому физическому и тем более моральному напряжению, попадаю в атмосферу полукриминального «штрафбата» с его волчьими «законами» – традициями, где любой сержант или «дед» может ежечасно вытирать о тебя ноги. Взбунтоваться – налетит вся стая, и от здоровья останутся лишь воспоминания. А солдаты моего призыва, еще толком не познакомившиеся друг с другом, на помощь не придут. Каждый сам за себя. И в этом я скоро убедился.

Как-то вскоре после прибытия в роту нас вывели на работу: копать и взрыхлять контрольно-следовую полосу. Каждому выделили участок.

Начали копать. И тут Али Алиев, выручивший меня во второй день в армии, в разговоре с другим солдатом громко засмеялся. К нему тут же подлетел сержант Иванников.

— Тебе смешно, салага? Ну, посмейся. И вскопаешь еще такой же участок. От сюда – до сюда. Не выкопаешь – три наряда вне очереди (чистить туалеты, мыть полы и т.д.)

Мы притихли. Было ясно, что один Али с такой работой не справится. И когда Иванников отошел, я предложил:

— Ребята, давайте быстро сделаем свою работу и поможем Али.

Мои однопризывники опустили глаза и головы. Половина их были из Азербайджана, вторая половина – с Западной Украины. В молчании единодушны. Не поднимая глаз, продолжили копать свои участки. Конечно, закончив свой, я помог Али, но все равно мы не успели, и наказание ему последовало в тот же день.

Став комсоргом, я сразу взялся за комсомольскую работу, которой Иванников никогда не занимался. Впервые стал проводить комсомольские собрания роты и отдельных взводов. Я задумал и начал подготовку совместного с городским техникумом праздничного вечера за пределами части, что давало возможность выходить в город, не дожидаясь разрешения идти в увольнение. Должность комсорга роты дала мне некоторые преимущества. Отношение «дедов» было иным. Обидное «салага» в мой адрес не прозвучало ни разу.

Зато сержант Иванников сделал все, чтобы небо мне с овчинку показалось. Понимая, что тронуть комсорга роты, к которому благоволят «деды», он не посмеет, Иванников принялся медленно уничтожать меня по Уставу. Видя, что я физически не силен, он заставлял до изнеможения подтягиваться на турнике, пока я с него не падал. Заставлял ползать по-пластунски в противогазе, даже когда взвод отдыхал, пока и противогаз и моя глотка не забивались песком. Уборка – мытье полов – в огромной комнате, где спали все 30 человек нашего взвода, в основном падала на меня. Но дни в казарме были еще «цветочками». Хоть поспать 8 часов удавалось. Что такое «ягодки», я узнал в карауле, куда мы ездили через день охранять завод.

Караульное помещение – здание, с несколькими большими комнатами: для отдыха солдат, узел связи, в котором работали сержанты, для оружия и противогазов, столовая. Во дворе – турник и полоса препятствий. Отсюда каждые четыре часа сержанты разводили часовых, каждого на его пост охраны: вышку или тропу наряда, которую надо было обходить, замечая все вокруг: внутри и снаружи за колючей проволокой. На каждом посту был телефон, по которому надо было немедленно сообщать о всех происшествиях и отвечать на звонки из караулки.

Первый день на посту. С полудня и до 4-х часов дня. На высокой вышке осматриваю свой участок. Сначала очень внимательно (вдруг попрут орды диверсантов), через час – спокойнее, еще через час становится скучно.

Лето, погода прекрасная, солнышко и ветерок. За колючей проволокой приветственно помахивает зелеными ветками близлежащий лес. Начинаю петь песни. Громко, во весь голос – кругом-то никого. Так и пропел до смены караула все, что знал. И первый раз служба на посту показалась совсем не тяжелой. Правда проголодался. Время обеда давно прошло.

Прихожу в караулку и бегом в столовую комнату вместе с четырьмя сослуживцами, тоже пришедшими с постов. Настроение – слона съел бы, не задумываясь. Получаю свою миску жидкого супа. Проглотил. Второе – три ложки картошки. «А мясо?» – «Не выслужил еще мясо жрать, молодой еще!» – скалится Иванников во весь рот, полный гнилых, никогда не знавших щетки зубов – «Деды» мясо съели».

Компота тоже не хватило. По-прежнему голодный выпил кружку воды и только лег на койку как дикий крик Иванникова:

— Караул, в ружье! На одиннадцатом посту нападение. Тревожная группа Кербель и Гульмамедов (еще один азербайджанец из моего призыва). Время – двадцать минут, проверить и доложить! Получить оружие! Бегом марш!

И помчались мы с Керимом с автоматами наперевес, как сумасшедшие, потому что за двадцать минут добежать до 11-го поста было нелегко, а за опоздание – наказание. Примчались. Гимнастерки – хоть выжимай. Хватаю трубку телефона:

— Товарищ старший сержант, докладывает рядовой Кербель, на 11-м посту происшествий не обнаружено.

— Хорошо. Через двадцать минут чтоб были в караулке.

И снова бежим, ловя ртами остывающий от дневной жары воздух и мысленно проклиная Иванникова за «плотный» обед и послеобеденный «отдых».

«Ну, теперь-то хоть полежу немного...» – облегчает существование мысль.

Не тут-то было. Не успели сдать оружие, новая команда:

— Кербель, «плавать» в столовой, Гульмамедов – в спальне.

«Плавать» – хорошее словечко. Сержант выливает на пол столько ведер воды, сколько ему захотелось. Выдает щетку и мыло. И вот мы «плаваем» до изнеможения, драя пол щеткой и мылом, а потом долго собираем воду и насухо протираем другой тряпкой. Глупейшее занятие. Вполне достаточно было бы вымыть и высушить полы шваброй. Но нет. «Чтоб служба медом не казалась!» – любимое выражение сержантов и «дедов».

Итак, я пришел с поста. Пообедал, сбегал в тревожную группу, «поплавал» около часа в столовой. Поужинал: каша и чай. Только прилег, снова команда:

«Наряд на 9-й пост получить оружие!».

И снова на пост. С 20 до 24. Вернулся в 0-30. Сразу «плавать», в этот раз подольше. Затем провалился в глубокий сон. Крик Иванникова: «На 8-м посту нападение. Тревожная группа Кербель, Алиев!»- снова бросил в ночную тьму. Бежать легче – не так жарко, но после изматывающего дня и получасового сна быстро таяли силы. В норматив скорости не уложились, и вернувшись в караульное помещение снова должны были «плавать», «плавать» и «плавать». В 7 утра удалось заснуть, а в 7-30 снова подъем в наряд на пост с 8 утра – до 12 дня.

И так почти каждый день, когда служба была в карауле. Поспать удавалось урывками, дай Бог, часа три в течение суток, что для восемнадцатилетнего парня было равносильно пытке сном. Вот почему были нередки случаи, когда проверяющие сержанты находили молодых солдат, уснувших на постах. Засыпали стоя, и ночью, и днем, что считалось грубейшим нарушением караульной службы, за которым следовали и наказания по Уставу, и обязательное избиение «дедами». Избивали потому, что при обнаружении таких нарушений офицером взвод лишался права на увольнение в город. На неделю. А в увольнения ходили в основном «деды».

Самим «дедам», да и «полудедам» спать на постах не возбранялось. Кто ж их накажет. Наоборот, сержант по телефону разбудит и предупредит, что идет проверять офицер, значит надо встречать бодрячком.

На следующий день мы оставались в казармах, и это было не намного легче. Правда, еда и сон – в норме. Но и здесь Иванников находил любые предлоги, чтобы для меня армия была хуже каторги, особенно оттягиваясь на физической подготовке, заставляя по десятку раз до потери пульса бегать полосу препятствий, до крови обдирая бока и набивая синяки.

После этого хотелось только одного – умереть.

Солдатские будни

Всегда худой, через несколько месяцев такой жизни я превратился в настоящий прозрачный скелет. Постоянно катастрофически хотелось спать. Постоянно катастрофически хотелось есть. Все сны о еде.

Общаясь с другими солдатами, я узнал, что есть посты, откуда ночью, рискуя попасть под военный трибунал, караульные проникают в охраняемый завод, находят в рабочих столовых еду и с ней возвращаются на пост. Не поймали – повезло. Поймали – тюрьма. Дважды попадая на такие посты, бросить их и пойти внутрь объекта, не рискнул. И лишь на третий раз сила голода подавила разум.

Осень. Ночь. Ветер мрачно рвет ветви черных деревьев внутри завода. С автоматом и боевыми патронами, пролез под колючую проволоку и, прячась за деревьями, вышел к небольшой рабочей столовой.

На дверях огромный замок. Обдирая ногти и пальцы, выдираю гвозди, придерживающие оконное стекло. Вынимаю стекло. Сбрасываю ватник и в одной гимнастерке с автоматом протискиваюсь внутрь. Удары сердца автоматными очередями отдаются в мозгу. Шарю в темноте. Наконец, нахожу в углу на полу пол-миски сметаны. Одним духом выпиваю, облизываю и скрежещу зубами по алюминиевому дну миски. Легкий шум за дверью. Бросаюсь в оконный проем, хватаю с земли свой ватник и бегом обратно на пост. Кажется пронесло. Проверка пришла только через час.

Через пару недель повторяю маневр. На этот раз нахожу две черствые, зеленые от плесени буханки хлеба. Пока вернулся на пост, давясь, сгрыз их, даже не очистив от плесени. Говорят, самый сильный побудитель к действию это – страх. Голод – сильнее страха. Особенно, когда тебе 18.

И чем тяжелее, чем труднее была служба, тем чаще, улучив любую минутку, я писал письма домой. Ромны, наша крохотная двухкомнатная квартирка, прежняя жизнь теперь казались мне недостижимым раем, погружаться в который даже мысленно, в письмах и воспоминаниях – было огромным облегчением. Не познав плохого, не узнаешь цену хорошему. Первый раз это я понял в армии.

Комната, где располагался музвзвод, была рядом с казармой нашей роты, и мы часто вечерами встречались с Витей Московцом, делились нашей такой теперь разной жизнью, письмами из дома и от Оли. Витя, как и весь музвзвод не ходил в караулы. Их караулы – репетиции духового оркестра в клубе. Ну и солдатские науки те же, что и у нас.

К концу первого полугодия службы все солдаты сдавали экзамены по всем дисциплинам, и это была очень важная проверка.

По её результатам судили о работе офицеров, поэтому мы должны были костьми лечь, но «прыгнуть выше головы» и сдать проверку хорошо.

Моя первая проверка. Стрельба – как всегда «отлично». Политическая подготовка и уставы – тоже. Химзащита – еле-еле успеваю надеть противогаз и костюм химзащиты в отведенное время. Кросс три километра в полном боевом снаряжении: после опыта регулярных ночных забегов в карауле на посты и назад – примчал к финишу в группе лидеров (низкий поклон сержанту Иванникову). Последний экзамен – турник. И здесь измывательства Иванникова помогли: рванул пять раз «выход силой» – «хорошо». Общая оценка – «Отлично». И награда: красивый блестящий знак «Отличник боевой и политической подготовки», а также повышение в должности (из «стрелка», стал «Старшим стрелком»). С вручением ручного пулемета, который освоил не хуже автомата. Дружба со стрельбой продолжалась.

Продолжалась и моя комсомольская работа. По итогам полугодия был объявлен лучшим комсоргом полка и вызван к начальнику политотдела, который торжественно пожал мне руку и сказал:

— Ну, воин, проси чего хочешь.

Он, очевидно, ожидал, что я попрошу отпуск домой, или, в крайнем случае, неделю внеочередных увольнений в город. И как же я удивил его, попросив:

— Переведите меня из второго взвода в первый.

Подполковник, насупившись, помолчал.

— Сержант Иванников ??? – Я кивнул.

— Хорошо. Сегодня же и объявим.

Непередаваемые радость и облегчение. Неужели дикий кошмар, постоянное на протяжении более 150-ти дней ожидание с замиранием сердца грохота каблуков с подковами Иванникова, его белые от ненависти глаза, его хриплый крик:

«Тревожная группа Кербель и Гульмамедов в ружье! На 11-м посту нападение, двадцать минут выяснить и доложить!» – все это останется в прошлом ?! Неужели я буду нормально служить?!

И это в тот же день стало реальностью. В первом взводе заместителем командира был «дед», грузин Барамашвили. Мы спали в соседних со вторым взводом комнатах, мы ездили в караул на такие же посты. Мы также занимались боевой и политической подготовкой. Но насколько разной была атмосфера в этих двух взводах одной роты.

Да, у «дедов» были те же привилегии. Да, мы так же мерзли на постах зимой, и изнывали от жары летом. Но между сержантами и солдатами, между «дедами» и «салагами» не было злости, не было ненависти, и был порядок. Спокойные ровные отношения и требования, не опускавшие тебя «ниже плинтуса»: никто не «плавал» и не бегал ночью в тревожную группу. Днем – иногда. Редко. Я даже стал потихоньку набирать вес.

Каждый день перед отбоем нас выводили на вечернюю прогулку по центральным улицам города. 10 часов вечера. Темно. Во многих домах свет погашен, завтра рано вставать: родителям на работу, детям в школу. И вот в ночи раздается мерный грохот сотен сапог и в такт им песня в сто солдатских глоток:

«Послушны автоматы,
Машины держат ряд.
Когда поют солдаты,
Спокойно дети спят!».

В домиках то тут, то там начинают вспыхивать окна. Очевидно, родители малышей, которым наша песня «помогала» спокойно спать, благодарили нас, солдат, как писал украинский поэт Тарас Шевченко: «незлым, тихим словом»...

Трудно описать, как же нудно и тягостно ползут часы и минуты на постах в ожидании смены караула. Постепенно привыкаешь к тому, что есть много постов, где никогда ничего не происходило и ничего не происходит, внимание притупляется. И с минуты прихода на пост начинаешь ждать, когда же придет смена. Песни все перепеты, мысли – передуманы. Пробовал сочинять стихи, не идут. За полтора года службы – ни одной песни, ни одного стиха не придумал.

Иногда ко мне на пост приходили со смежных постов «деды» – Коля Фоменко, Гена Давыдов. Гена был огромного роста и необычайной силы, с предгорий Алтая, охотник с 7-ми лет. Легко бил белку в глаз, а с автомата выбивал 30 из 30-ти. Мы залезали на вышку, защищенную от ветра с трех сторон, если сесть на пол, и они с удовольствием слушали мои прочитанные и придуманные рассказы. Если кто-то из офицеров шел на проверку, сержант из караула звонил мне на пост и предупреждал, чтоб «деды» успели вернуться на свой пост и встретить проверку грозным окриком: «Стой, кто идет?»

У меня появились два побратима: Толик Лятифов и Бахадур Фейзуллаев. Оба из Баку. Толик – лезгин, косая сажень в плечах, красавец, интеллигент учился в архитектурном, прервал учебу и загремел в армию. Бахадур – немногословный, с лицом и достоинством азербайджанского шаха, спортсмен, девятый брат в большой семье.

Как-то в карауле мы надрезали пальцы, капнули кровь в чашку с чаем и каждый по глотку выпили ее. По обычаю древних скифов и кавказских горцев. Побратимы. И не только на словах.

Побратимы Толик и Бахадур

Однажды в караульном помещении зимой сломалось отопление. Холодина жуткая. И в этот же день я заболел. Температурил. Еле доплелся с поста и рухнул на койку, не раздеваясь, стуча зубами от холода, закутавшись в жиденькое одеяло. Долго не мог заснуть, но потом все-таки сон сморил меня. Проснувшись, почувствовал неожиданное приятное тепло. Два одеяла – Толика и Бахадура – укутывали меня поверх моего одеяла, а сами они спали в по-прежнему холодной комнате, скорчившись, прямо на полу в углу без одеял, тесно прижавшись друг к другу.

Мне стало жарко. Только в такие минуты можно по-настоящему оценить молчаливую заботу и понять: нет предела доброте человеческой.

Витины радость и горе

Еще летом у моего друга и сослуживца Вити Московца произошли два знаковых события. Одно хорошее, другое ...

Наш полк был небольшим и никогда не славился спортивными успехами среди других полков внутренних войск Украины и Молдавии. А Витя никогда не занимался биатлоном: бегом со стрельбой. Но поскольку бегал он отменно и стрелял хорошо, его в срочном порядке обучили стрелять из винтовки для биатлона и вместе с чемпионом Украины по бегу Сашей Чепуром отправили на чемпионат войск МВД.

И вот старт. Все побежали, Витя тоже. К первому рубежу стрельбы примчался отнюдь не первым. Увидел, что его соперники бегают штрафные круги за промахи в стрельбе.

Витя стреляет, сто процентов попадания, бежит дальше. Через некоторое время отбегавшие штрафные круги соперники догоняют и перегоняют его, но на следующем огневом рубеже картина та же: они бегают штрафные круги, а Витя сбивает все мишени. Почему так везло, не знает сам. Может сказались наши регулярные стрельбы в тире Роменского парка.

И когда оставался последний этап гонки, он собрал в кулак всю свою волю, все силы и рванул так, что на этот раз перегнать его не удалось никому. Чемпион внутренних войск Украины и Молдавии! Герой нашего полка!

К счастью победы добавилось счастье награды: отпуск домой на семь дней. И это всего после нескольких месяцев службы да еще и в полку, где отпуск давался только за задержание нарушителей, пытавшихся проникнуть на военный завод.

И вот автобус мчит Витю в родной город. Прекрасный летний день, прекрасное настроение и жгучее желание увидеть родных и, если повезет, любимую Олю. Сильные желания материализуются (иногда – к сожалению). Витя выходит с автобуса и доходит до центральной площади городка.

И первым же знакомым человеком, идущим ему навстречу, оказывается ... она, его любимая Оля. Да только не одна, а за ручку с тем же школьным хулиганчиком Вовкой Доропеем. Гром! Молния! Ноги приросли к земле.

Издалека Оля с Доропеем сначала не узнали Витю в статном солдате в парадной форме с малиновыми погонами и продолжали приближаться. Вот они поравнялись с белоснежным монументом, изображающим прикованного к скале Прометея и орла, клюющего печень героя.

Они встретились взглядами, и Витя снова, как и прежде, нырнул и утонул в безмятежном зеленом океане ее любимых глаз. Страх, вспыхнувший в них, дал ответ на все его вопросы.

В тот же миг белый орел оторвался от печени Прометея, слетел с монумента и острым клювом пронзил Витино сердце. Эта рана не затянется и через несколько лет, а шрам от нее останется навсегда.

Прометей с орлом, клюющим его печень

Доропей бросился бежать, а у Ольги, как и у Вити, ноги словно приросли к земле.

«Стихи верни...» – только и выдавил из себя Витя. В тягостном молчании они пошли к Ольге домой, и она вынесла ему объемистую тетрадь стихов, где каждое слово было посвящено ей. Было капелькой его души, капелькой его чистой любви,.

В полк Витя вернулся уже другим человеком. Горе предательства свернуло его душу в скатку. Он настолько замкнулся в себе, в своих переживаниях, что мы практически перестали встречаться и разговаривать, как раньше. В тот период ему никого не хотелось пускать в душу. Я мог только сочувствовать и сопереживать. И еще появилось дикое желание отомстить за друга.

«Бунт»

Однажды в октябре воскресным вечером я стоял часовым в казарме, охраняя знамя полка.

Часть старослужащих была в увольнении в город, и некоторые пошли на танцы в парк. Но большая часть солдат оставались в казарме. Местные городские парни в принципе презирали девушек, которые принимали приглашения солдат потанцевать и ...не только. Иногда вспыхивали драки. Не особо опасные, так как солдатский ремень с тяжелой медной бляхой – довольно весомый аргумент в подобных разборках. Но в этот день случилось непредвиденное.

Тишину воскресного солдатского вечера в казарме вдруг взорвал крик со двора: «Наших в парке блатные порезали. Насмерть!!!» Крик был такой силы, что проник и сквозь окна, и сквозь стены здания. Даже я, стоявший в карауле в глубине комнаты у застекленного футляра со знаменем полка, услышал его.

И вмиг, как будто этого ждали, из казармы на строевой плац, как горох посыпались на ходу одевающиеся солдаты из разных рот, в основном «деды» и «полудеды», человек сто.

Дежурный офицер и не пытался остановить эту орду возмездия, хлынувшую разрушающим плотину половодьем. Уже на улице кто-то из сержантов крикнул:

«В колонну по три! Ремни на руку! В парк бегом маррш!!!» – и удаляющийся грохот двухсот солдатских сапог был ему ответом.

Пока добежали до парка, танцы уже закончились. Погибших солдат к тому времени увезла «Скорая помощь».

Встретилось несколько подвыпивших цыган. Измолотили их, оставив лежать на аллее парка.

ЧТО произошло потом, ЧТО высвободило из потайных уголков души человеческой темное звериное нутро и желание всё и всех крушить на своем пути – не знаю. Солидарность военного племени в чувстве мести или безысходная замкнутость мужского сообщества, разъедающая душу тоска бесконечных дней и ночей на постах в караулах, а может численное преимущество и безнаказанность. Скорее всего, всё вместе взятое. «Бунт –бессмысленный и беспощадный!»

Солдатская, серая в ночи, лава текла назад в казарму. Они бежали по вечерним улицам города, по скверам и площадям, и их ремни разящими змеями взлетали и опускались на каждого гражданского жителя, встречавшегося на их пути: женщин и мужчин, стариков и подростков.

48 человек были избиты. Некоторые очень сильно. Один умер от удара медной бляхой в висок.

Все так страшно и...глупо.

Потом шло следствие. Оно длилось несколько месяцев. Некоторым «дедам», в том числе и Гене Давыдову, задержали увольнение из армии, и они тенями слонялись по казарме, сосредоточенные на ожидании возмездия. Командование части делало все возможное, чтобы уменьшить их вину (как и свою). Но убийство есть убийство. Его не скрыть и не прикрыть. На долгие годы в тюрьму ушли двое гражданских, порезавшие солдат в парке, и около десятка солдат, особо отличившихся в избиении невинных.

И слезы родителей, навсегда потерявших своих детей, слились в один ручей со слезами родителей, чьи дети, получившие от 5 до 10 лет заключения, может быть тоже не вернутся домой. За это время в тюрьме всякое может случиться...

Первый поцелуй

Армейские дни похожи один на другой: день – выезд на службу в карауле и длинные скучные часы на посту в ожидании смены, день – занятия в полку.

На Новый год командование решило разнообразить нашу жизнь организацией праздничной вечеринки в клубе части, пригласив девушек из химико-технологического техникума (колледжа).

Залитый светом зал клуба, праздничная елка в углу, громкая музыка и покачивающиеся в танце пары – напомнили такие недавние славные дни на «гражданке». И все это так контрастировало с ежедневной угрюмой и тоскливой службой в казарме и в караулах – даже слезы выступили.

Я уже не «салага» (седьмой месяц службы), чуть свысока посматриваю на только прибывших и наголо постриженных солдатиков осеннего призыва.

Правда, здесь на новогоднем вечере все равны. Посматриваю и на девушек. Взгляд останавливается на ладной фигурке девушки с каштановыми волосами и ярко голубыми глазами с искоркой хитринки в них. Очень красивая, и пока никто не пригласил. Приглашаю её на танец и сходу знакомлюсь. Ее зовут Нина. Мне 18 лет, ей 19. В этом году заканчивает колледж, мастер спорта по спортивной гимнастике. Настроение прекрасное, шутим, смеемся. Договорились, что и следующий танец – мой. И так три танца подряд. Перед третьим приглашением меня опережает «дед» сержант, но получает её отказ: «Меня уже пригласили».

И тут объявляют конкурс поэтов. Перед выходом на сцену говорю Нине: «Читать буду для тебя».

В конкурсе участвовали с десяток солдат и офицеров. Когда я читал, то в упор смотрел на Нину, так, что рядом стоявшие с ней девушки тоже стали на нее поглядывать.

Первое место занял Витя Московец получивший грамоту, моё – второе место.

И награда – красивый дембельский альбом для фотографий, ценнейшая вещь в армии, так как перед увольнением каждый солдат готовит такой альбом на память о службе.

Спускаюсь со сцены и снова танцую с Ниной, беру у нее ее адрес (мобильников тогда не было, телефонных номеров не брали). Обещаю вырваться в город и встретиться вновь.

С этого времени форсирую подготовку к совместному празднованию Дня Советской Армии вместе с колледжем, в котором учится Нина. Случайно удается вырваться, якобы по делам, хотя в это время увольнения были запрещены.

Зимой темнеет рано. Нахожу дом, звоню в дверь. Открывает она, в глазах приятное удивление: «Я сейчас».

И вот, взявшись за руки, мы идем по тихим вечерним улочкам мимо одноэтажных, засыпанных снегом домиков и говорим, говорим, говорим.

Вокруг ни души. Темно, только свет в окнах: пришедшие с работы люди собираются ужинать.

Я рассказываю о себе: о школе, КВН-ах, армии. Она – о своей учебе, гимнастике.

И вдруг приглушенный вскрик где-то рядом, за углом.

Оставляю Нину, забегаю за угол: на белом снегу темным пятном – женщина, намертво вцепившаяся в свою сумку, а двое парней рвут у неё эту сумку, время от времени пиная ногами. Срываю с шинели солдатский ремень с тяжелой бляхой, наматываю на руку и с диким криком: «Стоять, гады!» – бросаюсь к ним.

В пустом ночном пространстве улицы мой крик прогремел, как выстрел. Громко закричала и Нина. Грабители, оставив женщину, не оглядываясь, бросились на-утек. Подбежав, помог женщине подняться. Затем мы проводили ее до дома, буквально в ста метрах от места нападения. Еще не оправившись от потрясения, она позвала нас поужинать.

Потом проводил Нину обратно домой.

— Спасибо за приятный вечер. Приходи еще, - сказала она и протянула ладошку.

Сам не знаю почему, я вдруг дрожащим от волнения голосом произнес: «Ну нет. Я так прощаться не привык». И с этими словами неуклюже, впервые в жизни, чуть коснулся губами ее холодных губ.

Нина внимательно посмотрела на меня, улыбнулась и убежала вглубь подъезда своего двухэтажного дома.

А я пошел в полк, раздумывая: и что же такого особенного находят люди в поцелуях, так многократно воспетых писателями и поэтами. Совсем ничего особенного. Никакого удовольствия.

Через пару дней получил письмо:

«Милый Мишка!

Я уже и не предполагала, что на свете еще остались такие чистые парни, как ты. Я не раз слышала от своих подруг, гуляющих с солдатами, что они хотят от девушек только одного и сразу. Ты – совсем не такой, и я рада, что познакомилась с тобой. Знаю, что у вас сейчас увольнений нет, но все равно буду ждать, когда ты снова придешь. Нина.»

По правде сказать, еще ни одна девушка не называла меня так: «Милый Мишка». И эти слова нежной теплой волной заполнили душу. Письмо я хранил очень долго. Мы встретились еще раз на праздновании 23 февраля, на вечере в техникуме Нины. Много танцевали, много говорили. Но уйти я должен был вместе со всей ротой, и случая увидеться больше не представилось.

Первое время она передавала через подруг, которые встречались со знакомыми мне «дедами», что ждет. Но уйти в «самоволку», тайком, каким-то образом преодолевать нереально высокий забор части и потом таким же путем возвращаться назад, не посмел из-за чувства долга. Комсорг все-таки. Да и, видимо, столь пылкого желания, толкающего на безумства, еще не возникло. Так первый в жизни только начавшийся роман продолжения не получил.

Казус

Хотя однажды мне все-таки пришлось убежать в самоволку.

В этот день в нашей казарме почти никого не было: рота отправилась в караул, а меня командир оставил заканчивать какую-то бумажную работу.

Около двух часов дня. Спокойно пишу. И вдруг голову пронзает молния – дикая, нестерпимая зубная боль. Боль такой силы, что разум отключился напрочь. Камнем скатываюсь со второго этажа во двор. Выход из части охраняется двумя дежурными солдатами и офицером. Через них не пройти.

Вихрем подлетаю к высоченному забору, за которым город, и почти в беспамятстве непостижимым образом буквально перелетаю через него на оживленную улицу. Ноги со скоростью света несут в никуда, потому что где находится дантист, я понятия не имею. Не иначе влечет высшая сила: прямо перед глазами вывеска: «Зубная поликлиника». Влетаю в полную людей приемную, рву дверь в кабинет врача, падаю в кресло, из которого в этот момент поднимается очередной пациент и, почти теряя сознание от боли, ору: «Рвите! Скорее!!!».

Укол. Рывок. Всё. Зуб исчез. Боль тоже. Боже, какое блаженство... Пару минут наслаждаюсь таким выстраданным счастьем. Еще в эйфории медленно поднимаюсь, благодарю врача и выхожу на улицу, провожаемый сочувственными взглядами ожидающих.

Возвращаюсь в часть. Подхожу к забору чтобы лезть обратно и понимаю, что НИКОГДА и НИКАКИМ ОБРАЗОМ я такую высоту не преодолею. Даже если бы за «самоволку» мне грозили тюрьма – не перелезу. Не реально. Что ж, надо сдаваться. Захожу на проходную, четко отдаю честь дежурному офицеру, не глядя на него, и, будто так и надо, не задерживаясь ни на миг, прохожу во двор полка.

Меня никто не останавливает (?), не спрашивает документы (?). Непостижимо. Это было второе чудо. Первое – мой перелёт через забор в город.

Служба продолжается

И снова армейские будни: унылые и тягостные дни и ночи в караулах и набившие оскомину занятия по военной подготовке в полку. Настоящими праздниками стали приезды ко мне в армию сначала отца, а потом друга Коли Тугарина. Оба раза меня отпустили в увольнение в город. В парадной форме, худой, но подтянутый, я шел рядом с другом-студентом, и мы не могли наговориться.

Мы провели вместе два дня. Мир, описываемый моим другом, казался фантастическим и далеким, а мое армейское существование – незыблемым и на века. К нему я и вернулся.

С Колей Тугариным и отцом

К концу первого года службы наша дружба с побратимами прошла еще одну проверку на прочность.

«Дедами» в то время были солдаты из Липецкой области, они прослужили на год больше.

В тот день рота находилась в казарме. В большой комнате, где мы обычно умывались, возникла ссора между Бахадуром, моим побратимом, и одним из «дедов» второго, бывшего моего взвода, задиристым и высокомерным сержантом. До драки не дошло, но оскорблениями обменялись.

Конфликт «черпака» с «дедом» – ЧП в роте. Мы понимали, что безнаказанным «деды» этого так не оставят. И точно: через некоторое время Али Алиев, мой ангел и в учебке, и всегда, шепнул мне, что ночью Бахадуру «деды» устроят «темную», т.е. в темноте, накинув ему на голову одеяло, изобьют до полусмерти.

Мы разработали тактику отпора. После «отбоя», когда все уснули, Толик Лятифов лег с Бахадуром в одну кровать, а я – в пространство между кроватями. Все мы были в одежде, ремни намотали на правую руку.

Не спим. Нервы на пределе. Часа в 2 ночи в кромешной темноте послышалось шлепанье по полу босых ног: четверо нападавших с ремнями вокруг рук сняли сапоги, чтобы подойти и напасть на Бахадура по-тихому.

Мгновенно вскакиваем, становимся спина к спине, образовав телами треугольник. «Деды» опешили, не ждали. Шли расправиться с одним, а придется драться с тремя.

В этот момент (согласно нашему плану) Бахадур хватает прикроватную табуретку и со всего размаха бьет ее в пол. Удар в пол, как взрыв гранаты в тишине ночной казармы. Табуретка разваливается в щепки. Каждый из нас хватает в левую руку по ее ножке. Теперь ножкой табуретки, как щитом, мы можем блокировать удары их ремней, а правой – наносить удары своими ремнями с бляхой на конце.

Кто-то включил свет. Многие приподнялись в своих кроватях.

Да, мы получили артиллерийскую канонаду восьмиэтажного русского мата и сверхубийственных угроз со стороны нападавших! Да, мы все трое внутри реально передрожали в тот момент, хотя внешне из наших глаз в нападавших «дедов» била яростная решимость стоять до конца.

Но мы победили!

Их было больше, но они так и не посмели начать драку. Проснувшиеся «деды» нашего взвода увели нападавших в их спальное помещение. Инцидент был исчерпан. «Черпаки» показали дух. А это в армии, как и в криминальном мире, ценится превыше всего.

Служба продолжалась в общем-то как и раньше, но в ней появились новые светлые моменты. В связи с тем, что Витя Московец замкнулся в себе, я неожиданно сблизился с другим своим земляком Левой Липковичем. Музыкальный взвод, в котором они с Витей служили, часто посылали работать на кухню. Шустрый Лева сумел найти общий язык с поварами и, зная, как нам не хватает еды в караулах, стал по возможности подкармливать меня: то мясом в кашу, то лишним стаканчиком какао, то белым хлебом с маслом. Мы часто встречались с ним в казарме, мечтали об увольнении и будущей жизни «на гражданке». 19 лет, все еще впереди. Вся жизнь.

Привет из ночного леса

Несмотря на то, что обе итоговые проверки я сдал на «отлично», плюс получил нагрудный знак «Отличник войск МВД», отпуском на родину мне даже и не пахло. За этот год дважды был награжден отпуском в свой далекий азербайджанский аул мой сверстник Керим Гудьмамедов: он дважды задержал нарушителей, пытавшихся днем проникнуть за колючую проволоку на территорию охраняемого завода. И хотя оба «шпиона» были в полувменяемом состоянии, а под колючую проволоку полезли просто по пьянке, их передавали сотрудникам КГБ, а Керим получал отпуск.

А ко мне, к моему глубокому сожалению, на посты никто не лез. Задерживать было некого. Отпуск не положен. Зато незадолго до увольнения в запас произошел фантастический и странный случай.

Мое время на посту было с 12-ти ночи до 4-х утра. Три часа ночи, невыносимо тянет в сон. Слипаются глаза. До этого я прогуливался туда-сюда по тропе наряда, осматривая контрольно-следовую полосу – взрыхленную полосу земли перед колючей проволокой. За ней – лес. На тропе наряда – лампочки-светоточки, освещающие ее, меня и деревянный зонтик-«грибок», под которым можно спрятаться от дождя и на стволе которого укреплен телефон для срочной связи с караулом.

Снаружи, за колючей проволокой – темень. Чёрный, бархатный занавес теплой летней ночи. Влажный запах леса. Тихо, ни ветерка. Часа в три ночи стал под грибок, прислонился к столбу и, стоя, задремал.

И вдруг мгновенно проснулся. Еще не поняв, что происходит, ощутил резкий сильный толчок в правое плечо. Падая влево, слышу короткий шипящий свист и удар в столб: огромный метательный нож – посланец смерти из темного леса – вонзился в то место, где я только что стоял, и завибрировал в нем.

Сердце сжалось. Не столько из-за страха, сколько из-за беспомощности: противник во тьме, а я на виду под светом. Сорвав с плеча автомат, лёжа, без всяких предупредительных выстрелов, прошил автоматной очередью черный лес за колючей проволокой.

Послышался вскрик, а затем треск веток, удалявшийся вглубь леса к обтекавшей его дороге. Позвонил в караул. Две тревожные группы, помчавшиеся на поиски, конечно, уже никого не нашли.

И главной загадкой осталось не само нападение – убийство часового открывало путь на секретный завод – а вопрос: ЧТО же или КТО в неуловимый миг полета смертоносного клинка, толкнул в сторону меня, спящего, и тем самым спас мне жизнь ? КТО ???

Цыганка

В августе 1970-го года меня направили в Киев на совещание комсоргов внутренних войск Украины и Молдавии. В парадной форме с маленьким чемоданчиком я сел в вагон начальника поезда, идущего в столицу Украины.

В моём купе оказалась цыганка лет 30-ти в национальном наряде с двумя детьми.

Мальчик лет 10 спал на верхней полке, она же с грудным ребенком на руках сидела на нижней, напротив.

Вечер, мерный неторопливый ход поезда, монотонный стук колес. Глаза цыганки начинают слипаться, но она тут же раскрывает их, борется со сном. Молчим.

Очередная остановка поезда. Проснулся и громко заплакал ребёнок. Цыганка только приоткрыла грудь, чтобы покормить его, как дверь купе резко распахнулась и в него ввалился высокий, с неопрятной шевелюрой огненно-рыжих волос, явно выпивший мужчина лет 30-ти, в футболке, спортивных штанах и со спортивной сумкой в руках.

— А этот цыганский табор что, в моём купе ехать будет? Слышь, чавэла, давай-ка быстро линяй в другое купе. И выводок забирай, – заполняя купе самогонным перегаром, прорычал «спортсмен».

Глаза цыганки округлились от испуга:

— Но ведь это наши места. Мы купили на них билеты... – пролепетала она.

— А мне плевать и на твои билеты, и на тебя. Я вместе с цыганвой в одном купе ехать не собираюсь. Ты поняла?

— А я никуда не собираюсь идти, – оправившись от первого испуга, уже более твёрдо ответила цыганка, – если тебе не нравится, ты и иди в другое куп... – она не договорила, потому что в этот миг спортивная сумка вошедшего обрушилась на голову женщины так, что она откинулась назад на полку, выронив ребёнка, которого, упав на колени, я успел подхватить уже у самого пола.

Времени думать не было, и, стоя на коленях с разрывающимся от крика ребенком на руках, я, подавшись сначала корпусом вправо в противоположную сторону, что было силы ударил влево, впечатав свою голову в живот «спортсмена». Охнув, тот отступил прямо в проём открытой двери купе, и зацепившись за порожек, полетел назад в коридор, ударившись головой о стенку вагона ниже оконного стекла.

Не давая ему опомниться, я вбил свой тяжелый солдатский сапог в его пьяную рожу. Раз и другой. Кровь, хлынувшая ручьём из носа, прочертила алую дорожку на белой полосе ткани посреди коврика, проходящего через весь коридор вагона.

Упавший вскрикнул и рывком перевернулся на живот, закрыв голову руками. Я сорвал с себя солдатский ремень и уже намотал его на руку, приготовившись к бою, но в этот миг кто-то крепко схватил меня и отодвинул в сторону.

Это были начальник поезда вместе с двумя милиционерами, которые остановили драку. Почти час ушёл на написание протокола и взятие объяснений у меня и у цыганки. На следующей остановке хулигана сняли с поезда и до конца пути мы ехали спокойно.

— Ой, солдатик, спасибо тебе, родной! Чем я тебя отблагодарю? Давай погадаю. Денег не надо. Я у тебя в долгу.

Конечно, ни в какие гадания я не верил, о чем мягко и вежливо ей сообщил. Но цыганка оказалась настойчивой. И вот уже она держит мою руку в своей, смотрит, проводит по линиям ладони пальцем, что-то шепчет про себя. Довольно долго. Отпускает руку.

— Что я тебе скажу, солдатик?

Жить будешь долго.
Многих людей от беды спасёшь.
В деньгах нуждаться не будешь.
В женщинах счастлив не будешь.
Счастлив будешь в работе, детях, внуках и друзьях.
Детей будет много. Но не скоро. Заботиться будешь обо всех.

Как все это увидела цыганка по линиям солдатской ладони в вечернем поезде, неторопливо бегущем в столицу Украины? Загадка. В тот момент я не поверил ни одному её слову. Хотя в искренности и благодарности не сомневался.

Дембель

А через месяц мне был объявлен бессрочный отпуск : увольнение из армии, демобилизация, по солдатски – дембель. Оба моих родителя достигли пенсионного возраста. И поскольку я – единственный сын, по закону служба окончена.

Внезапно вызвал к себе начальник политотдела части подполковник Шипицын.

— Миша, есть одна просьба, одно предложение и один совет.

Просьба. Завтра ты по закону должен ехать домой. А через неделю смотр полка. Я знаю, ты подготовил полный концерт своей третьей роты, и будет жаль, если ты уедешь, а концерт сорвется. Останься еще на неделю.

Предложение: ты хороший парень, и вся жизнь у тебя впереди. Сейчас есть возможность записать в твоем военном билете национальность – украинец. Значит и в паспорте, который тебе выдадут, будет «украинец». Это уберет кучу проблем: и при поступлении в университет, и при распределении на работу. Советую тебе, как сыну. Возможность уникальная. Соглашайся.

Совет. Если ты вновь собираешься поступать в институт на журналистику, не спеши. Писать тебя там не научат, а образование слабое: обо всем и ни о чем. Хочешь хорошее гуманитарное образование, иди на юридический или на философский. Что скажешь?

Задержаться на неделю – проблем не было. А вот сменить национальность ... Как я уже упоминал, кроме генов с еврейством меня ничего не связывало.

Да и отец не раз предлагал при возможности сменить национальность. Когда мне исполнилось 16 лет, и я должен был получать паспорт гражданина СССР, папа сменил своё, при рождении данное ему имя «Пинхос-Шолом» на русское «Пётр», и в паспорте я был записан «Михаилом Петровичем».

Но именно отец почему-то в тот миг встал перед моими глазами. Показалось, что, отрекаясь от своего рода, от своих предков я все-таки нанесу незримую рану отцу, так бережно хранящему религию и традиции, в которых был воспитан . Несомненно, в словах его будет одобрение, но в сердце – огорчение. Огорчить отца я не мог. От предложения отказался.

А в отношении образования надо было хорошенько подумать, но скорее всего подполковник прав. Юридический – это неожиданно, но интересно.

Последняя ночь в армии. Сидим с Витей Московцом, пьем чай. Молчим. Встречаемся взглядами. Долго смотрим друг другу в глаза. Молчаливый диалог. Потом он выдавливает: «Не смей!»

Как всегда он угадал мои мысли и поэтому предупредил: «Не смей мстить Ольге. Жизнь рассудит и расставит все по местам».

— Договорились ?
— Ладно.

Глава 4. Институт

Ромны

Старенький автобус «Пазик» везёт меня в родной город.

Странно, столько дней и ночей я мечтал об этом часе, но сейчас, когда он наступил, какой-то особой радости не испытывал. Может потому, что всю дорогу из хмурого, мышиного цвета неба непрестанно моросил осенний дождик. Может потому, что позади остался кусок такой непростой и необычной жизни.

Да, она была временами слишком тяжелой, порой невыносимой. Но в то же время эти полтора солдатских года спрессовали глину моей души в камень, благодаря чему и удалось вынести все дальнейшие испытания, выпавшие на мою долю.

Ушёл юношей, вернулся мужиком. Въехав в город и оглядывая с детства знакомые, родные места, явственно ощутил: я – другой. И по иному воспринимаю все, что раньше меня окружало.

Что-то важное ушло из моей души в длиннющих тягостных часах в карауле и в постоянной тупой долбёжке солдатских наук. Она стала жестче, меньше романтики, жажды творчества. И это радости не добавляло.

Что ж, наверное, это закономерно. Мои «розовые очки» существенно побледнели.

Сначала захожу к Анне Михайловне. Парадная военная форма подогнана до миллиметра, фуражка с малиновым околышем и черным лакированным блестящим козырьком. Позвонил. Открывает она сама.

Радостный возглас, объятия. До чего же родное лицо, родной низкий голос:

— Дали отпуск?

— Нет. Насовсем приехал.

— Ура! Входи. А у меня Оля Олешко. Приехала навестить родителей.

Захожу в комнату. Оля вскакивает. Наши взгляды встречаются, и не знаю, что она увидела в моем, но в ее взгляде явно вспыхивает страх. Наскоро прощается с Анной Михайловной и исчезает.

Два часа у моей второй мамы пролетели, как одна минута и вот я уже звоню в дверь своей квартиры. Дверь отворяется, и я с головой окунаюсь в необъятную радость родительской любви и только теперь осознаю, как же я по ним соскучился.

На второй день пошел искать работу. Кто-то из знакомых сказал, что на швейной фабрике, где мы школьниками давали концерт в день 8 Марта, ищут художественного руководителя. Познакомился и поговорил с директором, и на следующий день вышел на работу.

Вокруг — женское царство: от 18-ти до 50-ти лет. Новый худрук – событие. Все хотят посмотреть. Мне тоже интересно познакомиться со всеми, чтобы выбрать лучших певуний для женского хора (мужики – наперечет). Хожу по цехам, еще в парадной солдатской форме, не снимая улыбки. Комплименты, шутки-прибаутки заканчиваются приглашением:

— Прошу всех сегодня на репетицию – мы с вами создаём лучший хор в городе Ромны, будем выезжать на областные, а может и на республиканские концерты: Сумы, Киев и даже Москва! Жду вас всех после работы в клубе фабрики.

Пришли человек двести. Отобрал из них 60 лучших, утешая остальных обещаниями найти и им место в наших концертах.

На фабрике был вокально-инструментальный ансамбль: три гитары, ударник и ионика (маленькое электропианино). Играли мужики за 30, на 10 лет старше меня. Неплохо, кстати играли. Главные – два брата Ян и Женя. Они жили в пригороде за рекой Сулой, так и называвшемся – Засулье. До моего прихода на фабрику каждая их репетиция начиналась с бутылки водки, для «настроения». Так было всегда и они к этому привыкли. А я нет, о чем их и предупредил. Зато сделал все, чтобы наши репетиции проходили зажигательно, динамично и интересно. Видел, что ребятам по вкусу «новая метла», занимались увлеченно и до ночи.

Но однажды, обнаружив до начала репетиции спрятанную бутылку самогона (самодельной водки), позвал всех и при них, молча, вылил весь самогон в форточку.

— После репетиции – хоть залейтесь. До – ни капли.

Музыканты были в шоке: какой-то пацан покусился на «святое»?!

— Мы уходим. Играй сам. Посмотрим, как тебя «похвалит» директор фабрики.

— Нет вопросов: незаменимых не бывает. Завтра же приглашу ребят из центра города. С тем репертуаром, что я привез, мы будем лучшими.

На следующую репетицию все музыканты пришли как миленькие: «На нашей фабрике чужих не будет!».

— Ладно. Но и пьянок до репетиций и до концерта тоже не будет. Это закон!

И за не слишком долгое время мы подготовили классный концерт -

большой хор, женский вокальный ансамбль, сольные вокальные номера под аккомпанемент инструментальной группы, юмористические сценки, стихи, народные танцы под баян. За 10 месяцев работы мы дважды участвовали в общегородских конкурсах и оба раза завоевывали первые места, хоть ряд предприятий-соперников был намного многочисленнее нашей фабрики. Свое обещание удалось сдержать частично: в Сумах побывали, но до Киева и Москвы не добрались.

Главным предметом, сдать который я был обязан на «отлично», чтобы поступить в юридический институт, **была история СССР**. Прочтя до армии уйму исторических книг, которые были для меня продолжением сказок, историю знал неплохо. Но все же решил, что на этот раз случайностей быть не должно, и поэтому договорился о частных уроках с лучшей в городе учительницей по истории Лениной Ивановной. И все 9 месяцев до сдачи экзаменов в институт упорно с ней занимался. События, даты, цари, вожди, партийные съезды долбил и долбил, перемежая эпохи от древних времен до новейших, по хронологии и обратно пока они не уложились в памяти стройными рядами, и достать их оттуда я мог в любой момент дня и ночи.

В апреле решил съездить в Шостку, навестить побратимов в армии. Да и тянуло почему-то вернуться в места, где было так непросто, и где осталась часть моей души. Когда приехал в полк, рота была в карауле. Узнав в каком, взял такси и нагрянул, как снег на голову, к Толику и Бахадуру. Они дослуживают последний месяц, уже «деды», хозяева роты. Такими я думал их застать. Представлял, как они обрадуются нашей встрече.

Получилось так, да не так.

Конечно были и удивление, и радость, и объятия. Но в то же время я ощутил: что-то непонятное скрывается в глубине их душ, и поэтому сразу попросил рассказать всё, что произошло после моего отъезда.

Сидим на молодой травке, хорошая погода, потягиваем сухое винцо, которое я привез с собой. Ребята рассказывают.

Когда они прослужили полтора года и стали «дедами», в полк привезли «салаг» из Крыма. И те, конечно, сразу попали в раскаленное пекло тех же армейских условий, традиций и правил, в которое когда-то попали и мы. Три месяца все шло, как и прежде. А на четвертый, не выдержав физических и моральных мучений, один из молодых крымчан сбежал из караула с автоматом, заряженным боевыми патронами, и, пробежав несколько километров до города, ворвался ночью в квартиру нового командира полка, только что переведенного из образцового подразделения столицы Украины.

Направив на полковника заряженный автомат и передернув затвор, солдат поклялся застрелить командира и всю его семью: «Мне терять нечего...» – если тот сейчас же не отдаст приказ о переводе его в роту, расположенную в другом городе. А когда его требование было выполнено, он тут же в самых ярких красках и до мельчайших подробностей рассказал о том, каковы в реальности порядки и жизнь молодых солдат в полку, вверенном новому командиру.

Буквально в течение недели половину «дедов» вывезли в другие города, а оставшиеся потеряли и «дедовскую» власть, и почти все льготы. Офицеров обязали чуть ли не круглосуточно находиться рядом с солдатами и контролировать их каждое движение, хотя в мое время офицеры появлялись в роте в лучшем случае пару раз в неделю на несколько часов.

Ввели полную уравниловку. И в еде, и в количестве часов, проведенных на постах, и в авторитете. Разве что уборку «дедов» делать не заставляли. Они свое «отплавали».

С одной стороны, я понимал чувства побратимов: столько всего перенести и вдруг, когда пришел их черед быть на вершине власти, эту власть у них вырвали из рук, перевернув десятилетиями сформировавшийся миропорядок.

А с другой стороны, наконец-то произошло то, что даст всем солдатам возможность нормально нести и без того нелегкую службу. Жаль, что только в этом отдельно взятом полку.

Дедовщина в советской, а потом и в российской армии – неистребима. Существует она и сейчас, спустя полвека после описываемых событий.

Через пару часов ребята должны были идти на посты. Подарив им по солидному дембельскому альбому, собрался обратно и я.

Тепло попрощались, не зная, что свидеться придется только через двадцать долгих лет, в другой стране и при других, совершенно непредсказуемых, почти военных обстоятельствах.

Вернулся в Ромны и через пару месяцев встречал Витю и Леву Липковича, отслуживших армию. Сообщил, что собираюсь поступать в Харьковский юридический институт.

Витя решил снова ехать в Минск, поступать на факультет политэкономии Белорусского университета.

А Лева пригорюнился. Дело в том, что нормально учиться в школе возможности у него не было – закончив 8 классов он поступил на заочный в Сумское музыкальное училище, пошел работать и одновременно посещал вечернюю школу, образование в которой практически не давалось.

Придя из армии, Лева перевелся на дневное отделение училища, но я понимал, что если он останется в Ромнах, работая музыкантом, вряд ли его ждет хорошее будущее: во-первых, зарплата небольшая, во-вторых, пьянство в музыкальной среде – обычное дело.

Поэтому предложил ему поехать вместе со мной в Харьков и попробовать поступить в институт культуры.

— Музыку-то я сдам. Но сочинение, история, русский язык и литература – без понятия. В школе толком не учил, а сейчас тем более забыл и что знал, и чего не знал – отбивался Лева.

Вспомнились наши дни в армии, мечты о будущем, его забота и помощь в голодные дни. Оставлять его одного в Ромнах очень не хотелось. Не хотелось до того, что я, вдруг решил:

— Я сам сдам эти экзамены за тебя.

И это была первая крупная авантюра в моей жизни. Никогда до армии мне такое бы и в голову не пришло.

Харьковский юридический институт был известен как лучший юридический вуз Украины и к тому же получал дотации Министерства внутренних дел – стипендия намного выше, чем в у студентов других вузов. Выпускников института расхватывали на работу в суды, прокуратуру и МВД мгновенно.

Плохо то, что это был ВУЗ закрытого типа: без направления областного комитета коммунистической партии документы для поступления не принимались. Почему я не подумал о юридических факультетах в Киевском или Львовском университетах, где таких сложностей не было, ума не приложу.

Первое собеседование в Роменском горкоме партии.

Предъявляю характеристики, серебряную медаль за школу и отличные характеристики политотдела армии с рекомендацией на юридический факультет. Принимает первый секретарь горкома, прекрасно знающий меня. С его дочерью я учился в одной школе. Долгое время молчит.

— Вы хорошо подумали о выборе института или может быть подумаете еще ?

— Хорошо подумал. И прошу дать мне направление именно в Харьковский юридический.

— Ладно, езжайте в Сумы, но хочу предупредить, там собеседование будет посложнее.

На следующей неделе отправляюсь в Сумы. В обкоме партии меня уже ждали. Комиссия из трех человек. Не успев войти, получаю такой залп вопросов по предметам моих экзаменов, что если бы не готовился в течение предыдущих десяти месяцев, никогда бы эту атаку не выдержал.

Потом они долго рассматривали мои характеристики, рекомендацию политотдела и ходатайство Роменского горкома партии. Придраться не к чему. Пошушукались между собой, двое встали и ушли. Остался председатель комиссии. Чиновник лет семидесяти. Сухой скрипучий голос, жесткий взгляд непроницаемых бесцветных глаз.

— Михаил Петрович, формально у нас нет оснований не дать вам направления для поступления в Харьковский юридический институт. Но поверьте моему слову: Вы никогда туда не поступите. Никогда. И не потому, что знания плохие, Вас просто туда не примут. ИМ НЕЛЬЗЯ ЭТОГО ДЕЛАТЬ! Почему – догадайтесь сами. Не мальчик уже. Научитесь принимать разумные решения, особенно, если они определяют вашу судьбу.

Вот такое оптимистическое напутствие я получил в своей родной области. Всё ясно. Национальность. Клеймо. На всю жизнь ?

Харьков

Харьков – второй по величине город Украины после Киева. В 30-е годы двадцатого века он был несколько лет столицей республики. Центр отстроен после войны пленными немцами почему-то в мрачновато-серых тонах.

Харьковский юридический институт – красивое двухэтажное, белое с желтым здание с колоннами в классическом стиле, с яркими клумбами впереди и густыми изумрудными деревьями вокруг. Увидев его, учиться захотелось еще больше.

Харьковский юридический институт

В Харькове жила моя двоюродная сестра Рита. Она была значительно старше меня, замужем и уже лет 15 отработала учительницей в школе. Муж Леня – ученый, кандидат наук, преподавал в школе для слабослышащих. У них в квартире за две недели до начала экзаменов я и поселился, продолжая долбить историю СССР.

Когда Рита и Леня услышали, что я сдал документы в юридический, оба в один голос стали уговаривать пойти в другой Вуз.

— Миша, все знают, что **там на дневном факультете уже десять лет нет ни одного еврея**. А после арабо-израильской войны 1967-го года, в которой Израиль победил сразу несколько арабских стран – вообще глухо. СССР-то поддерживал арабов. Поменяй институт, пока есть время. Упрямство это не упорство, до добра не доведет.

Мое решение было неизменным. Через пару дней Рита вошла ко мне в комнату с загадочным видом:

— Завтра у нас вечером встреча в парке с одним из моих первых учеников

Толиком Тищенко. Он – преподаёт историю в твоем юридическом институте и тоже будет принимать экзамены по истории в этом году. Послушай, что он скажет.

В семь вечера было еще светло, и мы встретились в парке Горького на тенистой густой аллее с красивым молодым брюнетом, который сразу бросился обниматься с Ритой. Его уважение и любовь к ней я почувствовал моментально.

— Рита Михайловна! Как же я рад, что вы позвонили, и что я вас вижу спустя столько лет. Ну, как вы, где вы, рассказывайте.

Мы присели на лавочку, и они минут тридцать говорили и не могли наговориться, позабыв обо мне, сидящем рядом. Наконец, первый восторг постепенно растаял, и Анатолий повернулся ко мне.

— Рита Михайловна по телефону предупредила меня о предмете нашего разговора. Вы, молодой человек, не возражаете, если я задам вам несколько вопросов?

— Пожалуйста.

И хлынул поток вопросов по истории страны с такой скоростью, что я еле успевал отвечать. Ответил без ошибки.

— Ясно. Значит ситуация такая: я искренне уважаю вашу сестру, она моя первая и любимая учительница. Но даже если бы она на коленях умоляла меня поставить Вам «пятерку», я бы не смог это сделать: у Вас серебряная медаль за школу, а значит вас автоматом должны были бы зачислить в студенты. Почему бы не смог? Читайте.

Оглянувшись несколько раз, как в шпионских фильмах, он медленно достал из внутреннего кармана пиджака сложенную вдвое бумагу и протянул мне.

Это была копия Закрытого письма Министерства образования республики ректору Харьковского юридического института лично.

На бумаге с гербом Украины вверху прямым текстом было написано:

«Учитывая последовательно проводящуюся партией и правительством Украины политику национальных кадров, министерство строго рекомендует: ИЗБЕГАТЬ ПРИЕМА на очную (дневную) форму обучения студентов следующих национальностей: ЕВРЕЕВ, а также цыган, гагаузов ...»

Строчки поплыли перед моими глазами. Это был приговор. Окончательный и обжалованию не подлежащий. Жаловаться некому. Финиш, без старта.

Анатолий забрал письмо назад и, видя мое состояние, положил мне руку на плечо, перейдя на «ты».

— Миша, у тебя с историей СССР все в порядке. Отнеси документы в Харьковский государственный университет на исторический факультет. Заведующий кафедрой истории СССР – мой приятель. «Пятерку» тебе гарантирую, и получай свою порцию незабываемой студенческой жизни. Будешь хорошо учиться, оставят преподавать в Университете. Понравится археология, пожалуйста, поедешь на раскопки: мировые открытия ждут тебя. Это гораздо интересней, чем возиться с судебными бумагами или всю жизнь общаться с криминалом, отбросами общества.

Рита прямо засияла.

— Спасибо, Толик, не знаю даже как тебя благодарить! Конечно мы сделаем так, как ты советуешь. Отмечать его поступление будем вместе. В ресторане!

Они еще с полчаса щебетали, не обращая на меня внимание, а я тем временем все больше и больше укреплялся в своем решении: всё равно поступать буду в этот «заколдованный» юридический институт.

А в это время приехавший чуть позже Лева Липкович сдал документы в институт культуры, как мы и договорились в Ромнах. Его первый экзамен – музыка – был на день раньше моего. Отличный музыкант, закончивший несколько курсов муз. училища, Лева блестяще сдал этот экзамен, и, положив в свой багаж первую «пятерку», отправился вместе со мной на мой первый и самый главный, решающий, экзамен по истории СССР.

А накануне вечером в квартире сестры царило такое траурное настроение, будто я уже не поступил в институт. Поэтому я постарался улечься спать пораньше, чтобы остановить поток её упреков и пророчеств, которые оптимизма уж никак не добавляли.

Перед сном вспомнилась вчерашняя консультация по истории, которую проводил перед поступающими доцент Баймескулов. Несомненно недюжинного ума, с высеченным из гранита волевым лицом и пронзительным взглядом, он за час вогнал всю тысячную аудиторию абитуриентов в состояние такого ужаса, что единственной мыслью было: «Господи, только бы не попасть к нему на экзамен. Этот завалит точно».

Экзамен

Поскольку город мы практически не знали, в институт на следующий день приехали, когда экзамен уже шел полным ходом. Взлетаем с Левой на второй этаж к аудитории, где предстоит сдавать, и первое что я вижу – двух рыдающих девушек у огромного раскрытого окна («Хоть бы не вздумали выброситься?»)

В коридоре кроме меня человек десять абитуриентов с потухшими лицами, ожидающих своей очереди.

— Ребята, кто принимает экзамен в нашей группе? – спрашиваю у них.

— Доцент Баймескулов с ассистенткой.

— Баймескулов? Тот что проводил консультацию? – Ноги стали ватными, а сердце забарабанило пулеметной дробью.

— Черт побери! Да как же так? Ну почему из 12 групп он оказался именно в моей? И число сегодня не 13-е. Ну почему и во второй раз такая невезуха???

— И как он принимает, какие уже оценки?

— Пять «двоек, остальные «тройки». Хоть вообще не заходи. Лютует. Особенно после того, как поймал девчонку со шпаргалкой. Юбку ей до трусов задрал, выхватил шпаргалку и чуть не с матом вытолкал за дверь!

Настроение поднялось еще «выше». Лева притих, сел на лавочку в коридоре. В это время дверь открылась и в коридор выскочил красный, как рак, парень с экзаменационным листом в руках. Все – к нему: «Ну...что?». Парень широко улыбнулся: «Четверка»! Ребята тоже заулыбались: первая «четверка» в группе.

— Следующий, – донесся из класса уже знакомый повелительный голос Баймескулова. Вокруг меня все замерли. И, поняв, что ждать не имеет смысла, я шагнул из коридора в аудиторию, как с борта корабля – в темную бездну океана.

Подхожу к столу, на котором игральными картами разбросаны экзаменационные билеты, и вижу слева от преподавателей, сидящих ко мне спиной, на темно-синей крышке стола белеет список нашей группы. Напротив моей фамилии слева написано: «медаль», как и у трех других абитуриентов из списка.

Предупреждение преподавателю: поставишь «отлично», и абитуриент превратится в студента.

И кроме того, вижу: **моя фамилия, имя и отчество (единственные из всего списка группы) перечеркнуты тоненькой красной чертой.**

«Все. Приехали. Итог моего экзамена предопределен. Рекомендация Министерства образования оказалась на самом деле приказом, который исполняется неукоснительно...» – обожгла мысль.

И как ни странно, но осознание этого мгновенно унесло все мое волнение и весь страх, придав еще бóльшую решимость идти до конца, каким бы он ни оказался.

— Вы что застыли ? Тяните билет, – повернулся ко мне Баймескулов.

Не глядя, я взял билет и прошел к свободному столу.

Ответы на вопросы: 1)Ливонская война и 2) декреты о мире и земле – даже не стал записывать, знал хорошо.

Пока Баймескулов слушал ответ очередного парня, я смотрел на экзаменатора, его энергичное волевое лицо и думал: «Вот человек, от которого сейчас зависит моя судьба... От его настроения, его восприятия, его воли ... Нет, не только от него. Есть еще и приказ власти, который меня уже перечеркнул, и он знает о нем».

Отвечать пошел вне очереди, пока ребята ещё заканчивали готовиться.

И вот я лицом к лицу с доцентом Баймескуловым и его белокурой ассистенткой. Начинаю, как из пулемета строчить о проигранной Иваном Грозным Ливонской войне. Через минуту слышу: «Достаточно.»

Ответ на второй вопрос занял времени не больше.

— Михаил Петрович - заглядывает в зачетную книжку доцент - я вижу, что ответы на вопросы билета вы знаете. Что ж, а теперь прогуляемся с вами по истории нашей страны (как будто только что мы «гуляли» по истории Соединённых штатов). Готовы?

И горной лавиной, неудержимой и бесконечной, на меня обрушился камнепад вопросов. Причем, если первый вопрос из древней истории, то следующий – из новейшей, третий – из средних веков и т.д. до бесконечности...

— Годы правления князя Владимира?
— 980-й – 1015-й. Князь Владимир рожден от князя Святослава (945-972) и рабыни Малуши, ключницы его матери княгини Ольги...
— Хватит. Годы работы 3-й Государственной думы?
— 1907-1912, это первая Дума, проработавшая пять полных лет...
— Хватит.

Вопросы продолжали сыпаться и вдруг со мной произошло то, что когда-то произошло с дедушкой Гришей во время германской войны.

Я исчез из реальности. Улетел в другое измерение, не осознавая где я, что я делаю и что со мной происходит. Я не видел Баймескулова, только слышал его хрипловатый голос, перебивающий меня и задающий новые вопросы.

Вопросы, вопросы, вопросы – ответы, ответы, ответы.

Как оказалось, экзекуция длилась 40 полных минут, притом что на обычного абитуриента доцент тратил не более десяти.

Лева, ожидавший меня в коридоре, потом рассказывал, что когда он заглянул в аудиторию, то обалдел от увиденного:

«Ты, весь багровый, обливаешься потом, с горящими глазами размахивая руками, строчишь ответами, почти кричишь, а экзаменатор так же громко контратакует тебя все новыми и новыми вопросами, прерывая на полуслове, и, кажется, еще мгновение и вы броситесь в драку друг на друга.»

И, вдруг, наступила тишина, и я пришел в себя.

Первое, что увидел: побледневшее и перепуганное лицо ассистентки, взирающей на меня, как на привидение из замка. Потом – жесткое, напряженное лицо Баймескулова.

Он долго молчал. Долго смотрел на список абитуриентов нашей группы, из которого я уже был вычеркнут чьей-то начальственной рукой. Вычеркнут красными чернилами.

— Михаил Петрович - медленно и как-то вкрадчиво начал он – я задам вам еще один, последний вопрос. Ответите, поставлю «отлично», если нет – «хорошо».

То есть после нескольких десятков вопросов, на которые он уже получил все правильные ответы, если я ошибусь один раз – поражение?

— Задавайте.

— Почему вождь большевиков Владимир Ильич Ленин включил в Декрет о Земле программу левых эсеров ?

Молнией пронесся по уголкам своей памяти – там было пусто. Я не знал этого не потому что забыл, а потому что никогда этого не читал.

Зато, как будто наяву, я увидел красную жирную «пятерку» ……… ……5 …… ……… ………, медленно удаляющуюся от моего экзаменационного листа к заднему краю стола. И когда она была уже у самого края, я, судорожно сжавшись внутри, вдруг, скороговоркой произнес:

— Этого вопроса в школьной программе по истории СССР я не встречал, потому что его там нет.

— Хм, это правда. Это вопрос из высшей школы. Но ведь вы же претендуете на «отлично»! Будете отвечать?

— Ладно. Я Вам честно признался, что не читал об этом.

А можно мне ответить так, как я сам это представляю?

Молчание. Пламя страха опалило сердце. И вдруг:

— Вы не знаете, но вы представляете ? Такого я еще не слышал. Ну, хорошо. Попробуйте.

Медленно, снова отключившись от настоящего и еще раз нырнув в эпоху революции, начал говорить. Короткими предложениями. И ощущение такое, что каждое слово – это шаг. Шаг по лезвию огромного ножа: микрометр в сторону – и тебя рассечет надвое:

— Декрет о земле был принят на 2-м съезде Советов. Сразу после революции.

— Программа большевиков: земля должна быть в общей собственности.

— Программа левых эсеров: наделить землей каждого крестьянина.

— Крестьяне мечтали получить землю в свою собственность, как им это обещали левые эсеры.

— Большинством населения в России в то время были крестьяне.

— Республика советов только родилась, и Ленину как её руководителю в тот момент важна была поддержка крестьянства, большинства населения страны. Может быть, поэтому в тот момент он и включил в Декрет о земле программу левых эсеров?

Я еще не закончил последнее слово, как Баймескулов грохнул кулаком по столу, и, обращаясь к ассистентке, выдохнул:

— **Я НЕ МОГУ НЕ ПОСТАВИТЬ ЕМУ «ОТЛИЧНО». НЕ- МО-ГУ!**

Он взял мой экзаменационный лист, ручку и четко вывел в графе оценок: «Отлично». Слово, решившее мою судьбу.

И тут нервы сдали (вдруг передумает?). Я бросился и хотел схватить, экзаменационный листок, накрыв его рукой.

Острая боль – доцент уколол меня ручкой – вернула к реальности.

— Михаил Петрович, я еще не расписался. Могу и передумать – будто прочитав мою мысль, улыбнулся мгновенно ставший таким родным Баймескулов.

Приемная комиссия

И вот я уже в коридоре. Взлетаю от радости в небеса и сжимаю Леву в объятиях.

Абитуриенты сжигают глазами счастливчика, получившего первую в группе «пятерку».

Они еще не знают, что это – ВСЁ! Что я уже студент!

Студент «расколдованного» Харьковского юридического института!

Вопреки всем прогнозам и уговорам: горкома партии, обкома партии, моих родственников, преподавателя института Анатолия Тищенко.

Вопреки Приказу Министерства.

Вопреки истории этого института за последние десять лет!

ПО-БЕ-ДА!!!

Это был второй в моей жизни миг Счастья, настоящего Счастья! Намного большего, чем то, которое я пережил когда-то в Шостке в час победы в баскетбольном матче на чемпионате области.

Бросаюсь к телефону-автомату и набираю номер сестры:

— Только что сдал.

— Оценка?

— Отлично.

Послышались короткие гудки. Бросила трубку. Набираю номер еще раз. И слышу ее крик:

— У тебя хоть чуть-чуть совесть есть? Ночь не спала. Все нервы размотала, а тебе шуточки? Что получил: «четвёрку», «тройку»?

— Да говорю тебе: пя-а-ть! Я не вру.

Молчание в трубке длилось очень долго.

— Миша, но этого же не может быть! Ведь Толик...

— Всё, Рита, с меня бутылка, а ты накрывай на стол. Вечером будем «обмывать» мой студенческий билет. Думаю, через полчаса он будет в моем кармане.

«Не кажи «Гоп», поки не перескочиш» – хорошая украинская поговорка.

Какими милыми и добрыми людьми показались мне члены Приемной комиссии, куда я вбежал доложить о результате экзамена.

Председатель Приемной комиссии, декан 1-го курса Унищук, услышав, что у меня медаль за школу и что историю я сдал на «отлично», улыбнулся, пожал мне руку, поздравил и предложил присесть.

Я протянул ему экзаменационный листок. Прочитав фамилию и увидев мою драгоценную «пятерку», декан открыл список абитуриентов и углубился в его чтение. Вдруг лицо его преобразилось. Из нормального объемного человеческого, только что улыбающегося мне, оно превратилось в плоскую противную безжизненную маску, и такой же безжизненный голос проскрипел: «Вам необходимо прийти сюда вечером. Часов в пять».

Только что каждая клеточка моего тела горела и ликовала. Слова декана острой ледяной сосулькой вонзились в сердце. Радость испарилась. Ликовать и ставить точку поторопился. Борьба продолжается.

Вечером прождал в коридоре более часа. Наконец, вышел декан. Проходя мимо, бросил: «Придёте завтра. В 10 утра».

Понятно, что никакого праздника вечером у сестры не получилось.

Ожидание неизвестного сжимало душу: что еще придумают хитромудрые чинуши из Приемной комиссии?

Наутро в 10 часов я вошел в знакомый кабинет.

— Военный билет принесли?

— Но вы же вчера не просили.

— Езжайте за военным билетом.

Через два часа вручаю декану военный билет. Он берет мою трудовую книжку и начинает внимательно вчитываться в нее и в военный билет.

Десять минут, пятнадцать.

Терпение лопается.

— Да в чем, собственно говоря, дело? - Почти кричу я. - У меня серебряная медаль за школу. Вчера я сдал профилирующий предмет – историю – на «отлично». По закону – я студент. Какие проблемы???

— По положению о Харьковском юридическом институте вы должны иметь 2 года непрерывного трудового стажа или два года отслужить в армии. Я вижу, что в армии вы прослужили только полтора года. Сейчас я хочу выяснить: имеете ли вы два года непрерывного трудового стажа. И если придя из армии, вы приступили к работе спустя месяц и один день, ваш стаж считается прерванным, и в институт вы зачислены быть не можете, – не поднимая глаз, выдавил он.

Холодное спокойствие опустилось на мою душу.

— Уважаемый председатель Приемной комиссии. На работу после армии я вышел не через месяц, а на третий день. У меня полных два года непрерывного трудового стажа работы во Дворце культуры и Профтехучилище еще до службы в армии. Таким образом, на момент подачи документов в ваш институт у меня вместе с армией и работой после нее на Роменской швейной фабрике есть ровно ПЯТЬ лет непрерывного трудового стажа. И этот факт подтверждается и военным билетом и трудовой книжкой, которые Вы сейчас держите в руках. Можете проверять хоть до конца рабочего дня. Мне спешить некуда, но из этой комнаты без решения, принятого в соответствии с законом я не выйду.

— Тише, тише, вы еще не адвокат, чтоб со мной так разговаривать – декан поднял на меня удивленные глаза и молча углубился в документы, записывая даты поступления и увольнения на работу и даты службы в армии. Потом он что-то считал в столбик на листе бумаги, опять смотрел документы и опять считал.

Наконец, вздохнув, вынул из ящика стола какой-то бланк, написал на нем мою фамилию и, поднявшись, явно обескураженный, вручил мне этот бланк.

— Идите в 12-й кабинет к проректору по хозяйственной части. Отработайте на ремонте общежития две недели и поезжайте к себе домой. ЕСЛИ мы примем решение зачислить вас студентом нашего института, вы получите письменное уведомление об этом.

«Если...». Значит вопрос завис. Настроение - ниже плинтуса. Правда, через некоторое время оно выравнялось. Теперь от меня уже ничего не зависит. Остаётся только ждать.

Поступление в институт культуры

Поскольку на следующий день Лева должен был писать сочинение, после разговора с деканом мы поехали ко мне, вернее к Рите. Дома никого не было, и вот тут начались приготовления к тому, на что, я думаю, решился бы далеко не каждый.

Лева сел за стол, и каким то образом отклеил свою фотографию с экзаменационного листа. Фотография эта была скреплена круглой печатью: третья часть печати - на белом поле фотографии, а две трети - на экзаменационном листке, на которую это фото наклеено.

Затем на место своей он приклеил мою фотографию с таким же полукругом белого поля, на котором должна стоять такая же треть печати. Это был второй экземпляр фото, красовавшегося на моем экзаменационном листе юридического института.

— И где мы возьмем печать института культуры? – спросил я.

Ответили «золотые руки» моего друга: он взял прямоугольную фиолетовую стиральную резинку и кончиком лезвия для бритья аккуратненько вырезал и контур печати, и каждую буквочку, которая была на его фото, отклеенном только что. Получилось с первого раза. Перепробовал несколько чернил, одной из них заполнил вырезанную часть печати на резинке. Попробовал оттиск на чистом листе бумаги, а затем прислонил резинку к белому полю на моей фотке. Буквочки и полукруг микрон в микрон совпали с частью печати на листе.

Получился экзаменационный лист Льва Липковича с моей фотографией, как будто она всегда там и была.

На следующий день с этим экзаменационным листом я написал сочинение в институте культуры. Писал быстро, проверил наспех. Нервничал. Результат – четыре балла. Затем сдал историю: «отлично».

Последний экзамен – русский язык и литература устно. Лева сообщил, что после этого забирают экзаменационные листы. И ...?

Пришлось возвращать на место ЕГО фотографию и идти сдавать экзамен с лицом в экзаменационном листе, похожим на моё, примерно, как Элвис Пресли на Майкла Джексона.

Русский я помнил еще со школы, специально не готовился. Но вопросы в билете попались легкие. По литературе («Ранние произведения Горького») я мог отвечать, цитируя дословно.

Абитуриенты передо мной отвечали довольно скромно, получая неплохие оценки. И если бы и я отвечал попроще, внимания бы не привлек. Но когда стал сыпать цитатами, что слишком уж контрастировало с ответами предыдущих кандидатов в студенты, то вдруг с ужасом увидел, как женщина-экзаменатор протягивает руку, берет со стола мой, вернее Левин, экзаменационный лист, открывает его на первой странице и... взгляд на фото – взгляд на меня, взгляд на фото – взгляд на меня. Её ассистентка тоже взглянула на лист и тоже стала как-то странно на меня смотреть.

Сердце заколотилось так, что хоть держи обеими руками.

Пот струится по лицу и справа и слева. Сообразив, достаю платок и, не переставая отвечать, отворачиваюсь то вправо, то влево, якобы вытирая пот, а на самом деле, прикрывая лицо рукой и платком. Потом будто нечаянно роняю ручку, ныряю под стол и долго-долго ее ищу.

«Заметят или нет? Что будут делать? Поднимут крик? Вызовут милицию?» – мысли панически прожигали мозг.

Конечно, мы с Левой перед экзаменом договорились: в случае разоблачения я выхватываю зачетку и, пусть даже с боем, но прорываюсь из аудитории. Да, Лева не поступит в институт культуры, но в противном случае не поступим мы оба, особенно после того, как я уже теоретически поступил в свой институт.

Вечно сидеть под столом я не мог, а когда вылез пред светлые очи экзаменаторов, они смотрели на меня так, как смотрели бы на инопланетянина.

«Конец фильма! Бежать!» – напрягся я, готовый вскочить. И в тот же миг – голос преподавателя:

— Прекрасный ответ, Лев! Сразу видно, что вы любите русскую литературу. Держите ваш экзаменационный лист. Можете идти.

Дважды им повторять не пришлось. Через секунду я уже был у выхода из аудитории и с непередаваемым облегчением сдал Левин экзаменационный лист в Приемную комиссию.

Думаю, экзаменаторы не зря так долго сравнивали лицо на фотографии с моим лицом – непохожесть трудно было не заметить. Но, видно, им просто и в голову не могло прийти, что кто-то бы посмел пойти на такой сумасшедший шаг. Шаг на грани преступления (хорошенькое начало юридической карьеры).

Мой друг «набрал» 19 баллов из 20-ти и стал студентом Харьковского института культуры. К его чести нужно сказать, что в дальнейшем учился он прекрасно. Сам получал свои «пятерки» и «четверки» и закончил институт одним из лучших студентов.

Развязка

На отработке я должен был за две недели покрасить полы в комнатах целого этажа институтского общежития. Не уверен, что успел бы – навыка не было. Но тут приехал Лева и предложил помочь. Этаж мы закончили за неделю, причем, пока я красил одну комнату, Лева успевал – две.

В Харькове делать было нечего и мы вернулись в Ромны: Лева студентом, я – в ожидании решения Приемной комиссии.

А тем временем Витя Московец, сдав профилирующий предмет на «отлично», второй раз поступил в Белорусский госуниверситет, но уже на факультет политэкономии.

Шли дни. Одна неделя, другая. Я уже настроил себя на отказ.

И только за три дня до конца августа почтальон принес письмо с решением Приемной комиссии о моём зачислении и датой начала занятий – 1 сентября.

Свершилось! Лазейку обойти закон институтским чиновникам найти не удалось.

Моя радость была сдержанной. Стали собираться в дорогу. И тут я вспомнил: сколько людей отговаривали меня от попытки поступать в этот вуз, а папа, который так не хотел, чтобы я поступал в первый раз на журналистику, почему-то молчал. Ни слова против.

То есть и в первый и во второй раз он предчувствовал будущие результаты моих экзаменов. Как раньше предчувствовал и то, что мне придется пережить в армии. Нострадамус!

Как жаль, что баранье упрямство (Овен по гороскопу) и в дальнейшей жизни оставляло меня глухим к его пророческим словам. Сколько ошибок мог бы избежать! Очень серьезных ошибок. Понял это только по прошествии многих лет.

Харьков

1-го сентября занятий не было. Организационные вопросы. Не успел я получить студенческий билет и зачетную книжку (для институтских экзаменов), как был вызван к заместителю декана по организации художественной самодеятельности Василию Шишкину, симпатичному обаятельному блондину.

— Мы тут посмотрели твое личное дело. Ты работал художественным руководителем. У нас художественной самодеятельности покровительствует сам ректор. Наверное, ты успел заметить, девушек у нас мало. Хор - мужской. Вокально-инструментальный ансамбль - мужской. Надо бы разбавить девушками. Сможешь организовать женский вокальный ансамбль? - сразу перейдя на «ты», спросил Шишкин.

— Вообще-то я думаю, учеба вряд ли позволит отвлекаться. Для того, чтобы ансамбль звучал, надо репетировать минимум четыре раза в неделю. Да и удастся ли отобрать хороших из такого небольшого количества? Не знаю, не уверен.

— Слушай, если ты это сделаешь, то будешь жить в общежитии прямо в этом здании (здание института было в форме буквы «П», левая ножка буквы - общежитие) - соблазнял Шишкин - Кроме того, все на сентябрь поедут в колхоз, собирать картошку холодно, мокро, а ты с ансамблем останешься в городе, готовиться к концерту 7 ноября.

Картошка меня не пугала, а вот жильё в институтском здании - это было круто. Другое общежитие института находилось на краю города, и добраться до него занимало около часа двумя автобусами.

Ради такого решения квартирного вопроса стоило рискнуть. И опять вспомнился отец. Уже который раз в жизни мне пригодился баян, учиться играть на котором заставлял меня он.

— Ладно. Где и когда проводить прослушивание ?

Через пару часов я отобрал шестерых девушек с неплохими голосами. А у одной – Оли Замковой даже оперный.

Лёва, с которым мы часто встречались, предложил пару неплохих эстрадных песен и расписал вокальные партии на три голоса. Впоследствии он делал это регулярно, чем очень помог мне, так как благодаря успехам моих певуний, я заслужил расположение ректора, и моя жизнь и учеба в институте все четыре года катилась, как по маслу (Маслов- фамилия ректора). Никаких унижений или придирок я не испытал.

Вскоре ребята моего курса уехали на картошку, а я начал репетиции с симпатичными девчонками, и эти репетиции приносили нам обоюдное удовольствие. Девчонки быстро схватывали свои партии, и уже через пару недель мы могли бы выступать на концерте.

Свободного времени было море, и однажды я впервые зашел в спортивный зал института. На площадке тренировались баскетболисты – сборная института готовилась к чемпионату Украины. Игроков было 9, и они играли четыре на пять. К тому времени я уже больше двух лет не держал мяч в руках, и было интересно попробовать, не все ли забыл.

Когда ребята ушли на перерыв, я, сняв туфли, в одних носках подобрал мяч и сделал с десяток бросков с прыжка и с линии штрафных. Несколько первых – не попал, мешала скованность, но затем рука стала мягче и штук пять подряд легли в корзину. Кто-то сзади окликнул меня. Обернувшись, увидел мужчину лет 45-ти в спортивном костюме. Это был тренер баскетболистов Анатолий Чунихин.

— Не хочешь побегать с ребятами второй тайм ?
— Да я два года не играл, и формы нет.
— Какой размер обуви ?
— 43-й.
— Кеды я тебе дам. Поиграешь двадцать минут без формы, не страшно.

После этой игры, несмотря на то, что отвык и запыхался очень быстро, тренер ввел меня, единственного первокурсника, в состав сборной, которая после двух недель усиленных тренировок выехала в Ворошиловград на чемпионат Украины. После школы у меня был 2-й разряд по баскетболу, а на чемпионат допускались игроки не ниже 1-го. Поэтому спорткафедра института оформила бумаги о моих мифических «достижениях» (институт-то юридический). Мне был срочно присвоен первый разряд и выдано соответствующее удостоверение.

По игре я в первую стартовую пятерку и близко не попадал и, честно говоря, был уверен, что просижу весь чемпионат в запасе. Почти все ребята играли лучше, но команда была невысокой. Я со своими 1 метр 94 см был самым длинным. И когда мы вышли на первую игру и увидели, какие «столбы» у наших соперников, тренер неожиданно назвал мою фамилию в стартовом составе.

То ли от того, что повзрослел, после армии, то ли от того, что терять было нечего, ни малейшего волнения я не испытывал. И неожиданно всё стало получаться так, как и помечтать не смел. В первой игре я забросил пять бросков и отобрал с десяток хороших мячей у своего кольца.

После этой игры закрепился в основном составе сборной института. Нам удалось выйти из своей группы в одну четвертую финала, где нас благополучно разгромил Киевский институт легкой промышленности во главе с Сергеем Коваленко – игроком сборной команды Советского Союза – рост 2 метра 22 см.

Но сам выход из группы принес нашей команде, и мне в том числе, звания «Кандидат в мастера спорта СССР». Это было почетно. И это было самым большим достижением в моей спортивной жизни.

Начало занятий

В октябре начались занятия. Сначала лекции, на которых весь курс только слушает и конспектирует материал, а через пару дней – семинары для каждой группы (приблизительно 30 студентов), где по этому материалу надо отвечать и получать оценки.

Учиться мне было на удивление легко, и за это еще и платили стипендию по 40 рублей в месяц. А когда на первой сессии сдал все экзамены на «пятерки», получать стал 55 рублей. Сумма в то время вполне достаточная, чтобы заплатить за питание в студенческой столовой, за место в комнате общежития да еще и сходить на танцы (дискотека с живой музыкой) в городской парк или в кино.

Общежитие было четырехэтажное. Довольно чистое. Девочки жили на одном этаже, мальчики на других. Кухня, умывальник и душевая – одна на весь этаж.

В комнате нас было 4 человека. С одним из них – Павлом Орловым я и подружился, тем более, что мы учились в одной группе. Отслуживший три года в морском флоте, Павел женился на красавице и умнице брюнетке Светлане. Она первой поступила в наш институт и во время учебы родила сына. Павел жил с ней на съемной квартире, работал и помогал с ребенком, а на следующий год поступил вместе со мной. Света и Павел оба были родом из чудесного городка на берегу Южного Буга – Николаева, который потом сыграет немалую роль в моей судьбе.

Студенческая жизнь получилась насыщенной и интересной.

До двух часов занятия в институте, потом несколько часов подготовка к урокам, а вечером или репетиции, или тренировки по баскету в зале.

В выходные дни – парк Горького, танцы. Иногда встречались с Левой, он тоже был весь в занятиях и других делах, но вспомнить армию с ним всегда было приятно.

Мой ансамбль с успехом выступил на концертах в День революции и на Новый год. Симпатичные девушки в мини-юбках пели и двигались в ритме так, что ректор, обычно сидевший в середине зала, перебрался на первый ряд и явно наслаждался их выступлением.

Любимым предметом в институте стала история государства и права. И вот совпадение: семинары по ней в нашей группе вел доцент Баймескулов, которому я сдавал вступительный экзамен. Когда он задавал вопросы по изученной теме, я всегда первым поднимал руку отвечать. А после нескольких письменных контрольных работ, написанных на «отлично», он и вовсе перестал меня спрашивать.

Как раз в это время навестить меня приехал из Минска Витя Московец и пришел со мной вместе на семинар по истории государства и права. Баймескулов задает вопрос. Группа молчит. Я поднимаю руку. Игнорируя, преподаватель вызывает другого студента. Второй вопрос – история повторяется. Когда и в третий раз я поднял руку, староста группы возмущенно спросил: «Кербель уже третий раз тянет руку. Почему вы его не спрашиваете?»

Ответ Баймескулова меня огорошил:

— С товарищем Кербелем мы только советуемся.

Конечно, мне было особенно приятно, что это произошло в присутствии моего друга Вити Московца.

Юра Двинский

К зимней сессии – экзаменам и зачетам – мы готовились вместе с Пашей Орловым у меня дома в Ромнах. Павел – высокий, сероглазый, на редкость волевой, целеустремленный, сильный телом и духом парень. В Отечественную войну он наверняка был бы и командиром, и героем. Не зря после окончания первого курса его избрали командиром строительного студенческого отряда, отправлявшегося на Север. Что они там строили, не знаю, но заработали в десять раз больше, чем заработал в стройотряде я.

Вдвоем готовиться было и интересней, и полезней: постоянные перекрестные вопросы помогали лучше запоминать текст.

Однажды в это же время я зашел проведать не поступившего в Воронежский институт Юру Двинского – лучшего танцора нашего городка, одного из нашей «семерки», никогда не унывающего любимца девчонок.

Застал его лежащим в постели, спящего, больного, с температурой 39. Поразили его почерневшие руки с траурными полосками под ногтями. Спросил об этом у его отца.

— Юра тяжело работает на машзаводе, на прессах, - с грустью ответила он, – грязь можно отмыть, а вот угроза потерять пальцы на старых разболтанных станках вполне реальна.

Острая жалость и желание помочь другу сжали сердце, и неожиданно для себя я непререкаемым тоном сказал:

— Не переживайте. Юра будет учиться в моем институте. Обещаю. Пойдемте со мной.

Мы вместе пошли домой к Ленине Ивановне, готовившей меня по истории СССР к поступлению в институт, и я уговорил ее три раза в неделю заниматься с Юрой историей, а заодно, по возможности, и русским языком с литературой. Он добросовестно в течение полугода отзанимался с учительницей и, имея хорошую память, приехал на экзамены довольно подготовленным.

Перед экзаменами я попросил его одеть военную форму, в которой симпатичный Юра смотрелся как артист кино, и познакомил его с моими преподавателями английского и истории, представив как своего «брата» и попросив отнестись снисходительно к парню, только что отслужившему в Советской Армии. Естественно, после этого он получил «отлично» по этим двум предметам. Плюс «четверка» по устному русскому языку и литературе и «тройка» по сочинению – в сумме 17 баллов!

Для коммуниста, которым Юра стал еще в армии, этих баллов вполне хватило, и так неожиданно для себя (школьный аттестат – полный «троек») он стал студентом лучшего юридического института Украины.

Устроив его танцором в художественную самодеятельность института, я заодно «пробил» ему общежитие в здании института, где мы благополучно и прожили в одной комнате все последующие три года.

Путешествие в Северную Осетию

В марте меня попросили подготовить полноценный концерт минут на шестьдесят силами студентов одной из групп второго курса и поехать с ними в Северную Осетию на празднование 9 Мая – Дня Победы в Великой Отечественной войне.

Задача не из легких: в группе 30 человек, а артистов среди них не наблюдалось. Пришлось взять пару девчонок из моего вокального ансамбля и репетировать каждый день. К началу мая концерт был готов.

Северная Осетия поразила. Впервые я видел громадные треугольные купола гор в изумрудных лесах, скрывающиеся в голубых небесах.

Но еще больше поразили люди: суровые, как те же горы, сдержанные, сохранившие старинный уклад и обычаи. Поразило их необыкновенно уважительное отношение к старшим. Современные ребята, студенты, но: младший брат при старшем не закурит; отношение к отцу, как к богу.

У входа в Дом культуры, где мы давали концерт, не было милиции или дружинников для охраны порядка – лишь худенький старичок на табуретке, при виде которого самая буйная молодежь стихала мгновенно.

Концерт получился на удивление успешным, в том числе и из-за радушного приема осетин. А популярную тогда украинскую песню «Червона рута» с нами пел весь зал, поднявшись со своих мест. Этот акт взаимопроникновения душ и культур был насколько внезапным, настолько и трогательным. Мы на сцене, а осетины в зале пели так, как поют гимн, и сердца трепетали от радости единения.

Мы ездили по селам: небольшие митинги на кладбищах воинов, погибших в войне. Мы участвовали в многотысячном митинге в городе Беслане на открытии памятника Герою Советского Союза осетину Ахсарову. Оказалось, что медсестрой и его невестой, проводившей Ахсарова в последний путь, была руководитель студенческой группы, с которой я поехал – профессор гражданского права Зинаида Андреевна Подопригора. Поэтому нас и пригласили в Осетию. Зинаида Андреевна была знающим преподавателем, но довольно своеобразным человеком.

Так, когда ей дали слово в президиуме митинга на переполненной площади Беслана она вместо слов о герое Ахсарове, вдруг, заявила:

— А сейчас студенты моей группы споют вам песню на стихи Расула Гамзатова «Журавли».

Мы - в шоке. Предварительной договоренности об этом не было. Открытая площадь, акустики никакой, певцы – не шаляпины. Но делать нечего, хватаю баян, киваю головой и ... запели. Даже в тишине звучали слабовато, но, вдруг, один за одним люди на площади стали подхватывать песню и вскоре уже весь многотысячный митинг пел:

— Мне кажется порою, что солдаты,
С кровавых не пришедшие полей,
Не в землю нашу полегли когда-то,
А превратились в белых журавлей...

Женщины плакали, мужчины опустили головы. И в это время под звуки поющей многотысячной толпы с памятника сдернули покрывало, и перед нами предстал бюст красавца-осетина с золотой звездой Героя Советского Союза на груди.

«Это нужно не мертвым. Это нужно живым!» - эти слова обрели свое реальное воплощение на центральной площади осетинского города Беслана.

В последний день, провожая нас, хозяева зарезали барашков и на травке среди невысоких гор устроили такой пикник с шашлыком, какого потом никогда не было в моей жизни.

Прохлада и смутные очертания гор, интимный шепот ночного леса, костры и непередаваемые запахи жареного мяса и молодого вина – все это было похоже на сказку и чувства будило тоже сказочные. Ко мне подошел пожилой осетин и протянул банку с бульоном:

— Шурпа. Попробуй, баянист.

Я отхлебнул: это был нектар, амброзия – напиток богов! С каждым глотком в меня вливались сила и наслаждение. Крикнул ребят. Через несколько минут, оставив шашлыки, вся наша группа столпилась у котла с шурпой.

А вот возвращение домой было полно сюрпризов, и отнюдь НЕ приятных. Оказалось, что в поезде, в котором мы ехали, два вагона были забиты полупьяными кавказцами-зэками, освобожденными из тюрем по амнистии в честь Дня Победы. И надо же было так случиться, что подвыпивший парень из нашей группы Сергей Томилин, маленький, щуплый, в очках, с амбициями выше крыши – каким-то образом познакомился с сестрой одного из зэков и «завис» с ней в тамбуре у их вагона.

Была ночь. Зинаида Андреевна благополучно спала. Заметив отсутствие Томилина, я прошел по выгонам и, увидев его в тамбуре, обнимавшего незнакомую полную кавказскую девушку, кожей почувствовал опасность.

В ту же минуту в тамбур ворвались два кавказца с ножами в руках, и я, резко схватив Сергея сзади и взвалив его на себя, вылетел с ним из тамбура в следующий вагон, заметив в стекло, как мужчины набросились с ругательствами на неосторожную девушку.

Не успел я дотащить пьяного и отбивавшегося «Ромео» до нашего вагона и задвинуть его под потолок, на третью полку, как вагон вмиг наполнился толпой зэков с ножами, восьмиэтажным матом и требованиями выдать им «козла», покушавшегося на честь их «сестры».

Подвыпившие ребята из нашей группы вскочили со своих полок, но что они могли сделать против превосходящих и числом и оружием кавказцев? Воздух в вагоне накалился до предела, еще секунда и взорвётся, начнется резня. И тут озарение: «Для кавказцев слово старшего по возрасту – закон.» Одним прыжком оказываюсь в купе, где спала наш руководитель. Рванув ее с полки и вытолкнув в эпицентр событий, ору не своим голосом:

— Молчать! Вот наша Старшая! Слушать ЕЁ!!!

При виде полуодетой, с ошарашенным видом, седой пожилой женщины, кавказцы, как облитые ледяным душем, убрав ножи, притихли. Потом один, уже тоном потише, стал жаловаться, но

Зинаида Андреевна, не перебивая, выслушала его и, осознав опасность момента, успокоила нападавших, пообещала строго наказать виновного и почти вытолкала их из нашего вагона.

Конфликт был улажен, хотя спать в эту ночь мне так и не пришлось: незадачливый герой-любовник время от времени порывался к своей горянке-«Дульсинее». Приходилось вскакивать и силой запихивать его обратно на третью полку.

Зина

Мой первый и последний стройотряд в первые летние каникулы запомнился жуткой жарой и такой же жутко тяжелой ручной работой. Строили коровники, основные инструменты: носилки и лопата. Правда, спина после этого стала каменной.

После стройотряда у меня был еще месяц отдыха. Я вернулся в Ромны уставший так, что ныла каждая косточка, и отец одного из моих приятелей Гены Хацкевича, с которым я первый раз поступал в Минск, раздобыл дефицитную путевку на Рижское взморье.

И вдруг открывается дверь и входит только что приехавший из Минска Витя Московец. Рассказываю ему о возможности покупаться и позагорать на Балтике, а в ответ:

— Рижское взморье отменяется. Послезавтра мы едем в Белоруссию, в Оршу, знакомиться с моей невестой. А оттуда - в Новгород на свадьбу моей сестры Наташи.

Гром среди ясного неба! У Вити - невеста? Я уже свыкся с непреходящими его страданиями от удара, нанесенного Ольгой Олешко, его первой любовью. Появление невесты было благодеянием свыше - конец горю и печали. В том числе и моей, потому что все это время, думая о нем, я не мог не сочувствовать: плохо другу - плохо мне.

Легко отказался от путевки на море и вот уже поезд с пересадками мчит нас среди белорусских лесов и полей в неизвестную Оршу. Приехали к вечеру, отыскали дом, позвонили в дверь.

Выходит стройная (кандидат в мастера спорта по гимнастике), миловидная девушка с огромными глазами, тонким носиком.

Необыкновенно приятная, располагающая улыбка:

— Здравствуйте! Меня зовут Зина. Рада познакомиться с Витиным другом. Я понимаю, что времени у вас немного, сейчас оденусь и выйду.

Скажу честно, не знаю почему, но это минутное общение, улыбка, лучистые глаза, тембр её голоса, весь ее облик очаровали меня сразу. Поэтому на вопрос Вити: «Ну, как она тебе?» - я, не задумываясь, ответил: «Если не женишься ты – женюсь я».

Вскоре Зина выпорхнула из дома, и мы пошли в сторону вокзала, с которого через пару часов отправлялся наш поезд в Новгород. Мы шли по длиннющей улице Ленина. С обеих сторон – столбы с электрическими фонарями, и ни один из них не горит. Тьма. Только луна, звезды и освещенные окна домов. Разговаривали, не смолкая, Витя удачно острил, хохотали, не переставая. Зина произвела впечатление редкой умницы, к тому же сразу оказавшейся с нами на одной волне.

Чувство радости от того, что Витя встретил такую девушку, чувство счастья за друга все росло, переполняло меня и, наконец, взорвалось:

— А хотите я вам сейчас фонари зажгу? - кричу я на всю пустынную в этот час улицу.

— А давай! - задорно отвечают Витя и Зина.

Поворачиваюсь к ближайшему фонарю справа. Протягиваю к нему правую руку и кричу:

— ЗАЖГИСЬ!

Фонарь вспыхивает. (???)

Кричу ребятам:

— Ещё?

— Давай!

Поворачиваюсь влево:

— ЗАЖГИСЬ!

Фонарь зажигается.(???)

— Еще ?

— Давай!

Поворачиваюсь вправо:

— ЗАЖГИСЬ!...

И третий фонарь загорается тоже.(!!!)

Прихожу в себя: неужели они сейчас все поочередно начнут загораться ? Нет. Как только я прекратил, больше ни один фонарь не зажегся. Мы затихли. Что это было? Совпадение? Чудо Или, действительно, взрыв энергии человеческого счастья вдохнул свет в эти три фонаря? Ответа нет.

На следующий день мы с Витей уже гуляли по старейшему городу России – Новгороду. Поразил Новгородский кремль и единственный в стране памятник Тысячелетию России в виде царской шапки – шапки князя Мономаха – с фигурами князей, царей и других известнейших людей государства российского от древних времен до 19-го века, когда памятник и был создан. Полночи ходили вокруг него, созерцая историю в черном металле.

Хорошо погуляли на студенческой свадьбе Витиной сестры.

В ответ на искрящийся юмор новгородцев представили свой песенный на два голоса концерт из украинских, бардовских и моих песен, а несколько общеизвестных – спели вместе со всей свадьбой. Расставались с объятиями и обещаниями снова приехать.

С Зиной и Витей Московец

«Хиппачка»

Второй курс я прожил без приключений. К занятиям, репетициям и баскетболу добавились тренировки в сборной института по шашкам. На первенстве Харькова по вузам участвовало 12 команд. Я играл на четвертой доске, и неожиданно занял второе место.

Отплясали и отпели в Минске свадьбу Вити и Зины, на которой я был старшим, свидетелем. Примчалась почти вся «семерка», кроме Валика Ващенко. Поступив в Московский авиационный институт, он сразу отошел от нас.

А мы: Витя, Гена, Коля, Толик, Юра и я продолжали встречаться в родных Ромнах при при каждой возможности, сохраняя нашу юношескую дружбу.

И это было классно. Иногда я навещал Гену и Витю с Зиной в Минске. А с Колей Тугариным, который учился в Харькове как и я, мы встречались регулярно. Кроме того, рядом с моим институтом и общежитием оказалось общежитие Политехнического института, где в одной комнате вместе проживали мои одноклассницы Лариса Волковицкая и Юля Шаинская, и я частенько заходил к ним попить чайку и вспомнить школьные годы.

После Витиной свадьбы решил заняться поисками девушки своей мечты. И, по-прежнему, хотелось представлять ее в образе Ассоль из рассказа Александра Грина «Алые паруса»: романтичной, глубоко понимающей, умеющей любить и ждать. Но девушки, с которыми знакомился, были другими, и после нескольких встреч мы расставались.

Как-то мои одноклассницы Юля и Лариса, жившие в общежития Политехнического института, пригласили на вечеринку в честь Дня Советской армии 23 февраля. В большой комнате на шесть коек собралось человек 15 студентов и студенток. Незатейливый стол с закусками и много дешевого вина. В полутьме танцевали под магнитофон. Я сидел рядом с Ларисой Волковицкой и смотрел на танцующих. Внимание привлекла пластика высокой и стройной с правильными чертами лица девушки с распущенными рыжими волосами до пояса, ритмично взлетающими и падающими в танце. Рядом с ней все время крутился крепкий, постарше нас парень в очках, который и после танца не отпускал её.

— Это кто ? - показав на девушку, спрашиваю Ларису.

— Моя одногруппница, Галина. Отличница. Но ты в ту сторону даже смотреть не думай. Не твоего полета птичка.

— Почему?

— Ей нужно намного больше, чем тебе – неожиданный ответ.

— Не моего полета? - Задело... Овен: чем выше препятствие, тем сильнее хочется его преодолеть..

— А кто этот парень рядом с ней?
— Один из лучших аспирантов Политеха, уже в зарубежных журналах печатается.
— Спорим на шампанское, что сегодня я пойду её провожать?
— Спорим - и мы потихоньку разбили руки.
Улучив момент, приглашаю Галину на медленный танец. Покачиваясь в танце, мучительно думаю, какой бы блестящей фразой поразить её воображение, а вместо этого уже в самом в конце танца вдруг грубовато и утвердительно говорю:
— Меня зовут Михаил. И сегодня я иду тебя провожать!
Удивление, брызнувшее из её глаз, было единственным ответом.
Когда танцы закончились, включили свет и все сели за стол, Лариса достала со шкафа гитару и вручила мне. Компания (не считая одноклассниц) была совершенно незнакомой, но после вина это было уже неважно. Появилось настроение, кураж, и я пел так, как никогда не спел бы трезвым.
Несколько песен, еще полчаса танцев и все стали собираться по домам. Отвлёкшись укладыванием гитары на место, я и не заметил, как ребята и Галина исчезли, и в комнате остались только одноклассницы и я.
— Ну, что? Проиграл? С тебя шампанское, когда принесешь? Пойдем провожу до выхода - улыбалась Лариса.
Расстроенный, я оделся и мы спустились со второго этажа в холл.
И вдруг... У входных дверей стояла Галина, а аспирант в чем-то настойчиво и на повышенных тонах пытался её убедить. Увидев нас с Ларисой, Галина выпалила прямо в возбуждённое лицо парня:
— Я же тебе говорила, меня провожают - и подхватив меня под руку, выскочила на улицу.
Ничего не понимая, я обернулся и увидел широко раскрытые от удивления глаза Ларисы и её большой палец, поднятый вверх: «Шампанское - с меня!»
Эта ночь, казалось, была создана для прогулки по заснеженному городу. Тихо, ни ветерка, снег поскрипывает под ногами, и яркие-яркие звезды подмигивают нам: глаз не оторвать. Галя жила недалеко, но мы добрый час гуляли по Пушкинской улице, и я говорил, говорил, говорил. В том числе и читал стихи.

Она говорила немного, но реплики были удачны, а определения – точны. Интеллектом явно не обделена. Будучи родом из Белгорода, она жила на съемной квартире вместе с подругой Ириной.

Свидание прошло отлично. Договорились встретиться на следующий день поздно вечером, так как у моего ансамбла должен был быть концерт в институте.

На следующий день мы встретились, и я, еще возбуждённый успехом моих поющих девушек, стал с энтузиазмом рассказывать Гале о концерте. Она внимательно слушала, а потом, перебив, спросила:

— И какие же песни вы там поёте?

— Сегодня пели «Сердце Данко», «Ты с нами пой» – назвал я песни советских эстрадных композиторов.

И тут Галина, резко остановившись и развернувшись ко мне лицом, с презрительным нажимом произнесла:

— Послушай, мальчик, а ты хоть немного западными группами интересуешься? А ты знаешь, что мы с Иркой – хиппи? И когда мы слушаем «Битлз», мы ложимся на пол и балдеем?

Это было настолько неожиданно, а её тирада настолько контрастировала с тоном беседы на вчерашней прогулке, что на некоторое время обалдел и я.

Никогда раньше в провинциальной атмосфере маленького украинского городка мне не приходилось сталкиваться с нашествием западной музыки, завоёвывавшей мир. Политика государства всячески препятствовала ее проникновению в музыкальную жизнь Советского Союза, а критика была самой негативной. Так, о «Битлз» писали, что они считают свой концерт удачным, когда за грохотом и визгом инструментов музыкантам удается «услышать самих себя». И это еще не самая большая чушь!

В тот миг на улице я умер от стыда.

Мне нечего было ответить. А страшнее этого для меня ни-ког-да ни-че-го не было.

Думаю, потому и учился всегда на «отлично», что больше всего на свете боялся обнаружить, что Я и чего-то не знаю. Амбиции.

Кое-как погуляли еще пол-часа, практически молча, и я был до крайности удивлен, когда, прощаясь, она предложила встретиться опять.

Что ж, не все потеряно, ведь впереди у меня был целый день. Утром я сел на лекции рядом с Володей Бабиём – киевлянином, столичным мальчиком, талантливым музыкантом и сынком академика Бабия. Умница, но лентяй, никогда не изменявший богемному образу жизни. Учеба для него – третье дело. Он мог приехать из Киева в день перед экзаменом и спросить: «А что мы сегодня сдаём?». Поэтому я частенько помогал ему, подсказывал, передавая записки прямо на экзамене.

— Слушай меня внимательно. К вечеру я должен быть «профессором» в музыке, а также в биографиях западных групп. Сделаешь?

— «Профессором» не обещаю, а «доцентом» попробую – улыбнулся Володя.

Два часа подряд он писал мне убористым почерком названия иностранных групп, имена музыкантов, их краткие биографии, изменения в составах, их личную жизнь. Следующие два часа я зубрил все это наизусть, и еще один час он экзаменовал меня сначала до конца и с конца до начала.

На свидание с Галей я прибыл во всеоружии. И сразу засыпал её только что впитанной информацией и вопросами так, что первое время ее глаза от удивления стали, как две тарелки, а потом, видно, догадавшись, что мои знания – свежеиспеченный пирожок, она успокоилась и больше никогда эту тему не поднимала. Свидание прошло нормально, мы даже впервые поцеловались.

Придя на следующее свидание, я не успел даже поздороваться – остановил её ледяной взгляд.

— И что это на тебе за рубашка «в петухах»? Не можешь надеть нормальную даже когда идешь на свидание с девушкой?

— Чем она не нормальная? У нас все ребята такие носят.

— Мне твои «все» по барабану. Мой парень должен одеваться правильно. Иди домой, а завтра, надеюсь, придешь одетым, как человек: рубашка однотонная или в полоску, пуговицы на четыре удара (4 дырочки).

Назавтра надел однотонную рубашку и... теплее свидания не придумаешь.

Мы встречались три месяца, и каждый день она была другой: или лед, или пламень. Галина играла со мной, как с мячиком: то притягивая, то отбрасывая. Могла несколько минут подряд жарко целоваться и вдруг, оттолкнув, презрительно кинуть:

— Топай домой. Мне пора.

Не будучи серьёзно влюблен, я сто раз собирался прекратить странные отношения. Но слишком уж хотелось обуздать сей строптивый характер. Да и чувство поражения выело бы мне душу.

Галя неплохо рисовала в стиле сюрреализма, и, по словам Ларисы Волковицкой, пользовалась гораздо большим авторитетом в тусовке хиппи, чем её красавица-подруга Ирина.

Мы никогда не встречались в субботу вечером. В это время они с Ирой отправлялись на сборища харьковских хиппи – «сиреневые вечера». Сиреневые потому, что проходили на квартире, где единственным светом был свет сиреневого торшера. Я много раз просил её взять меня с собой, но всякий раз она, не стесняясь, показывала, что мне-то уж никак не место среди того «высшего общества», в которое она имела честь быть вхожа.

Однажды в мае я пришел к ней домой в субботу с двумя билетами в кино, забыв, что сегодня «сиреневый вечер». Они с Ирой накладывали у зеркала макияж, и когда я в очередной раз попросил её взять меня с собой, получил такой же очередной и твердый отказ.

И вдруг Ирина, кареглазая красавица, такая же высокая и стройная, неожиданно стала на мою сторону:

— Галин, ну давай возьмем человека. Одет правильно (я был в рубашке в модную полоску), прическа в норме (отнюдь не густые после армии волосы все же сзади закрывали шею). Ну, посидит в уголочке, помолчит. Посмотрит на «наших», послушает, может и «качнется» в нашу сторону.

Они еще немного подискутировали, но Ирина настаивала, и Галя в конце концов сдалась.

И вот через час мы уже поднимаемся на третий этаж элитного, сталинской постройки дома и звоним в квартиру с красивой резной входной дверью. Её открывает такая же длинноволосая и соответствующе одетая хозяйка квартиры, целует Галю, Иру и меня.

Я – в шоке. Поцелуй девушки, которую я первый раз вижу, в то время казался мне верхом неприличия (провинциальное воспитание). Но я же и ожидал чего-то необычного, поэтому не подав вида, прошел за девчонками в квартиру.

Такой квартиры и такого богатства мне видеть не приходилось. Три больших комнаты и ещё одна огромная, квадратов на 40. На полу – толстенные ковры, на комоде – антиквариат. Картины на стенах можно было рассматривать часами. Родители хозяйки – дипломаты – работали за границей. И она могла жить так, как хотела. Без ограничений.

В квартире было человек пятнадцать парней и девчонок. Все, как один, длинноволосые и в джинсах – недосягаемой мечте советской молодежи. Свет сиреневого торшера струился так же мягко, как и музыка «Мишел» группы «Битлз». К тому времени я уже полюбил эту группу и до сих пор считаю её непревзойдённой.

Устроившись в кресле в затененном углу комнаты и для вида листая запрещенный в Советском Союзе «Плейбой», пытался рассмотреть и понять Галину компанию. Ничего особенного в их поведении не заметил. Одни выпивали в меру, курили. Запах не был похож на запах табака, но то, что это была «травка», я еще не знал. Другие танцевали и иногда целовались. Третьи, расположившись на ковре, о чем-то дискутировали и громче обычного хохотали. В общем, обыкновенная студенческая вечеринка, только закуски не было видно. На меня никто не обращал внимания.

Галя, видно, стесняясь, не подходила, делая вид, что мы даже не знакомы. Она сразу примкнула к группе девчонок и парней и тут же поддержала их дискуссию. Зато подошла Ира и, усевшись рядом сказала, что все ждут Франка, он скоро будет и что-то интересненькое принесет.

О Франке, неформальном лидере харьковских хиппи и его «подвигах», я не раз слышал от Галины. Однажды он в брюках с одной оранжевой, а другой синей штаниной босиком продефилировал мимо горкома партии, был остановлен милицией и отсидел за мелкое хулиганство 10 суток – невероятно героический поступок в глазах его адептов. Галя млела только от одного его имени.

Наконец, раздался звонок в дверь. Все разом вскочили с возгласами:

— Франк! Франк! Наконец-то!

В квартиру стремительно вошел динновязый худющий с черными волосами ниже плеч и в темных очках-велосипедах парень, лет двадцати пяти.

Сделав рукой общий «привет», он подбежал к буфету, достал бутылку коньяку и отхлебнул из горлышка несколько больших глотков.

— Фух, горло пересохло.

Столпившиеся вокруг него ели глазами своего гуру, а он явно упивался их обожанием.

— Франк, принес ? - спросили сразу несколько голосов.

— Принес - и он достал общую тетрадь.

— Давай! Читай скорее!

Все расселись, а Франк, усевшись прямо на стол, открыл тетрадь и неожиданно тонким голосом, с повышением тона в конце строчек начал читать. Это были стихи. Стихи (как объяснила мне потом Галина) какого-то известного в их мире американского хиппи, переданные из Москвы приятелями Франка. Сюрреалистические стихи.

К тому времени некоторое понятие о сюрреалистической поэзии я имел. Читал немного Бертона, Кропивницкого. Да, это было не моё. Но прочел я их не без интереса, какой-то отклик в душе вызывали. «Стихи» же, которые завывал взгромоздившийся на стол Франк, были настолько слабы, настолько невыразительны, насколько и пусты. Просто никакие. Ни уму, ни сердцу. Может неудачный перевод.

И с каждой прочитанной новой строфой мне становилось всё скучнее и скучнее. Я смотрел на Франка, на поклонников, восторженно внимавших его завываниям. И всё мое любопытство, весь интерес узнать, что же такое особенное кроется в неизвестном и посему загадочном мире харьковских хиппи – таяли, как сахар в чае.

Я смотрел на Галю, не глупую в общем-то девчонку, и не укладывалось в голове, как могла она обожать и Франка, и эту тягучую безвкусную жвачку слов и бледных образов, не вызывающих совершенно никаких эмоций. И так захотелось нажать на невидимую кнопку и очутиться в своей простой общежитской комнате, с аппетитом вдыхать непередаваемый аромат жареной картошки с лучком, которую мы готовили по очереди, пить сухое вино и просто болтать с друзьями!

Франк внезапно закончил читать. Взрыв восторженных возгласов сменился вопросами: сколько будет стоить переписать эту тетрадку, и в какой очередности это можно будет сделать. Сумму Франк назвал приличную, но она была принята без обсуждений. И вдруг раздался громкий голос Ирины:

— Толпа, а ведь среди нас сегодня есть живой и настоящий поэт. Давайте попросим и ЕГО почитать свои стихи! Как думаешь, Франк?

Все сначала повернулись ко мне, будто только что заметили моё присутствие, а потом к Франку.

— Это кто? - процедил он.

— Это Галин друг - поспешила представить Ира. - Он юрист и поэт.

— Юрист и поэт - вещи несовместимые. Но если Галин друг... Интересно,- смилостивился Франк.

Задумка Иры была ясна: Галя рассказывала ей о стихах, которые я ей читал. И если я сейчас прочту что-то лирическое, а тем более патриотическое, авторитет Галины в этой «толпе» серьезно пошатнется. Зависть есть зависть. А к «лучшей подруге» в особенности.

Я взглянул на Галину. Спрятавшись за спинами ребят, она знаками отчаянно показывала мне: только не вздумай ничего читать! Ни в коем случае!

Конечно, меня ничто не обязывало - можно было просто встать и уйти. Но внезапное освобождение от связывающих меня отношений, и азарт хлопнуть дверью красиво - подкинули идею.

Еще в школьные годы как-то мы с Витей играли в «чепуху». Берется лист бумаги, выбирается тема и определяется ритм стиха. Витя пишет первые две строчки, заворачивает верх листа так, чтобы я не видел то, что он написал, и говорит мне последние слова каждой строки, чтобы я мог подобрать рифму.

Я пишу свои две строчки, так же заворачиваю уже сильнее верхнюю часть листа, а он пишет первые две строчки уже второго куплета. И т.д. Один из таких опусов я и вспомнил в тот момент под сиреневым светом торшера.

Медленно поднимаюсь с кресла.

Скрещиваю на груди руки.

Не глядя на присутствующих, тяжелым, низким, почти утробным голосом, с длинной паузой после каждого слова, начинаю читать:

    — ИЗРАНЕННОЕ
        НЕБО
            ОБЛИВАЯСЬ
                КРОВЬЮ
СОСАЛО
    ЗЕМЛЮ,
        БУДТО
            ГЛЫБУ ЛЬДА.
КРОШИЛИСЬ
    В РАНАХ
        ЗВЁЗДЫ
            НА СОКРОВИЩА -

БЕЗЗУБЫЙ
  МИР
    ЗАГЛАТЫВАЛ
      УДАРЫ
И ВДАЛЬ
  ВЫПЛЁВЫВАЛ
    КУСКАМИ
      БОЛЬ.
СУХОЙ,
  КОСТЛЯВЫЙ
    ЛЕС
      ОБУГЛЕННЫМ
        КОЛЕНОМ

В ХРЕБЕТ ГОРЫ
  ВПИВАЛСЯ
    И С МОЛЬБОЙ
ОРАЛ,
  КАК ГРЕШНОЙ
    ФРАЗОЙ
      ИСКАЛЕЧЕННЫЙ.
И БЫЛО Б
  ЛЕГЧЕ
    ВОЗВРАТИТЬ
      ЛЮБИМУЮ,
ЧЕМ РАЗОРВАТЬ
  ОБНЯВШИЕСЯ
    ВЕКИ:
МОЙ ДРУГ УСНУЛ.
  УСНУЛ НАВЕКИ.

В мертвой тишине все головы поворачиваются к Франку. Пауза. Минута, другая.

И вдруг он спрыгивает со стола, подходит ко мне и, неожиданно крепко пожимая руку, спрашивает:

— Сам написал? Классно, чувак! И много у тебя такой макулатуры?

— Да пару тетрадок, как твоя, в общаге валяются.

— Сколько хочешь за одну?

— Столько же, сколько и ты за свою.
— Заметано. Деньги передам через Галину.
Франк обернулся к ней:
— А ты чё же это от нас такого клёвого чувака скрывала ? – и опять мне – Ждем тебя в следующую субботу. Придешь?
И тут вся «толпа», как по команде, бросилась со мной знакомиться, хлопать по плечу, девчонки целовать в щечку, задавать вопросы.
Полный успех! Занавес.
Извинившись и сославшись на дела, двинулся в прихожую одеваться. Галя мгновенно оказалась рядом:
— Я с тобой.
— Оставайся, балдей дальше, все твои остались.
— Нет. Хочу с тобой.
Мы шли по вечерним майским улицам. И Галя впервые за все время наших встреч взяла меня под руку, склонила головку к моему плечу и всю дорогу нежно и счастливо щебетала ни о чем. Еще бы! Сам Франк признал её провинциала! А у меня в душе гулял сквозняк. Эта встреча с хиппачкой была последней.

Женитьба друзей

Однажды, встретив на улице Ларису Волковицкую, узнал, что из общежития они с Юлей съехали и теперь снимают квартиру тоже рядом с моим институтом. Получил предложение зайти в гости. В субботу с бутылочкой сухого вина прихожу по оставленному мне адресу и в большой комнате частного дома, застаю кроме Ларисы и Юли еще двух девчонок. Познакомились. Не успел я глазом моргнуть, как одна из них, Алла, ладненькая, сероглазая, с тонкими чертами лица, сдержанная и немногословная уже накрыла на стол, поставив не только нарезку из колбасы и холодного мяса, но и шкварчавшую на сковородке яичницу с салом, невероятный запах которой мог запросто свести с ума голодного студента. Время пролетело прекрасно и, встретив Колю Тугарина, я расписал ему достоинства новой подруги наших с ним одноклассниц в самых приятных красках.
— Коля, Алла такая симпатичная, такая хозяйственная, тебе обязательно нужно познакомиться с ней.
Уговорил. Они не только познакомились, но и стали встречаться.

А к концу Колиной учебы, весной, мы сыграли вторую свадьбу парня из нашей «семерки». Алла была из Бердянска – города на Азовском море. Родители жили в частном доме, и над свадебными столами колыхались гроздья темно-красного винограда – диковинка для меня, жителя северо-восточной Украины.

Приехав летом на каникулы домой, я получил сразу два сюрприза. Первый – приезд из Кременчуга моей двоюродной сестры Элины.

Небольшого роста с карими глазами, умненькая и начитанная, она закончила филологический факультет Свердловского университета. Это был её второй приезд за всю мою жизнь, и я находил истинное удовольствие в общении с сестрой.

Вторым сюрпризом стало возвращение из армии Толика Петровецкого, одного из нашей «семерки». Он тоже закончил филологический факультет и отслужил год в армии после института.

Мы очень тепло встретились с Толиком, не могли наговориться – оба экстраверты. Толик показал мне фотографию девушки из Ленинграда, с которой встречался до армии, и которая ждала его из армии. Они переписывались. Строили планы.

И вдруг, полушутя-полусерьёзно, я говорю ему:
— Толик, какая девушка, какой Ленинград? Забудь. Ко мне приехала кузина – Эла. Давай я вас познакомлю. Женишься, деток нарожаете, родственником моим станешь. Другом и родственником в одном пакете. Представляешь? Пошли ко мне.

И мы пошли. Как будто в шутку. Но в каждой шутке есть доля шутки.

Так и получилось. Элину мы встретили во дворе. Представил ей Толика, разговорились, и через полчаса стало ясно, что в нашей троице я – лишний. Найдя предлог, улизнул, а они пошли гулять в рощу, на окраину города.

Вернулись вечером, держась за руки, с сияющими глазами и объявили, что на следующей неделе едут в Кременчуг, знакомиться с родителями НЕВЕСТЫ!

А через месяц сыграли свадьбу, на которой я опять был свидетелем. И опять слеталась наша теперь уже «шестерка» и всю ночь пригород Кременчуга – Крюков – дрожал от наших песен и танцев. Толик и Эла идеально подошли друг к другу. Сейчас они живут в Израиле. Двое детей, четверо внуков.

Мы часто разговариваем с ними по скайпу, и я не нарадуюсь теплоте и юмору, скрепляющих их отношения вот уже более 45-ти лет.

Николаев

После окончания третьего курса нам полагалась стажировка: месяц – в следственном отделении милиции, месяц в суде, месяц в прокуратуре. Паша Орлов уговорил меня вместо родной Сумской области поехать к нему на юг Украины в Николаев, который называли городом корабелов (три судостроительных завода) и городом невест (невероятное количество красивых девушек). Павел жил в Корабельном районе на берегу широчайшего Днепро-Бугского лимана – 45 минут езды на автобусе до центра города – в частном доме с мамой. Меня определили в следственный отдел милиции стажером.

В первый день к девяти утра (июньская жара, почти как в тропиках) прихожу в кабинет, где уже расположились за своими рабочими столами четыре следователя. Один из них, мой руководитель стажировки, подозвав и вручив несколько измятых рублей, попросил зайти в магазин напротив и купить бутылку водки и пару плавленных сырков. «Наверное к обеду,» -думаю я. Купил, принёс.

Все без исключения следаки тут же разлили по полстакана водки каждому и, разломав по пол-сырка, чокнулись: «За рабочий день!», выпили, закусили и с чувством полного удовлетворения стали вызывать из коридора и допрашивать обвиняемых, свидетелей, потерпевших. (Веселенькое начало!)

Впечатление о работе в милиции осталось самое паршивое. Я видел насильников, полных отморозков, которых хотелось разорвать собственными руками, но которых отпускали, потому что вмешивались влиятельные родственники. И в то же время я видел, как опера зверски избивали подозреваемых, которых я никогда и не подумал бы упечь за решетку.

Я узнал, что всем сотрудникам определялся план: сколько уголовных дел в месяц надо возбудить и по каким статьям Уголовного кодекса. При мне собрали группу оперативников в штатском, которых послали на танцы в городской парк затеять драку, и привезти несколько «драчунов», так как «горел», не выполнялся план по возбуждению уголовных дел по хулиганству. Так показывали «активную работу» перед начальством.

В то же время, каждое воскресенье следователи садились каждый в свою (личную или взятую в организациях) машину и объезжали «подшефные» колхозы, где набивали багажники мясом, маслом, крупой, овощами и фруктами. Естественно, бесплатно.

У каждого следователя в производстве было по 15-20 уголовных дел в месяц, и, конечно, ни о каком качестве расследования и речи быть не могло. Дела лепились кое-как. Лишь бы прошло в суде. Лишь бы не вернули на дополнительное расследование.

Следующий месяц в суде того же Корабельного района я провел относительно спокойно. Читал дела. Присутствовал на судебных заседаниях по уголовным и гражданским делам. Помогал секретарям судебных заседаний.

Свободного времени была уйма, и я пристрастился к рыбалке на Днепро-Бугском лимане. На лодочной станции меня звали «прокурором» и без вопросов давали небольшую лодку с веслами на пару часов. Недалеко от берега я таскал по 40 штук мясистых бычков, которых потом Пашина мама жарила на подсолнечном масле, и это было объедение.

Неожиданное знакомство

Закончилась стажировка в суде, закончилась и моя полукурортная жизнь в Корабельном районе и гостеприимном доме Паши и его мамы.

Последний месяц я должен был стажироваться в прокуратуре, в центре города Николаева.

Сказать, что мне понравился Николаев – ничего не сказать. Я был абсолютно очарован его южным колоритом: белыми хатками из ракушечных блоков, широкими чистыми прямыми улицами, снежным цветом акаций и нереально большим количеством кареоких красавиц на центральной пешеходной улице Советской.

> *«День уснул, и над вечерним Бугом*
> *Алым пламенем расцвел закат.*
> *Заколдованным струится кругом*
> *Южной ночи аромат.*
> *На акациях луны творенья*

*Гроздья белые цветов.
И над градом, где не властно время,
Гордо властвует любовь.»* –

первая песня, которая придумалась в Николаеве.

Вид на Николаев с реки Южный Буг

Яхт-Клуб

*Улица Артиллерийская,
где я жил со Славой Михайловной и Борей.*

Поселился я на улице Артиллерийской у двоюродной сестры моей мамы Славы Михайловны, очень похожей на мою бабушку Лею. Она оказалась доброй, заботливой седой пожилой женщиной, которая жила в двухкомнатной квартире со своим неженатым сыном Борисом, – спокойным кареглазым крепышом лет сорока, тренером по прыжкам в воду. Я быстро подружился с родственниками и через пару дней мы общались так, будто знали друг друга всю жизнь.

Прокуратура находилась рядом, и из стажировки в ней я, практически, ничего не вынес. За исключением ящиков с овощами и фруктами, которыми со мной делился руководитель стажировки – помощник районного прокурора – после посещения в выходные дни своих «подшефных» колхозов точно так, как это делали следователи в Корабельном районе

Ящики я отдавал родственникам, чему они, привыкшие жить на одну пенсию и одну зарплату, были очень и очень рады. Слава Михайловна уже не работала и любила общаться со мной в свободное от домашних дел время. Ей было интересно знать все о жизни своей кузины – моей мамы. В свою очередь она подробно рассказывала о своей семье.

Стажёры прокуратуры

Кроме сына Бориса у нее была дочь Светлана Федоровна замужем за подполковником морской авиации, и у них двое детей – Ирина, на год младше меня, и Сергей, четырнадцати лет. Особенно много она рассказывала мне об Ирине, своей любимой внучке. Ирина была замужем за инженером, намного старше её. По словам Славы Михайловны, он совсем не любил Иру и женился на ней по расчету (отец – подполковник, а офицеры морской авиации зарабатывали по тем временам огромные деньги). Несколько месяцев назад у Ирины и её мужа родился сын **Владик**, который интересовал отца не больше, чем прошлогодний снег.

Слава Михайловна каждый день с болью в голосе рассказывала, как муж обижал Ирину, почти открыто гулял, в том числе и когда она была беременна. И эти рассказы, повторяющиеся изо дня в день, невольно будили в моем сердце жалость к незнакомой внучке такой хорошей и доброй бабушки.

Первый сын.

Затем Слава Михайловна показала мне альбом с фотографиями, на которых Ирина выглядела красавицей: правильные и тонкие черты лица, аккуратненький носик, огромные карие глаза, пухлые бантики губ. Красивых жалеешь больше. И откуда ни возьмись, влетела мысль: «Вот возьму и женюсь на ней. И всем будет хорошо: и мне, и Ире, и бабушке.»

Самое интересное, Ирина позже рассказала мне, что когда ей позвонила бабушка и впервые сообщила, что приехал дальний родственник – юрист, не женат – первая мысль, почему-то пришедшая Ире в голову была: «Вот возьму и выйду за него замуж. Муж уже несколько месяцев был в командировке.

Ира нагрянула «проведать бабушку» внезапно вечером с подругой, и я увидел, что оригинал оказался даже лучше фотографии. Это не было любовью с первого взгляда, но Ира мне понравилась. На следующий день позвонила её мать и пригласила к ним в гости, найдя изысканный предлог: «Надо же познакомиться с братом...»

Их военный городок располагался в густом парке, в котором после знакомства с родителями мы с Ирой гуляли вечером больше часа. И я предложил сходить в кино на следующий день.

— Если мама согласится посидеть с Владиком – ответила она.

Мама согласилась. После фильма мы опять долго гуляли, и я про себя вспоминал, что мои друзья Витя Московец, Коля Тугарин, Толик Петровецкий – уже женаты. А что же я? Чем хуже?

И перед расставанием, в тиши ночного парка вдруг прозвучало:

— Ира, выходи за меня замуж. – Сказал и сам испугался.

После глубокой паузы она напомнила, что, вообще-то, еще замужем, но, в то же время, обещала подумать.

— А я и не тороплю. До отъезда в Харьков еще три недели, и, надеюсь, мы узнаем друг друга получше.

С того вечера я каждый день после стажировки ехал к ней домой и проводил время с ней и её маленьким сыном.

Мне сразу понравился солнечный улыбчивый бутуз Владик, так радостно реагировавший на любого, кто ему улыбался. Мне нравилось наблюдать, как Ира в домашнем халатике возится с ним, пеленает (памперсов еще не придумали), кормит, играет. И эта атмосфера – «мадонна с младенцем», в которую я попал впервые, наполняла душу неведомым ранее теплом и умиротворением.

Я больше не упоминал о своем предложении, настаивать было бы не тактично. Ведь действительно неизвестно, как пройдет ее встреча с мужем после его командировки. Но о том, чтобы я звонил ей из Харькова почаще, она попросила сама.

Получше узнать друг друга так и не получилось.

Я о себе рассказывал больше, она о себе – только в общих чертах, и кроме того, что Ира окончила филологический факультет педагогического института, и что муж действительно обижал и не любил её, я так больше ничего и не узнал.

Не узнал, да, честно говоря, и не интересовался: насколько совпадают наши взгляды на хорошее и плохое, на роли жены и мужа в семье, какие у нас общие интересы и увлечения. Просто не думал об этом. Может быть потому, что мне было всего 23 года, и опыт общения с женщинами – минимальный.

Четвертый, последний курс учиться приходилось поусерднее. Но почти через день с междугороднего переговорного пункта летели звонки в Николаев. Буквально пару минут разговоров, но они в достаточной мере поддерживали ту невидимую нить, которая протянулась между нами с момента знакомства. Сентябрь, октябрь, ноябрь.

В ноябре я попал в инфекционную больницу с желтухой. На три недели. Попросил Юру Двинского сообщить Ире, что временно звонить не смогу. Частенько ребята приходили проведать, но общаться с ними мог, только выйдя на балкон палаты на втором этаже. Внутрь больницы никого не пускали.

Однажды слышу со двора знакомый голос Юры Двинского. Выхожу на балкон и вижу: внизу рядом с Юрой стоит... Ирина.

За время пребывания в её доме я успел неплохо познакомиться с Ириной мамой. Властная, абсолютно деспотичная и не признающая иных мнений, кроме своего. Ни подполковник муж, ни сама Ира даже и не пытались с ней спорить. Отношение ко всем домочадцам кроме сына Сережи – холодная строгость без сантиметов. Не раз приходилось слышать в ответ на просьбу Ирины побыть пару часов с Владиком:

— Ты не для меня рожала. Сама и занимайся.

Поэтому, увидев ежившуюся от холодного ноябрьского ветра Ирину во дворе инфекционной больницы, первое, что подумал: «Как же она вырвалась из дома? В другой город? Ко мне?»

Это уже был другой уровень отношений.

Оказалось, сообщение Юры о том, что некоторое время я звонить не смогу, встревожило Иру, и она решила выяснить всё сама. Между прочим, сообщила, что встретив мужа из командировки, объявила ему, что подала на развод, чему он нисколько и не сопротивлялся.

Именно в это время прошло общественное распределение, по которому я должен был после окончания института ехать работать в прокуратуру Сумской области. После трех месяцев стажировки я понял, что ни в каких государственных правоохранительных органах работать не смогу и не хочу. Поэтому, выйдя из больницы, попросил всех моих любимых профессоров помочь попасть в адвокатуру. К ректору отправилась целая делегация, и поскольку он знал меня лично, несмотря на то, что в тот год в адвокатуру не было ни одного места, он запросил Министерство найти два места сверх плана: для меня и для племянника министра юстиции. Думаю, совпавшее с моим желание родственника министра и сыграло решающую роль. Места в адвокатуру выделили.

Мне – в Волынскую область в Западной Украине.

Практика в Луцке

В феврале 1975 года меня отправили на месячную практику уже по выбранной специальности – в коллегию адвокатов Волынской области в город Луцк.

Западная Украина, где я никогда не был, и Северо-восточная, где родился, это, как говорят в Одессе, две большие разницы. И почувствовал я это в первый же день. Поездом из Харькова доехал до Львова, и там сел в автобус, идущий до Луцка. Рядом свободное место. Входит прилично одетый мужчина лет сорока в длинном пальто и, обращаясь ко мне на украинском языке, вежливо спрашивает:

— Пан дозволить сісти?

Всего три слова. Но я НИКОГДА БЫ НЕ УСЛЫШАЛ ИХ В ПОДОБНОЙ СИТУАЦИИ в Ромнах, Харькове или Николаеве. Никогда. Ни «пан», ни «разрешите присесть?». Вошедший бы просто шлепнулся на свободное место и всё. И Львов, и Волынская область до 1939 года входили в состав Польши. Другая культура. Другой стиль общения.

Холодным ветреным серым февральским днем я прибыл в Луцк и сразу пошел представиться в коллегию адвокатов, располагавшуюся в небольшом одноэтажном здании. Мрачного вида председатель коллегии, прочитав мое направление, удивился:

— Чем они там думают? Тут у своих адвокатов работы нет, а они еще с Востока шлют. Ладно, устраивайся с проживанием – у нас это не просто – и завтра к 9-ти утра приходи сюда. - Сказал, как захлопнул ворота.

«Да, здесь на помощь рассчитывать не приходится,»- подумал я, выйдя на заснеженную улицу и не имея ни малейшего понятия, где искать квартиру.

Делать было нечего, я принялся стучать в каждый частный дом, из которых в основном состоял Луцк, все больше удаляясь от места своей будущей практики.

И везде отказ. Час за часом я утюжил грязный городской снег, говорил исключительно на украинской «мове», постепенно перенимая местный певучий, с повышением голоса в конце предложения стиль разговора – бесполезно.

Стемнело. Замерз. Еле передвигаю ноги от усталости и голода. «Где переночевать? Что делать?» – сверлила мысль. В гостиницах мест нет. Да и денег впритирочку (перед поездкой купил Ире серебряные серёжки). Остается один вариант: вернуться в коллегию и уговорить сторожа пустить меня хотя бы в теплый коридор на ночь.

Перед зданием коллегии вижу трехэтажный одноподъездный очень симпатичный домик. Захожу в подъезд, поднимаюсь на 2-й этаж и наугад звоню в одну из двух квартир на этаже. Сил больше нет, ног не чувствую. И в изнеможении я опускаюсь прямо на коврик перед дверью. Через минуту она открывается, и миловидная небольшого роста синеглазая брюнетка в домашнем халатике лет тридцати широко раскрытыми глазами смотрит на нормально одетого парня с чемоданом, сидящим у её двери.

— Простите, пожалуйста! - начинаю на чистом украинском языке, - я студент, прибывший в Луцк только на один месяц на адвокатскую практику. Мне негде жить. Я обошел весь ваш город, но везде получил отказ. Ваш дом последний перед коллегией адвокатов. Если и вы мне откажете, я буду жить тут, на лестничной клетке, у ваших дверей. И вы будете каждый день ходить мимо меня, живущего рядом с вами на холодном и грязном цементном полу. Больше мне идти некуда.

То ли мой убитый и комичный вид на коврике у её двери, то ли что-то другое заставило женщину улыбнуться и неуверенно произнести:

— Вообще-то мы не планировали брать квартирантов, но если уж такое безвыходное положение – заходите.

«Господи! Ты есть на свете...», – подумал я, окунаясь в тепло огромной четырехкомнатной квартиры.

Как выяснилось из первой беседы, у хозяев – Леси и Саши – четыре года назад родилась тройня девочек. Их показали по телевизору и предоставили эту квартиру в доме обкома партии, элитном доме. Леся – местная, волынская, медсестра. Саша – из Донецкой области, радио и теле мастер. В зале, где на диванчике меня и поселили, стояли штук десять неисправных телевизоров, которые он в свободное от основной работы на радиостанции время постепенно ремонтировал. Жили не бедно, притом что пять дней в неделю дети проводили в элитном интернате, а на выходные приходили домой.

Леся и Саша были странной парой. Не знаю, как им удалось пожениться, ведь вся её западная родня даже после рождения таких миленьких и забавных тройняшек Сашу на дух не выносила. Никакого общения. Будто нет человека. Москаль.

Мы договорились, что я заплачу им 20 рублей за прожитый месяц, хотя с деньгами у меня было туго. Из 55-ти рублей, оставшихся от стипендии, двадцать – за квартиру, 10 – на обратный билет домой, и в 25 рублей я должен был уложиться с питанием на 30 дней. На следующий день побежал завтракать в столовую, купил булочку и чай. В обед – гороховый суп и кусочек хлеба. На ужин – кефир и булка. В рубль уложился, хотя есть хотелось в течение всего дня.

В коллегии засиделся допоздна, дали изучать несколько уголовных дел, а затем написать своё заключение. Часов в десять вечера вернулся на квартиру. Саши не было – ушел в ночную смену. Постелил на диванчике и не успел выключить свет, как в комнату вошла Леся. В ночной рубашке. Присела рядом на диван и... два часа я выслушивал её исповедь. О родителях – известных в городе врачах, о брате – главном инженере автозавода, о том, как много у неё было видных женихов, а выбрала

почему-то москаля-работягу Сашу. И еще: как вся их семья страдает из-за его происхождения с востока Украины.

Я понял, что, несмотря на семью и подруг, Леся ощущала себя глубоко одинокой, не имеющей возможности поговорить о наболевшем.

Ей не нужны были мои советы. Ей нужно было, чтобы я слушал. Я так и делал, ни разу не перебив её и не задав ни одного вопроса. Только кивал. Выговорившись, Леся пожелала мне спокойной ночи и ушла к себе. На следующее утро меня ждал роскошный завтрак. Никакие отговорки не принимались, и на практику я ушел наевшись так, что можно было уже и не обедать.

Вечером, вернувшись домой, Леси не обнаружил. Теперь она ушла дежурить в больницу в третью смену. Зато за столом у огромной сковородки с яичницей и жареной картошкой с грибами восседал белобрысый Саша, ласково поглаживая литровую бутыль самогона.

— А ты, Миша, как раз вовремя. Прошу к столу. Выпьем и закусим, чем бог послал.

И до 12-ти часов ночи, выпивая и закусывая, я слушал теперь уже исповедь Александра. По сути она была похожа на рассказ Леси: жители Луцка ни в какую не принимали Сашу из-за того, что он был с восточной Украины. Ни на работе, где даже малейшее повышение ему не светило, ни в семье, имея ввиду родичей жены. Он любил её, обожал тройняшек, но жизни не было. И выхода не было.

И Леся и Саша были почти на десять лет старше меня, но магическое слово «адвокат» действовало на них гипнотически. Ведь почти каждый вечер, когда кто-нибудь из них отсутствовал, другой за ужином продолжал изливать мне душу. Когда они были дома вместе, мы ужинали, как одна семья. Потом я брал в руки гитару и мы пели задушевные украинские песни, которые одинаково пелись и в восточной, и в западной Украине.

А через неделю появился Лесин брат Богдан – тот самый главный инженер автозавода. Националист до мозга костей. Сашу он не замечал, даже не здоровался, а сразу проходил в комнату ко мне. И начинались пространные монологи, а иногда и диспуты на самые разные темы. Его любимые фразы :

— Там, где солнце всходит, нам делать нечего!

— То не столица - Киев, то столица - Львов!

Как-то он спросил, откуда я родом, и, услышав, что с Северо-Востока Украины, долго смеялся.

— Мышко, по твоему прононсу я могу сказать, из какого района Львовщины(???) ты родом. Меня не проведешь.

В тот же вечер он в присутствии Саши громким и официальным тоном пригласил только сестру и меня на празднование дня рождения его единственного годовалого сына. Я чувствовал себя неловко по отношению к Саше, но обижать Лесю не хотелось, да и сам Саша сказал:

— Сходи. Плетью обуха не перешибешь.

На этом дне рождения я вдоволь надышался смрадом национализма, который ненавидел в любых его проявлениях. Местная «элита», которую собрал Богдан, говорила на украинском, вставляя польские слова, подобно тому, как в России 19-го века дворяне разбавляли русскую речь французскими фразами. Тема та же: во всем виноваты «проклятые москали», если бы не они, мы бы жили, как у Христа за пазухой.

Воспользовавшись малейшим предлогом, покинул «высокое» общество. Леся ушла со мной.

Я полюбил и с удовольствием возился с их тремя прелестными девочками, когда они приходили домой на выходные. И они тоже привязались ко мне. Месяц моей практики заканчивался, и Саша с Лесей уговаривали меня после окончания института возвращаться на работу в Луцк. Даже обещали подарить телевизор – огромное по тем временам богатство!

Пришлось честно сказать, что это невозможно, потому что у меня намечается семья, а квартиры в Луцке – нет, и не обещают. Да и работы здесь немного, народ более законопослушный, помнит еще строгие польские порядки.

Взять деньги за квартиру они категорически отказались. Расставались родными людьми. Мне даже показалось, что моё присутствие в эти 30 дней сделало их личные отношения теплее. И это в какой-то мере оправдало мое пребывание в их доме.

Свадьба

В марте мы с Ирой подали Заявление в ЗАГС, и свадьбу наметили на май (кто женится в мае, всю жизнь потом маяться будет), перед моими выпускными экзаменами.

Из Николаева я поехал домой в Ромны и рассказал родителям о своём решении. Я еще не закончил говорить, как понял, что сейчас произойдет что-то страшное. Никогда прежде мне не приходилось видеть отца таким. Несколько часов подряд он просил, кричал, уговаривал меня не делать этого, приводя массу аргументов. Он был категорически против.

Неделю я пытался убедить его согласиться – бесполезно: «Тебе будет плохо. Жизни не будет!» – твердил он раз за разом. Пришлось вызывать из Кременчуга тяжелую артиллерию – мужа маминой сестры, занимавшего большую должность на вагоностроительном заводе. Папа очень уважал его и в конце концов после двухдневных уговоров дал свое согласие.

Я приехал в Николаев за два дня до свадьбы. Обсуждались последние детали. И вдруг мы с Ирой как стали спорить. По мелочам: заказывать шампанское в Загсе или нет, разбивать бокалы «на счастье!» или нет, кого куда посадить за столом, как принимать моих друзей на следующий день, «воровать» невесту или нет... Это было ужасно.

В какие-то полдня прояснилось, что мы совсем разные: поэзия и проза, романтик и прагматик. И никто не хотел уступать. Споры переросли в ссоры. В присутствии её родителей, которые, конечно, выступали на ее стороне.

И в ночь перед свадьбой доссорились до того, что я, взорвавшись, крикнул:

«Все! Хватит! Свадьбы не будет!» И это при том, что с десяток моих друзей, приехавшие из разных городов, уже находились в военной гостинице в ожидании завтрашнего торжества. Мои родители приехать не смогли – заболела мама.

Почти всю ночь не спал, твердо намереваясь завтра же уехать обратно в Харьков. И вдруг в 7 часов утра отец Иры позвал меня к телефону – междугородный звонок. И такой родной папин голос:

— Сынок, мы поздравляем тебя с самым главным днем в твоей жизни и желаем, чтобы в твоей семье все было так же хорошо и по-доброму, как всегда было у нас с мамой!

У меня, как удавкой, перехватило горло. Я понял, что не хватит ни сил, ни совести объявить отцу о том, что я отменяю свадьбу. Не смогу. Слабак!

Судьба вела меня по своему пути, известному только ей.

Мои ребята конечно же не подвели. Свадьба удалась на славу!

Витя Московец, Толик Петровецкий, Лева Липкович, Коля Тугарин, Гена Хацкевич и Юра Двинский выдали такой каскад стихотворных тостов, юмористических сценок, песен и танцев, что николаевским друзьям Ирины только и удалось, что «украсть невесту», на поиски которой ушла уйма времени и никакого веселья свадьбе не добавило.

Запомнился тост отца Ирины:

— В семейной жизни главное – уступать друг другу, идти на компромиссы. За ваше взаимопонимание!

Что я чувствовал в это время ?

Безудержного веселья и счастья, как на свадьбах своих друзей, не испытывал. Понимал, что мы с Ирой – разные, и будет нелегко. Но надежда на то, что с течением времени то самое «взаимопонимание» придет – не оставляла. Мы ведь еще даже и не не жили вместе...

Так на моей правой руке появилось первое тоненькое золотое колечко, с которым я и вернулся в Харьков сдавать госэкзамены. Отправив в Министерство своё Свидетельство о браке и просьбу изменить назначение в адвокатуру с Волынской области на Николаевскую, засел за подготовку к госэкзаменам, которые и сдал на «пятерки», получив Красный диплом с «отличием».

На празднование окончания института приехала Ира. К её приезду написал нежную мелодичную песню:

«Твой мир».

Мир
        светлых чувств,
Мир
        нежных слов,
Мир
        Он в твоём
                взоре.
Пусть
        никогда
Синь твоих глаз
        не всколыхнет
                горе.
Мир
        ста обид,
Мир
        ста тревог

Он
      в забытьё
           канет.
Мир
      алых роз,

Мир
      вешних вод
           миром твоим станет.
Ты
      лишь сумей
Ждать
      и простить:
         боль
              и упрек,
                  Ира.
Я
      Принесу
         Свет
              И росу,
Смех
      И любовь

      В мир твой.

Выждал паузу в праздновании и объявил всей компании, что исполню песню, написанную для моей жены. Все затихли. Взял гитару. Запел.

И как же стало не по себе, когда уже на втором куплете, Ирина, сидевшая на подоконнике, отвернулась и стала о чем-то разговаривать и смеяться с сидевшей рядом девушкой из моего ансамбля.

Мой выстрел попал в небо. Холостой выстрел.

Глава 5. Адвокатура

Николаев

Семейная жизнь в Николаеве началась, как говорят на Украине «в приймах», т.е. в доме родителей жены. Мы спали на диване в проходной комнате, куда в самое неподходящее время ночью без стука полюбила врываться Ирина мама, всегда находя предлог.
Через пару месяцев меня отправили стажером-адвокатом в поселок Казанку, где когда-то располагался казацкий полк, и вместо названий улиц остались номера казацких сотен: Первая сотня, Седьмая сотня и т.д. Жена с сыном остались жить в Николаеве. Зарплата – 60 рублей, половину из которых я отсылал Ире и Владику. Снял комнату в домике у старушки и, чтобы как-то прожить, организовал вокально-инструментальный ансамбль в крошечном Доме культуры. Играли на танцах по выходным. Но все равно жилось впроголодь. И только когда подарил моей хозяйке мешок дефицитной картошки (благодарность за юридическую помощь селянам), огромная чашка парного молока, пара яиц и кусок свежего домашнего белого хлеба всегда ждали меня и на завтрак и на ужин.
В Николаев вырывался раз в месяц, а в день перед Новым 1976 годом Ира приехала в моё казацкое захолустье. И первый раз мы вместе смотрели фильм – «Ирония судьбы или с легким паром»,

который уже более 40 лет подряд в нашей стране показывают именно перед Новым годом.

Казанка была в ста двадцати километрах от Николаева. И после шести положенных месяцев стажировки я был назначен уже адвокатом в поселок Баштанку – всего в 60-ти километрах от города. Получил комнату в общежитии. И бывать в Николаеве, где мы с Ирой сняли комнату, я стал каждый выходной день.

Первое уголовное дело

В моем первом самостоятельном деле, которое я получил по назначению суда, так как родственников у подсудимого не было, пришлось защищать сельского жителя Валентина Коваленко, привлекавшегося к уголовной ответственности за неуплату алиментов (средств на содержание двоих детей) своей бывшей жене. Закон гласил: три месяца неуплата и – уголовное дело.

Мера наказания по Уголовному Кодексу: один год исправительных работ по месту основной работы с удержанием 20% заработка в доход государства или лишение свободы сроком до одного года.

Проблема была в том, что Коваленко ранее уже отсидел год за то же самое, и теперь, учитывая, что он опять не платил алименты более года, ни о какой иной мере наказания, как тот же год лишения свободы и думать не приходилось. Тем более, что до суда он находился под стражей, освобождение от которой в зале суда являлось случаем чрезвычайно редким, исключительным.

И вот я изучаю в канцелярии суда тоненькое дело. Всё сходится: исполнительный лист суда о взыскании алиментов есть, заявление бывшей жены о неуплате алиментов есть, ведомости обвиняемого о зарплате есть (он работал строителем по договорам), а вычетов на алименты нет. Значит не платил. Тринадцать месяцев. На допросах толком не объясняет, что же мешало платить.

Заходит судья, маленький, кругленький, лысый, лет под шестьдесят – некоронованный король поселка и района, отслуживший судьей более двадцати лет. Здоровается, знакомимся.

— Михаил Петрович, значит. Понятно. Сколько тебе лет-то? Двадцать четыре? И что ты, парень, тут в такую жару время теряешь? Что тут читать? Мужик уже за неуплату алиментов год отсидел, не исправился, не понял. Была б моя воля, я ему сейчас все три влепил, да закон не позволяет. Но свой очередной год тюрьмы он получит. Так что, иди-ка ты лучше, Михаил Петрович на озеро. Покупайся, полови рыбку, защищать тут не кого, да и не за чем. А свои три слова на суде скажешь экспромтом.

Разумеется, оптимизма это не прибавило. С одной стороны, документы в деле подтверждают правоту судьи. А с другой – ведь это МОЁ ПЕРВОЕ ДЕЛО! Смириться? Проиграть ПЕРВОЕ дело? Одна за одной вспоминались поговорки: «Плохое начало – и дело стало», «Каково начало, таков и конец». Мозги кипели, всё внутри сопротивлялось заранее признать поражение.

И вдруг мысль: «До суда еще три дня. Рвану в село. Поговорю с людьми. Узнаю, что за человек – первый в моей жизни подзащитный».

На следующий день с утра сел на автобус и через час сошел в селе, раскинувшемся на берегу небольшой речки. Нашел дом Коваленко. Небольшая, южно-русская беленькая хатка. Во дворе соседнего дома соседка развешивает бельё сушиться. Подошел, поздоровался, попросил водички.

Приветливая женщина вынесла воды, и я, поблагодарив, будто-бы невзначай завожу разговор о Коваленко.

— Вы знаете, что соседа вашего посадили?
— Да. Снова посадили. А за что не знаю.
— Я знаю. За неуплату алиментов.
— Что-о? Так он же как вышел после первого срока, так дети с ним и жили. Мать их, что в соседнем селе живет, нашла работу в городе. Поэтому они пять дней с Валентином, а на выходные – и то не на каждые – к матери ездили. И в школу нашу ходили. Валька их и кормил, и одевал. А жена – вот бесстыжая баба. Та еще верти-хвостка! Какие ей алименты? Сама должна ему алименты платить. А он мужик правильный. По строительству. И нам, соседям, не отказывал: кому забор поправит, кому сарай подремонтирует. А как дети его любят, придет домой, они от него ни на шаг.

«Вот тебе, бабушка, и Юрьев день! Вот это сюрприз! - вспыхнуло в душе – Ну, держись, товарищ прокурор!».

И завертелось. Воодушевление после неожиданного открытия подсказывало, что надо делать.

Опрашиваю еще двух соседей. Прошу всех троих пройти со мной в ближайший орган власти – сельский совет и беру у них объяснительные, похожие одна на другую, как две капли воды. Показав удостоверение адвоката, прошу секретаря Сельсовета заверить подписи сельчан, что приравнивалось к нотариальному удостоверению. Договариваюсь с соседями прибыть через два дня в районный суд, пообещав оплатить проезд: «Не приедете – на вашей совести будет: посадят невиновного, который, по вашим же словам, никому в помощи не отказывал.»

Более того, составляю адвокатский запрос и тут же секретарь сельсовета пишет короткую, но положительную характеристику Коваленко с места жительства, а подошедший после обеда председатель сельсовета её подписывает. Пока ждали председателя, сходил в школу и получил справку, что в 1975-1976 учебном году дети моего подзащитного учились в местной сельской школе и проживали с отцом.

На следующий день приезжаю в село, где живет бывшая жена Валентина. Её дома не оказалось, а соседи подтвердили, что весь прошлый год дети появлялись у матери наездами, прибавив далеко не лестные отзывы о её образе жизни. Получаю от них несколько письменных объяснений и обещание приехать на суд.

Весь следующий день готовил будущую речь в защиту Валентина Коваленко. В суд приехали пять моих свидетелей. Конвой доставил арестованного. Молчаливого, заросшего, осунувшегося, равнодушного к происходящему, смирившегося заранее с неизбежным приговором. Перед началом заседания только успеваю спросить его:

— Почему не сказали, что дети жили с вами?

— А у меня никто и не спрашивал. Интересовались только, платил ли я алименты? Сказал, нет. Ну и всё.

Начинается процесс. В его начале судья спрашивает:

— Есть ли у сторон ходатайства до начала судебного следствия? Прокурор?

— Нет.

— Адвокат?

— Есть, товарищи судьи. Прошу приобщить к материалам дела объяснения односельчан моего подзащитного, объяснения односельчан потерпевшей (бывшей жены Коваленко), справку со школы, характеристику Коваленко с места его жительства. Также прошу вызвать свидетелей – авторов объяснений, прибывших в суд и находящихся в этом зале.

В этот момент лица судьи и прокурора стали совершенно такими же, как лица персонажей в последней сцене пьесы Гоголя

«Ревизор». Моё ходатайство ошарашило их настолько, что минуты две судья просто молчал.

Опомнившись, он в соответствии с порядком ведения судебного заседания осведомился о мнении прокурора, который сумел только растерянно кивнуть, и удовлетворил оба ходатайства. В его глазах сверкнул интерес.

В ходе судебного следствия, когда я допрашивая своих свидетелей и зачитывал добытые документы, шаг за шагом становилось все яснее и яснее, что фактически вина Коваленко в том, что он НЕ поддерживал своих детей материально, совершенно отсутствует. В инкриминируемый ему период как раз только он их и содержал. Его бывшая жена не смогла произнести и слова возражения – так убедительны были улики против неё.

Но формально мой подзащитный получался виновным, так как он не обратился в суд с иском об отмене взыскания с него алиментов, поскольку дети жили с ним и содержал их он. А без этого выданный ранее судом исполнительный лист был действительным, а его неисполнение влекло наказание.

Так в этом, на первый взгляд простейшем, моем первом уголовном деле столкнулись формальная и фактическая стороны происшедшего. И из этого положения надо было как-то выходить.

Последовала короткая речь обвинителя, будто проспавшего все судебное следствие и попросившего назначить один год лишения свободы.

Потом – речь защитника, в которой я еще раз до мельчайших деталей проанализировал сначала фактические обстоятельства, а затем эмоциональную сторону, подробно остановившись на любви Коваленко к детям, на любви детей к нему (в это время его дочь расплакалась прямо в зале суда), на его положительной характеристике и от односельчан, и от власти.

Обычно приговоры по таким делам судьи успевали написать прямо во время судебного заседания. Нам же пришлось прождать добрых два часа, пока судья не огласил приговор. Подозреваю, что он консультировался с вышестоящей инстанцией – Николаевским областным судом.

И вот вердикт:

1 год исправительных работ по месту работы с вычетом 20% заработной платы в пользу государства. **Подсудимого Коваленко освободить из-под стражи в зале суда НЕМЕДЛЕННО.**

Это была ПОБЕДА! Первая ПОБЕДА! Ощущение – НЕВЕРОЯТНОЕ!

Мне всего 24 года, и я уже могу влиять на судьбы людей, гораздо старше и опытней меня, спасая их от тюрьмы! Тюрьмы – пережитка прошлого, сохранившегося еще с рабовладельческих времен? Тюрьмы, которая никого не исправляет, а лишь калечит и душу, и тело.

Как сказали бы сейчас: ЭТО БЫЛО КРУТО!

Огромная государственная правоохранительная машина, нацеленная на ведение любого уголовного дела исключительно с обвинительным уклоном: оперативники, дознаватели, следователи МВД и прокуратуры, прокуроры, эксперты, специалисты – с одной стороны, и ты, адвокат, один, вооруженный только своими знаниями, энергией и желанием не допустить несправедливости – с другой стороны. И процессуальных прав у тебя: раз-два и обчёлся. Дон Кихот и ветряные мельницы. И тем глубже, счастливее и сильнее было ощущение победы. Победы Добра над Злом (как бы высокопарно это ни звучало).

Конечно, то, что я интуитивно решил провести собственное расследование, ни уголовно-процессуальным кодексом, ни Законом об адвокатуре не предусматривалось. И в то время, никто из адвокатов этим не занимался.

На стадии предварительного следствия или в суде адвокат имел право только ходатайствовать (ПРОСИТЬ) перед следователем о вызове дополнительных свидетелей, о назначении экспертиз, о проведении очных ставок. Но только просить. А уж правом следователя или прокурора было УДОВЛЕТВОРИТЬ это ходатайство или ОТКАЗАТЬ. Но если бы в своем первом уголовном деле я не пошел на это нарушение, я никогда бы его не выиграл. ЦЕЛЬ ОПРАВДАЛА СРЕДСТВА.

В поселке нас было два адвоката. Дел и уголовных, и гражданских не так много. Больше приходилось сидеть в кабинете, давая юридические консультации жителям поселка и района. А выходные дни я проводил с семьей на съемной квартире в Николаеве. Искреннюю радость доставляло общение с Владиком, который стал мне настоящим сыном, а я ему настоящим отцом. Первый ребенок. Первые шаги. Первые слова. Первое «папа». Это ложится в душу навсегда, и ничто не сравнится с этим по силе положительных эмоций.

К сожалению, общение с женой продолжало показывать, насколько мы разные. Дней, когда мы ссорились, было не меньше, чем дней, когда ссор не было. Дело постепенно шло к разводу, и спустя год после свадьбы мы подали в ЗАГС заявление о разводе. Нужно было ждать три месяца, и только после этого оформлялся развод. Прошли два месяца. И вдруг ко мне в поселок приехал Сергей, брат Иры. И когда мы жили вместе у его родителей, и потом, у нас были добрые отношения: мы много разговаривали, я учил Сережу играть на гитаре. Неожиданный его приезд меня удивил.

Сергей рассказал, что у Ирины появился ухажер – красавец офицер из Владивостока, который уже познакомился с ее родителями и зовет Иру замуж.

Странно, до этого я спокойно ждал развода, но когда услышал о сопернике, все в душе перевернулось. А мысль о том, что Владик станет называть «папой» чужого мужика добила совсем.

— Тебе надо ехать, если хочешь сохранить семью - были последние слова Сережи перед прощанием.

И, конечно же, на следующий выходной я был в Николаеве. Пришлось изрядно потрудиться, прежде чем Ира согласилась забрать заявление о разводе. В немалой мере помогло то, что мне, наконец, удалось добиться перевода из Баштанки в одну из юридических консультаций города Николаева.

Мы сняли квартиру рядом с домом родителей жены. Отношения налаживались очень медленно, я не чувствовал ни тепла, ни понимания. Два чужих человека, которых связывала забота о ребенке и обязательства друг перед другом.

Но чем сложнее складывалась личная жизнь, тем успешнее и удачливее развивалась моя адвокатская работа. Я полюбил её всем сердцем, и она отвечала мне взаимностью. Вот лишь несколько дел из того периода моей адвокатской практики.

Дело о рыбаках и рыбке

Как-то ранним утром меня разбудил звонок председателя областной коллегии адвокатов.

— Михаил Петрович, срочно выезжайте в Снигирёвку. Сегодня там слушается уголовное дело по браконьерству – незаконному вылову рыбы. Пятеро подсудимых. Адвокат одного из них заболел.

Что ж, приказ есть приказ. Короткие сборы, автобус и к 9-ти часам утра я уже был в Снигиревском суде. Прошу у судьи час, чтобы ознакомиться с делом. Оно оказалось небольшим и простым.

Глубокой ночью милиция остановила грузовой автомобиль, в котором находились водитель, четверо мужчин в рыбацких комбинезонах и сапогах, огромная сеть и в кузове две тонны свежей рыбы. Сначала признались все. Следователь, учитывая добровольное признание, не стал их арестовывать и отпустил, отобрав подписки о невыезде. Статья уголовного кодекса о браконьерстве в крупном размере предусматривала наказание до четырех лет лишения свободы или до одного года исправительных работ по месту работы с вычетом 20% заработка.

Не знаю, что произошло потом, была ли это работа их адвокатов, но в конце следствия все так же дружно стали отрицать свою вину. Их версия, что рыбу в их машину нагрузили неизвестные рыбаки, не выдерживала никакой критики. И, прочитав дело, я понял, что продолжение отрицания вины приведет их всех прямохонько в тюрьму. Особенно если учесть всем известный диктаторский стиль ведения процесса судьи Снигиревского района.

Коротко переговорил со своим подзащитным. Лет на десять старше меня он совершенно не мог объяснить, почему изменил показания. Только хлопал глазами и разводил руками.

Начинается процесс. Зачитав анкетные данные каждого подсудимого, судья каждому из них задает вопрос: «Признаете ли вы себя виновным в совершении инкриминируемого преступления?». И получает пять одинаковых ответов: «Нет». И с каждым таким ответом его лицо все каменеет и каменеет.

Судебное следствие. Невнятные объяснения подсудимых о «неизвестных рыбаках» после рассказа третьего из них доводят судью до белого каления. Забыв о нормах уголовного процесса, он набрасывается на рыбаков с такой полуцензурной речью, в которой фраза: «Вы что, меня за идиота держите?» – звучала верхом политкорректности.

— Вас поймали ночью, с огромной сетью, запрещенной законом, в рыбацких комбинезонах и сапогах, с двумя тоннами рыбы в кузове машины – и вы невиновны??? Да вы – браконьеры, ворюги, пробы на вас негде ставить! Сидеть вам до посинения, сволочам! – заранее предрекая приговор (грубейшее нарушение Уголовно-процессуального закона), орал судья, лицо которого напоминало переспелый помидор: вот-вот лопнет.

Последним должен был давать показания мой подзащитный. И я понимаю, «Черный воронок» за ним и его друзьями, который увезет их в тюрьму, появится еще до вынесения приговора. Поэтому прошу объявить перерыв на 10 минут.

Не обращая внимания на других адвокатов, которые будто не замечают надвигающейся грозы, собираю всех подсудимых вместе, но говорю только своему:

— Или вы доверяете мне, или заявляйте ходатайство о моем отводе и предоставлении другого адвоката. Если доверяете, я сейчас снова задам вам вопрос о виновности, и вы ответите утвердительно, рассказав все как было на самом деле. Выбор такой: свобода или тюрьма. Решение за Вами.

Конечно, это было полным попранием адвокатской этики: по закону я должен поддерживать и защищать позицию моего подзащитного. Но опять в голове КРУТИЛОСЬ: «ЦЕЛЬ ОПРАВДЫВАЕТ СРЕДСТВА».

Титановая уверенность, прозвучавшая в моем голосе, одновременно с горячим эмоциональным нажимом, сделали своё дело. Мужик согласно кивнул. Остальные молчали.

Продолжаю судебное следствие. Задаю моему подзащитному тот же вопрос, что в ему ранее задавал судья:

— Скажите, вы признаете себя виновным в совершении браконьерства?

— **Признаю.**

Полный удивления взгляд судьи уперся в моего подзащитного.

— Расскажите, как было дело.

И рыбак, уже не запинаясь, последовательно и подробно рассказал о том, как сговорились на рыбалку, как рыбачили сетью, как были пойманы милицией по пути домой.

Лицо судьи мягчеет на глазах. Начинаю поднимать остальных подсудимых, и все они по цепочке тоже признаются и рассказывают, как в действительности было дело.

Окончательно растаявший судья так и сыплет репликами:

— Ну и чего вы, мужики, так испугались? Не человека же зарезали.

Да у меня самого холодильник потом был забит вашей свеженькой рыбкой! Вкусненькой, между прочим. Ха-ха-ха...

На такой ноте и закончилось это дело. Несмотря на требование прокурора, учесть крупную сумму браконьерства и определить им по 3 года лишения свободы, судья согласился с моей просьбой, избрать меру наказания, **не связанную с лишением свободы.**

И вот приговор: один год исправительных работ по месту работы с вычетом 20% заработка, но с уплатой в доход государства по две с половиной тысячи рублей штрафа за ущерб, причиненный рыбным запасам, что по тем временам равнялось средней зарплате за два года работы. Но не тюрьма же!

Рыбаки, счастливые возможностью тут же вернуться к своим женам и детям, долго жали мне руки, обещая взять на классную рыбалку только теперь уже в рамках закона. Счастливый, я поехал домой, радуясь, что практически без подготовки, сходу выиграл дело.

Рано радовался. Продолжение следует. Через некоторое время получаю копию протеста прокуратуры на приговор суда по мотиву мягкости наказания. Это было предсказуемо: в суде прокурор просил 3 года лишения свободы, ожидая, что как всегда суд уменьшит этот срок на один год («на адвоката»), а суд приговорил к мере наказания вообще не связанной с лишением свободы. Особого беспокойства я не почувствовал. А зря...

Николаевский областной суд, рассмотрев протест, отменил приговор и вернул дело в милицию на дополнительное расследование по следующим мотивам: пруд, из которого выловлена рыба, находится на территории колхоза (крупной агрофирмы). Имелись документы, что десять лет назад колхоз купил и запустил туда некоторое количество рыбы. Какое-то время сторожа охраняли пруд, за что получали зарплату. В этом случае, то, что совершили рыбаки должно квалифицироваться не как браконьерство, а как хищение общественного имущества в крупном размере и наказание по этой статье гораздо больше.

Вот это удар! Ни я, ни прокуратура, подавшая протест, этого не ожидали. Получается, все прошляпили. Особенно следователь. Значит плохо расследовал. Недоработал. Возвращение дела на дополнительное расследование – самый большой и неприятный брак в работе следователя. На этом я и решил сыграть.

Помня, с чего начинался каждый рабочий день у следователей милиции Корабельного района во время моей стажировки после 3-го курса, я отправился в Снегиревское РОВД. Познакомился со следователем и предложил «обмыть» знакомство. В обед выехали на его машине на природу, и рюмка за рюмкой завязался разговор.

— Представляешь, – говорю ему, – ты столько провозился с этим делом, все изучил, всех допросил, душу ему отдал, а областной суд одним росчерком пера перечеркнул всю твою работу. Навязывает хищение.

— Ничего. Я им все равно докажу, – наливая очередную рюмку, со злостью отвечает следователь – Я сказал – браконьерство, значит и будет браконьерство!

Порядком утрамбовав эту мысль и обговорив все детали, довольный уезжаю домой. По крайней мере, слепо выполнять предположение областного суда следователь не собирается, значит хуже для ребят не будет.

И по сравнению с ситуацией, когда мне пришлось в последнюю минуту вступить в это дело, теперь у меня было время. Я засел за изучение всех нормативных материалов, всех законов, постановлений Верховного суда Украины и судебной практики, относящихся к браконьерству и рыбной ловле.

И вот что выяснилось. Для того, чтобы рыбная ловля была признана незаконной и подпадала под статью уголовного кодекса о браконьерстве необходимо, чтобы водоём, из которого выловлена рыба, соответствовал требованиям «Положения об охране рыбных запасов СССР». А требований этих - уйма: и обязательные ежегодные мелиоративные мероприятия, и контроль со стороны органов рыбоохраны, и осуществление мероприятий по охране и воспроизводству рыбных запасов и т.д.

«Значит, – думаю, – прежде всего надо определить, а выполнялись ли все эти требования «Положения об охране рыбных запасов» на пруду, из которого вытащили 2 тонны рыбки мои рыбачки? ЧТО ЭТО ЗА ПРУД ? Каково его происхождение?»

На следующий день посещаю Областное управление сельского хозяйства. Предъявляю адвокатское удостоверение и прошу показать мне пруд у села «N» Снегиревского района на карте водоёмов Николаевской области.

Работники управления искали долго – не нашли. Нет такого пруда! Есть огромный овраг, а рядом течет большая река.

Вот так сюрприз! Первый сюрприз! Беру об этом документ, заверенный печатью и подписью руководителя.

Следующий вояж в Управление сельского хозяйства Снигиревского района. Результат – тот же. Еще один документ.

И последнее: посещаю местную власть – председателя N-ского сельсовета, от которого слышу, что много лет назад во время невиданного разлива реки расположенный рядом овраг был залит водой с этой речки, и таким путем образовался водоём. И, конечно, никаких обязательных ежегодных мелиоративных мероприятий, контроля со стороны органов рыбоохраны и осуществления мероприятий по охране и воспроизводству рыбных запасов никогда в этом водоёме не проводилось. Водоём дикий.

Естественно, подробную справку об этом, заверенную надлежащим образом, я добавил в свою папку по этому делу. Папку, в которой добытые за три дня документы сложились в настоящую бомбу для следствия, прокуратуры и суда.

Нужно признать, что мой новый знакомый – следователь РОВД тоже поработал на славу. Он обложил дело целым ворохом документов и протоколов допросов, доказывающих, что запущенного 10 лет назад колхозом карпа, давно сам же колхоз и выловил; что уже больше пяти лет охрана пруда колхозными сторожами не производилась, зарплата им не выплачивалась. Таким образом, рыбы, принадлежавшей колхозу, там не было, а значит и квалифицировать действия рыбаков как хищение, на что указывал Николаевский областной суд, оснований нет.

И в Снегиревский народный суд на стол уже другого судьи снова легло дело о браконьерстве. И снова пять подсудимых, пять адвокатов и тот же обвинитель встречаются у здания суда. Подхожу к своим старшим коллегам и пытаюсь рассказать им о своих находках и о том, что преступления здесь я не вижу. Снисходительные улыбки были ответом. Меня даже не захотели слушать.

Отзываю в сторону своего подзащитного и говорю ему:

— Значит, так. Ситуация меняется. На вопрос судьи, признаёте ли вы себя виновным, надо твёрдо отвечать «Нет». И в то же время, рассказывая, как всё было, ничего не менять: ловили сетью, поймали две тонны, все как на предыдущем суде.

У мужика – глаза на лоб:

— Как же так? Прошлый раз вы заставили меня признать вину, а сейчас я должен её отрицать? Так меня ж сразу закроют!

— Когда в прошлый раз вы прислушались к моему совету, вы пожалели об этом?
— Нет.
— Ну, так поверьте и на этот раз. Спросят, почему не признаёте вину, отвечайте, объяснит адвокат.

Начинается процесс. На вопрос: признаёте ли себя виновным, четверо подсудимых отвечают «Да». Мой подзащитный – «Нет». Все взгляды устремляются на него.

— Вы же признавали свою вину в прошлом процессе – удивленно подняв брови, говорит судья.

В ответ – молчание и красноречивый взгляд в мою сторону. Начинается допрос подсудимых. Все без исключения повторяют то, что говорили на предыдущем суде, включая моего подзащитного: поехали на рыбалку, рыбачили сетью, поймали 2 тонны рыбы.

— Так Вы же все признаёте, – недоумевает на этот раз прокурор, – почему же считаете себя невиновным?

— Адвокат объяснит.

— Есть ли у сторон еще вопросы или ходатайства перед окончанием судебного следствия? – спрашивает судья.

— У меня есть ходатайство, товарищи судьи – поднимаюсь со стула.

— Прошу приобщить к делу: «Положение об охране рыбных запасов СССР», регулирующее лов рыбы в водоемах, Справку Николаевского областного управления сельского хозяйства о том, что на карте водоёмов области пруд, в котором поймали рыбу, не обозначен. Справку Снегиревского управления сельского хозяйства о том же. Подробную Справку сельсовета о случайном происхождении этого пруда и о том, что никакие мероприятия, перечисленные в «Положении об охране рыбных запасов» в этом пруду никогда не проводились. А также ряд выписок из Постановления Пленума Верховного Суда Украины по делам о браконьерстве и ряд решений Верховного Суда по этим делам, подтверждающим мою позицию.

В зале мертвая тишина. Пока никому ничего не понятно, но в воздухе появилось напряжение. Судья, уже начавший писать приговор, чтоб не тратить время попусту (такое тогда часто практиковалось), оторвался от своих бумаг, недоуменно посмотрел на меня, но документы принял.

Переходим к прениям. Прокурор быстро еще раз описал фабулу обвинения и, учитывая, что к моменту суда все подсудимые уже заплатили по две с половиной тысячи рублей штрафа, попросил только по 2 года лишения свободы каждому.

Выступающие передо мной адвокаты других подзащитных, соглашаясь с их виновностью, дружно делали упор на признание подсудимыми своей вины, на уплату штрафа и наличие несовершеннолетних детей. Просили не лишать свободы.

Моя очередь. Вспомнилась интересная вещь. В Уголовном кодексе есть две части: Общая и Особенная. В Особенной части перечисляются конкретные преступления: кража, убийство и т.д. и меры наказания за их совершение. В Общей части – общие понятия: понятие преступления, понятие наказания и т.д. Так вот, когда я пришел на стажировку в милицию, следователи сразу сказали: «Общая часть уголовного кодекса – одна вода. Она тебе никогда не пригодится». – и позже такое мнение я слышал не раз. Как же они ошибались!

Например, в Общей части уголовного кодекса указано: чтобы деяние было признано преступлением, оно должно иметь 1) объект преступления – правовые отношения, предусмотренные законом, на которые посягает преступник; 2)объективную сторону преступления – действие или бездействие; 3)субъект преступления – вменяемое лицо, достигшее определенного законом возраста и 4)субъективную сторону преступления – умысел или неосторожность.

Анализ совершенного моим подзащитным и его друзьями именно с точки зрения наличия всех четырех составных частей и привел меня к заключению, которое я и озвучил в своей речи.

— Товарищи судьи! Для того, чтобы действия моего подзащитного подпадали под признаки преступления, указанного в статье о браконьерстве, нам необходимо установить, имеются ли в его деянии все четыре признака состава преступления, предусмотренного Общей частью уголовного кодекса. Предварительное следствие, прокурор и мы в судебном заседании очень подробно исследовали объективную сторону деяния моего подзащитного: рыбу сетью ловил. Не вызывает сомнения и наличие субъекта – взрослый вменяемый мужчина, как и субъективной стороны – он действительно имел умысел на вылов рыбы. А вот исследовать наличие ОБЪЕКТА преступления, т.е. предусмотренных законом правоотношений, на которые посягал мой подзащитный – не удосужились ни следователь, ни прокурор.

Представленные мной Постановление Пленума Верховного Суда УССР, указания которого ОБЯЗАТЕЛЬНЫ ДЛЯ ВСЕХ СУДОВ УКРАИНЫ, и случаи из судебной практики однозначно устанавливают: браконьерством может считаться только незаконный лов рыбы из водоёмов, подпадающих под действие «Положения об охране рыбных запасов СССР». Лов рыбы из других водоёмов не влечет ответственности по статье о браконьерстве. Так говорит Верховный Суд.

Чтобы водоём подпадал под действие «Положения об охране рыбных запасов», необходимо проведение целого ряда обязательных ежегодных мелиоративных мероприятий, контроль со стороны органов рыбоохраны, осуществление мероприятий по охране и воспроизводству рыбных запасов и много других, перечисленных в этом «Положении».

Из справки Николаевского областного управления сельского хозяйства и Снегиревского районного управления с/х следует, что на карте водоёмов Николаевской области такой пруд вообще не значится.

Из справки сельсовета видно, что пруд образовался случайно после разлива реки. Никаких мероприятий, перечисленных в «Положении об охране рыбных запасов», в этом пруду никогда не проводилось. Ни одной государственной копейки на это потрачено не было. Дикий пруд, дикая рыба. Под «Положение об охране рыбных запасов» данный пруд не подпадает, а значит, и содеянное моим подзащитным не может быть квалифицировано как преступление – браконьерство.

ПРОШУ:
моего подзащитного в инкриминируемом ему преступлении
ОПРАВДАТЬ!

Тишина в зале стала гробовой. Во-первых, получается, что не только следователь и прокурор, но и остальные четыре адвоката, признавшие вину своих подзащитных, совершили грубейшую судебную ошибку.

Во-вторых, **оправдательных приговоров в Советском Союзе в практике не существовало.** И что прикажете делать судье?

В этой гробовой тишине суд удалился для вынесения приговора. И снова, как и в первом моём деле, нам пришлось долго ждать, а когда судья и народные заседатели вышли к нам, и мы все встали – приговор слушается стоя – судья вдруг попросил всех садиться.

Помолчав, он с философским видом произнес:

— А ведь действительно, во время судебного следствия мы не установили обстоятельств, подтверждающих природу этого пруда. Следователь тоже так и не выявил, подпадает ли этот пруд под действие «Положения об охране рыбных запасов». При таком условии мы не можем вынести окончательное решение, а посему дело направляется на новое дополнительное расследование.

Когда мы вышли на улицу, я еле оттянул других рыбаков, набросившихся с кулаками на своих адвокатов: «Как же так? Вы нас признавали виновными, а нашего друга адвокат оправдал? А что теперь с нами будет?».

Пришлось объяснить им, что теперь дело будет прекращено следователем в отношении их всех, а государство ВЕРНЕТ им огромные деньги уже уплаченного штрафа. Что вскоре и произошло.

А впоследствии я с удовольствием несколько раз съездил с мужиками на классную рыбалку – что-что, а рыбные места они знали отменно.

Дело об убийстве секретаря райкома комсомола

В это дело, тоже пришлось вступать, практически, без подготовки. Накануне мне сообщили, что на следующее утро в поселке Березнеговатое слушается дело об убийстве, и я должен защищать убийцу.

Приехал вечером, чтобы с самого утра ознакомиться с делом, и зашел переночевать в полупустую маленькую гостиницу. Я бывал в ней раньше и знал администратора, которая, увидев меня, всплеснула руками:

— Уж не убийцу ли вы приехали защищать?

— Вы угадали. А что такое?

— Господи, вы что не знаете, что тут было? Тут же бунт был. Приезжий кавказец убил нашего парня, бывшего секретаря районного комитета комсомола, любимца всего поселка. Когда убийцу арестовали и посадили в отделе милиции, так разъяренная толпа пыталась штурмовать отдел милиции, чтобы расправиться с ним. Вызывали солдат. Стреляли в воздух. Тут приехала целая куча родственников погибшего с западной Украины, все эти дни мутят народ, чтоб во время суда кавказца и кончить. Я за вас боюсь. Наш-то адвокат срочно «заболел», не хочет лезть в это дело. Да и вам бы как-то отказаться. Не нужно рисковать. Такие идиоты и впрямь парня растерзать могут. И вам достанется.

Да, хорошенькое начало. Мне бы прислушаться к её словам, но – Овен, упрямый.

— Ладно, лягу-ка я спать, – говорю, – утро вечера мудренее.

В половине девятого утра уже открывал двери суда. Судью хорошо знал, бывал у него в процессах и раньше. Толковый пожилой бывший фронтовик. Когда он увидел меня, входящего в кабинет, на лице его появилось выражение сожаления.

— Ну, Михаил Петрович, только тебя у нас тут не хватало. Ты в курсе ? – спросил судья.

— Да, просветили вчера в гостинице. В курсе.

— А ты знаешь, что уже два прокурора и два адвоката «спрыгнули» с этого дела? Я сегодня роту милицейского полка с автоматами вызвал, охранять процесс. Но с тобой-то что делать? Будешь уезжать домой, разорвут ведь. Ладно, сделаем так. Ты из здания до суда не выходи, поесть тебе принесут. Во время процесса они не дёрнутся, под дулами автоматов не попляшешь. Скажешь свою короткую защитительную речь, я объявлю перерыв, и через служебный выход беги во двор. Там тебя будет ждать такси. На шоссе вывезет, а там на попутках до Николаева доберёшься.

— Спасибо большое. Я хотел бы ознакомиться с делом.

— Вот оно. Бери, читай.

Читаю обложку дела: Уголовное дело по обвинению Бегоева Алана Асланович по ст.103 УК УССР (умышленное убийство).

Чем больше я зарывался в это дело, чем больше делал выписок из него, тем больше укреплялся во мнении, что приехал сюда не напрасно. Парня нужно спасать.

Итак, выходной субботний вечер. В маленьком поселке Березнеговатое только один центр досуга – Дом культуры. Там и бильярд на втором этаже, там и шахматно-шашечные баталии в фойе первого этажа и, конечно, же танцы (дискотека под живую музыку). Народу тьма. Преимущественно молодежь. И мужская её часть в основном не совсем трезвая. Ну как не выпить для храбрости – легче знакомиться с девчонками.

Потерпевший Сергей Кононов, 26-ти лет, бывший секретарь райкома комсомола, спортсмен, любимец земляков тоже пришел в Дом культуры с друзьями. Только в отличие от них был он сильно пьян. Сначала пытался играть на бильярде, но поскольку по шарам попасть не складывалось, порывался затеять драку с игроками. Друзьям удалось его отвлечь и утянуть на первый этаж.

А там как раз перерыв в танцах, и огромная толпа болельщиков образовалась вокруг играющих в шашки и шахматы. Одним из них и был 27-летний осетин Алан Бегоев, который недавно приехал в поселок и работал прорабом на стройке. В этот вечер он пришел в Дом культуры со своей беременной женой и как раз играл в шахматы. Жена болела за него, стоя за спинкой стула.

Увидев Бегоева, Кононов грубо приказал сыграть с ним партию.

— Сначала я закончу эту, а потом сыграем, – спокойно ответил Алан.

— А я хочу сейчас! Ты, что, зверёк, не понял?

— Я тебе уже все сказал: доиграю, сыграем.

— Нет, ты не доиграешь! - И с этими словами Кононов смел на пол все шахматные фигуры. - Китайская ничья, га-га-га.

— Послушай, Сергей, ты же нормальный парень. Завтра проспишься – жалеть будешь. Лучше иди домой, отдохни.

— Ах ты...(четырехэтажный мат) - с этими словами Кононов поднял деревянную шахматную доску и надел её на голову Бегоева.

Тот вскочил, лицо его пылало, но опять сдержался, сел и сказал:

— Ладно, Сергей. Расставляй фигуры. Я выйду в туалет и вернусь, будем играть – и добавил шепотом, повернувшись к жене, - я потихоньку домой, а ты придешь позже. Побудь здесь минут 5, чтоб он не заподозрил, что я не вернусь.

Алан выходит из Дома культуры на ночной воздух и, заворачивая за угол, идет вдоль боковой стенки здания по кратчайшему пути к себе домой. Но у самого угла его все-таки догоняет Кононов и кричит: «Стой, черно...пый! Сейчас я тебя мочить (убивать) буду!» - этот крик услышал не только Бегоев, но и отдыхавшие в перерыве музыканты, курившие на лавочке за кустами, отделявшими их от здания. Услышав угрозу, они тут же предпочли исчезнуть («герои»!).

То, что произошло дальше, известно только со слов Бегоева.

Кононов кинулся на него и стал наносить удары руками и ногами. Поскольку его прилично качало, удары существенного вреда не приносили. Алан, закрыв голову, отступал , пока не уперся спиной в стену Дома культуры. Дальше отступать было некуда, и он нанес ответный удар в грудь. Кононов отшатнулся назад, при этом попав ногой в оставшуюся после дождя лужу, и со всего размаха шмякнулся спиной об асфальт, а головой – об бордюр между зданием и кустами.

И замер.

Алан тотчас подбежал к нему, оттащил к находящейся рядом водяной колонке и обильно смочил Сергею лицо и голову холодной водой. Тот пришел в себя, сразу протрезвев, и, оттолкнув руку Бегоева, поддерживающую его, буркнул: «Ладно. Я пошел домой.»

На следующее утро мать нашла его мертвым. Подняла крик, сбежалась родня, соседи, вспомнили вчерашний инцидент, и по поселку понесся слух:

«Проклятый кавказец убил нашего Сережу!».

В течение нескольких часов собралась огромная толпа и ринулась к дому Бегоева. Но, к его частью, милиция уже узнала о происшедшем и успела его арестовать. Чем закончился штурм РОВД, я уже писал. Вот, вкратце и всё.

К моменту, когда я завершил знакомиться с делом, зал судебных заседаний был уже переполнен, и из него доносился угрожающий гул.

Появление в зале прокурора встретили молча. Когда я занял своё место – гул усилился. А когда конвой ввёл подсудимого, зал взорвался от криков, угроз и проклятий. К счастью, плотная стена милиционеров с автоматами надежно прикрывала нас от разъярённой публики.

Судебное следствие проходило спокойно до того момента, как я начал допрос свидетелей о начале конфликта. Напомнив об уголовной ответственности за дачу ложных показаний и их прежние задокументированные показания, данные на предварительном следствии, (зал негативно реагирует на каждое предложение не в пользу погибшего), практически заставляю их повторить, как всё было на самом деле в тот роковой вечер.

Из четырёх музыкантов, слышавших нападение Кононова на Бегоева, явился только один. Ладно. Показания остальных есть в деле.

Допрос подсудимого суд, прокурор и я провели раньше, и Алан слово в слово повторил, то, что говорил на следствии, ни разу не запнувшись, не добавив и не отняв. Рабочие со стройки, на которой он был прорабом, не побоявшись разъярённого зала, дружно говорили о Бегоеве как о человеке и руководителе только хорошее.

Переходим к прениям. Женщина-прокурор с каменным лицом просит признать Бегоева виновным в умышленном убийстве и приговорить к 7 годам лишения свободы.

Поднимаюсь и не успеваю сказать ни слова, как зал начинает свистеть и топать ногами. Улучив паузу в этом гаме, судья громовым голосом объявляет, что прикажет очистить зал, если не установится порядок. В ряду милиционеров с автоматами происходит движение. Зал затихает.

И я очень медленно (чтобы дошло до каждого) воспроизвожу события происшедшего. Начинаю, с характеристики погибшего. Конечно, она исключительно положительная. Но одна фразочка имеет прямое отношение к причине конфликта: «В последнее время допускал появление на работе в нетрезвом виде».

Зачитываю показания одного из его друзей, коллеги по работе в райкоме комсомола. Среди множества положительных качеств: «инициативный, хороший друг, готов помочь в трудную минуту, весельчак и душа компании» – вдруг «но если выпьет лишнего, у него крышу сносит (теряет рассудок).»

Вот где корень всего зла. Вот причина того, что отличный парень, любимец поселка превращался в неуправляемого хулигана, а бурлящая в нем энергия становилась немотивированной агрессией. Сначала он пытался затеять драку на втором этаже с игроками на бильярде. Потом набросился на мирно играющего в шахматы Бегоева.

— Товарищи судьи! – обращаюсь к судье и двум народным заседателям – Отвлечемся на минуту от юридической стороны дела. Мы все – мужчины. На минуту представим себя на месте моего подзащитного. Он, совершенно трезвый с беременной женой в субботний вечер приходит в Дом культуры (других мест отдыха зимой в поселке просто нет). Он не идет на танцы, где много выпивших парней, он играет в шахматы с такими же трезвыми и расположенными к интеллектуальным играм людьми. Перерыв, танцевавшие выходят, кто покурить, кто в фойе поболеть за игроков. Жена Алана стоит за его спиной.

И в этот момент пьяный потерпевший, расталкивая болельщиков и не обращая внимание на то, что с Аланом играет другой парень, требует, чтобы Бегоев немедленно играл с ним.

А теперь я еще раз, товарищи судьи, прошу вас представить себя на месте подсудимого. Вы спокойно поясняете Кононову, что сыграете с ним, закончив партию. В ответ вас обливают оскорблением – «зверек», одно из самых обидных для кавказца.

Каждый из вас – мужчина, защитник семьи.

У вас за спиной жена, мать будущего ребенка. И в ЕЁ присутствии проглотить это оскорбление? Показать себя ТРУСОМ? Такую трусость женщина может никогда не простить в душе, даже если и не обмолвится об этом.

Скажу честно: я бы в такой ситуации не стерпел. Я бы не смог вынести такого публичного оскорбления да еще и в присутствии любимой женщины. Что делает Бегоев?

Он терпит.

Пытается успокоить разбушевавшегося Сергея. А тот в ответ сметает все шахматные фигуры с доски, объявляя «китайскую ничью». Второе оскорбление. Вытерпели бы вы – не знаю.

Алан терпит.

И, наконец, получив в лицо залп четырехэтажного мата и деревянной доской по голове, что сделали бы на его месте вы, мужчины...? Я спрашиваю: ЧТО???

(Длинная пауза.)

И даже этот момент Алан стерпел.

Почему? Потому что он оказался сознательней меня, по крайней мере, в три раза!

Бегоев понимал: вокруг наполненный газом балон. Поднеси спичку и ... взрыв. Один удар кулаком, и через минуту разразится всеобщая, массовая драка, так как находившиеся рядом строители и его друзья не стояли бы в стороне. Какие последствия могли бы быть в этой сумасшедшей полупьяной драке – один бог знает.

Для того, чтобы выдержать и стерпеть всё то, что выдержал и стерпел в той ситуации Бегоев, надо гораздо больше мужества, человечности и сознательности, чем если бы он бросился драться. И он предпринимает последнюю попытку погасить конфликт, решив незаметно покинуть Дом культуры.

ЧТО ЕЩЕ БОЛЕЕ РАЗУМНОЕ МОГ БЫ ПРЕДПРИНЯТЬ ЧЕЛОВЕК В ЕГО СИТУАЦИИ? Ничего!

Все только что сказанное мною подтверждается показаниями многочисленных свидетелей и жены подсудимого. Подтверждается тем, что СПИЧКА НЕ БЫЛА ПОДНЕСЕНА. В противном случае жертв было бы намного больше!

Прокурор требует признать его виновным в УМЫШЛЕННОМ убийстве. Есть ли у нас хоть одно доказательство этого?

Нет!

У нас есть доказательства того, что Бегоев намеревался уйти домой: он предупредил об этом жену, и пошел по кратчайшему пути, вдоль стены здания.

Есть ли у нас доказательства, что он напал на потерпевшего, начал драку?

Нет!

У нас есть доказательства того, что Кононов, догнав его, с криком: «Стой, черно...пый! Сейчас я тебя «мочить» буду!» – набросился на Бегоева. То есть намерение убивать демонстрировал как раз потерпевший. Это утверждает и мой подзащитный, и музыканты, курившие на лавочке за кустами, чьи показания зафиксированы предварительным следствием.

Да, о самой драке мы знаем только со слов моего подзащитного, но ведь обвинение не представило НИ ОДНОГО ДОКАЗАТЕЛЬСТВА, ОПРОВЕРГАЮЩЕГО ЭТИ ПОКАЗАНИЯ. А в соответствии с Уголовно-процессуальным кодексом показания подсудимого являются одним из полноправных источников доказательств.

Более того, судебно-медицинская экспертиза зафиксировала только одно повреждение головы и именно в области затылка. Ни синяков, ни кровоподтеков на лице или теле погибшего не обнаружено, что совпадает с показаниями моего подзащитного. Бегоев отступал под ударами Кононова, пока не уперся спиной в стену здания.

Что мог еще предпринять он в тот момент?

Не сопротивляться?

Ждать, пока будет избит до потери сознания или убит, как обещал это сделать Кононов?

Естественно, он попытался защищаться и нанес ответный удар. И не его вина, что нога потерпевшего в этот момент оказалась в луже. Он поскользнулся, упал и ударился головой о каменный бордюр.

В чем же виноват мой подзащитный? В умышленном убийстве? Я показал вам, что у него не было умысла не только на убийство, но и даже на драку.

В убийстве, с превышением пределов необходимой обороны? Тоже нет. Методы и средства его защиты не превосходили методов и средств нападения: он не пользовался никаким оружием против кулаков потерпевшего.

Тот факт, что произошла смерть потерпевшего, в юридической науке носит название «казус». Случай, когда обвиняемый не желал, не предвидел и не мог предвидеть наступления особо опасных последствий, поэтому и не может нести уголовную ответственность за свои действия.

Прошу моего подзащитного в инкриминируемом
ему преступлении
ОПРАВДАТЬ!

Меньше всего я мог ожидать такой реакции зала, которая последовала через миг после того, как я замолчал. Половина публики орала и посылала проклятия в мой адрес, но другая половина – аплодировала!!!

Аплодировали те, кто слушал, и до кого дошёл смысл моей речи – в основном люди среднего возраста и старше. Возмущалась молодёжь, которая и не слушала, и ничего не поняла. Молодёжь, заряженная только на одно – расправиться с «убийцей».

Суд удаляется в совещательную комнату для вынесения приговора. Собираю бумаги, намереваясь воспользоваться предложением судьи и незаметно покинуть посёлок. Вдруг, секретарь судебного заседания шёпотом просит зайти в кабинет судьи. Как? Нарушение тайны совещательной комнаты – грубейший акт против отправления правосудия, влекущий безусловную отмену приговора. Но момент не для рассуждений. Захожу в кабинет.

— Ну и что ты прикажешь нам делать? - хмуро спрашивает судья - Всё понимаем: парень невиновен. Но ты же знаешь – оправдательных приговоров у нас не бывает. И если мы вынесем оправдательный приговор, никакая милиция их не удержит. Будет куча трупов с обеих сторон.

— Понимаю. В любом случае, Бегоев пострадает. Наша задача эти страдания минимизировать. Я бы объявил о признании его виновным по ст.106 Уголовного кодекса («Неосторожное убийство»), не поясняя публике её сути, и назначил два года лишения свободы с применением статьи 25 со значком прим (условное осуждение с обязательным привлечением к труду), не расшифровывая этого. Главное: слова «приговаривается к лишению свободы» – зал услышит. Ну, поработает Бегоев полгодика на стройке – он строитель и есть. А там и освободится условно-досрочно.

— М-да... Ладно. Придется так и сделать. А теперь давай бегом на служебный выход. Такси тебя ждет. И ближайшие месяцы не бери дел в Березноватом. А то мало ли что случится. Тебя тут запомнили. Будь здоров!

С этим напутствием я и уехал. Домой добрался без происшествий.

Эта история имела небольшое продолжение. Менее, чем через год, в конце рабочего дня ко мне в кабинет неожиданно вошли Алан Бегоев с женой и маленьким ребенком на руках. Алан был освобожден условно-досрочно и воссоединился с семьей уже через шесть месяцев после суда.

Ребята принесли трехлитровую банку меда («с нашей пасеки») и много слов благодарности. Я быстро организовал чаёк и мы около часа вспоминали все перипетии и нюансы того судьбоносного для их семьи уголовного процесса.

— В Березноватом мы жили одни: ни родителей, ни родственников.

Если бы Алана тогда посадили на 6 лет в тюрьму, и я осталась одна, вряд ли у нас бы был ребенок. Я и так почти каждый месяц лежала в больнице на сохранении. Спасибо вам еще раз! – с чувством произнесла жена Бегоева.

— А сына мы назвали «Мишей» – прощаясь, уже в дверях, улыбнулся Алан.

Дело о краже из сельского магазина

Когда я раньше читал о том, как выдающимся дореволюционным адвокатам России иногда удавалось выигрывать уголовный процесс всего одной фразой, то считал, что в настоящее время – это невозможно. Оказалось, ошибался.

В понедельник утром, как всегда после двух выходных дней, заведующая сельским магазином Зинаида Ветрова подошла к магазину и достала ключ от замка, чтобы открыть дверь. Замок висел на месте, но дужка его оказалась спиленной, и его легко можно было снять без ключа.

— Кража, – пронеслось в голове Ветровой.

Не заходя внутрь, она вызвала сначала участкового милиционера, а потом и милицию из района. Осмотром было установлено, что воры похитили товаров на 3100 рублей, что должно было квалифицироваться как хищение, совершенное группой лиц в крупном размере. Поскольку наследили они немало, да и похищенное сбывали, не особо скрываясь, задержали воров (а их было двое) быстро. В соседнем районе. Только вот дядя у одного из них оказался работником областной прокуратуры и, как оказалось, племянника в беде не бросил. При задержании у них обнаружили товаров из магазина на 500 рублей. Эту сумму хищения они (после встречи с дядей) и признали. Но не больше.

Вопреки существующей следственной и судебной практике, когда похитители отвечают за всю сумму недостачи (залез – отвечай), следствие вменило им хищение имущества именно на эти 500 рублей, а виновной в хищении путем злоупотребления служебным положением в крупном размере остальной суммы – 2600 рублей определили... Зинаиду Ветрову, заведующую магазином, мать-одиночку, мать двоих несовершеннолетних детей.

Следствие приводило в качестве доказательств два установленных факта: 1) как-то, заколов кабана, она незаконно продавала своё собственное мясо через магазин и 2) наличие списка односельчан-должников, которые получили товары, но еще не расплатились на общую сумму 278 рублей.

Какое отношение эти нарушения правил торговли (в лучшем случае дисциплинарная ответственность – выговор или увольнение) имели к хищению – в мою голову не укладывалось. Но в голову следователя, прокурора, суда первой, второй и надзорной инстанций оно почему-то уложилось без проблем. Во всех этих инстанциях доказать абсурдность обвинения, не имеющего ни одного доказательства хищения Ветровой, не удалось. Тот факт, что магазин два дня стоял практически открытым, и поживиться в нем могли и случайные любители чужого, в расчет тоже не принимался.

Три года лишения свободы, иск на 2600 рублей и запрет работы в торговле на пять лет – таков был приговор народного суда – «самого гуманного суда в мире». Детей определить в детский дом.

Оставалась последняя надежда – Верховный суд Украины, на приём к председателю уголовной коллегии которого я и отправился. Приехав в Киев к 9-ти часам и с вокзала на такси добравшись до здания Верховного Суда, сдал свою жалобу и приложения к ней последним. Видно, другие адвокаты дежурили часов с шести утра. Весь день просидел в приёмной, наблюдая как один за другим адвокаты с воодушевлением заходят в кабинет председателя уголовной коллегии Цупренко и как спустя непродолжительное время выходят обратно с одинаково потухшим взглядом. Стабильность приговоров народных судов – основной принцип деятельности Верховного Суда республики в те времена. Т.е. отменял или изменял приговоры Верховный Суд чрезвычайно редко.

Наблюдая за ними, я понимал, что шансы на успех – минимальны. Какая-то продавщица, в каком-то сельском магазине... Кому это надо? Моя надежда на успех таяла с каждым часом.

Время рабочего дня подходило к концу, и вот, наконец, моя очередь. Перед тем, как вызвать очередного жалобщика в кабинет, председатель минут пятнадцать знакомится с поданными материалами. Называется моя фамилия. Захожу.

Передо мной пожилой уставший человек в костюме без галстука, а перед ним стопка моих бумаг. И я с предельной ясностью вижу и чувствую, что всё уже решено, что никакого интереса моё дело для него не представляет, и что вся моя заготовленная заранее и сто раз выверенная адвокатская речь в одно ухо влетит, а из другого вылетит.

Тяжелый взгляд серых глаз ползет по моему лицу. И, не предложив даже присесть, взглянув на моё имя на жалобе, Цупренко так же медленно спрашивает:

— Что же такого особенного, вы, Михаил Петрович, хотите добавить к вашей жалобе, что соизволили приехать лично к председателю уголовной коллегии Верховного Суда Республики?

И тут неожиданно для самого себя, в один миг похоронив свою такую продуманную, «красивую» и выученную наизусть речь, подготовленную специально для доклада на этом приёме, я громко и чуть с оттенком фамильярности выпаливаю:

— Да ничего особенного я не скажу, Петр Григорьевич. Зато вся Николаевская область гудит: «Теперь воровать можно. Милиция воров жалеет. Всё украденное на продавцов вешают, да их же в тюрьму и садят!»

— Что??? - во взгляде Цупренко мелькнула гроза - Говоришь, «воровать можно?! На продавцов повесят»?

С этими словами он резко пододвинул к себе мою жалобу и в верхнем левом углу крупными буквами написал: «Истребовать дело. Цупренко.»

Через некоторое время Верховный Суд отменил приговор районного суда.

Дело было направлено на доследование, в процессе которого воры получили по полной программе, а моя подзащитная была освобождена от уголовной ответственности и восстановлена на работе. Её дети вновь обрели мать, и призрак детского дома навсегда исчез из их жизни.

А ведь их судьбу решила всего одна простая фраза.

Дело о злостном хулиганстве

Такая же простая фраза, произнесенная в другой раз на таком же приёме у председателя уголовной коллегии Верховного Суда Украины, подарила свободу, если не спасла жизнь, другому человеку.

Однажды ко мне в кабинет вошла миловидная скромно одетая молодая женщина с огромными ясными голубыми глазами. Она положила на стол приговор и решение областного суда, утвердившее этот приговор.

— Скажите, пожалуйста, есть ли еще возможность помочь моему другу? – спросила она.

Бегло просмотрев документы, я ответил:

— Можно обратиться с жалобой в президиум областного суда в порядке надзора, а потом в Верховный Суд.

— Тогда я прошу вас заняться этим – сказала она и, заключив договор на оказание юридических услуг, ушла.

Ознакомившись с делом, я выяснил следующее.

Евгений Клочко жил в большом селе вместе с женой и тёщей, которых привез в свой дом из другого села. Работал на Южно-украинской атомной станции в 120-ти километрах от дома, так что домой приезжал, как правило, на выходные. Село хоть и большое, да всё равно – личная жизнь на виду. В общем, начиная с определенного времени, «доброжелатели» стали ненавязчиво дуть в уши Евгению, что жена-то его «погуливает».

Евгений любил жену, хоть и был у нее уже третьим мужем. Долгое время он старался не обращать внимания на сплетни. Но «капля камень точит»: постепенно скандалы на почве ревности стали обычным явлением в их доме.

Однажды, вернувшись домой в неурочное время и не застав дома супруги, Евгений спросил о ней тёщу.

— Уехала к сестре, - буркнула та.

Сев на мотоцикл, Евгений помчался в село, где жила сестра, километрах в сорока от его дома. Сестра удивленно сообщила, что жена его сегодня не приезжала. Вернулся домой. Вошел в хату. Жена и тёща были дома. Заметив огромный синяк от поцелуя на шее жены, Евгений побледнел.

— Где ты была?
— У сестры.
— Я только что оттуда, тебя там не было.
— Ты что, шпионишь за мной? Надоел хуже горькой редьки... – и тут в его адрес прозвучало такое оскорбление, которое привело бы в бешенство любого мужчину.

Рука Евгения непроизвольно взлетела вверх, и, получив крепкую оплеуху, жена упала на кровать с разбитой губой. Сбоку подлетела тёща со сковородкой, и – с разбитым носом оказалась рядом с дочерью.

Вышедший из себя Евгений стал вытаскивать на улицу телевизор, холодильник, стол, и с криком: «Достали!» облил все это бензином, поджег и уселся на лавочку около дома. На вопрос соседа: «Женя, что ты делаешь?» – обреченно вздохнул: «Милицию жду».

Приехавшая милиция обнаружила окровавленных жену и тещу и сгоревшие вещи во дворе. Дело возбудили по двум статьям Уголовного кодекса: уничтожение личного имущества и злостное хулиганство.

Клочко был отпущен до суда, дав подписку о невыезде, и поскольку домой дорога ему была заказана, он сошелся с голубоглазой сотрудницей, которой нравился уже давно. До суда они жили в её квартире, надеясь, что всё обойдется.

Не обошлось. По двум статьям Клочко и был осужден, получив два года лишения свободы за уничтожение личного имущества (половина его по закону принадлежало жене) и три года за хулиганство с причинением вреда здоровью потерпевшим

(разбитая губа жены и разбитый нос тещи).

На суде обе женщины так красочно живописали свои раны и так клеймили Евгения как хулигана и дебошира, что несмотря на положительные характеристики с места работы и жительства, суд приговорил Клочко путем частичного сложения наказаний к 4-м годам лишения свободы. И к моменту моего вступления в дело Евгений находился в колонии уже более года.

Оспаривать виновность Клочко в уничтожении имущества оснований не было. Сжег так сжег. А вот с хулиганством, дело обстояло совершенно по другому.

Уголовный кодекс формулировал хулиганство как «грубое нарушение ОБЩЕСТВЕННОГО порядка, выражающее явное неуважение к ОБЩЕСТВУ».

Мотивом хулиганства является желание показать своё пренебрежительное отношение к обществу, своё превосходство, противопоставить себя окружающим. Пленум Верховного Суда Украины в Постановлении о делах о хулиганстве прямо указывал, что насильственные действия, совершенные НЕ В ОБЩЕСТВЕННОМ МЕСТЕ и вытекающие ИЗ ЛИЧНЫХ НЕПРИЯЗНЕННЫХ ОТНОШЕНИЙ – нельзя квалифицировать как хулиганство.

Это было именно то, что произошло в нашем случае:
1. У Клочко на почве ревности были ЛИЧНЫЕ НЕПРИЯЗНЕННЫЕ ОТНОШЕНИЯ с его гулящей женой и с тещей, покрывавшей свою дочь.
2. Удары, которые нанес Евгений жене и теще никто не видел, конфликт произошел внутри дома.
3. Никакого грубого нарушения ОБЩЕСТВЕННОГО ПОРЯДКА он не совершал.
4. Не выражал и явного неуважения к ОБЩЕСТВУ.
5. Мотивом Клочко не было желание противопоставить себя окружающим и показать своё пренебрежительное отношение к обществу.

Общества, посторонних людей, вокруг просто НЕ БЫЛО. Значит НЕ БЫЛО и хулиганства.

Всё это я подробно описал в надзорной жалобе, направив её в Президиум областного суда. Ответ отрицательный. Пошел на приём к председателю областного суда. На мои объяснения и ссылки на похожие дела, по которым Верховный суд Украины вынес совсем другие решения, чиновник ответил:

— Ну что ты взялся ворошить дело двухгодичной давности. Всё там нормально, всё заслужено. Отменять приговор оснований не вижу.

Буквально на следующий день в моем кабинете неожиданно появилась голубоглазая клиентка. Её взгляд выражал крайнюю тревогу.

— Вчера получила письмо от Жени. У него конфликт с бандитами, с «отрицаловкой» в колонии, угрожают смертью. Просит, молит, хоть что-нибудь сделать. Можете?

— К сожалению, председатель областного суда не прислушался к моим доводам. Последняя попытка – ехать на приём к зам. председателя Верховного Суда Украины в Киев.

— Ой, нам зарплату еще не выдавали, у меня нет денег...

— Деньги небольшие. Я найду. Отдадите, когда сможете.

— Конечно, конечно. Не сомневайтесь. Спасибо вам! Хоть бы спасти Женю.

И вот я снова в знакомой приёмной Верховного Суда, и снова вызывают одним из последних в этот день. Цупренко, неожиданно узнав меня, улыбается:

— А... защитник селян. Прошлый раз защищал продавщицу сельмага, а теперь сельского хулигана. Читал, читал твои рассуждения о том, что хулиганства тут нет. И что на этот раз нам скажешь? О чем теперь «гудит» Николаевская область? Или уже не «гудит»?

Удивленный его феноменальной памятью (надо же, сколько просителей к нему на приёмы, а он меня запомнил) и поощряемый таким благоприятным тоном, не задумываясь выдаю:

— Как же не «гудит»? Еще как «гудит»! Говорят: «Во как бабы верх взяли! Мало того, что им теперь можно изменять своим мужьям и спать с кем попало, так еще и если мужик возмутится, то его – сразу в тюрьму, а ей, изменщице – всё его имущество! Значит, государство поощряет б....ство?» Извините, Петр Григорьевич. Это не я, это селяне так говорят.

Цупренко усмехнулся.

— Ох, и не простой ты хлопец, Михаил Петрович. Молодой да ранний. И уже знаешь, как на больную мозоль наступить. «Государство поощряет б...ство?» Не будет этого! С доводами твоей жалобы согласен полностью, хулиганства тут нет. Ладно. Поправим николаевских коллег.

И на моей второй жалобе в Верховный суд появилась заветная надпись: «Истребовать дело. Цупренко.»

Вскоре Верховный суд по статье о хулиганстве Клочко оправдал, а поскольку за уничтожение личного имущества он отсидел уже больше половины срока, то и был освобожден условно-досрочно.

Спустя некоторое время голубоглазая клиентка навестила меня на работе. Она возместила мои расходы на поездку в Киев и принесла гонорар. Только радость на её лице не просматривалась.
— Что случилось? По моим сведениям ваш жених уже месяц как на воле,
– спрашиваю удивленно.
— Да, он на свободе, Михаил Петрович. Только жить он пошел не ко мне. К своей жене вернулся. Мне сказал: «Люблю её. И весь срок только о ней и думал. А тебе спасибо, что вытащила меня из зоны. Век не забуду, если нужна будет помощь – только свистни.» Но я свистеть не стану. Помирились они. Пусть живут, раз такая любовь.
Я был в шоке. К радости заслуженной победы по этому делу примешалась толика горечи: ведь девушка, практически, спасла ему жизнь. Но, с другой стороны, останься он с ней только из благодарности – вряд ли были бы счастливы.
Сердцу не прикажешь. И в этом деле я был бессилен.

Дело Сабурова

Однажды, проводя незначительное дело в поселке Баштанка, где когда-то начинал самостоятельную адвокатскую работу, я в перерыве получил телеграмму:
— Из Президиума коллегии адвокатов передали, – пояснила передававшая её секретарь суда.
Читаю: «Прошу срочно перезвонить по указанному телефону (московский номер). Заранее благодарю. Сабурова.»
Любопытство – двигатель прогресса. Побежал на междугородный телефонный переговорный пункт (эру мобильных телефонов пришлось ждать еще 30 долгих лет). И вот слышу в трубке властный женский голос:
— Сабурова. Слушаю.
— Добрый день! Меня зовут Михаил Петрович, адвокат из Николаева. Мне передали телеграмму с просьбой позвонить вам.
— Да, Михаил Петрович. Спасибо, что позвонили. Я хотела бы вас просить взять на себя защиту моего сына Валерия. Его обвиняют в коммерческом посредничестве. Статья – до 5 лет лишения свободы. Следствие закончено.
— А где проводилось следствие?

— В Москве.
— Простите, но вы кто?
— Вам что, фамилия «Сабуров» ни о чем не говорит?
— Я знаю только, что Сабуров – древняя дворянская фамилия. Знаю, что в Отечественную войну был такой партизанский генерал Сабуров, со своим отрядом совершивший рейд по тылам фашистов из России на Западную Украину. Освобождал от фашистов украинский город Овруч.
— Для начала – неплохо. А я, Инна Марковна, жена этого партизанского генерала.

Вот это да! Тем более интересно, по какой же причине из столицы Советского Союза вдруг кто-то обратил взор на молодого провинциального адвоката.

— Простите, Инна Марковна. Я представляю ваши возможности. Вы ведь можете взять лучшего адвоката страны. Почему – я?
— Я наняла адвоката из «золотой десятки» Москвы. Он изучил дело и сказал: «Попался парень. Помочь ничем не смогу. Тем более, что дело в суде будет рассматриваться не в Москве, а на Украине в Николаевской области по месту нахождения большинства свидетелей. Ехать туда не хочу. Мне это не интересно.»

После этого я обратилась к другу нашей семьи академику Бабию, с сыном которого вы учились. Он порекомендовал вас. А его рекомендация для меня – закон. Прошу Вас на следующей неделе приехать к нам в Москву. Расходы оплачу. Адрес: Площадь восстания, дом 1. Метро Баррикадная. Подойдете к дому – позвоните мне, я помогу подняться.

— Хорошо. Договорились.

Кое-что мне стало ясно. С Володей Бабием мы действительно учились в одной группе. Он еще натаскивал меня по западным музыкальным группам, а я помогал ему на экзаменах. Все четыре года в институте я вместо ежегодных курсовых работ писал научный доклад: «К вопросу государственности у скифов». Работал много в библиотеках Москвы и Ленинграда. Этот доклад занял третье место на Всесоюзном конкурсе научных работ студентов-гуманитариев. И Володя повез его показать своему отцу – академику Бабию. Тот мою работу одобрил и предложил приехать работать в его Институте государства и права при Академии наук Украины. Но поскольку научная работа мне никогда настроения не поднимала, отказался. Очевидно, Володя присутствовал при разговоре Сабуровой и его отца и, зная, что я работаю в адвокатуре Николаевской области, посоветовал обратиться ко мне. (Позже я узнал, что так оно и было.)

На следующей неделе после этого звонка я вошел в одну из семи московских сталинских высоток, которая показалась мне неземным дворцом: в холле красное дерево, разноцветный мрамор. В квартиру Сабуровой поднимался на лифте вместе с известнейшей актрисой советского кино Элиной Быстрицкой. Квартира Сабуровой тоже огорошила невиданной роскошью. Инна Марковна сразу предложила почитать обвинительное заключение, пока подойдет Валерий. Он четыре месяца находился под стражей. Идти к Генеральному прокурору с просьбой продлить срок следствия, следователь не решился и освободил Сабурова до суда, взяв подписку о невыезде.

Итак, читаю:

Сельские жители Николаевской, Воронежской и других областей выращивали на своих участках траву сорго. Короткими зимними днями и длинными вечерами вязали из этой травы обыкновенные веники, благо зимой работы в колхозе немного. Но поскольку в местных заготовительных конторах приемная цена на веники была всего 35 копеек, селяне выбирали из своего числа несколько человек, грузили тысячи веников в огромные фургоны и везли их в Москву на Тишинский и Дорогомиловский рынки. Там сгружали на склады и стояли за прилавками, продавая в розницу по 80 копеек за веник. Естественно, дело шло очень медленно – тысячи веников быстро не продашь.

Судьба Валерия Сабурова складывалась по-разному. После счастливого детства в генеральской семье, он поступил в Московский университет. На третьем курсе влюбился и женился на официантке ресторана с ребенком. У них появился свой ребенок. И жена, (между прочим, на фото лицом очень похожая на щуку) ежедневно «пилила» Валерия: «Сам рос, как сыр в масле, а своих детей обеспечить не можешь. Вечный студент! Сколько ты еще будешь у меня на шее сидеть?!» – скандалы следовали один за другим.

В конце концов, Валерий бросил университет и устроился в отдел снабжения исполкома одного из районов Москвы. Подружился со своим начальником, который, уходя на пенсию, и передал ему своё «дело».

Оказалось, что на самом деле веники обыкновенные были в большом дефиците. Но государственные организации не имели право покупать их у частных лиц, только в райпотребсоюзах, которые принимали веники от селян.

Валерий нашёл во Владимирской области заготовительную контору райпотребсоюза, пообещал директору выполнение плана заготовок и премии, и получил чистые бланки накладных на приём и отпуск веников.

С этими накладными он приезжал на Дорогомиловский и Тишинский рынки Москвы и предлагал колхозникам купить у них веники оптом по 70 копеек за веник. Те соглашались с огромной радостью: во-первых, цена вдвое дороже, чем дома, во-вторых, не надо мерзнуть долгими неделями на базаре, жить в съёмной конуре и питаться чем попало.

Валерий тут же загружал веники в грузовые такси и вёз их в ГУМ, ЦУМ и другие крупнейшие московские магазины, где якобы от Владимирской заготовительной конторы продавал их по рублю, а то и по рубль двадцать копеек за штуку. 30-50 копеек с веника – его практически чистая прибыль.

Вскоре он познакомился с директором московской хозяйственной базы Себяновым, который сходу предложил ему покупать все его веники при условии, что 5 копеек с веника будет доставаться ему. На том и поладили.

Следствие установило, что за полтора года Валерий вместе со своим помощником, проведя 47 подобных сделок, «заработали» 165 тысяч рублей – гигантская по тем временам сумма. Статья Уголовного кодекса – коммерческое посредничество – предусматривала до пяти лет лишения свободы и, учитывая значительность суммы, Сабурову мог реально получить все пять лет. (Коммерческая деятельность, бизнес сейчас всемерно поощряются государством на всей территории бывшего Советского Союза. А 40 лет назад, в то коммунистическое время, за это сажали в тюрьму.)

Имея такие деньги, Валерий с семьёй «гуляли» по полной программе. Они неделями «зависали» в лучших гостиницах Сочи и Ялты, делали сногсшибательные покупки, меняли автомобили, как перчатки. Но как только Валерия арестовали, жена его тут же, сменив дверной замок, привезла в их квартиру кавказца-бармена из Сочи, с которым у неё была давняя, скрытая от мужа связь. Она ни разу не пришла к мужу на свидание в тюрьму, не передала ни одной передачи. Хищница. Щука!

Инна Марковна рассказала, что в течение срока ареста дело Валерия вели шесть разных следователей прокуратуры. Одна из них, Татьяна, влюбилась в него без памяти, что не прошло для него незамеченным. И когда его освободили до суда, он встретился с Татьяной, дочерью известного московского генерала, и после того, как жена не открыла ему дверь, пригрозив вызвать милицию, Валерий перешел жить к Татьяне.

В ожидании сына, Инна Марковна рассказала мне об их семье, о её муже-Герое, который после войны возглавлял Главное пожарное управление Министерства внутренних дел страны, о книгах, которые они писали вместе. Книги Сабурова были на слуху: «За линией фронта», «Таинственная записка», «Отвоёванная весна». Случайно обмолвилась о своих дружеских связях с первыми лицами государства: председателя Президиума Верховного Совета СССР (парламента страны) Подгорного она называла Колей, сообщив, что он помогает ей ежегодно менять автомобили «Волга».

— Инна Марковна, но как же тогда получилось, что сын такого заслуженного человека попал под уголовное дело?

И тут она рассказала такую историю, что сразу вспомнились «высокие» отношения высших сановников при королевских дворах Франции, описанных Александром Дюма.

Когда Сабуров издал свою последнюю книжку, его секретарь, как всегда, отправила авторские экземпляры в подарок Брежневу, Косыгину, Подгорному и еще десятку высших должностных лиц страны, абсолютно случайно позабыв включить в этот список бывшего непосредственного начальника Сабурова - министра внутренних дел Советского Союза Щелокова. На одном из приемов в Кремле к Щелокову подошел министр обороны и в разговоре упомянул:

— А твой Сабуров опять неплохую книжонку издал.

— Какую?

— А ты что, не получил от него авторский экземпляр?

Какой конфуз! Какая «пощечина»! Какой позор! И это в присутствии окружающих! Что подумают другие «вельможи»? Щелоков затаил обиду.

В 1974 году Александр Николаевич Сабуров, партизанский командир, генерал-майор, Герой Советского Союза после тяжелой продолжительной болезни скончался. Инна Марковна несколько месяцев не отходила от его постели. Она искренне любила мужа и крайне тяжело переживала его уход. На похоронах министр МВД, как и другие официальные лица, не только присутствовал, но и даже нес гроб с телом Сабурова. Инна Марковна вся в слезах, поддерживаемая сыном, шла за ним. На кладбище, улучив минутку, к ней подошел референт Щелокова и, выразив соболезнование, предложил:

— Инна Марковна, дело прошлое, но было бы чрезвычайно правильным, если бы вы задним числом всё же отправили авторский экземпляр вашей последней книги министру внутренних дел.

Вся боль последних месяцев, всё горе утраты – выплеснулось на незадачливого референта в один момент. Четырехэтажный мат в его адрес и в адрес его шефа из уст Инны Марковны вмиг сдул референта с её поля зрения. И этот ответ он передал Щелокову слово в слово.

В 1977 году один из старых и заслуженных коммунистов, проживавших в селе, где процветал бизнес на вениках, из простой человеческой зависти накатал огромное заявление в Генеральную прокуратуру о том, что его односельчане неправедным путем «гребут деньги лопатой», продавая веники на рынках столицы нашей Родины. Вскоре на рынки явились милиционеры, которые, обнаружив селян с вениками, спросили:

— И как идет продажа?

— Плохо. Ждем, когда Валера приедет.

— Какой Валера?

— Какой-какой, Сабуров.

И завертелось. Были проведены десятки допросов, собрана масса документов и других доказательств. И когда эти материалы легли на стол Щелокову с вопросом:

«Как прикажете поступить с сыном Героя Советского Союза?» – тот, ни на минуту не задумавшись, ответил: «По закону».

В 6 часов утра Валерия Сабурова арестовали, и он четыре месяца провел в Бутырской тюрьме, пока следствие не закончило складывать один к одному 12 томов его уголовного дела.

Под стражей находился и Себянов. 5 копеек с веника, которые он получал от Сабурова, превратились в 41 тысячу рублей взятки, в получении которой он и обвинялся. Валерий, добровольно заявивший об этом, был следствием освобожден от уголовной ответственности за дачу взятки, согласно соответствующей статье Уголовного кодекса.

— Инна Марковна, но почему когда только началось уголовное дело, вы не обратились к высокопоставленным друзьям, к тому же Подгорному?

Долгая пауза.

— Михаил Петрович, мне ЧЕСТЬ семьи Сабуровых дороже собственной жизни!

Вот так. Сказала, как отрезала. На одной чаше весов – её репутация, на другой – свобода, а может, и жизнь её единственного сына. Она выбрала первое. Ну, что ж, не мне судить.

Наконец, приехал Валерий. Красавец 36-ти лет, умница и эрудит. Вместе с ним была и бывшая следователь Татьяна, которой пришлось сменить работу – карьере предпочла любовь. Мы подробно побеседовали о происшедшем, я передал список документов, которые они должны были собрать к суду и которые могли смягчить участь Валерия. Договорились, что вскоре он заключит договор на защиту, и я уехал обратно в Николаев.

Прошло некоторое время. Узнаю, что дело поступило в Николаевский областной суд, что само по себе говорило о его важности, вернее, о важности подсудимого. Дело принял судья Березинский, один из самых «непробиваемых» судей и, изучив его, задумался: «Если я приговорю сына известного всей стране человека к лишению свободы, а за ним КТО-ТО стоит – мне не сдобровать. Если не приговорю к лишению свободы, а за ним НИКТО не стоит, по протесту прокуратуры приговор отменят. Тоже не хорошо.»

И он принял Соломоново решение: вернул дело обратно в Москву на дополнительное расследование, указав, что следствием Сабуров был освобождён от уголовной ответственности за дачу взятки в сумме 41 тысяча в связи с тем, что он написал добровольное заявление о даче взятки. Но поскольку это заявление сделано В ДЕНЬ ВОЗБУЖДЕНИЯ УГОЛОВНОГО ДЕЛА – оно НЕ является добровольным, и Сабуров должен быть привлечен к ответственности за дачу взятки в сумме 41 тысяча рублей (особо крупный размер). Мера наказания – до 15 лет лишения свободы.

Расчет судьи был простой. Если у Сабурова есть покровители, дело вернётся в прежнем виде. Если покровителей нет – он получит еще и статью о даче взятки, и тогда сажать его можно по полной, не оглядываясь на Москву.

Дело в Москве попадает к новому следователю, который, не мудрствуя лукаво, буквально за две недели впаривает Валерию статью о даче взятки и направляет дело в Николаевский облсуд уже по двум статьям Уголовного кодекса.

Все это время от Валерия не было ни звонка, ни письма. И когда до дня слушания дела осталась всего 10 дней, он, наконец, позвонил. И вместо «здравствуй» я услышал:

— Мишка, ты меня уже похоронил?

— Да нет, просто я решил, что ты обратился к другому адвокату.

— О чем ты говоришь? После того, как на меня повесили еще и вторую, «расстрельную» статью, я сначала топил себя в водке, потом пытался покончить с собой – всю грудь ножом изрезал. Слава богу, Татьяна привела в чувство и завтра я вылетаю к тебе. Деньги на защиту в твою коллегию уже отправил. Можешь знакомиться с делом.

— Ну, спасибо, что хоть не в последний день сообщил.

Передо мной все 12 томов огромного уголовного дела. Вполне на все 15 лет лишения свободы.

И, глядя на эту груду бумаги, я отчетливо понимаю: на самом деле МНЕ НУЖНЫ ТОЛЬКО ДВА ЛИСТА из этих 12-ти томов. ВСЕГО ДВА ЛИСТА: Заявление Сабурова, в котором он признается в даче взятки Себянову – 5 копеек с каждого принятого веника – и Постановление о возбуждении уголовного дела. И есть только один способ выиграть это дело: доказать, что первый документ появился на свет РАНЬШЕ второго. Что Сабуров написал своё Заявление ДО возбуждения уголовного дела.

Я смотрю на эти два документа.

Постановление о Возбуждении уголовного дела датировано: 26 февраля,

10-00 часов утра.

Заявление Сабурова датировано тоже 26 февраля. Время – не указано.

До 10-00 или после 10-00 – неизвестно. Судьба Валерия – в этих двух документах. Обозначенных одним числом.

Час за часом я всматриваюсь в эти две бумаги. Вчитываюсь в их содержание. Выучиваю наизусть каждое слово напечатанного на машинке текста. Как бы я хотел, чтоб на заявлении Сабурова пусть в самом неожиданном месте чудом появилось ВРЕМЯ его написания. И было бы это время ранее 10-00 часов, т.е. ДО вынесения постановления о возбуждении уголовного дела. Хотя бы 9-55. Но нет. Таких цифр нет и взяться им неоткуда. Ведь именно на этот факт обратил внимание судья Березинский, когда отправлял дело на доследование. Увидев одинаковые даты на заявлении Сабурова и постановлении о возбуждении уголовного дела, судья предположил, и следователь в Москве согласился: поскольку Заявление сделано в день возбуждения уголовного дела и нет доказательств, что ДО того, как Сабуров написал заявление, МИЛИЦИЯ ОБ ЭТОМ НЕ ЗНАЛА, оно не является добровольным, а значит: отвечай, Валера, еще и за дачу взятки в особо крупном размере!

Так прошел мой первый день ознакомления с материалами дела. Безрезультатно. Ночь, практически, без сна. Мысли, мысли, мысли.

Следующий день – та же картина. Впитываю в себя до буквы СОДЕРЖАНИЕ обоих документов и, как и прежде, нет даже намёка на свет в конце туннеля.

Во второй половине дня начинаю потихоньку читать всё дело дальше. Читаю в полглаза. Том за томом. Страница за страницей. Допросы, документы, допросы, документы... Документы с множеством резолюций в правом или левом верхнем углу.

Стоп! Резолюций? РЕЗОЛЮЦИЙ!

В голове ярко взрывается фейерверк, а сердце начинает колотиться с бешеной скоростью. Что я делал все эти два дня? Как всегда, читал СОДЕРЖАНИЕ перелистываемых документов! Точно также и судья, и следователь, и прокурор, знакомясь с делом, читают ТОЛЬКО его СОДЕРЖАНИЕ.

И никто никогда не обращает внимание на РЕЗОЛЮЦИИ, написанные мелким, зачастую неразборчивым почерком, налезающие одна на другую, часто вообще не читаемые. Да и время тратить ни к чему, когда перед тобой 12 томов дела, по несколько сот страниц каждый: дай бог, СОДЕРЖАНИЕ документа просмотреть, ухватив его суть.

Бросаюсь обратно к первой странице заявления Сабурова. В левом верхнем углу вкривь и вкось разными чернилами и разными почерками несколько резолюций.

Я знаю, какая мне нужна. Я хочу, чтоб она была. Я хочу, чтоб она ПОЯВИЛАСЬ.

И – о ЧУДО – она по-яв-ля-ет-ся:

«Рассмотреть заявление и решить вопрос о возбуждении уголовного дела. Майор...» подпись неразборчива.

Итак, несмотря на то, что в заявлении не указано время его написания, из текста этой фантастической РЕЗОЛЮЦИИ видно, что:

Сначала было написано заявление,

Потом кто-то из должностных лиц прочитал его,

Потом он написал резолюцию, о том что надо СНАЧАЛА рассмотреть данное Заявление и только ПОСЛЕ его рассмотрения, РЕШАТЬ вопрос возбуждать уголовное дело или нет.

Следовательно, по времени СНАЧАЛА БЫЛО ЗАЯВЛЕНИЕ, ПОТОМ НА НЁМ НАЛОЖИЛИ РЕЗОЛЮЦИЮ, ПОТОМ РАССМОТРЕЛИ И ТОЛЬКО ПОТОМ ВОЗБУДИЛИ УГОЛОВНОЕ ДЕЛО т.е. само Заявление ПОЯВИЛОСЬ ДО ВОЗБУЖДЕНИЯ УГОЛОВНОГО ДЕЛА! ДО этого Заявления органы о даче взятки НЕ знали. Значит, Заявление сделано Валерием ДОБРОВОЛЬНО, и от уголовной ответственности за дачу взятки он в соответствии с законом должен быть освобождён!

Должен – это пока только Я так считаю. Это пока только у меня в голове и у меня в сердце.

А как решить колоссальнейшую задачу: вложить всё это в головы судьи и прокурора? Особенно, если учесть, что именно судья Березинский сделал предположение, что заявление НЕ БЫЛО добровольным.

Что после того, как московский следователь подтвердил это предположение, придется доказывать судье, что и ОН, и Следователь, и Прокурор – все они ГРУБО ОШИБЛИСЬ, и Сабуров не заслуживает такого сурового наказания, как 15 лет лишения свободы (за умышленное убийство предельный срок был – 10 лет)?! Доказывать это – всё равно – что шпагу наголо и вперед галопом на ветряные мельницы! Другого сравнения не подберу.

Все это я слишком хорошо понимал, но еще лучше я понимал другое: шпага – в руке, конь уже мчит быстрее ветра, и я обязан, ОБЯЗАН победить «ветряные мельницы». ПОБЕДИТЬ ВО ЧТО БЫ ТО НИ СТАЛО!

Что ж, главное у меня есть. У меня есть оружие. И как применить его – зависит только от меня. Найду правильную тактику, есть шанс. Ошибусь – проиграю. Конечно, ждать суда и в своём выступлении попытаться объяснить свою позицию означает в данной ситуации 100%-ное поражение. Судебное следствие будет длится долго – свидетелей много и много документов к оглашению. И будет непростительной наивностью поверить, что за те считанные минуты, которые мне отведены для защитительной речи, судья проникнется убеждением в моей правоте, откажется от своей собственной версии, поддержанной московским следствием и прокуратурой.

Зная, что судья заядлый курильщик, покупаю пачку лучших болгарских сигарет, и улучив момент, когда он выходит из кабинета на перекур, выхожу из комнаты, где знакомлюсь с делом. Угощаю его сигаретой и прикуриваю свою (хоть сам не курю).

— Вы знаете – начинаю разговор, - я тут обнаружил интересную резолюцию на заявлении Сабурова о даче взятки. Получается, что оно действительно было написано ДО момента возбуждения уголовного дела. Да и вообще-то он парень неплохой, а вот жена его...

— О чем ты говоришь, – резко и абсолютно ледяным тоном перебивает меня судья – негодяй еще тот. Да он за полтора года ТРИ машины сменил, и все иномарки. Посуду, из которой ели на своих гулянках, не мыли – просто выбрасывали. С моим мнением, что его заявление не является добровольным и московское следствие, и московский прокурор согласились полностью. А ты: резолюция... Какая там резолюция, вляпался твой Сабуров по самые уши. И снисхождения пусть не ждёт: сидеть будет, пока не состарится.

Бух! Первый блин – жирным комом. Ничего, не падать духом! У меня еще пять дней.

С коробкой шоколадных конфет приземляюсь в канцелярии суда. Секретари вскипятили чаёк, пьем, разговариваем.

— Девочки! И что за человек ваш Березинский?! - Возмущаюсь я. - Как памятник. Никаких эмоций. Никогда не улыбнется, не разозлится. Человек в футляре.

— Видел бы ты его во время игры в пинг-понг, – отвечает его секретарь Света, - когда мы играем, эмоциональней Березинского никого во всем областном суде нет.

Оп-па! Я, конечно, теннисист не супер, но в юности пинг-понгом баловался.

— Светочка, так это ж моя любимая игра! Можешь устроить, чтоб я поиграл с вами?

— Нет проблем. Моя напарница заболела. Приходи в час дня в обеденный перерыв. Поиграем.

В час дня я распахнул двери большой комнаты, где был установлен стол для настольного тенниса, и несколько судей и секретарей уже разминались. Света объявила, что играть в паре она будет сегодня со мной, и мы начали игру. Против нас играли Березинский и женщина-судья. Немного освоившись, я понял, что, несмотря на мой невысокий уровень, Березинский с партнершей играют еще слабее. Что ж, попробуем проверить его амбиции.

Игру повёл следующим образом: выигрываем три-четыре очка, проигрываем столько же. Выигрываем – проигрываем. В конце тайма уступаем на «больше-меньше».

Как же преобразился судья, которого я считал «сухарем»! Как он сокрушался при каждой неудаче, и как радовался каждому выигранному очку!

Не обращая внимания на очередь, он предложил сыграть еще раз. Я изменил тактику: выигрывая 7-8 очков, к концу тайма давал ему возможность догонять и в последнюю минуту – выигрывать. И как же «искренне» и громко я огорчался поражению! А потный, раскрасневшийся Березинский радовался, как мальчишка. Обеденный перерыв закончился, и я подошел пожать руку сопернику-победителю.

— Слушай, Петрович, я сегодня, получил удовольствие, играя с вашей парой. Завтра придешь? – спросил Березинский.

— Мне тоже очень понравилась игра. Жаль, что проиграли два раза. Но завтра возьмем реванш. Не сомневайтесь!

Покровительственная улыбка была ответом. Света ничего не спрашивала. Она играла неплохо и сразу все поняла.

На следующий день пришли в перерыв играть только мы вдвоём: я и судья. Остальные были заняты. Мы играли один на один, и мне гораздо легче было вести свою тактику. При каждом пропущенном мяче, я сокрушался так, как будто проиграл миллион, а он расцветал, будто этот миллион выиграл. Мы сыграли три партии, из которых он «победил» в первой и последней.

Вытершись полотенцем, Березинский подошел ко мне, пожал руку и вдруг, неожиданно, хлопнув меня по плечу спросил:

— Так что ты там говорил мне недавно о какой-то резолюции? Где она? Что в ней?

Вспыхнув от неожиданности, еще не веря своему счастью, скороговоркой выпаливаю:

— В правом верхнем углу заявления Сабурова, в котором он описывает свои «подвиги», в том числе и дачу взятки, среди нескольких других резолюций имеется короткая, но внятная резолюция: «Рассмотреть заявление и РЕШИТЬ вопрос о возбуждении уголовного дела.» Я сам её только на третий день углядел. Но смысл не оставляет сомнений – заявление было сделано ДО вынесения постановления о возбуждении уголовного дела. Кроме того, в томе 3-м среди многих протоколов допросов есть протокол допроса милиционера-оперативника, который прямо говорит: «До Сабурова мы о взятках не знали», – и тут же достав из своей папки протягиваю ему копию первого листа заявления и копию страницы с допросом оперативника.

— Ладно, Миша. Посмотрим на досуге – не глядя, засовывает Березинский бумаги во внутренний карман пиджака. - Завтра придешь? А то что-то твоим реваншем и не пахнет, ха-ха-ха!

— Завтра 100% победа будет моя.

Очень хотелось сказать, что свою «победу», пусть пока маленькую, промежуточную, но – победу – я уже положил в свой карман. Более глубокий, чем карман пиджака судьи.

Так мы и играли во время обеденных перерывов до того дня, как началось слушание этого дела. Сабуров прилетел за два дня до этого и поселился у нас в квартире. Первое, о чем я его спросил: «Ты в разводе с бывшей женой?»

— Да. Она подала, я согласился.

— А с Татьяной зарегистрировали брак?

— Нет.

— Если ты получишь срок – я ведь не бог – к тебе на свидание кроме мамы никого не пустят. Ты это понимаешь?

— И что же делать?

— Срочно телеграммой вызывай Таню сюда. Пусть прилетает самолетом.

На следующий день после обеда я привёз новоиспеченных молодоженов регистрировать брак в ЗАГС Корабельного района. В этом же районе находился и мой юридический офис. Объяснил ситуацию хорошей знакомой – заведующей ЗАГСом – и через час наша маленькая компания поехала в ресторан праздновать бракосочетание.

Суд-судом, а свадьба-свадьбой.

Этот судебный процесс длился около трех недель. Первые дни – в Николаеве, а потом выехали в сельский район, где жили большинство свидетелей, торговавших вениками с помощью Сабурова. Обвинение поддерживал заместитель прокурора области, убелённый сединами юрист, умница и интеллигент.

Работа в районном центре сблизила участников процесса: судью, его секретаря, прокурора и меня. Мы вместе завтракали, обедали и ужинали в местном кафе, и хоть о деле не говорили, общечеловеческие отношения стали ближе.

За это время я подобрал целый ворох материалов, в которых разъяснялось, в каких случаях заявление о даче взятки следует считать добровольным: 1)Постановление Верховного суда Украины по делам о взяточничестве, 2)несколько конкретных дел, решенных Верховным судом в том ключе, в котором я собирался доказывать, что заявление Сабурова было добровольным и 3)несколько статей видных юристов-ученых, подтверждающих мою позицию. Нужные абзацы были ярко выделены мной, и сразу бросались в глаза.

Разложив всё это в наиболее читабельном порядке, однажды за ужином, оставшись вдвоём с прокурором, предлагаю:

— Вы извините меня, пожалуйста, за эту просьбу. Я – начинающий адвокат. Дело Сабурова повышенной важности – оно находится на контроле Министерства юстиции Украины. Каждую неделю отчитываюсь о его ходе перед Президиумом коллегии адвокатов. Скоро прения сторон. Вы – опытный профессионал, у вас за плечами десятки, если не сотни подобных дел. Пожалуйста, посмотрите собранные мной материалы, и единственное о чем я прошу: скажите, ПРАВОМЕРНО ЛИ С МОЕЙ СТОРОНЫ ЗАНЯТЬ ТАКУЮ ПОЗИЦИЮ ЗАЩИТЫ, или нет. Очень не хочу опозориться на таком резонансном деле.

Брови прокурора поднялись, но материалы он принял и пообещал через пару дней дать ответ. И действительно, через время он вернул мне папку со словами:

— Вы неплохо поработали. Такая позиция защиты вполне правомерна и заслуживает тщательного анализа.

Вот! Это то, что мне и было надо!

Ведь для чего я заранее всунул прокурору обоснование своей позиции? Для того, чтобы после прочтения такой массы юридического материала в пользу ДОБРОВОЛЬНОСТИ заявления

Сабурова, они отложились в его голове еще до начала нашего с ним поединка в судебных прениях. А может быть и вызвали сомнения в первоначальной уверенности в том, что заявление не было добровольным.

Приближался день окончания судебного следствия. Мы с Валерием жили в одном номере районной гостиницы. За день до начала прений сторон: обвинителя и защитника – Валерий вдруг говорит:

— Послушай, а что мне делать с этими бумажками?

И он достаёт три больших листа бумаги, убористо исписанных мелким женским почерком, на которых перечисляются десятки изделий из хрусталя: люстры, посуда, статуэтки. Их размеры и стоимость. Внизу дата и чья-то подпись.

— Это что?

— Понимаешь, меня арестовали в 6 утра. А обыск провели только в 10. Жена успела до обыска, перенести весь наш хрусталь на сумму более 15 тысяч рублей в квартиру соседки с нижнего этажа, с которой у меня всегда были хорошие отношения.

— Когда через четыре месяца меня отпустили под подписку о невыезде, и я, купив шампанского, пришел домой, жена прогнала меня, не отдала даже одежду и обувь, пригрозив вызвать милицию. Расстроенный, я спустился вниз, в квартиру соседки. Мы выпили шампанское, потом она принесла коньяк. Я расчувствовался, расплакался – даже с дочкой повидаться не пустили. И вдруг соседка говорит, что хрусталь-то наш находится у неё. Но отдаст она его нам, только ПО ОБОЮДНОМУ СОГЛАСИЮ. Как разделим, так и отдаст. И сколько я ни уговаривал её отдать мне хотя бы половину – ни в какую. Но она дала мне копию расписки, которую у неё взяла моя бывшая жена, когда оставляла у неё хрусталь. Она – на этих трёх листах бумаги. Соседка расписалась и вручила мне как свидетельство того, что себе она его присваивать не собирается.

— Валера, а ты надеешься, что получишь хоть что-нибудь из этого списка «ПО ОБОЮДНОМУ СОГЛАСИЮ»?

— О чем ты говоришь?! Конечно, нет.

— Ну тогда ты сделаешь красивейший жест в истории советского правосудия.

И затем я битый час репетировал с ним перед зеркалом сцену, которую на следующий день со всем блеском он и продемонстрировал в судебном заседании. На вопрос судьи: «Имеются ли у подсудимого заявления, добавления или вопросы перед окончанием судебного следствия?» – Сабуров встал и хорошо отрепетированным голосом взволнованно произнёс:

— Граждане судьи! За эти три с небольшим недели судебного процесса я прожил жизнь более долгую, чем за все прошедшие тридцать шесть лет. Долгую не во времени, а в переосмыслении того, чему нас учат с детства: что такое «хорошо», и что такое «плохо». Я осознал, что последние годы я жил абсолютно неправильно. Я стремился не к тому, к чему должен стремиться каждый советский человек. Наваждение легкой наживы вскружило мне голову и всячески поощряемое моей бывшей женой, в конце концов, привело меня на скамью подсудимых. Я глубоко раскаиваюсь в содеянном и хочу хотя бы частично загладить свою вину – вернуть имущество, нажитое мною незаконным путем. Я вручаю вам расписку соседки по квартире, из которой следует, что у нее сейчас находится имущество на 15 тысяч рублей, ранее принадлежавшее мне. Я выдаю его государству с чистым сердцем, и огромная тяжесть снимается с моей души. Это всё.

В зале – оглушительный взрыв тишины.

И судья, и народные заседатели, и прокурор прекрасно знали, что в 100 случаев из 100 подсудимые, несмотря ни на что, перед лицом угрозы любого срока тюрьмы стараются утаить и сохранить хоть какую-то копейку для того, чтобы можно было на что-то жить и содержать семью, когда закончится срок лишения свободы. А тут подсудимый сам, по своей воле отдаёт государству последнее, что имеет да еще и в таком размере! Невиданный в судебной практике случай!

Первым опомнился прокурор. Он встал и заявил, что деятельное раскаяние Сабурова не может быть не учтено при назначении меры наказания подсудимому.

Есть! Сработало! Еще один весомый ковш бетона в фундамент будущей победы!

И действительно, выступал в прениях прокурор довольно вяло. Он хоть и просил признать Валерия виновным по обеим статьям, но учитывая деятельное раскаяние, просил приговорить Сабурова только к 5-ти годам лишения свободы (ниже низшего предела) из 15-ти, предусмотренных санкцией этой статьи, поглотив три года лишения свободы по статье «Коммерческое посредничество».

Моя речь заняла 40 минут. В ней я сделал подробнейший анализ юридической составляющей дела. Разжевал до мельчайшей консистенции факты, указывающие на то, что заявление Сабурова было сделано ДО того, как милиция об этом узнала, т.е. ДО возбуждения уголовного дела. Что узнала о даче взятки она ТОЛЬКО от Сабурова (между прочим, взяткополучатель, подсудимый Себянов так и не признал свою вину).

Привёл все, имеющиеся в деле доказательства моей правоты. Увязал это с положениями Пленума Верховного Суда Украины, рядом приговоров Верховного Суда и мнениями выдающихся советских юристов, изложенными в солиднейших юридических изданиях.

Затем подробно остановился на личности подзащитного. Зачитал массу положительных характеристик, начиная со школы, института, места работы и места жительства (всё это он подготовил после первой нашей встречи). И, конечно, по полной программе высветил его – не на словах, а на деле – РАСКАЯНИЕ: принесение в дар государства имущества на сумасшедшую по тем временам сумму денег – пятнадцать тысяч рублей (на эти деньги в то время можно было десять лет жить, нигде не работая).

В заключение я просил оправдать подсудимого Сабурова по статье о даче взятки на основании добровольного заявления, а по статье о коммерческом посредничестве определить меру наказания НЕ СВЯЗАННУЮ С ЛИШЕНИЕМ СВОБОДЫ.

ТАКОМУ ЧЕЛОВЕКУ ТЮРЬМА НИ К ЧЕМУ! ЕГО ИСПРАВЛЕНИЕ ВОЗМОЖНО БЕЗ ИЗОЛЯЦИИ ОТ ОБЩЕСТВА!

Суд удалился в совещательную комнату для вынесения приговора. Совещались они часа три. После этого судья огласил резолютивную часть приговора:

Себянова, который, будучи должностным лицом, занимавшим ответственное положение (директор хозяйственной базы) за вымогательство и получение взятки в особо крупном размере, не признавшего свою вину, приговорить **к 9-ти годам лишения свободы**;

Сабурова – по статье о даче взятки **ОПРАВДАТЬ**,

по статье «Коммерческое посредничество» приговорить:

к 2-м годам лишения свободы УСЛОВНО.

Жене Валерия Татьяне, которая уже приготовила ему целый мешок вещей, необходимых для заключенного, пришлось увозить их обратно в Москву. Вместе со своим непутевым мужем. Целым и невредимым. И, конечно же совершенно нетрезвым. Мы еле загрузили его в вагон, где он сразу громко захрапел.

Добрых снов, Валерий Александрович, сын партизанского командира, Героя Советского Союза! Нож гильотины, просвистевший рядышком с твоей головой, чуть-чуть не задел её. А «чуть-чуть», как у нас говорят, не считается...

Инна Марковна – мать Валерия – на суде так и не появилась. Видно, она не верила в благополучный исход дела и не хотела присутствовать в момент, когда он получит длительный срок заключения. Не дай бог – попадет в прессу.

Ведь, как она сказала при нашей первой встрече: «Мне Честь семьи Сабуровых – дороже собственной жизни».

Второй слева Валерий Сабуров.
Вторая справа – Инна Марковна Сабурова.

Все эти дела, эти примеры из моей судебной практики я привёл для того, чтобы показать, что для достижения цели:
— важны знания;
— важны скрупулёзность и добросовестность в работе;
— важны находчивость и умение ориентироваться, быть гибким в каждой складывающейся ситуации.

Но самыми важными являются – **ЖЕЛАНИЕ И СТРЕМЛЕНИЕ ПОБЕДИТЬ.**

ПОБЕДИТЬ, ВО ЧТО БЫ ЭТО НИ СТАЛО!

И с этими принципами я и живу всю свою жизнь.

Путешествие в Ленинград

Все эти годы наша дружба с Витей Московцом продолжалась, несмотря на расстояние, разделявшее нас. Постоянно переписывались и ежегодно встречались. Я приезжал к нему в Белоруссию, он – ко мне в Николаев. И эти встречи звенели праздником в наших душах так же, как и во время учебы в школе.

Однажды я получил от Вити письмо, заставшее меня врасплох. Все это время я привык к мысли, что Витя и Зина – пара одна на миллион, что они невероятно подходят друг другу. Умницы, красавцы. Счастливая пара. Зина стала мне таким же другом и конфидентом, как и Витя. И, вдруг письмо:

«Мишка, – писал Витя – Зина предложила мне развестись. Она не хочет портить мне жизнь, потому что у нас не получается родить ребенка...»

Меня охватил ужас. Успокоившись, я написал ему, что приглашаю их поехать вместе в Ленинград, где у меня жил двоюродный брат Яков, воспитанный моим отцом и одно время даже называвший его «папой». Я надеялся, что в таком огромном городе удастся показать Зину лучшим врачам, и может быть все не так уж и безнадежно.

Ленинград встретил нас величавыми красавцами – дворцами 18 века, прямыми просторными улицами, необъятно широкой Невой, звонками трамваев и нескончаемым потоком пешеходов, струящимся по Невскому проспекту. Яков был искренне рад нашей такой редкой и неожиданной встрече и, несмотря на то, что работал простым мастером холодильных установок, обещал попробовать нам помочь.

Мы поехали в Центр гинекологии и педиатрии, где брат сразу пошел в кабинет зам. главного врача по хозяйственной части. Через полчаса они вышли из кабинета вместе.

— В течение недели я отремонтирую вам все неработающие холодильные установки, не сомневайтесь, – заверил Яков завхоза.

— И вы не сомневайтесь. Через пару дней ваша «племянница» будет принята лучшим врачом нашего центра, – пожимая протянутую руку, ответил тот.

И, действительно, через пару дней после нашего приезда, Зина была приглашена к профессору – главному врачу центра, где пробыла почти целый день. Осмотры, консультации специалистов, обследования, анализ результатов, назначение лечения и т.д.

Поскольку тема была слишком деликатной, возможности задавать вопросы о том, как прошел прием у меня естественно не было. Но расставаясь через несколько дней с ребятами, я заметил, что настроение у Зины было совсем противоположным тому, каким было оно до её приезда в Ленинград. Ее лучистые глаза светились радостью и надеждой.

В 1978 году она родила доченьку Наташу, а в 1980-м появилась Даша. Зина с Витей были счастливы. Я тоже.

И хоть в тот раз нам не удалось побывать ни в Эрмитаже, ни в Петергофе, ни в Екатерининском дворце, сожаления никто не испытывал. Результат поездки оказался гораздо весомее.

Глава 6. Перелом

Пришла беда – отворяй ворота

Человек предполагает, а Судьба располагает. В один день вся моя жизнь перевернулась. Тяжело заболел отец, две сложнейшие операции одна за другой. Мне пришлось срочно вернуться в Ромны: ухаживать за ним – буквально кормить с ложечки по три раза в день – и помогать маме, у которой тоже к тому времени уже была куча болезней.

Ирина за мной не поехала. Осталась в Николаеве. А через некоторое время прислала заявление на развод. Вскоре после моего отъезда у неё появился другой мужчина – парень, с которым она встречалась еще до первого замужества.

Мои попытки сохранить семью, успехом не увенчались. Они поженились, и он увёз её за границу. Страница этой жизни была перевёрнута. Мой отец оказался прав, когда так яростно возражал против нашего брака. Осталась острая боль из-за разлуки с сыном и совсем немного воспоминаний о хороших часах, проведенных с Ириной. Мы все-таки были не пара. Слишком разные.

Наша встреча с ней произошла только через два года: я приехал в Николаев забрать книги и часть вещей. Она пришла с Владиком. Я увидел, что за два года сын позабыл меня (расстались, когда ему было всего четыре), стеснялся, хотя и напряженно старался вспомнить. И тогда, прогуливаясь по аллеям парка, я тихонько запел незатейливую песенку, которую пел, когда мы все жили вместе:

> *«Маленький Владик из садика вышел
> А дома его ждали мама Ира и папа Миша.
> Они пришли с работы, они устали очень
> А маленький Владик играть с ними хочет.*
>
> *Он строит домик и мячики катает,
> Потом на пианино тихонечко играет.
> Он смотрит телевизор: мультфильмы и картинки,
> А за окном тихонько падают снежинки...»*

И тут Владик бросился ко мне, обхватил шею, и мне пришлось долго нести его на руках, не хотел отпускать. Вспомнил.

Позже Ира рассказала мне, что когда в тот вечер мы расстались, шестилетний сын спросил её: «А почему папа Миша с нами не живет?» – и услышав ответ, что с ними теперь живет папа Лёша, рассудил: «Нет. С нами должен жить папа Миша. А папа Леша ... пусть живет на кухне».

С Владиком

В нашем мальньком городке устроиться адвокатом оказалось невозможно. Пришлось пойти юристом на кирпичный завод, где пообещали бесплатно предоставить квартиру, которая в то время было недосягаемой мечтой для каждого советского человека.

К этому времени, Коля Тугарин тоже вернулся в Ромны, куда его пригласили как талантливого инженера на руководящую должность на заводе автоматических телефонных станций. Ему пообещали, и предоставили трехкомнатную квартиру. Я часто навещал друга и однажды, заглянув всего на полчаса, застал у него за столом незнакомую женщину. Она раньше работала у Коли инженером, а сейчас приехала в отпуск к тетке. Пригласив за стол, Коля сразу вручил мне гитару, попросив спеть одну из наших любимых песен.

— Миша, вы так прекрасно поёте! - услышал я от незнакомки, как только закончил петь.

И хоть я отлично понимал, что это неправда, но такую прямую лесть от женщины я слышал впервые, и это восхищение было приятно самолюбию, ущемлённому разводом. Поэтому когда затем она предложила поехать вместе на природу, на реку, с ночевкой в палатке, причин отказаться не нашёл. Да и, честно говоря, не искал.

Мы стали встречаться, и когда я заметил, что она хочет перевести лёгкие отношения в серьёзные, сразу предупредил, что жениться не собираюсь. Ни в коем случае. И объяснил почему. Но, несмотря на это, она бросила работу в областном центре, и к новому учебному году приехала в Ромны с семилетней Анечкой. Сняла квартиру с печкой, которую нужно было топить дровами, устроила Анечку в школу. Сама стала преподавать в нескольких школах нашего городка. А в январе объявила мне, что беременна и собирается оставить ребенка, что бы я ни решил.

«Ну что ж, Миша, - с горечью сказал отец, - винить некого, придется держать ответ». И правда, виноват только сам. Не маленький уже. Думать надо было раньше. Я представлял все негативные последствия такой совместной жизни, но отступать было поздно.

Так я женился второй раз. Переехали в двухкомнатную квартирку родителей.

С маленькой Анечкой мы сразу подружились, и через пару недель она уже карабкалась по мне, как по дереву, играла и смеялась: беленькая, с косичками, веселая и с очень легким характером. Такой осталась на всю жизнь. Только коса сейчас - ниже пояса.

Ларисочка

Весь срок беременности жены я мечтал о сыне. Поскольку у Владика теперь был другой папа - прапорщик, который увёз их с Ириной за границу, контактировать с первым сыном я не мог. Поэтому надеялся, что скоро в моём доме появится другая кудрявая головка (как у меня самого в раннем детстве), порадует и меня, и дедушку с бабушкой. Жена тоже уверяла, что ждёт мальчика, поскольку чувствует себя совсем не так, как во время беременности Анечкой. Ультразвукового исследования узнать пол ребёнка тогда еще не проводилось.

Жену увезли в роддом сентябрьской ночью, а в шесть часов утра я позвонил в больницу:

— Доброе утро! Скажите, Кербель родила?
— Родила.
— Всё нормально?
— Всё нормально.

Выдохнул. «Хм, а кого родила, не уточнил...»

Снова позвонил. И в ответ на вопрос, как будто голос с неба прямо в ухо произнёс: «ДЕ-ВО-ЧКУ...». Ошеломлённый неожиданным ответом я положил трубку и поднял глаза. Передо мной стояла восьмилетняя Анечка в ночной рубашечке и то, что она, не слыша моего разговора по телефону, сказала, повергло меня в еще больший шок: «Не переживай, папочка! Следующий будет – МАЛЬЧИК!»

Ларисочка

Новорожденную назвали Ларисочкой. Первые дни после роддома я смотрел на маленькое розовое существо и переживал, что никаких отцовских чувств не ощущаю. Но с каждым днем, с каждой неделей и месяцем, эти чувства заполняли меня все больше и больше. Так что через непродолжительное время я уже зацеловывал её щечки в меру и без меры.

Обязанностей прибавилось. Теперь до работы нужно было успеть сбегать на молочную кухню, а после работы помогать купать и укачивать ребенка. Но это новое и такое неописуемое Счастье легло живительным бальзамом на рану, нанесённую разлукой с первым в жизни сыном.

Братья-армяне

Примерно за полгода до этого по рекомендации общих знакомых ко мне обратился Левон Нерсесян, сапожных дел мастер из Железногорска Курской области. Двум его братьям, Юре и Саше, суд определил 14 и 13 лет лишения свободы в колонии усиленного режима за хищение в особо крупном размере. К тому времени они уже отбыли по 7 лет наказания.

Когда я ознакомился с документами, то сразу понял: приговор вынесен на основании следственно-судебной ошибки.

Ребята возглавляли цеха в быткомбинатах, в которых изготовлялись изделия из кожи. Они ЗА СВОИ ДЕНЬГИ выкупали кожу и другие материалы, поступавшие на быткомбинат. Из этих материалов шили дефицитные тогда женские сапожки, а на бумаге показывали, что шьют перчатки и другую мелочь, ценой гораздо меньше, чем сапоги. Разницу в цене присваивали.

То, что они делали, полностью подпадало под статью уголовного кодекса: «Частно-предпринимательская деятельность» (по которой был осуждён Сабуров) с мерой наказания до 5-ти лет лишения свободы. Хищения не было, так как они НЕ присваивали государственные материалы безвозмездно а ВЫКУПАЛИ их, ВНОСЯ В КАССУ ПРЕДПРЯТИЯ СВОИ ЛИЧНЫЕ ДЕНЬГИ.

Нет безвозмездности – нет Хищения!

Основания для обжалования приговора были, и, получив от Левона, как от родственника, нотариально заверенную Доверенность на защиту, я выехал в Генеральную прокуратуру Советского Союза на приём к Заместителю Генерального прокурора. Перед этим очень серьёзно поработал над жалобой, хоть и понимал, что шансов немного, о чем и сообщил Левону.

Зам. Генерального прокурора оказался на редкость умным человеком и прекрасным юристом. Мы часа два обсуждали с ним все нюансы этого дела. Я видел что он и понимает, и правильно воспринимает мои доводы, и уже склонен был надеяться на чудо.

Чуда не произошло! Его заключение было неожиданным, хотя и естественным в той ситуации, которая возникла в связи с моей жалобой и моим приездом на приём в Генеральную прокуратуру.

— Уважаемый Михаил Петрович. Я согласен: с Вашими доводами спорить трудно. Но давайте взглянем в лицо реальности. Вы хотите, чтобы я своими руками освободил из заключения двух армян, отсидевших уже по 7 лет в колонии? Армян, которые заграбастали десятки тысяч рублей неправедных доходов! И что подумают мои коллеги, Генеральный прокурор? Вы думаете, они поверят, что я сделал это только из любви к справедливости? Что я не получил КРУПНУЮ ВЗЯТКУ? Что будет дальше? Назначат проверку всей моей деятельности лет за пять, не меньше. А при желании в любой работе всегда можно найти недочёты и недоработки. В лучшем случае – меня уволят. И Вы хотите, чтоб я лишился своей должности из-за Ваших братьев-армян? Нет, на это я пойти не могу. Но... облегчить их учесть – в моих силах.

Вскоре оба брата были переведены из колонии усиленного режима в колонию-поселение, где они жили в обыкновенных сельских домах. Завели там хозяйство, к ним приехали жены, т.е. их жизнь не намного отличалась от жизни обычных людей. Только работали там, где им было определено и не имели права уезжать. А через несколько лет и совсем освободились условно-досрочно, приехав жить в Железногорск.

Я был доволен: мои усилия даром не пропали.

С того момента благодарный Левон стал уговаривать меня переехать в Железногорск, обещая всяческую поддержку и помощь в этом городе. Сначала я даже не думал об этом. Но когда понял, что получить обещанную квартиру в Ромнах не светит еще минимум несколько лет, решил съездить посмотреть, что же такое город Железногорск, так расхваливаемый Левоном.

Железногорск

За 25 лет до моего приезда недалеко от поселка Михайловка Курской области были открыты крупные залежи железной руды. Возникли Михайловский горно-обогатительный комбинат и город Железногорск. Небольшой, к моменту моего приезда около ста тысяч жителей, современный, с широкими прямыми улицами, обрамленными зеленью деревьев и с огромным озером в центре города. Население съехалось со всех концов Советского Союза. В основном молодежь.

Я приехал зимой. Заснеженный Железногорск, и утопающая в снегу Михайловка в 15-ти километрах от города сразу покорили меня. Левон познакомил меня со своим братом Лорисом, тоже цеховиком, чрезвычайно гостеприимным парнем, отличным товарищем, имеющим хорошие связи в городе и районе. Они сняли для нас половину деревянного дома в Михайловке, куда в конце января мы и переехали всей семьей.

Работу нашел быстро – юрисконсультом райпо – торговой организации, обслуживающей разными товарами сельских жителей района. Адвокатом устроиться даже не пытался, зная, что эти места всегда заняты. В райпо раньше никогда не было юриста – его задачи были возложены на экономиста фирмы. Естественно, результат был соответствующий – нулевой.

И когда я сразу начал одно за другим выигрывать дела в Арбитражном суде, принося тысячи и тысячи рублей, это не осталось незамеченным: председатель райпо, Иван Терентьевич Полозенков, не раз отмечал меня на производственных совещаниях, и это было приятно. Зарплата небольшая – 130 рублей в месяц, но я нашел еще две работы на полставки: в плодосовхозе «Веретенино» и в «Сельхозтехнике». Денег вполне хватало.

Непередаваемое удовольствие жить в деревянном доме – срубе. Приезжаешь на автобусе вечером с работы из города. Вокруг синие и зеленые деревянные домики с резными наличниками дремлют по окна в белом пушистом снегу под черным, в сверкающих звездах, небом. Заходишь в дом и ныряешь в объятия тепла русской печки, запаха пылающих дров в печи, и, главное, расцветаешь от радостных улыбок, которыми встречают маленькая Ларисочка с розовыми щечками и сияющими глазками и восьмилетняя Анюта с беленькими косичками. Незабываемое время!

Прошли январь, февраль и март. В апреле хозяин дома предупредил, что в течение месяца мы должны съехать, несмотря на то что договаривались на год. Пришлось идти на приём к председателю райпо и объявить, что мне придется увольняться. Когда Иван Терентьевич услышал это, его глаза полезли на лоб.

— Вы что, с ума сошли? У вас получается с работой, мы вами очень довольны, и в коллективе вас полюбили. Чего вам еще надо?

— Иван Терентьевич, спасибо за добрые слова! Но есть только два варианта: через неделю у меня день рождения, и Вы в качестве подарка преподносите мне и семье квартиру, или я вынужден уволиться, так как хозяин дома, который я снимаю, требует моего срочного выселения. Идти мне с женой и двумя детьми некуда.

Полозенков задумался. Я знал, что имея прекрасные связи и в горкоме партии, и в райисполкоме, от которых это зависело, для председателя решить этот вопрос было вполне возможно, нужно только постараться. Поэтому когда через неделю ничего не произошло, официально через секретаря ему на стол легло моё заявление об увольнении.

В тот же день мне вручили Письмо в адрес Начальника строительной колонны с просьбой бесплатно предоставить квартиру в пятиэтажном доме со всеми удобствами в том же поселке Михайловка. Позже я узнал, что Полозенкову пришлось отдать Начальнику стройколонны огромное количество дефицитных товаров: мебели, автошин, одежды и обуви. Но двухкомнатную квартиру на пятом этаже без лифта я получил, и мы все с радостью переехали в неё. Обычно в Советском Союзе очередь на получение квартиры растягивалась на 20-25 лет. Поэтому получение квартиры меньше, чем за полгода работы было настоящим чудом.

Интересный эпизод. Везём полную машину мебели в новую квартиру. Старенький водитель и я. «Боже – думаю, – как же мы всю эту тяжесть поднимем на пятый этаж? Я же никого здесь не знаю».

Подъезжаем к моему подъезду. Не успеваю выйти из машины, вдруг, как, будто из под земли, выскакивают и бегут с десяток мужиков-соседей, в рабочей одежде, а кое-кто и просто в майке и спортивных штанах. Без слов открывают борта машины и, расторопно руководя друг другом, взяв у меня ключ от квартиры, тащат мой груз наверх.

Вижу на первом этаже дома небольшой магазинчик. Быстро покупаю ящик вина и несколько палок краковской колбасы. Поднимаюсь с ними в квартиру, а там уже заканчивают сборку мебели и забивают шкаф носильными вещами. Когда закончили, шарахнули всё вино, закусив колбаской. Спели: «Листья желтые над городом кружатся...», перезнакомились и они ушли по своим квартирам. Эти простые работяги были замечательными соседями. Как одна семья.

Вспомнился подобный эпизод пятнадцатилетней давности на Украине в родных Ромнах, когда мы привезли мебель в только что полученную отцом квартиру, о которой я уже писал.

В огромном дворе около десяти столиков, за которыми многочисленные мужики-соседи играют в домино. Мы с отцом обошли всех. Просили помочь занести мебель всего на третий этаж. Предлагали деньги – никто даже головы не повернул.

Вот такая разница. Украина – Россия. А всего-то триста километров друг от друга.

В Железногорске очень быстро появилось много знакомых и приятелей. А мои братья-армяне стали настоящими друзьями. Работать было легко и весело. Молодежный город, вокруг леса, озера и реки. Часто выезжали с коллегами отдохнуть на природу, пели песни, веселились.

Беда, как всегда, пришла внезапно. Позвонила мама и сказала, что у папы диагностировали злокачественную опухоль легкого. Бросив всё, на попутках добрался до Ромен и сразу в больницу. Врач отдал мне рентгеновские снимки, указав на них на характерную «корону» в легком, признак онкологии.

Прямо из Ромен рванул в Харьков в мединститут к профессору-физиотерапевту. Посмотрев снимок, тот сказал:

— «Корона» ещё не приговор. Привозите отца в нашу клинику, проведем курс интенсивной терапии. Если не онкология, он встанет на ноги. Если – она – мы Вам сообщим.

Своей машины не было. Обратился к Левону. Тот без слов оставил свой цех, мы помчались в Ромны, а оттуда вместе с отцом – в Харьков. Папа пробыл в клинике три недели. На ноги он встал. Но онкологию это не отменило. И я забрал родителей к нам в Михайловку. В одной комнате жили я, жена и дети, в другой – родители. Состояние отца ухудшалось с каждым днем. Мама очень трепетно ухаживала за ним, успокаивала. Но однажды папа в упор спросил меня:

— Миша, у меня рак?

Конечно, я бросился разуюеждать его, а чтоб подкрепить свои слова, привез к нам домой Юрия Волчкова, главного хирурга района, который долго прослушивал папу стетоскопом. Потом сказал:

— Ничего страшного, Петр Яковлевич. Хроническое воспаление легких. Все будет хорошо.

Может быть это, а может быть неописуемая любовь к маленькой Ларисочке помогли ему прожить еще полгода, несмотря на гораздо худший прогноз врачей. Между прочим, годовалая внучка, окутанная всепоглощающим облаком его любви, отвечала ему тем же. Первое слово, сказанное ею сознательно в год и два месяца было: «Де-да». Я каждое утро заносил малышку в папину комнату, и его лицо расцветало счастьем. Он держал её за ножку, а она ему солнечно улыбалась. Непередаваемая взаимопроникающая энергетика любви...

В последний месяц его жизни отец попросил:

— Миша, положи меня в больницу. Я слышал, твоя жена настаивает на этом. Сделай, как она требует.

Конечно, в таком состоянии никакая больница его бы не приняла. Опять помог Юрий Волчков, который стал одним из моих настоящих друзей. Но уже через две недели позвонили из больницы и попросили забрать отца домой.

К этому времени мне удалось обменять двухкомнатную квартиру родителей в Ромнах на двухкомнатную квартиру в Железногорске. Мама переехала туда. И отца я должен был забрать уже в их квартиру.

Рано утром прихожу в больницу, еще все спят. Захожу к нему в палату и ... на меня дохнуло тем же страшным, абсолютно неестественным, ощутимо потусторонним, не физическим полем, с которым в первый раз я столкнулся, когда умер дедушка Гриша.

Я закрыл отцу глаза и вызвал персонал больницы. Вернулся домой к маме. Очень боялся, что известие о смерти отца её убьет. Поэтому, сказав, что пойду позвонить от соседки, так как у нас якобы не работает телефон, спустился на второй этаж, откуда позвонил братьям-армянам. Они приехали мгновенно. Но когда я вернулся в квартиру, на меня смотрели огромные мамины глаза:

— Миша. А телефон-то работает... – она уже всё поняла.

Поехали в здании морга, и вдруг я увидел, как во дворе двое санитаров несут на носилках тело отца, и голова его покачивается в такт их шагам. Как в реку с обрыва, упал в ноздреватый снег, и рыдания сотрясали всего меня так, что остановиться было невозможно. Только в тот миг раскалывающимся мозгом и разрывающимся сердцем я понял, какое огромное место в моей жизни, занимал отец и какая огромная часть меня самого утеряна безвозвратно.

Говорят, что когда умирают родители, и ты плачешь – ты жалеешь не их

(их уже нет, они больше не страдают) – ты жалеешь СЕБЯ.

Жалеешь, что больше не сможешь видеть их, слышать их, получать радость и удовольствие от общения с ними, наслаждаться неиссякающим потоком их любви, сильнее которой не может быть любовь к тебе ни одного человека в мире. Ни в прошлом, ни в будущем! Жалеешь себя, потому что всего этого ты сейчас лишился.

Я перешел жить к маме. Ей нужна была моя забота. Но каждый день приезжал в Михайловку к детям – отсутствия отца они не ощущали.

Через некоторое время жена предложила обменять нашу двухкомнатную квартиру в Михайловке и мамину двухкомнатную в Железногорске на четырехкомнатную квартиру в городе.

Вскоре мы переехали в четырёхкомнатную квартиру в центре города на четвертом этаже.

Работы у меня было много. Особенно осенью. Однажды наше райпо отправило вагонов двадцать отборного курского картофеля в адрес Местийского райпо в Грузию, где всегда своей картошки не хватало. Однако вместо денег за картофель мы получили кучу актов, заверенных инспекторами по качеству, фиксирующих некачественность и недостачу картофеля по каждому вагону. Все акты были подписаны заведующим базой Местийского райпо Антимозом Дадавани.

Просмотрев акты, я увидел, что половина из них составлены с нарушениями. Можно судиться, но на это уйдет добрых полгода. Да и без взятки в Грузии рассчитывать на успех было бесполезно. Решил выехать на место.

Поезд Москва – Сухуми проходил через Курск ночью. Полусонный сажусь в вагон, захожу в темное купе. На нижней полке спит женщина. Снимаю пиджак с 500-ми рублями во внутреннем кармане, вешаю на крючок над подушкой, падаю на полку, головой упираясь в пиджак, тут же засыпаю. Просыпаюсь, будто кто-то толкнул. Серый рассвет за окном. Поезд стоит. Соседка по купе исчезла.

«Деньги?!»- почему-то первая мысль. Рукой в карман пиджака – пусто. Выскакиваю в коридор и кричу проводнику: «Где она?» Тот, виновато отводя глаза, показывает в сторону правого выхода. Добегаю до двери в момент, когда поезд трогается с места, и открыв дверь, вижу воровку, сошедшую с вагона совсем с другой стороны (видно, в сговоре с проводником). Не догнать. Но и не ехать же дальше без денег: от Сухуми мне надо еще добираться до Зугдиди, где находились склады и контора Местийского райпо.

Схожу на следующей остановке в Константиновке и прямо в железнодорожную милицию. Невыспавшийся следователь, к счастью, закончил тот же институт, что и я. Легче общаться. Выслушав меня, он сказал:

— Воровку уже не достать, да и предъявлять ей что-либо поздно. Ты что хочешь делать?

— Доехать до Харькова, занять у друга денег и опять ехать в Зугдиди.

— Ладно. На поезд я тебя посажу. Довезут. Когда будешь возвращаться из Зугдиди, дай телеграмму. Пощипаю картежников-мошенников, «работающих» в поездах, может что-то тебе и верну.

Приехав в Харьков, занял у Паши Орлова 100 рублей (Паша после аспирантуры преподавал уголовное право в родном институте) и снова поехал в Зугдиди, пряча деньги как можно дальше.

В Зугдиди к заведующему базой Местийского райпо Антимозу Дадавани сразу не пошел. Решил посмотреть на наш картофель. А перед этим навестил райисполком Зугдиди, располагавшийся в захудалом сереньком двухэтажном здании на фоне невероятно богатых частных домов.

Познакомился с секретарем исполкома, для которого, как, впрочем, и для всех грузин, с которыми в дальнейшем приходилось встречаться, я сразу стал «прокурором из Москвы». Взял у него адрес складов Местийского райпо и на любезно предложенном служебном «Москвиче» доехал до этих складов.

Там - одна приветливая пожилая кладовщица. Говорит на русском с большим акцентом. Представился ей и первый вопрос:

— Понравился вам Курский картофель?

— Понравился. Чистий такой, вкусний.

— Гнили и недостачи не было?

— Нэт. Даже излишек был.

«Вот это да! - думаю. - У них тут что: левая рука не знает, что делает правая?»

— Хорошо. Давайте составим Акт об этом, мне же надо отчитаться перед моим начальством.

Составили Акт, который кладовщица подписала и заверила подпись штампом склада. Представил, что с нею, бедолагой, будет после того, как этот Акт увидит её шеф – заведующий базой, который не удосужился сообщить ей о том, что он почти полностью «забраковал» весь наш картофель.

И уже с этим максимально легализованным документом, сделав копии, поехал к заведующему базой Местийского райпо Антимозу Дадавани по прозвищу «Сванский князь» - поскольку он был родом из горной области Грузии, Сванетии, и поскольку был сказочно богат.

Когда Антимоз, пожилой, но еще крепкий мужчина прочитал этот Акт, его лицо стало даже не белым – желтым, и он мгновенно порвал Акт на мелкие клочки.

— Это копия Акта, уважаемый Антимоз – успокоил я его – таких копий у меня ещё три, а сам Акт спрятан в надёжном месте. А если со мной, вдруг, что-либо случится, он будет направлен в Москву, в Генеральную прокуратуру СССР с соответствующими пояснениями. Поэтому у вас есть два варианта.

Первый: вы сегодня же проплачиваете нам за полученный картофель в полном объёме.

Второй: я прикладываю этот Акт к заявлению в Генеральную прокуратуру Советского Союза о хищении общественного имущества в особо крупном размере, наказание за которое от 10 до 15 лет тюрьмы. Учитывая, что ни один из актов недостач и некачественности картофеля, состряпанных вами на коленке, не соответствует закону, никакой адвокат вам не поможет.

Долго молчал заведующий базой. Долго думал. Взвешивал все «за» и «против». Последовавший затем вопрос меня поразил:

— Скажи, а ты можешь помочь разобрать завал юридических дел по моей базе, накопившихся за последние годы?

— Почему я? У вас что, в Зугдиди юристов нет?

— Хороших нет. Ведь это они составили мне акты по недостаче и некачественности вашей картошки. А ты сам сказал, что эти акты – «написаны на коленке». Вот такие юристы. И в других делах помогать отказываются, ведь это надо лететь в Сванетию, высоко в горы, в Местия. Так что, поможешь?

— Если увижу сегодня документ об оплате нашей картошки, завтра можем вылетать.

— Договорились.

Через два часа я держал в руках копию платежного поручения банку об отправке денег за весь картофель, и душа наполнилась гордостью. Когда я выезжал в командировку, надеялся привезти хотя бы половину суммы, на что и нацеливал меня председатель райпо. А тут всё до копеечки. Просто класс!

На следующий день мы с Дадавани на «кукурузнике», маленьком дребезжащем самолетике, вылетели из равнинного Зугдиди в столицу Сванетии поселок Местия.

И тут я пропал – настолько поразили меня сверкающие снегом неописуемой белизны, разрезающие синь неба острыми, как нож, вершинами кавказские горы. Ощущение своей микроскопичности не покидало до тех пор, пока мы не приземлились на небольшую площадку в Местиа.

Выйдя из самолета, я захлебнулся неизведанной сладостью свежего горного воздуха, и, взглянув на окружающие меня белоснежные вершины, только и смог сказать Антимозу:

— У меня в поезде украли 500 рублей. Трехмесячную зарплату. Но я не пожалел бы и тысячи рублей, чтобы увидеть и ощутить такую красотищу! У меня действительно НЕТ СЛОВ!

Мои восторги и сюрпризы в Местиа на этом не закончились.

Здесь буквально через каждые двести метров можно было хлебнуть чистейшего прохладного нарзана из подземных источников.

Здесь жили люди, небогатые, но удивительно гостеприимные, гордые, внушительные, вызывающие уважение, сохранившие часть векового уклада нелегкой жизни среди горных вершин.

Подтверждением этому были сложенные из огромных камней сванские башни VIII-XVIII-го веков. Крепостные четырёхгранные, высотой с трёхэтажный дом, эти родовые сооружения использовались одновременно и как жильё, и как сторожевые посты для защиты от вторжений врага.

Нация грузин делилась на народности: картли, имеретинцы, кахетинцы, мегрелы, сваны и другие. О сванах говорили как о самом свободолюбивом народе – они никогда не знали над собой верховного правителя. И завоевать их не удавалось ни одному народу, даже монголам. А когда Сталину доложили, что сваны не хотят идти в армию по призыву, он ответил:

— Оставьте их. Когда к ним придет враг, они пойдут воевать без приказа.

И действительно: когда летом 1942 года гитлеровские альпийские стрелки добрались до них, генерал Варлаам Какучая поднял на защиту все население горной Сванетии. Снайперы-сваны легли на горных перевалах и, передавая друг другу заряженные ружья, открыли такой непрекращающийся убийственный огонь, что фашисты бежали с позором.

А ведь если бы германские части прорвались через Кавказ и захватили Баку, мало того, что миллионная турецкая армия уже готова была хлынуть в Азербайджан – страна лишилась бы нефти.

Остановились бы самолеты и танки. А это означало бы полное поражение в войне с фашизмом.

Юридической работы в Местийском райпо действительно оказалось очень и очень много. Три дня с раннего утра и до 12-ти ночи я вместе с бухгалтерами работал с документами, составляя претензии, отвечая на претензии, готовил исковые материалы в арбитражный суд. Впоследствии Антимоз признался мне, что в результате той работы его фирма получила более полумиллиона рублей – огромная по тем временам сумма.

Прощаясь, он вручил мне 500 рублей гонорар за работу и взял обещание хотя бы пару раз в год приезжать помогать ему. Я пообещал. И слово своё сдержал.

На вокзале в Сухуми перед посадкой на поезд в Курск отправил (как договаривались) телеграмму следователю о времени, когда буду проезжать Константиновку, где поезд стоял всего пять минут.

Глухая ночь. Сплю мертвым сном. Вдруг, кто-то толкает в плечо. Вскакиваю.

— Ну ты и соня – улыбается следователь – держи деньги, тебе повезло.

Не успеваю произнести:»Спасибо!» - как поезд начинает трогаться и мой соученик по институту спрыгивает на перрон почти на ходу. В моей руке лежали 300 рублей.

Только проснувшись утром, я подумал: «А ведь парень ничего мне не обещал, сказал только, что попробует помочь. Мы не составляли никаких протоколов о краже. Он видел меня в первый и, скорей всего, в последний раз. Что побудило его так глубоко проникнуться моей ситуацией и вернуть часть утраченных денег? Порядочность? Сопереживание? Природная потребность делать добро? Скорее всего, все вместе взятое.

Встречать таких бескорыстных и добрых людей, а особенно в милиции или прокуратуре, мне приходилось, к сожалению, не часто.

Дело о трижды украденной невесте

Несмотря на то, что официально адвокатом в Железногорске я не работал, уголовные дела сами продолжали липнуть ко мне.

Однажды мой приятель познакомил с человеком, которому срочно был нужен защитник, и который почему-то не доверял местным адвокатам.

Слава Болгачев – лет 35, смуглый, из канатов-мышц сплетённый крепыш с черными глубоко посаженными цыганскими глазами. Успешный городской фотограф. Свой автомобиль. Был женат, разведен. Его пятилетний сын остался жить с бывшей женой.

Как-то проезжая через большое село в Железногорском районе, Слава остановился у детского садика попить воды. А когда увидел воспитательницу Тоню – классический тип русской красавицы: пышная, круглое румяное личико, маленький, чуть курносый носик, огромные голубые глаза и пшеничного цвета волосы – ноги Славы приросли к земле. Молния – любовь с первого взгляда – пронзила его сердце. И первые слова, обращенные к ней были:

— Девушка, выходите за меня замуж!

Они стали встречаться. Тайно. Тоня жила в доме мужа с родителями и двумя детьми. Возможности для встреч со Славой – крайне ограниченны. Любовь увлекла и несла их горным потоком – сопротивляться бесполезно.

В один из дней Слава не выдерживает и похищает любимую, привезя её в Железногорск в квартиру своей сестры. Муж Тони, водитель грузовика в колхозе, непонятно каким образом вычислив адрес, в отсутствие Славика забирает жену назад в село, избив её до полусмерти.

Через некоторое время Славик второй раз похищает Тоню прямо из детского садика, увезя на этот раз её далеко, в Брянскую область. Проходит неделя, другая, и они решают забрать из сельской школы Тониных детей.

Один нюанс: много лет назад, когда Славик служил в армии в Подмосковье, он встречался с местной девушкой. Однажды, поднимаясь по лестнице в её квартиру, он был остановлен тремя пьяными парнями, потребовавшими «выкуп» за «невесту». Завязалась драка: трое на одного. Парни сбили Славу на пол, но он успел вынуть складной нож, который всегда носил с собой, и ударить в ногу одного из нападавших. Кровь, крик. Соседи вызвали милицию. И все трое местных «героев» заявили, что солдат ни с того, ни с сего напал на них с ножом, ранив одного в ногу. Эти показания и легли в основу приговора. Два года лишения свободы за особо злостное хулиганство. Т.е. к моменту эпопеи с похищениями судимость у Славика уже имелась.

Учитывая это и предвидя возможное сопротивление жителей села, которые безоговорочно приняли сторону Тониного мужа,

Славик и Тоня попросили поехать с ними за Тониными детьми сестру Славика, её мужа, полковника в отставке, и брата Славика, тоже фотографа. На двух машинах все приехали в медицинский пункт села и взяли медицинские карточки Тониных детей. Когда они вышли из медпункта, фельдшер тут же позвонила директору школы:

— Едет Тоня со своей бандой.

Как только Тоня вошла в класс, чтобы забрать детей, учитель мгновенно запер дверь изнутри на ключ, заявив, что если она хочет жить с детьми, то останется в селе. В это самое время директор и еще несколько учителей стали выталкивать Славика со свитой из школы. Это не была драка. Была возня, толкание, угрозы. Кто-то задел плечом Доску Почета школы, она упала и разбилась, а вызванная милиция уже мчалась в школу. При этом Славик, помня свое прошлое, не вмешивался. Прижавшись спиной к стене, он только повторял: «Что вы делаете? Вы же учителя...»

Всех забрали в отделение. Допросили и отпустили. А через некоторое время возбудили уголовное дело по статье «злостное хулиганство». Только против Вячеслава Болгачева. Мера пресечения – подписка о невыезде.

Тоня осталась в селе. Но из садика во избежание нового похищения её уволили. Устроили Тоню работать на ферму, куда она должна была идти в 4 часа утра. Зимой это практически ночь. Утром возвращалась домой под строгий контроль своих суровых родителей, боготворивших зятя-кормильца.

Была зима. И каждую ночь Славик ехал в её село. Оставлял машину на дороге и по колено в снегу в полной темноте брел по бездорожью три километра к полуразрушенной сторожке, мимо которой пролегал путь Тони на ферму. Она на несколько минут забегала в продуваемый всеми ветрами домик без окон и крыши и замирала в его объятиях. Затем спешила на работу, а он возвращался к машине. Каждую ночь. Два месяца. Вплоть до дня суда. Любовь...

Когда я знакомился с делом, удивился, что показания учителей были написаны как под копирку: «Болгачев нас толкал. Болгачев разбил Доску Почета. Болгачев, Болгачев, Болгачев...». О сопровождавших его родственниках – ни слова.

Допросы брата, сестры и её мужа проведены очень поверхностно. В основном они говорили о немотивированной агрессии учителей, пытавшихся вытолкать их из здания школы. Им о действиях Славы в тот момент почему-то вопросов не задавали.

Стратегию защиты построил на быстрой карусели вопросов, в которой закружил свидетелей обвинения так, что НИ ОДИН ИЗ НИХ не смог указать КАКИЕ КОНКРЕТНО ХУЛИГАНСКИЕ ДЕЙСТВИЯ совершил Вячеслав Болгачев. А один из них прямо сказал:

— Что мне следователь говорил, то я и подписал.

Дело рассыпалось по кирпичикам, поэтому приговор – год исправительных работ по месту работы с удержанием 20% заработка – устроил всех, кроме прокурора, который просил 4 года лишения свободы, учитывая предыдущую судимость.

И вместо слов благодарности вот что я услышал от Болгачева:

— Михаил Петрович, программа «минимум выполнена». Теперь надо выполнять программу «максимум» – вернуть мне Тоню.

Новый вызов. Похищать невест мне еще не приходилось. Но и отказаться не мог: за это непродолжительное время я получил красноречивые доказательства такой любви двух сердец, о которой читал только в средневековых романах. Да и подружились уже с Болгачевым.

На следующий день рассказываю обо всем знакомому лейтенанту милиции, одновременно опустошив с ним вместе бутылку коньяка. Еще сообщаю, что паспорт Тони находится у Славика.

На следующий день милиционер со Славиком на машине последнего приезжают на окраину села, откуда офицер пешком идет в дом Тони. Стучит в дверь.

— Кто там? – грубый голос отца Тони.

— Открывайте, милиция! Поступил сигнал, что вы активно гоните и продаете самогон. А это – преступление!

Перепугавшийся отец Тони открывает дверь, и лейтенант заходит в дом. Испуганные лица Тониных родителей – видно, и в самом деле рыльце в пушку. Милиционер осматривает комнаты и в одной из них видит Тоню.

— А ты кто такая?

— Это наша дочь – спешат сменить тему родители.

— Паспорт? – спрашивает лейтенант.

— У меня его нет, – отвечает Тоня.

— Собирайся, едем в отдел милиции, устанавливать твою личность, – безапелляционным тоном заявляет милиционер.

Через десять минут машина Славика навсегда увозила Тоню от ее мужа и родителей.

Вскоре Тоня официально получила развод через суд и вдобавок к нему своих детей: девочку и мальчика. Они со Славиком поженились, и новая семья переехала в большое село под городом Новороссийском, где Славик с головой окунулся в работу фотографа в Ультришском дельфинарии. Хорошо зарабатывал. Они купили домик – беленькую хатку неподалеку от моря. Я навестил их и искренне радовался любви и согласии, в которых купалась вся их семья.

Но, к моему большому сожалению, продолжения: «они жили долго и счастливо, и умерли в один день» не получилось.

Лет через пять я случайно встретил Тоню на железнодорожном вокзале в Ростове. Она сильно изменилась: похудела, резко постарела и совершенная безнадежность заполняла её когда-то лучистые голубые глаза.

Оказывается, была ещё одна «программа максимум». И Болгачев выполнил её. Он сумел через суд забрать к себе своего родного сына от первого брака.

С первых же дней между этим мальчиком и детьми Тони начались конфликты, в которых Слава решительно выступал на стороне своего сына. Тоня заступалась за своих детей. Скандалы переросли в драки. К тому же у Болгачева появилась зазноба в городе – дама с высшим образованием и без детей. В итоге – развод.

А зимние ночные трехкилометровые кроссы по колено в снегу ради короткого поцелуя, три похищения на грани закона, суд, в котором Болгачев мог реально получить 4 года колонии – растаяли в таком далеком прошлом.

Так бесславно закончилась любовная эпопея, потрясшая в своё время весь Железногорский район.

Чужая жизнь. Её не предскажешь. Как, впрочем, и свою.

Юра и Таня Соболь

Нормальной жизни у мамы с женой в одной квартире не получилось. Я часто ездил в командировки, и, возвращаясь, получал такую порцию негатива, что хоть опять уезжай на край света.

— Разменивай квартиру, – однажды предложила жена.

С одной стороны, не мог представить, как буду жить без детей. С другой – понимал, что так больше продолжаться не может, а оставить больную маму одну – даже не обсуждалось.

Поэтому разменял четырехкомнатную квартиру на однокомнатную, куда перешли жить мы с мамой, и двухкомнатную, куда переехали жена и девочки. Оформили развод. Но каждый вечер я проводил с детьми, укладывал их спать, рассказывая сказки. А летом ездили на курорты все вместе: в Сочи на море, в Есентуки на минеральные воды.

Однажды, будучи в плодоовощном совхозе «Веретенино», который я обслуживал как юрист, случайно познакомился с Юрой Соболем. И сразу же попал под непередаваемое обаяние этого неординарного парня. Неординарность его заключалась в неиссякаемом оптимизме в сочетании с юмором и добротой. Я никогда не видел его грустным, злым или раздраженным. Инженер из Киева, Юра придумал яблочный бизнес в то время, когда и такого слова еще не знали.

Когда в совхозе поспевали яблоки, совхозные рабочие не успевали их собрать. Юрий организовывал из киевских инженеров и работников научных институтов бригаду, привозил их в Железногорск, и они, как когда-то мы в стройотрядах, собирали яблоки, за что совхоз расплачивался теми же яблоками. Юра выплачивал своим работникам по тысяче рублей в месяц – огромная сумма по тем временам, а сам грузил заработанные яблоки в вагоны и отправлял их на Север или другие места, где яблоки не росли. И вместе с женой Таней и партнером Феликсом они продавали эти яблоки, получая прекрасный заработок.

Юра позвонил мне через несколько дней после знакомства и предложил пообедать в городском ресторане. Мы встретились, и он познакомил меня со своей женой, приехавшей навестить его из Киева. Таня, высокая с большими карими глазами, оказалась необыкновенно умной и общительной женщиной, фонтанирующей юмором (между прочим, этот фонтан не иссяк и поныне).

Правда, в тот момент им было не до юмора. Киевлянин Юрий Соболь получил предписание от паспортной службы Железногорска покинуть город в 24 часа, потому что в его бригаде оказался некий Соболев (Соболь-Соболев), разыскиваемый за хищение в особо крупном размере. А у Юры бригада почти заканчивает работу, и с этой огромной массой полученных яблок надо что-то делать. Не терять же заработанное «непосильным трудом».

Пришлось мне подключить «тяжелую артиллерию» из органов, и назавтра тот же начальник, не подымая глаз, вручил Юре разрешение на временную прописку, что давало возможность спокойно работать и дальше.

С этого началась наша теплая дружба, которая длится и поныне, несмотря на то, что я живу в Торонто, а они - в Нью Йорке.

Как раз в это время я открыл в себе неожиданный дар. Дело было так.

Работаю за своим столом. В комнате еще три товароведа. Слышу, как одна из них, Галина Кузьминична, лет на десять старше меня, жалуется другой:

— Целую ночь не спала. Так плечо болит. Пять раз вставала, пила таблетки. Не помогает. Утром опять пила. Все равно болит. И сейчас не знаю, что делать – болит и болит...

Слушая непрекращающийся поток этих жалоб, я, вдруг, почувствовал растущее, царапающее душу раздражение. Все больше и больше. И дикое желание, чтобы этот жалобный голос сейчас же замолчал.

Вскакиваю. Подбегаю к женщине и почти кричу:

— Где именно болит? - Она показывает, удивленно. - Сейчас я твою боль вытащу в свои пальцы.

Ставлю пальцы к ее больному месту. Закрываю глаза. И мне видится комок черной ваты, которую я, как насосом, пальцами стараюсь втянуть в себя. И вот, кажется мне, она сдвинулась, поползла, все выше и выше. Вползла вся. Отнимаю пальцы.

— А теперь болит?

Галина Кузьминична двигает рукой, крутит ее в плечевом суставе и вдруг как закричит:

— Девчата, НЕ БОЛИТ! Совсем не болит! Ай-да юрист! Так ты еще и экстрасенс???

Так началась моя карьера лекаря-самоучки. Буквально через несколько дней я вытащил зубную боль у другой коллеги, а потом головную боль опять же у Галины Кузьминичны.

В тот же день поехал на обед к Юре и Тане Соболь в квартиру, которую они временно снимали. Таня прекрасно готовила, и после замечательного обеда я рассказал им о моих, вдруг упавших с неба способностях.

— Да ладно тебе. Девочек гладишь, они и «выздоравливают», - пошутила Таня. - Я уже третий день спать не могу. Привыкла засыпать у Юрки на руке, а он её даже чуть-чуть поднять не может. Может и его вылечишь?

Стало интересно. Действительно, Юра ни в Бога, ни в черта не верит. Получится ли?

— Покажи, в каком месте болит? – Показывает на двадцать сантиметров ниже плеча.

Ставлю пальцы, закрываю глаза и … ничего. Пустота. Ничего не «вижу».

«Вот это опозорился. Хвастун», – заливаюсь краской стыда, а сам тем временем подымаюсь вверх по руке. Стоп. Есть. У самого плеча. Знакомый комок чёрной ваты. Десять минут усилий, и Юра, осторожно поднимает руку:

— Таня, не болит! Абсолютно не болит! - и поворачиваясь ко мне – Ну, ты, Мишка, даёшь!

Юра и Таня уже много лет живут в Нью Йорке. Недавно был у них в гостях, и мы вспомнили этот эпизод более чем тридцатилетней давности.

Таня и Юра Соболь с родителями Юры

Или еще пример. Однажды приехав в Ромны, пригласил своего друга Колю Тугарина и его жену Галину в гости в Железногорск. Коля согласился при условии, что мы заедем в село к известной знахарке, так как у Гали давно сильные головные боли. Ехали на моем «Запорожце», маленькой машине, сделанной на Украине. Приехали к знахарке, переждали огромную очередь. Через пять минут приема Галина вышла.

Вердикт знахарки: «Болезнь слишком старая. Помочь не смогу. Идите к врачу.»

Выехали из села на шоссе. Галя тихо постанывала от боли. Глаза закрыты.

— Миша, поворачивай обратно. Ты видишь, что творится. Какие там гости, - попросил Коля.

Но к этому времени у меня не то что раздражение – колокола внутри звенели. Резко съехал на обочину, вывел Галю из машины, посадил на пенек и начал тащить. Только не черную вату, а черный жидкий кисель. Он быстро вползал в пальцы, но в количестве уменьшался очень медленно. Пришлось делать два перерыва. Наконец, кажется, чисто. Вытащил. Мы сели в машину.

— Что чувствуешь? - спросил Галю.

— После первого раза – глаза открылись. Сейчас боль отошла, но как будто находится рядом.

— Засекай время, через полчаса уйдет совсем.

Так и было. Мы прекрасно провели три дня в Железногорске, а потом они уехали в Ромны. Боль вернулась к ней только через полгода, но уже не в такой степени.

И потом подобных случаев было много на протяжении многих лет. Объяснить, что со мной происходило и почему я делаю так, а не иначе, до сих пор не могу. Почему с закрытыми глазами мне виделся то черный кисель, то черная вата, почему я давал те или иные рекомендации, и они срабатывали – понятия не имею. Правда, после этих сеансов меня почти всегда тошнило и охватывала неприятная слабость. Как сказал руководитель школы экстрасенсов, с которым я познакомился на курсах менеджеров: «Зря ты это делаешь. Ты втягиваешь в себя отрицательную энергию, а сбрасывать её не научился. Прекращай».

Прекратилось все само собой. В 2002-м году после долгого перерыва я попробовал снять головную боль у любимой женщины – не получилось. Попытался еще пару раз. Безрезультатно. Как внезапно пришло, так внезапно и ушло. Может и к лучшему.

«Пожарный случай»

В 1984 году в нашем райпо произошло ЧП. В ближнем от Железногорска селе находился наш магазин, где по особому распоряжению председателя продавались дефицитные товары, т.е.

товары, которых не возможно было купить в обычных магазинах: редкие и нужные. Две женщины – продавщицы, конечно, чувствовали себя королевами. И, очевидно, не стеснялись воровать. День за днем. А когда узнали, что в их магазин назначена проверка (ревизия), не придумали ничего лучше, как поджечь магазин. На первом же допросе одна из них призналась во всем. Их арестовали. Шло следствие, в процессе которого моему благодетелю – председателю райпо Ивану Терентьевичу Полозенкову – предложили написать на обвиняемых производственные характеристики.

Он написал объективно: и хорошее и плохое. Следователь, свернув листок с характеристикой пополам, показал женщинам только плохую её часть, добавив:

— Смотрите, ваш шеф, видимо, хочет, чтоб вы сели в тюрьму на много-много лет!

И тогда старшая из них сказала:

— Ах мерзавец, так я его посажу вместе с нами.

И в деле появились её показания: председатель райпо на протяжении нескольких лет регулярно 2-3 раза в неделю заезжал в этот магазин с разными людьми, брал у них 2-3 бутылки коньяку и закуски, денег не платил.

Возбуждается уголовное дело против Ивана Терентьевича по статье хищение в крупном размере путем злоупотребления служебным положением. Ввиду высокого положения обвиняемого из Курска приезжают три следователя с кучей ревизоров, и вся Железногорская милиция им в подмогу. Следует фронтальная проверка всей деятельности райпо, в особенности его председателя.

В райпо назначили нового председателя – Николая Ивановича Молчанова а Ивана Терентьевича Полозенкова уволили. Конечно же он сразу пришел ко мне, и, конечно же, я сразу стал работать по разрушению тех обвинений, которые градом одно за другим сыпались него. И работа эта была достаточно плодотворной: полгода следователи бились головой о стенку, которую выстраивал для них я.

В конце концов они узнали, кто так активно противодействует им, и в субботний день ко мне в квартиру (я еще жил с женой и детьми) нагрянули трое офицеров милиции с обыском. В постановлении о проведении обыска, подписанном прокурором района, целью обыска значились: «документы и ценности, касающиеся Железногорского райпо».

Бояться мне было нечего – ничем незаконным я не занимался. Но дело в том, что буквально за несколько дней до этого я продал свой автомобиль, купленный на отцовское наследство, и 7 тысяч рублей лежали в шкафу маминой комнаты. Если их найдут, разбираться не станут – приобщат к вещественным доказательствам. И потом доказать, что это были деньги НЕ Ивана Терентьевича, которые он прятал у меня, пытаясь утаить от следствия и суда, мне будет нелегко и долго. Как же быть?

И тут начальник отдела по борьбе с хищениями, возглавлявший группу обыска, приказал одному из них привести понятых (свидетелей обыска) из соседей.

— Стоп! – командую я. – Подо мной на третьем этаже живет Председатель Железногорского суда. Мне здесь жить и жить. Вы что меня опозорить на весь дом хотите?! – И, повернувшись к жене (мы еще жили вместе), – иди приведи Лешу-водителя с супругой из соседнего дома! Это займет пять минут.

Милиционеры, находившиеся в большой комнате, смешались, но потом начальник кивнул – согласился. В тот момент, когда жена протискивалась мимо меня, стоявшего в дверном проёме, загораживая от офицеров коридор и вход в мамину комнату, я, полуобернувшись, шепнул:

— В мамином шкафу деньги за машину. Унеси их, – и тут же, разворачиваясь к милиционерам, обрушиваюсь на них с гневной речью, отвлекая внимание. – Вам что, делать нечего? В выходной день покоя не даете! Статьи уголовно-процессуального кодекса, касающиеся обыска, хорошо изучили? Чтоб у меня каждая книжка, к которой вы дотронетесь, была поставлена на место, каждая вещь положена на свою полку. Беспределом заниматься не дам. Сегодня Полозенков, а завтра вы – можете оказаться обвиняемыми... – и в это время слышу: хлоп, закрылась входная дверь. Жена ушла. С деньгами. Фух!

Конечно, обыск следствию ничего не дал, кроме собранных мною за это время 40 объяснительных от 40 заведующих магазинами о том, что у них Полозенков никогда и ничего бесплатно не брал. Но когда эти материалы легли в дело, то они помогли только его адвокату в суде. Я, будучи допрошен как свидетель, участвовать адвокатом в процессе уже не мог.

Интересно, что на следующий день после обыска мне позвонила Вера, жена нового председателя райпо Николая Молчанова, парикмахер.

— Сегодня я делала прическу помощнице районного прокурора, так она мне сказала: «Вот Кербель шустрый! Вчера под носом у трех офицеров милиции вынес из дома 10000 (!) рублей!»

Как это стало так быстро известно – до сих пор для меня вопрос. Не иначе как Леша-водитель или его жена, у которых мы спрятали деньги, проболтались.

Ивана Терентьевича осудили, и он получил три года лишения свободы – гораздо меньше, чем на то рассчитывало обвинение, требовавшее 7 лет. Тем более, что освободился он, отбыв половину срока. Условно досрочно.

Яблочная эпопея

Как-то в августе 1985 года ко мне приехал Юра Соболь, с которым мы сдружились очень тепло и близко.

— Слушай, Мишка, тут такое дело. Феликс, мой партнер по яблочному бизнесу, уезжает за рубеж. Я и Таня предлагаем тебе занять его место. У меня в этом году будет два вагона яблок. Ехать продавать решил в Казахстан на полуостров Мангышлак. Город Шевченко. Сначала поедете вы с Таней продавать первый вагон. Потом подъеду я со вторым. Прибыль пополам.

— Поехали, вопросов нет. Только «прибыль пополам» - это несправедливо. Ты уже месяц «пахал» на сборе яблок, поэтому мне полагается меньше, а вам больше.

— Ладно. Договоримся.

Шевченко - большой, современный город в Казахстане, на берегу Каспийского моря. Вокруг каменистая мертвая пустыня на многие сотни километров.

Мы с Таней разгрузили вагон на складах центрального рынка вечером.

А когда на следующий день утром вынесли несколько ящиков яблок и стали продавать, то увидели, что конкурентов у нас намного больше, чем предполагалось. Вследствие этого и цена на яблоки была ниже 1 рубля за килограмм, что, учитывая расходы по доставке яблок из Курска в Казахстан, прибыли нам почти не приносило.

Продав за два дня всего несколько ящиков, поняли, что здесь мы ничего не заработаем, и надо срочно что-то предпринимать. На следующий день я выехал в отдаленный район полуострова форт Шевченко, где когда-то отбывал службу-каторгу выдающийся украинский поэт, именем которого был назван форт. Поездка успехом не увенчалась: председатель местного райпо потребовал такую взятку, что я, молча развернувшись, уехал.

Случайно прослышал еще об одном городе полуострова – городе нефтяников Новом Узене. На следующий день через несколько часов езды на трясущемся автобусике через безжизненную светло-коричневую пустыню попадаю в Новый Узень. Приличный город, но поменьше, чем Шевченко. Сразу отправляюсь на рынок. Картина следующая: два азербайджанца в спортивных костюмах продают яблоки, вынимая их из двух больших чемоданов. Больше продавцов яблок нет. Цена – 7 рублей за килограмм. Небольшая очередь.

— У вас что, с яблоками проблема? - спрашиваю одного из покупателей.

— Да. В этом году только эти двое азербайджанцев чемоданами и таскают. Самолетами возят. Цена запредельная, но порадовать детишек хочется.

Вот это удача! Да для нас этот город – настоящий Клондайк.

Нахожу директора рынка. Узнав, что мы можем привезти целый вагон, он тут же обещает всяческое содействие и просит доставить яблоки как можно скорее.

Темнеет. Ловлю большой грузовой автомобиль. Договариваюсь с водителем о немедленном рейсе в Шевченко и обратно. Мчимся на предельной скорости, объезжая посты милиции.

Поздно вечером мы с Таней поднимаем на ноги весь засыпающий рынок в Шевченко, открываем склад, загружаем яблоки и ночью снова объездными дорогами, чтобы не остановила милиция, которая, увидев наш товар, обязательно потребует себе часть яблок бесплатно, мчимся в Новый Узень.

На следующий день, взяв по десять ящиков со склада, куда мы сгрузили яблоки, выходим не на рынок, а прямо в самый центр города, где больше всего людей.

Ставим весы и таблички: «ЯБЛОКИ КУРСКИЕ – ЯБЛОКИ ВКУСНЫЕ». И цена 2 РУБЛЯ 50 КОПЕЕК за килограмм. Почти в три раза дешевле, чем продавали азербайджанцы.

Боже, что тут началось! Через полчаса нас сдавила огромная толпа. Яблоки не покупали – их просто рвали у нас из рук, бросая деньги и не дожидаясь сдачи (нефтянники!). Пришлось несколько раз мотаться за новыми ящиками. Даже когда стемнело, толпа не хотела расходиться – покупатели светили фонариками, чтоб мы могли видеть цифры на весах.

На второй и третий день ситуация повторилась. Срочно звоню Юре и прошу отправить второй вагон яблок не в Шевченко, а в Новый Узень, что он и сделал. А вскоре и прибыл сам. Мы заняли три лучшие точки в городе и с утра до ночи продавали красные сладкие курские яблоки стосковавшимся по ним горожанам. Работая в разных местах города, встречались только вечером.

Однажды после работы сходимся на квартире, которую сняли на этот период, и видим, что Таня выглядит изрядно напуганной.

— Что случилось?

— Ко мне подъехали с угрозами. Местные. Бандиты. Они привезли зеленые яблоки и сказали, чтоб на том месте, где я всегда торгую, меня больше не было. Они будут сами там торговать. Кавказцы.

Неприятная новость. Ладно, утро вечера мудренее.

На следующее утро предложил Тане поехать на мое место, а сам с товаром отправился на её место. Расставил ящики, сразу возникла очередь, торгую.

Через некоторое время подъезжает зеленая «Лада», а за ней грузовичок с яблоками. Тут же бросаю торговлю, подхожу к зеленому автомобилю, резко рву на себя переднюю дверцу и с жестким напором говорю здоровенному кавказцу, сидевшему рядом с водителем:

— Слушай меня внимательно. Я – из Москвы. Здесь торгует моя жена. Вчера ты угрожал ей. А ты выяснил, кто – я, и КТО за мной стоит? Нет? А я выяснил, кто ты, с кем ты и чем ты дышишь. Где живешь ты и где живет твоя мать. Так вот, запомни: моя жена снова будет стоять здесь. И если с ее головы завтра днем упадет хоть один волосок, ночью к тебе придут. И к тебе, и к твоей матери. Ты понял? Мы здесь стояли и пока не продадим свой вагон яблок, будем стоять. И в этом городе все, включая начальника милиции и прокурора, это уже уяснили. Ты понял?!

Громко хлопаю дверцей машины и не спеша, будто бы спокойно, возвращаюсь на свое место. А на самом деле сердце бьёт пулеметными очередями: а вдруг шарахнут в спину?

В тот раз мне просто повезло. Бандит, привыкший к тому, что в этом городе его боятся и повинуются, был просто ошарашен, и, видно, даже представить себе не мог, что это был просто блеф.

Дух – главное, что ценится в криминальном мире. Конечно, мне помогло неоднократное общение с моими подзащитными, среди которых попадались далеко не ординарные экземпляры.

Минут через десять ко мне подошел один из подручных главаря и вежливенько спросил, можно ли их продавцам стать недалеко от меня. Я не возражал. Яблоки у конкурентов были не сортированные, зеленые. Постояв пару часов и не продав даже одного ящика, конкуренты удалились. И больше в поле моего зрения не попадали. На следующий день Таня спокойно торговала на своей точке. К ней больше никто не подходил.

Вскоре мне надо было уезжать на работу в Железногорск, и ребята заканчивали яблочную эпопею сами. Я заработал 2500 рублей – больше заработка в райпо за целый год – и с удовольствием купил в Киеве первый переносной магнитофон "Sony", хрустальную мечту каждого советского человека в то далекое время.

С Киевом связан и еще один эпизод, имевший большое значение в моей жизни. Однажды, будучи в гостях у Юры и Тани, я попал на вечеринку в честь приезда из Канады Таниного кузена Игоря Сироткина.

Гость из Канады в то время был чудом для обычных советских людей, инопланетянином. Запад казался нам всем сверкающим раем, а люди оттуда – мультимиллионерами, высшими существами.

Игорь, на 8 лет моложе меня, оказался красивым, простым и веселым парнем, без всяких наворотов. Мы крепко выпили, много шутили и смеялись. А потом мы с Юрой, уже хорошо спевшиеся за это время, устроили такой концерт из наших общих и моих песен, что Игорь, который в юности тоже играл и пел, был приятно удивлен и не скрывал этого. С первой нашей встречи между нами возникло по-настоящему теплое дружеское чувство, которое продолжает существовать и по сей день.

Первый бизнес: кооператив «Пласт»

В 1986 году к нам в райпо пришел новый заместитель председателя по торговле Николай Симоненко.

Моложе меня на девять лет, высокий худющий с густой, русой с проседью шевелюрой волос и серыми глазами. Ему бы усы и ...

вылитый молодой Богдан Хмельницкий. Умный, эрудированный, немногословный он сразу показал себя отличным специалистом, и уважение к нему окружающих было неподдельным.

Здание райпо было маленьким, поэтому мы с Николаем располагались в крохотном (два придвинутых друг к другу стола) кабинете. Таким образом, тесное общение было предопределено. И оно было взаимно интересным. Было о чем поговорить. Нельзя сказать, что мы стали друзья «не разлей вода»: мы были разными. Он – интраверт, я – экстраверт. Оба – лидеры. У меня уже сложился круг близких друзей – это мои братья – армяне, хирург Юра Волчков, Юра Соболь.

Николай приехал с женой Ирой, тоже закончившей Полтавский кооперативный институт. Его друзьями были бывшие сокурсники по институту, такие как Саша Поездник.

Конечно, я познакомил Колю со своими друзьями, а он меня со своими. Но до 1988 года наши отношения были просто приятельскими.

В 1988 году новый руководитель СССР Михаил Горбачев – первый и последний президент Советского Союза – разрешил частично заниматься частным бизнесом, поскольку до этого весь бизнес вели только государственные структуры. Промышленность, торговля, сельское хозяйство – все было государственным.

В стране, как грибы после дождя, тысячами попёрли кооперативы: производственные, торговые, сельскохозяйственные. Малый бизнес. Не был исключением и Железногорск. А поскольку оформлением документов для регистрации кооперативов в органах власти и получения лицензий занимались юристы, знакомые обращались ко мне неоднократно.

Однажды пришли несколько парней. Некоронованные короли города: чемпионы по дзюдо. Они решили создать кооператив по изготовлению различных деталей для сантехники: ванн, туалетов. В те времена – огромный дефицит – в магазинах не купить. На небольшом полусамодельном станке спортсмены расплавляли полипропиленовые гранулы. Расплавленная масса попадала в прессформы и получались готовые изделия. Раскупались влёт, особенно в первый период. Прибыль огромная.

Спортсмены предложили мне оформить все документы для них и стать юристом их кооператива с зарплатой 150 рублей в месяц. Согласился.

Но очень скоро полипропилен у них закончился, и мне пришлось заняться его добыванием, что оказалось совсем не просто. Через некоторое время на меня легли еще и обязанности колесить по Курской и соседним областям, чтобы найти сбыт их изделиям. На все это уходило много и времени, и денег.Плюс юридическая работа. А зарплата – те же 150 рублей, притом, что простые рабочие, нажимавшие кнопку у станка, получали по 1000 рублей в месяц.

Решив, что это несправедливо, предложил хозяевам пересмотреть мою зарплату. Реакция была негативной, но обещали подумать.

Прошла неделя. Ответа не было. В это время к Николаю Симоненко приехал его товарищ по институту Володя Куклицкий из Днепропетровска. Он случайно сбил на своем автомобиле мальчика, который при этом сломал ногу. Было возбуждено уголовное дело. Володя попросил Колю посодействовать, а тот предложил мне поехать с ними в Днепропетровск и попробовать помочь.

Вечером в вагоне поезда, уносившего нас на Украину, под стук колес и бутылочку вина у нас с Николаем и зародилась мысль: а что если нам самим попробовать заняться бизнесом?

Сказано – сделано. После возвращения из Днепропетровска, где проблема Куклицкого была улажена, мы с Колей, не откладывая в долгий ящик, рванули в Курск на Завод пластмассовых изделий. Почему пластмасса?

Потому что мы поняли: в этом бизнесе норма прибыли одна из самых высоких.

Коля как зам.председателя райпо имел доступ к дефицитным товарам, которые в магазинах просто так не продавались: импортная одежда, обувь, элитные напитки. Они предназначались только особо важным персонам: городским и районным начальникам, милиции, прокуратуре. Поэтому к директору Завода пластмассовых изделий мы явились с презентом – пятизвездочным армянским коньяком, мгновенно создавшим в его кабинете теплую атмосферу. Директор, значительно старше нас, сразу поймал суть дела:

— Значит так ребята. Как я понимаю, денег у вас, конечно, нет. Термопласт-автомат я вам дам по цене металлолома – он у меня списан, ржавеет под забором. За месяц в порядок приведете и можете работать. Но настоящие деньги не здесь. Поезжайте в город Щигры на завод по переработке пластмасс. Они делают пленку из пищевого полиэтилена, а из нее – пакеты. Вот где деньги.

Себестоимость пакета – 1,5 копейки, а в розницу его продают по 7 копеек. Даже если вы будете продавать оптом по 5 копеек, прибыль – 300 процентов. Удачи!

Вскоре мы вывезли из под забора огромный, начинающий ржаветь, без многих деталей термопласт-автомат в Железногорск, заплатив символическую сумму как за металлолом.

Начало положено. Следующая задача: рабочее помещение с отоплением, водой и электричеством в 380 вольт.

В то время мы с мамой жили в однокомнатной квартире, а соседом был генеральный директор горно-обогатительного комбината (ГОКа) – градообразующего предприятия, на котором работало около двадцати тысяч человек из ста тысяч, проживавших в Железногорске.

Василий Васильевич Коломоец. Массивный, с большими карими глазами – умница, трудоголик, прекрасный организатор и просто хороший человек (в будущем многолетний мэр города). Мы иногда здоровались, встречаясь на лестничной клетке. Он знал, что я – юрист райпо и что я защищал на следствии Полозенкова, с которым он был дружен.

Поздно вечером стучу в его дверь.

— А сосед, заходи, - гостеприимно приглашает Василий Васильевич.

Мы сели на кухне, он открыл бутылку водки, выпили по рюмке, закусили.

— Какая нужда привела? - спрашивает директор.

— Василий Васильевич, насколько я знаю, вашему комбинату доведен План по производству товаров народного потребления. Верно?

— Верно.

— И как вы его на вашем горно-обогатительном комбинате собираетесь выполнять?

— Да вот думаем. Пока не придумали.

— У меня - предложение: мы организуем кооператив «Пласт» при вашем ГОКе. Будем выпускать товары народного потребления из пластмассы. И вся эта масса товаров будет засчитана в ваш план. Вам даже пальцем пошевелить не придется. Единственное что от вас требуется: предоставить кооперативу в пользование рабочее помещение – цех с отоплением, водой и электричеством в 380 вольт. Это возможно? Тогда никто не скажет, что это не ваш кооператив.

Глаза директора ГОКа вспыхнули радостным огнем:

— Отличная идея, Петрович. Конечно, помещение найдем. А мы ломали голову, ну какие товары народного потребления мы можем делать на комбинате, где продукция – это железная руда, окатыши и т.д. Подожди, сейчас позвоню Игорю Меркушенкову, начальнику цеха по ремонту автомобилей. У него есть пустующие площади.

Он коротко переговорил с Игорем, и на следующее утро мы уже знакомились с ним на работе. Игорь оказался отличным парнем, схватывающим на лету наши мысли. Он привел нас в большой пустующий цех, где было всё, что нам нужно. Прекрасное рабочее помещение: в одной комнате можно было разместить станки, в другой – склад сырья и готовой продукции. В него мы и затащили наше полуржавое чудовище – многотонный термопласт –автомат из Курска.

Помня рекомендацию директора Курского завода пластмассовых изделий, загружаю портфель армянским коньяком и на предоставленном партнером Колей Симоненко грузовом «Москвиче», который все звали «Пирожок», отправляюсь в город Щигры на завод по переработке пластмасс.

Щигры – маленький городок Курской области. Грязноватый, пыльный, неухоженный. Зато завод – новый, огромный, с современным оборудованием, высоким забором и проходной с охраной.

Напряженно соображаю, как же мне в него попасть. Ведь ни с кем из руководства завода о встрече не договорился. Просто не пустят. Вдруг, слышу рядом разговор двух мужиков, стоявших у своих автомобилей:

— Ну, конечно, главного инженера возишь, так тебе и «море по колено».

Оп-па! Госпожа Удача и тут рядом.

Приглашаю водителя главного инженера отойти в сторону и, вручив ему бутылку коньяку, от чего у того мелко задрожали руки (видно, кроме самогона и дешевой водки пить ничего не приходилось), объясняю:

— Я должен немедленно попасть к главному инженеру завода.

Ничуть не смутившись, водитель укладывает меня сзади на пол своей «Волги» и спокойно заезжает на территорию завода, слегка кивнув открывавшим ворота охранникам. Затем проводит меня к главному инженеру, который как раз собрался обедать прямо в кабинете. Тут и мой коньячок кстати пришелся (пока мы ехали, водитель объяснил, что его шеф просто обожает хороший коньяк).

Через десять минут общения и тройку рюмок коньяка мы с хозяином кабинета уже были хорошими друзьями, и моей проблемой он проникся до глубины души. Эти чувства, конечно, усилили еще две бутылки «Арарата» в подарок, которыми Коля Симоненко запасливо снабдил меня перед отъездом. Закончив обедать, главный инженер повел меня в огромный склад на чердаке, где грудами лежали старые запасные части к станкам, на которых изготовлялись полиэтиленовые пакеты.

— Набери им на два станка. В комплекте. Ничего не упусти, – приказал главный инженер кладовщику и, повернувшись ко мне: – А ты, Петрович, заплатив за этот металлолом, иди загоняй свой «Пирожок», загружать будем.

Он подписал пропуск, и в течение часа кузов нашего автомобиля был забит деталями и рамами двух станков. Они оказались небольшими по размерам и очень простыми. Полиэтиленовый рукав вставлялся в валик с вольфрамовой нитью. Рабочий нажимал на педаль: вольфрамовая нить накалялась и отрезала кусок рукава, одновременно запаивая дно пакета.

Конечно, я тут же договорился с главным инженером о покупке нескольких огромных рулонов рукава пищевого полиэтилена, чтоб мы могли начать работать.

Возвращался героем: всего за несколько дней удалось получить прекрасное производственное помещение и собрать всю производственную базу в виде старого ржавого термопласт-автомата и груды деталей для станков по производству полиэтиленовых пакетов. И, практически, все это за копейки.

Осталось решить самую важную, самую главную задачу – найти людей, способных превратить эту груду металла в полноценные станки. И эту задачу мы с Колей решили, не побоюсь этого слова, блестяще.

У каждого из нас были небольшие сбережения. Поэтому, уговаривая специалиста по пластмассе Мишу Шпакова и электронщика Сережу Коняева оставить их надежный кусок хлеба в 150 рублей в месяц на ГОКе и перейти работать к нам, в какой-то кооператив «Пласт», мы обещали им сразу по 250 рублей в месяц, рассчитывая только на свои запасы. К тому же мы обещали им и «золотые горы» в будущем. Но все равно понадобился весь мой опыт убеждения, чтобы парни рискнули оторваться от привычной и стабильной кормушки и нырнуть в неизвестность. Да еще и вопреки сопротивлению их любимых жен.

Начальника цеха Игоря Меркушенкова мы тоже пригласили к нам в качестве механика, но ему работу бросать не пришлось – она была рядом с нашим помещением. Вторым механиком стал Юра Соболь, инженер по специальности, с которым мы продавали яблоки. Он оставил свой родной Киев и переехал жить в Железногорск. В кооператив он поверил сразу. Володя Куклицкий тоже присоединился к нам – ведь он присутствовал во время рождения идеи кооператива в поезде, мчавшемся в Днепропетровск.

И всего за один месяц эти пятеро мастеров, работая по 12 часов в сутки, ремонтируя старые и вытачивая новые детали, перебрав всю электрику и электронику, реально сделали из железного дерьма сверкающие конфетки. Термопласт-автомат заработал как часы, и работал так все время, пока существовал кооператив.

Механические станки по производству пакетов наши «кулибины» преобразовали в станки-автоматы: теперь не нужно было каждый раз нажимать ногой, чтобы отрезать от рукава один пакет: нажатием кнопки автоматически со скоростью пулеметной очереди отрезался рукав и сваривалось дно пакета. Пакеты выходили один за другим без перерыва. Специальный счетчик отсчитывал 500 пакетов, которые сидящий у станка рабочий укладывал в большой пакет, приклеивал этикетку, и товар был готов к продаже.

В Днепропетровске был найден огромный заказ на полипропиленовые коробки для мебельной фурнитуры – термопласт-автомат был обеспечен работой надолго.

Что было важно: простых прозрачных семикопеечных полиэтиленовых пакетов, которые мы собирались изготовлять, в стране катастрофически не хватало. Мы попали в нишу на рынке упаковки. Главное снабженческое предприятие Курской области – «Курскглавснаб» готово было покупать у нас пакеты в любом количестве. А сбыт – это ВСЁ! Главная причина успеха в любом бизнесе!

За месяц, пока шла подготовительная работа, мы с Колей Симоненко заплатили ребятам из своего кармана. А после второго месяца, когда мы получили деньги за изготовленную и проданную продукцию, оказалось что фонд зарплаты членов кооператива, не считая бухгалтера, составил 7000 рублей. Нас тоже было семеро:

Коля Симоненко – председатель кооператива, я (зам. председателя) и пятеро ребят.

Конечно, как реальные хозяева и создатели фирмы мы с Колей могли заплатить им по 300 рублей, ведь это вдвое больше их прежних зарплат, а пять с половиной тысяч разделить между собой.

Но мы сделали по-другому. Каждый член кооператива получил по конверту, в котором лежала 1 тысяча рублей.

И этот принцип равной оплаты мы сохранили до конца, поставив всех остальных на один уровень с собой по доходам. Время покажет, правильно ли мы сделали. Но в тот момент, видя сияющие, счастливые лица ребят, впервые в жизни державших в руках такие деньги, я испытывал такое же удовлетворение, как и после побед в судебных баталиях.

У НАС ПОЛУЧИЛОСЬ ДАЖЕ ЛУЧШЕ, ЧЕМ МЫ ОЖИДАЛИ!
И это было только начало.

Кооператив «Пласт». Впереди на полу – Николай Симоненко.

Вскоре ребята узнали, что с юга России можно привезти старый экструдер – огромный станок, в ковш которого засыпаются гранулы полиэтилена, расплавляются в нем, и на выходе получается плёнка, полиэтиленовый рукав, который до этого мы покупали на Щигровском заводе. Конечно, это было невероятно выгодно, тем более, что этот старый экструдер стоил совсем недорого.

Имея опыт превращения нашими ребятами груды железа в полноценные станки, мы, не задумываясь, купили и привезли экструдер, который через пару недель уже давал нашу собственную продукцию.

И тут встал главный и самый сложный вопрос: где взять пищевой полиэтилен в гранулах?

Это была ОГРОМНАЯ ПРОБЛЕМА, и ее решением мне пришлось заниматься все два года существования кооператива.

Первые несколько месяцев выручал «Курскглавснаб». По договору с ним мы получали от него полиэтилен и ему же продавали всю свою продукцию – пакеты. Да и первое время его количество было не таким большим. Но с каждым месяцем требовалось все больше и больше.

Однажды я приехал в Курск за очередной партией сырья. Но в кабинете директора УПТК (подразделение «Курскглавснаба») с которым у нас был договор, я застал совсем другого человека – Владимира Ханина. Как и у большинства руководителей государственных предприятий Советского Союза, новое движение частников-кооператоров у него восторга абсолютно не вызывало, и, даже не взглянув на меня, он сразу же заявил:

— С кооператорами я никаких дел иметь не собираюсь и контракт с вами прекращаю. Больше от «Курскглавснаба» полиэтилен вы не получите.

Остаться без сырья – кооперативу смерть. Я похолодел. На секунду представил себе наших ребят с их семьями и детьми без зарплаты.

С огромным трудом подавил желание взорваться и вместо этого елейным и спокойным голосом произнёс:

— Владимир Михайлович, все свои обязанности мы выполняем четко и в срок. Если вы всё же прервёте контракт, то следующая наша встреча будет в суде, где мы предъявим все свои убытки, вызванные неправомерным расторжением контракта. И поверьте, они будут исчисляться в десятках тысяч рублей. Сначала они лягут бременем на предприятие, а затем и на ваш карман лично, как на руководителя, принявшего противозаконное решение. Я вернусь через неделю, а вы хорошо подумайте, прежде чем разорвать договор с нами.

Наша встреча с Ханиным через неделю поразила меня не меньше, чем первая. Ханин был сама любезность. Встал из-за стола, подошел, пожал мне руку, предложил чай.

— Я навел о вас справки, Михаил Петрович. Работники Курских органов власти, пришедшие к нам из вашего Железногорска, настоятельно советовали мне не связываться с вами в суде. Что ж, значит будем работать вместе. Но договор надо немного подправить.

— Нет проблем, Владимир Михайлович. Готов обсудить каждый пункт.

Проблема (да еще какая!) возникла совсем скоро, и она не зависела ни от меня, ни от Ханина. В «Курскглавснабе» закончились запасы пищевого полиэтилена, из которого мы делали пакеты. В кооперативе его оставалось на неделю работы. А дальше что? Крах? Сырьё - это наш хлеб. Остаться без сырья - остаться без хлеба.

Опять встречаемся с Ханиным. Думаем. Теперь уже вместе.

— Поскольку вы всю свою продукцию реализуете нам, я, пожалуй, дам вам письмо в Министерство в Москву, с просьбой выделить на «Курскглавснаб» два вагона пищевого полиэтилена. Но, учтите, там у них таких просителей - сотни, если не тысячи. Вы не одни такие умники - пищевой полиэтилен стал огромным дефицитом. Контакт с Министерством придется искать самим.

Что ж, задача ясна. Зная, что в Министерстве основной состав работников - женщины, загружаю в сумку выделенные мне Колей Симоненко из неприкосновенных запасов Железногорского райпо три пары импортных туфель и две пары зимних сапожек.

Зимняя Москва. Грязное месиво снега под ногами. Серое угрюмое здание Министерства. Пропуска у меня нет. Случайно удалось проскользнуть мимо швейцара. Взлетел на второй этаж, забитый такими же просителями, как и я. Понимаю, что шансов до конца рабочего дня попасть на приём - ноль.

Когда в час дня дверь кабинета закрывается на обеденный перерыв, и очередь рассеивается, демонстративно вынимаю из сумки сверкающие лаком чешские зимние сапожки и настойчиво громко стучусь в эту дверь. Она чуть приоткрывается.

— Импортную обувь заказывали? - с широчайшей улыбкой спрашиваю пожилую чиновницу, у которой при этих словах глаза превращаются в чайные блюдца.

Дверь распахивается настежь, впуская меня в комнату благоухающую запахом растворимого кофе в стаканах с кипятильниками. Через минуту все четыре женщины, от которых зависело получение заветного разрешения на полиэтилен, с радостными криками сгрудились вокруг моей сумки с обувью, примеривая её, передавая друг другу.

Они купили всю обувь, а затем, угостили меня чаем и самодельными печеньями. А затем они приступили к поиску полиэтилена, которого на Курскую область уже было отпущено предельное количество. Тогда отщипнули часть резерва от Орловской и часть от Липецкой области, сформировав необходимые мне два вагона и вручив мне наряд – документ, позволяющий ехать за полиэтиленом в Башкирию, в Уфу на завод «Оргсинтез».

Уфа

Уфа – столица Башкиирии – мне сразу понравилась. Так далеко на востоке я еще не был. Урал – граница Европы и Азии. Остановился в гостинице с именем этого города. Прогулялся по заснеженным улицам, полюбовался на укутанные снегом деревья. Вечером, под влиянием новых впечатлений написал небольшое лирическое стихотворение – останется на память об этом городе.

С утра отправился на завод. Приехал к 9-ти часам, рассчитывая, что рабочий день начинается в это время. Оказалось, ошибся. Завод работал с 8-ми утра, и в кабинет заместителя директора завода по сбыту Кудакова Владимира Ивановича уже выстроилась длинная очередь просителей: таких же как я, с такими же нарядами-разрешениями из Москвы. Только один Кудаков имел право подписать выданное Москвой Разрешение на получение полиэтилена с этого завода.

Часы ожидания растянулись на целый день. За это время я многое узнал.

Узнал, что Кудакову здесь дали прозвище «Бандит». Во-первых, из-за его устрашающего облика: огромный рост, косая сажень в плечах и будто из гранита вырубленные грубые черты лица с ледяными, глубоко посаженными глазами.

А во-вторых, из-за его «бандитского» обращения с клиентами, потребности которых он мог удовлетворить лишь наполовину, поскольку завод производил полиэтилена намного меньше, чем на него было нарядов, выданных министерством в Москве.

Многие просители ехали далеко не с пустыми руками. Стоявший впереди меня богато одетый блондин из Прибалтики, имевший наряд на 10 вагонов полиэтилена, прижимал к себе портфель с деньгами. Он объяснил, что многие пытаются получить заветную подпись дав крупную взятку в рублях, или даже долларах, но не у всех это получается. Да я и сам видел, как из кабинета «Бандита» то и дело вылетали перепуганные просители, подгоняемые трехэтажным матом зам. директора.

Ни рублей, ни тем более долларов у меня с собой не было. В моем портфеле лежали лишь сувенирная (со стеклянной ручкой и праздничной этикеткой) бутылка водки Курского ликеро-водочного завода и два румяных курских яблока. Так, «на всякий случай».

Рабочий день истекал. До 18-ти часов оставалось 5 минут, когда очередь дошла до стоявшего передо мной прибалтийца с портфелем. Понимая, что для меня времени уже не остаётся, я тихонько нырнул в открывшуюся дверь вслед за ним, и, увидев в ближнем углу огромного кабинета стул, от которого до стола зам.директора было приличное расстояние, юркнул в угол и, затаив дыханье, сел. К счастью, углубившийся в какие-то бумаги Кудаков меня не заметил.

Сцена, разыгравшаяся на моих глазах была ужасной: такое я видел впервые. Положив на стол документ на подпись, прибалтиец наклонился к уху зам.директора, что-то прошептал и распахнул свой портфель так неуклюже, что несколько пачек долларов выпали прямо на стол. Лицо вскочившего из-за стола «Бандита» перекосило яростью.

— Пошел вон, крыса вонючая! - заорал Кудаков - На взятку провоцируешь? А в коридоре, небось, уже милиция меня ждет? Вон отсюда!!! - и с этими словами он схватил упавшие на стол пачки денег и швырнул их в сторону двери. Прибалтиец, как ошпаренный, отскочил от стола, опустился на колени и стал собирать разлетевшиеся купюры. Через минуту он исчез из кабинета, забыв на столе свои документы.

И тут Кудаков увидел меня. Времени на обдумывание не было. Единственное, что промелькнуло в мозгу: «Сейчас – никаких просьб».

— Ты еще кто такой? - прорычал »Бандит» - Рабочий день окончен!

Шариками в погремушке колотилось сердце. Но, неотрывно глядя прямо в глаза Кудакова, я выждал паузу, потом медленно поднялся со стула, подошел, остановился у стола, достал из портфеля и поставил на стол бутылку водки и два яблока. Уверенно взял два стакана, стоявшие на столе рядом с графином с водой, и наполнил их водкой почти до краёв. Один стакан и яблоко протянул застывшему от удивления Кудакову.

— Меня зовут Михаил Петрович – с нажимом, низким голосом представился я – А вас, насколько мне известно, – Владимир Иванович. Раз рабочий день окончен – за знакомство! – с этими словами я поднял и уверенно большими глотками выпил свой стакан водки до дна. Поставил его, надкусил яблоко и жестко глядя в глаза «Бандиту», кивнул, приглашая сделать то же самое.

Кудаков, как под гипнозом, одним духом опрокинул свой стакан, запив водой из горлышка графина, и не успел он открыть рот, как я безапелляционно произнес:

— Значит так. Гостиница «Уфа», номер 41, этаж 4-й. Ровно в 8-00. И прошу не опаздывать. Ждать не стану.

Не ожидая его реакции, резко, по-военному, развернувшись, пересек кабинет и вышел в коридор, притворив за собой дверь.

Конечно, я действовал интуитивно, абсолютно не надеясь, что Кудаков придет. Но на всякий случай к 8-ми часам вечера на моем столике в гостиничном номере красовались две бутылки армянского коньяка «Арарат», тарелка с мясной нарезкой, тарелка с салатом и горячий люля-кебаб из гостиничного ресторана.

Ровно в 8-00 раздался осторожный стук, и в приоткрывшуюся дверь просунулась голова Кудакова.

— Заходите, Владимир Иванович, – пригласил я – Точность – вежливость королей. Мои сведения о том, что Вам дали прозвище «КОРОЛЬ» – верны. Раздевайтесь, присаживайтесь.

Мы проговорили почти до 12 часов ночи. Всё выпили, все съели. О чем говорили? Трудно сказать. И если сначала он вел себя настороженно, будто ожидая что вот-вот грянут неприятности, то спустя небольшое время, после благополучно «уговоренной» первой бутылки коньяка, расслабился, сыпал анекдотами и даже пытался перейти на «Ты», но я попросил подождать, пока мы получше узнаем друг друга. Дистанция, создаваемая общением на «вы», всегда предполагает бОльшее уважение. Это я усвоил еще в армии.

Забегая вперёд, скажу: только через полтора года, после неоднократных встреч и неизменных возлияний, Кудаков признался, что все это время он считал меня почему-то «полковником Комитета государственной безопасности» – всесильного КГБ. Так впечатлило его моё первое появление в его кабинете: я не просил, как все – я приказывал.

А то, что «полковник КГБ» занимается полиэтиленовым бизнесом, его совсем не удивляло. В приоткрытую президентом Горбачевым щель для частного бизнеса в кооперативы ринулись многие, часто используя поддержку правоохранительных органов, которые могли «казнить»: замучить проверками, закрыть бизнес, а то и отправить в тюрьму, а могли и «миловать», закрывая глаза на нарушения и защищая кооператоров.

Когда мы закончили и вторую бутылку коньяка, и были уже совсем «хорошенькими», он, наконец, спросил:

— Так по какому вопросу Вы прибыли в Уфу?

— У меня наряд на два вагона полиэтилена, и я должен получить их еще вчера.

— Приезжайте завтра на завод к 7-ми утра. Я подпишу и зарегистрирую Вам наряд. Для хорошего человека – сделаем! – заплетающимся языком проговорил Кудаков.

Я проводил его до машины, где все это время жег бензин в автомобиле его шофер, мы обнялись с «Бандитом», как старые друзья, и я вернулся в свой номер, попросив консьержа разбудить меня в 6 часов утра и вызвать такси. Не раздеваясь, рухнул на кровать, провалившись в бездонную черную пропасть сна, из которой меня, как будто тут же вытащил резкий звонок консьержа.

За окном темно. Шесть утра. Смочил полотенце ледяной водой и туго стянул им голову, а то осколков не собрать. Бутылка минералки и таблетка аспирина. Чистая рубашка и тот же галстук. Портфель с документами – и в такси.

Ровно в семь утра, не глядя на уже скопившуюся очередь, я не вошел – вполз – в кабинет Кудакова. Первое, что бросилось в глаза – он был свеженький, как огурчик. Побрит и наодеколонен. Никаких следов вчерашней попойки. Кремень. Не то, что я, еле державшийся на ватных ногах.

Кудаков просмотрел мои документы и размашисто написал резолюцию:

«Г.Сабитовой. Отправить два вагона полиэтилена в адрес «Курскглавснаба. Кудаков».

— Смотрите, Михал Петрович, - напутствовал он - полиэтилен вы получите. Но вот КОГДА – это зависит не от меня. Вагонами распоряжается Гульшат Сабитова, а она мне не подчиняется. Её кабинет на третьем этаже. Сумеете её уговорить, вагоны уйдут в Курск уже завтра. Не сумеете, могут уйти и ЧЕРЕЗ МЕСЯЦ. Положение на железной дороге сейчас не лучшее: вагонов не хватает. Желаю удачи!

Месяца ждать сырья у меня не было. Поблагодарив Кудакова и пожав ему руку, медленно направляюсь на третий этаж, раздумывая: «Черт возьми, да когда же это кончится? Сначала вырви наряд – разрешение в Министерстве в Москве. Потом получи неполучаемую подпись у «Бандита» в Уфе. И это еще не все. Еще какая-то Гульшат, от которой в третий раз зависит судьба моя и моих ребят с их семьями. Я ДОЛЖЕН, ДОЛЖЕН что-то придумать и в конце концов отправить этот «бриллиантовый» полиэтилен» – настраиваю себя на новый бой.

Рабочий день еще не начался, но перед дверью кабинета Сабитовой уже стояли несколько счастливых обладателей подписи Кудакова на своих документах. Вскоре пришли Гульшат и еще три работницы её отдела. В 8 утра они пригласили нас войти. В огромном кабинете – ряд стульев для ожидающих приема, на которые мы и опустились. Внимательно рассматриваю женщину, от которой зависит конечный успех моей поездки. Ей лет 30, восточный тип лица, большие зеленые глаза, миловидная, строгая, по обрывкам разговора с первым клиентом слышу довольно правильную речь, выдающую её образованность и ум. Решение пришло внезапно. Достаю из своей папки чистый лист бумаги и быстро пишу на нем придуманное накануне стихотворение о городе Уфе. А ниже делаю приписку:

«Уважаемая Гульшат! Я – из Курска и первый раз в вашем городе. Это стихотворение написал вчера лишь по первому впечатлению и буду бесконечно благодарен, если вы найдете возможность показать мне Ваш чудесный город поближе. Буду ждать вас в 6-30 в такси у выхода. Заранее благодарю, Михаил Петрович.»

Когда подошла моя очередь, я подошел к столу, поздоровался, поймав её взгляд, улыбнулся и, положив на стол свой наряд-разрешение на получение полиэтилена вместе со стихотворением, чуть поклонился и вышел из кабинета.

Впереди была уйма времени, но я сразу поехал в гостиницу и до 3-х часов проспал, несмотря на прекрасный солнечный зимний день за окном. Зато проснулся человеком. Душ, обед и к 6-ти часам вечера я уже был у знакомого здания, хотя надежда на успех еле теплилась. «У Сабитовой каждый день море клиентов. Побогаче и поинтересней меня. А если она замужем? Шансов, что она станет гулять по городу со мной – одна сотая процента.»

Но я ошибся. Гульшат вышла из дверей и, увидев такси, направилась в мою сторону. Я вышел, открыл ей заднюю дверцу и, поблагодарив за принятое приглашение, сел рядом. Настроение – замечательное. По дороге до центра города не умолкал, да и она с улыбкой поддерживала разговор, какой обычно бывает вначале у двух незнакомых людей. В центре мы вышли из машины и пошли гулять по зимним улицам красавца-города, столицы Башкирии. Поужинали в кафе и снова пошли гулять.

Прекрасный тихий зимний вечер. Пушистые хлопья снега медленно и тихо опускаются на фонари, тротуары и деревья по обе стороны улицы. Холодят наши лица.

Гульшат интересовалась поэзией. Ей понравилось мое стихотворение об Уфе, и она попросила почитать еще. В основном это были стихи из моих песен, потому что стихотворений писал немного. Гульшат тоже пробовала писать стихи. Прочла мне некоторые из них. Совсем неплохие, о чем я тут же ей и сказал. Конечно, в самых лестных выражениях.

Три часа пролетели как одна минута. Я проводил её до дома, где она жила с родителями. У подъезда еще раз поблагодарил за прекрасный вечер, наклонился поцеловать ей ручку и вдруг слышу насмешливое:

— Михаил Петрович, а ваши два вагона с полиэтиленом уже «плывут» в сторону Курска. Встречайте!

Я поднял голову, но Гульшат уже спешила к двери. Открыв её, обернулась, улыбнулась и помахала мне рукой.

Моя душа пела. И я громко запел на всю улицу, несмотря на холод и ночь. Поймал такси. «Дело сделано. На ближайшие полгода работой мы обеспечены! Да здравствует столица Башкирии, а в ней «Бандит» и Гульшат!!!» – звенело в моих ушах вместо музыки, включенной таксистом, который вёз меня по ночной Уфе в сторону гостиницы.

Успехи и неудачи

Наше производство набирало темпы. Кооператив рос, расширялся. У нас было всё: станки, сырьё, заказы. 10 членов кооператива работали в три смены, а инженеры – умельцы довели производительность труда до высочайшего уровня. После уплаты налогов мы спокойно могли брать по 10 тысяч рублей в месяц на зарплату каждому. Это нас и подвело.

Посыпались проверки, ревизии. Одна за другой. Районные, областные, даже республиканские. Но кроме нереальной производительности труда ничего не обнаруживали. Появились газетные публикации, где единственным обвинением были... наши высокие зарплаты. Даже всесоюзная газета «Известия» удостоила нас своим вниманием.

После этой статьи на совещании у главного милиционера Курской области прозвучало недвусмысленное: «Любым путем найти причину возбудить уголовное дело против кооператива «Пласт»!»

И десятая по счету проверка все-таки нашла ошибку в нашей бухгалтерии. Вывод: мы уплатили налогов на 300000 рублей меньше, чем должны были уплатить.

Прокуратура быстро возбудила уголовное дело, которое я так же быстро и прекратил, доказав, что в тот период действовали одновременно два нормативных акта по ценам. Но следующие полгода пришлось работать без зарплаты, возмещая недоплаченные налоги.

Кроме того, мы переименовали кооператив «Пласт» в кооператив «Мир» при Фонде милосердия и здоровья, взяв на попечение необеспеченные многодетные семьи всего города. Одним – мы покупали постельное бельё, другим – телевизоры, кровати и матрацы. Третьим – продуктовые наборы. Четвертым просто перечисляли деньги.

С тех пор и до конца работы нас уже никто не трогал. Жили мирно. Видимо, повлияла смена названия. «Мир» он и есть мир.

За два года работы наш коллектив превратился в единую команду, где каждый понимал другого с полуслова. Мы не только хорошо работали, но и прекрасно отдыхали. Однажды всем составом рванули в Киев на футбол: «Динамо» Киев – сборная мира. Мы с Колей Симоненко и ещё пару человек ехали на машине, а остальные ребята – за нами в микроавтобусе.

И в этот момент, когда мы проезжали мой родной городок Ромны, микроавтобус с ребятами неожиданно обогнал мою машину. На его заднем стекле я, вдруг, прочел написанные ребятами большие буквы: «МЫ ЛЮБИМ ТЕБЯ, ПЕТРОВИЧ!». К горлу подкатил комок. Не ожидал. Мужики сентиментальностью не отличались. Еще один счастливый миг моей жизни.

В другой раз отмечали мой день рождения – 40 лет – на турбазе в лесу на берегу огромного озера. Ребята подарили чудные и с юмором подарки, обернув меня флагом Советского Союза, а вечером, когда стемнело, усадили с гитарой на импровизированное кресло на автомобильной покрышке и толкнули от берега в озеро. Получился удивительный концерт, причем вокруг меня на кусочках поролона плавали десятки свечей, отражавшиеся сотнями мерцающих серебряных огоньков в мелких волнах черного бархатного покрывала ночного озера. Так вдохновенно я не пел никогда. И организатором всего этого, главным выдумщиком, был наш бессменный председатель Коля Симоненко.

На юбилее с кооперативом и железногорскими друзьями

Курск

Что может быть непредсказуемее Судьбы? Разве только женщина.

В 1990 году как-то раз я поехал в Курск. В этом городе находился «Курскглавснаб», единственная и огромная компания, снабжавшая всю Курскую область сантехникой, обоями, керамической плиткой, стеклом, красками, линолеумом, паркетом, электропроводкой и так далее. В её состав входили также необъятные склады изделий из металла и база химической продукции. В компании работали сотни людей, и она всегда была успешной и надежной.

Как упоминалось ранее, наш кооператив уже два года сотрудничал с «Курскглавснабом», получая от него полиэтилен и продавая ему же всю нашу продукцию.

В тот год генеральным директором компании был назначен Анатолий Петрович Рукавицын, бывший второй секретарь Курского областного комитета коммунистической партии – второе лицо в регионе. Умный, сильный, влиятельный чиновник с большими связями. Конечно, новая должность была для него понижением, но переживать неудачи он умел, и на новом месте сразу взялся за перестройку работы компании.

Я приехал к нему, чтобы подписать необходимые кооперативу документы для получения полиэтилена.

Воспользовавшись отсутствием секретаря в приемной, сразу зашел в кабинет и, увидев, что он совещается со своими юристами, следуя кивку его головы, присел на стул в конце длинного стола для совещаний. Юристы докладывали Рукавницыну состояние дел по текущим претензиям и искам, и я сразу понял, что настроение у них совершенно минорное.

Иск за иском в течение часа они объясняли Анатолию Петровичу, что шансов на выигрыш у них нет, и что кпридется уплатить огромную сумму долга, неустойки и штрафов. Было видно, что он расстроен этим, но, не будучи юристом, возражать не стал, отпустив их со словами:

— Жаль, что моя работа у вас начинается с убытков. Не обрадовали.

Когда юристы ушли, оставив на столе груду документов, я подошел к нему, поздоровался, представился (это была первая наша встреча) и положил свои документы на подпись. Бегло прочитав их, Рукавицын подписал и, заметив, что я не спешу уходить, спросил:

— У вас что-то еще?

— Да. Анатолий Петрович, поскольку мне довелось присутствовать при разборе ваших юридических дел, можно мне сказать своё мнение по некоторым из них?

— Так вы кооператор или юрист?

— И то, и другое.

— И что вы можете добавить? Мои юристы уже объяснили, что нет смысла идти судиться в Арбитраж. Проиграем да еще и госпошлину заплатим.

— У меня другое мнение. Могу говорить?

И в течение почти двух часов я, не спеша и обстоятельно просматривая оставленные документы, рассказывал ему, как бы я поступил по тому или иному делу. Какие бы документы истребовал у противной стороны, какие документы истребовал у компаний-партнеров, какие документы изготовил бы сам, каким способом оспорил акты приемки продукции по количеству и качеству.

При этом коротко записывал для него последовательность моих предполагаемых действий, оставив довольно объемистую тезисную записку – руководство к действию.

Я видел, что Анатолий Петрович впечатлён. Он поблагодарил, пожал руку и пообещал все проверить и еще раз собрать совещание юристов. Я уезжал довольный - контакт с новым руководителем компании-партнера получился. А это было очень важно для продолжения добрых отношений. Важно для моего кооператива.

Прошло некоторое время. Недели три. Однажды в понедельник днём сижу в своем маленьком кабинете в райпо. Раздается звонок. Снимаю трубку.

— Михаил Петрович? - голос в трубке будто-бы и знакомый, но идентифицировать не могу.

— Да. А кто говорит?

— Рукавицын, помните такого?

— Конечно, Анатолий Петрович, чем могу быть полезен?

— Завтра в 10 утра вы должны быть в моем кабинете.

— К сожалению, завтра не могу. День расписан по минутам.

— Михаил Петрович, Я по пустякам не приглашаю.

— Понимаю, извините, но отменить запланированные заранее встречи не смогу. Давайте другой день.

— Хорошо. Послезавтра устроит?

— Не получится. Только в пятницу.

Долгое молчание в телефонной трубке.

— Ладно. Будь по-вашему. В пятницу, так в пятницу.

Значительно позже он сказал мне, что за время работы большим начальником привык к тому, что на его зов да еще и по личному приглашению – летели по первому слову. Я был первый, сказавший твердое «нет». И это впечатлило его второй раз.

В пятницу в 10 утра захожу в огромную приемную генерального директора «Курскглавснаба».

— Михаил Петрович? Здравствуйте! – Улыбается приятная секретарша, – Заходите. Анатолий Петрович вас ждет.

Захожу в такой же огромный кабинет. Рукавицын встает, выходит из-за стола, крепко жмет руку и приглашает присесть.

По его рукопожатию чувствую хорошее настроение и расположение ко мне. В голове мелькает: «Наверное, мои предложения на предыдущей встрече сработали. Хочет поблагодарить.» Но то, что я услышал, повергло меня в шок.

— Михаил Петрович. Я официально приглашаю вас переехать в город Курск и занять должность заместителя Генерального директора «Курскглавснаба» по ЭКОНОМИКЕ.

С минуту я молчал.

— Анатолий Петрович, почему я?

— Вы за один час спасли миллионы рублей для нашей компании, но это не главное. Я навел о Вас справки в Железногорске. И райисполком и райком партии дали вам самую лестную оценку. Я этих ребят знаю еще по работе в обкоме партии и полностью им доверяю.

— Спасибо, конечно, но у меня есть кооператив, работа в котором меня полностью устраивает.

— Я предлагаю вам оклад – 400 рублей в месяц (в три раза выше средней зарплаты)!

— Я в Железногорске больше 5000 в месяц зарабатываю.

— Я предоставлю вам бесплатно трехкомнатную квартиру!

— Спасибо, но в Железногорске у меня есть две двухкомнатные квартиры.

Рукавицын замолчал. На его лице, как на экране, волнами перекатывались чувства человека, не привыкшего к отказам.

— Черт побери! Да что вы зациклились на своём Железногорске. Вы что, всю свою жизнь хотите просидеть в этом районном городке? Я вам предлагаю не Курск. Я вам предлагаю ПЕР-СПЕК-ТИ-ВУ! Я хочу полностью перестроить работу этого застывшего в прошлом времени государственного предприятия, превратив его в современную динамичную компанию, не уступающую лучшим западным аналогам. Для этого мне нужны новые, по-иному мыслящие люди. И поэтому я приглашаю вас. Дался вам этот Железногорск! Вас ждет Москва, Европа, Америка! А ваш пресловутый кооператив у вас никто не отбирает. Сможете руководить им дистанционно. Ну, соглашайтесь! – Выпалил он одним духом.

Не столько смысл, сколько энергетика его слов проникла в глубину души и зажгла в ней огонек интереса. Смена событий, смена деятельности, смена места жизни, неизведанное – всё это не могло не увлечь.

Плюс возникла идея. У Коли Симоненко, с которым мы вместе создавали кооператив, работавшего одновременно заместителем председателя райпо, возник серьезный конфликт с милицейскими начальниками, считавшими себя хозяевами города и постоянно требовавшими от него дефицитных товаров.

Диктат Коля не терпел и после ряда отказов, милиция попыталась возбудить против него уголовное дело, которое могло закончиться большими неприятностями.

Задействовав связи в Курской областной прокуратуре, удалось это дело прекратить. Но до меня дошло обещание Колиных врагов: «Все равно мы Симоненко работать не дадим. Не сейчас, так позже будет сидеть в тюрьме». А если увезти Колю из Железногорска, конфликт погаснет сам собой.

— Анатолий Петрович, давайте сделаем по-другому. Я привезу Вам классного заместителя по экономике – председателя кооператива Николая Симоненко, а сам готов стать вашим заместителем по правовым вопросам. Мы с Колей давно – одна команда, и своим успехом кооператив обязан ему так же как и мне.

Рукавицын задумался. Моё предложение было для него таким же неожиданным, как и для меня – его предложение.

— Ладно. Привозите вашего партнера. Познакомимся. Посмотрим.

Знакомство состоялось на следующей неделе и прошло замечательно. В тот же день мы были оформлены в отделе кадров, а на следующий день вышли на новую работу.

Итак, я переехал из Железногорска в Курск – 120 километров. Каждую пятницу вечером садился на машину и ехал в Железногорск, проводя выходные с детьми. И они чувствовали, что папа с ними, заботится и любит их так же. Рано утром в понедельник уезжал.

Вскоре я получил трехкомнатную квартиру в Курске, куда мы с мамой и переехали. Чуть позже Коля Симоненко получил четырехкомнатную квартиру в доме напротив.

Времени осваиваться не было. Закончив месячную школу менеджеров, мы были отправлены в министерство в Москву, перестраивать структуру компании на рыночные рельсы, и справились с этим успешно. Проводя большую часть времени в Курске, не забывали и свой кооператив в Железногорске, работа в котором катилась по накатанным рельсам. Прошло полгода. И вдруг – звонит главный бухгалтер кооператива и просит срочно приехать.

Примчались, встретились и, как оглоблей по голове:

— Михаил Петрович, Николай Владимирович, ребята подняли бунт против вас. Считают, что раз вы уехали в Курск, вы не должны получать никаких денег от кооператива.

— Кто зачинщик?

— Володя Бородин.

У меня потемнело в глазах. Володя Бородин, мой друг и кум. Я был крестным отцом его дочери. Раньше он занимался ремонтом радиотехники, но с перестройкой потерял работу. Кормить семью было нечем. И я взял его к нам на работу, где он сразу стал получать по 5,000 рублей. Работал он четко и с удовольствием. Обставил квартиру, купил машину.

Он буквально «молился» на нас с Колей, и мы, считая его самым близким, назначили Володю председателем кооператива после нашего отъезда в Курск.

Это было настоящим предательством. И, конечно, я сразу встретился с ним.

— Володя, это правда?

— Правда,- не стал отнекиваться Бородин. – Ну а что ты хочешь? Мы тут вкалываем, а вы там с Колей в Курске только деньги получаете?

— Володя, а на чьем полиэтилене вы до сих пор работаете? Кто все это время доставал и сейчас достаёт для вас сырье? Кто каждый раз ухитряется вырвать наряды в Москве в министерстве, а потом сам полиэтилен – на заводе в Уфе. Кто-то из вас?

— А кто вам организует весь сбыт-продажу пакетов, без чего вы и рубля не получите? Симоненко или кто-то из вас? Кто придумал, организовал и воплотил в жизнь кооператив, в который мы взяли тебя на работу, когда у тебя в доме куска хлеба не было? Может кто-то другой, кто-то из вас?

Бородин опустил глаза. Молчал.

— Ладно, Володя. С вами все ясно. Проживем мы и без денег кооператива. Удачи вам!

Это было поражение. Моё поражение. Оказывается, прожив вместе с ребятами из кооператива почти 700 дней, рождая его в муках из старых запчастей, разгружая вместе с рабочими вагоны с тяжеленными мешками полиэтилена, сутками работая и изредка, но необыкновенно классно отдыхая, я всё это время идеализировал их. Был уверен, что их уважение – навечно. И вот такое … Переживать предательство было невыносимо.

После этого кооператив просуществовал всего несколько месяцев. Полиэтилен, добытый мною раньше, у них закончился. И вскоре все вернулись на прежние работы и на прежние зарплаты по 150-200 рублей в месяц. Что было в 25 раз меньше их прежних заработков.

НЕБЛАГОДАРНОСТЬ – качество, которое я презираю в людях БОЛЬШЕ ВСЕГО.

В начале 1991 года я случайно познакомился в Киеве с симпатичной веселой, редкого остроумия женщиной. У Валентины был четырёхлетний сын Антон – красавчик с большими голубыми глазами, которого прохожие на улице часто принимали за девочку. Отца он не знал, тот, живя в Германии, участия в воспитании ребенка не принимал.

Антон рос с мамой и бабушкой (баловавших его безмерно), не зная слова «нет».

И как результат такого воспитания: мальчик мог пинать свою маму ногами прямо в центре города, если она отказывалась купить ему мороженное.

После нескольких встреч в Киеве я предложил Валентине переехать с Антоном в Курск, попробовать пожить вместе. Может как-то и сложится. С первого же дня взялся за воспитание мальчика. Никогда не кричал, не повышал голос. Но в течение месяца строгость, смешанная с искренним теплом, плюс безальтернативность: будет так, как решат старшие – сыграли свою роль. Антон понял, что больше истерики не работают, и мы с ним поладили. Через два месяца он сам стал называть меня «папой», и я тоже искренне полюбил его.

Но сложилось так, что, прожив вместе примерно 6 месяцев, мы с Валентиной решили расстаться. Оставаясь друзьями. Я проводил их на поезд в Киев, и еще долго душу жёг прощальный взгляд Антона: «А ты к нам еще приедешь?».

Конечно же, я приехал. И ездил каждый год, помогая им финансово и обеспечивая летний отдых на море. Главное, Антон всегда знал: у него есть папа.

А вскоре прилетела весточка и от моего первого сына Владика. Неожиданно, после 13 лет молчания, позвонила его бабушка (моя бывшая тёща) и слёзно стала просить помочь ему поступить в институт, так как иначе его заберут в армию, где в настоящее время царит полный произвол и насилие.

Убеждала меня в том, что за всё прошедшее время единственным папой для него был и остаюсь только я. Что он постоянно меня вспоминает, слушает мои песни, записанные на магнитофонную пленку, научился играть на гитаре и создал в школе группу. Доказывала, что просто так, без знакомства, в это разодранное время в институт в Николаеве поступить невозможно.

Этот совершенно нежданный звонок вернул меня в прошлое, задев самые нежные струны души. Буквально через несколько дней я выехал в Николаев. Встреча с Владиком после 13 лет разлуки была неоднозначной.

С одной стороны, на меня смотрел большой, крепкий 17-летний почти незнакомый парень, каким я его никогда не видел. С другой стороны, он помнил некоторые моменты той далёкой прошлой жизни, и я осознавал, что это и есть тот самый солнечный щекастенький Владик, для которого я когда-то был первым мужчиной в семье, которого он назвал «папой». А он для меня – первым ребёнком, расставание с которым я переживал с острой болью.

— В какой институт ты хочешь поступить?
— В физкультурный. Но туда не пробиться. Только по блату (через знакомство).
— Посмотрим.

На следующий день я встретился с ректором института физкультуры, и он прямым текстом заявил, что единственный вариант «решить вопрос», это достать для него полный комплект бетонных плит на крышу строящегося гаража(!). В тот же день директор завода железобетонных конструкций объяснил мне, что выдача каждой плиты идёт с подписью представителя КГБ. Помочь мне он не сможет.

И тогда сработал второй вариант. Борис, дядя Владика, предложил попробовать поговорить с директором школы Олимпийского резерва, зачисление в которую автоматически освобождало от армии. Случайно оказалось, что этот директор как раз затеял полный ремонт своей квартиры, а стройматериалы достать невозможно.

Так что когда через три дня я привёз ему из Курска половину вагона обоев, сантехники, красок, облицовочной плитки и т.д. да еще и по оптовым (на 30% меньше розничных) ценам, вопрос о зачислении Владика был решён мгновенно.

Отзанимавшись в этой спортшколе, Владик спокойно поступил в институт физкультуры, который благополучно и окончил.

«Не дай вам бог
жить в эпоху перемен»
Конфуций

1992-1993 годы

26 декабря 1991 года распался Союз Советских Социалистических Республик – первая коммунистическая империя. Неудавшаяся попытка воплотить в жизнь идеи Томаса Мора («Утопия») и Томазо Кампанеллы («Город солнца»), мечтавших о стране благоденствия, равенства и счастья.

В той жизни было много хорошего. Мы не мечтали о миллионах долларов, гаджетах, престижных авто, яхтах и самолетах. Мы мечтали получить любимую работу, встретить любимую девушку и верных друзей.

Но было и много плохого. Примитивный быт. Вечные дефициты продуктов и самого необходимого. Свобода, строго ограничиваемая властью. Государство – всё, личность – ничто. Поехать за рубеж, посмотреть мир – суперпроблема. Жить, где хочешь – тоже: пресловутая прописка накрепко привязывала к месту жительства. Думать и говорить можно было только то, что разрешает власть. Небольшие зарплаты и небольшие возможности. И ложь, ложь, ложь, льющаяся из официальных (других не было) газет, радио и ТВ.

Когда было лучше? Сейчас или тогда? Не простой вопрос. Наверное, для моего поколения в том прошлом времени было спокойнее. Мы были увереннее в завтрашнем дне. И, наверное, понимая, что это невозможно, я все же променял бы сегодняшнюю бесконечную гонку за долларами, в которой удалось приобрести красивый дом, престижные автомобили, отдых за рубежом и другие удобства, на прежнюю жизнь, в которой на первом месте были человеческие отношения, а радость общения ценилась выше денег.

Но, как сказал Сталин в беседе с немецким писателем Эмилем Людвигом:

«История не знает сослагательного наклонения», перефразировав немецкого же профессора Карла Хампе: «История не знает слова «Если».

Пришедший к власти в России Борис Ельцин и его команда открыли шлюзы, и в страну неудержимым потоком, снося все на своем пути, хлынул «дикий» капитализм. В нем надо было как-то выживать. Прожив 40 лет в условиях, когда о завтрашнем дне никто не беспокоился, когда заработной платы хватало и расходы были небольшими, когда слово «безработица» мы слышали только применительно к далёкому капиталистическому миру, весь народ оказался в положении неумеющего плавать человека, которого бросили посреди бурного океана, и выплывай, как можешь!

Мы с Колей и Рукавицыным открыли небольшое торговое предприятие с магазинчиком продуктов при нем. Распад Советского Союза сопровождался невероятным взлетом цен на все товары. С каждым днем цены рвали вверх в геометрической прогрессии. Народ стонал. Рушилась не только экономика. Рушились все представления о жизни в умах людей: догмы, идеалы, мечты. Не стало многих товаров. Исчез сахар. Пустые полки магазинов.

Команда молодых реформаторов, собравшихся вокруг президента России, срочно закупала товары за рубежом. Стали появляться товары, но теперь у людей не было денег их купить.

По-прежнему, каждую пятницу я ехал из Курска в Железногорск, проводя выходные с детьми. Ларисочка училась хорошо и танцевала в ансамбле бальных танцев, руководимом её мамой. Анюта училась в Курском медицинском институте на фармацевтическом факультете.

Наступил 1993 год. Мы с моей мамой жили в Курске в трехкомнатной квартире. Мама к тому времени перенесла инсульт и из-за болезни ног почти не ходила.

Родившись и прожив ровно все эти годы в советское коммунистическое время, я был воспитан атеистом и никогда не задумывался о религии вообще. И поэтому я не могу объяснить, почему вдруг проснувшись мартовским утром, я позвонил своему коллеге Ивану Анпилогову и знакомой коллеге и попросил их прийти в церковь Св.Никиты города Курска, быть моими крёстными родителями. Причём я не знал, будет ли проходить сегодня крещение, допустят ли меня до него и т.д. Но всё сложилось. Я был крещён и впервые долго стоял в православном храме, устремив глаза вверх к божественным росписям купола, мысленно разговаривая с Богом.

Повторяю, это произошло не под влиянием каких-то тяжелых или радостных обстоятельств. Произошло абсолютно спонтанно и неожиданно. Как ответил окрестивший меня священник на мой вопрос:

— Просто Бог позвал тебя, и ты услышал.

Не знаю, можно ли считать то, что произошло со мной провидением божьим или, как сказали бы атеисты, это просто был каскад совпадений, но сразу после этого жизнь моя превратилась в калейдоскоп событий, сменяющихся одно за другим. Непредсказуемых, опасных, сложных, но обязательно с хорошим завершением.

Моей соседкой по квартире была пожилая учительница, мать моего хорошего друга-доктора Володи Попова, которую мы все звали «Евгеньевна». Мы дружили и приезжая из командировок, я всегда привозил её любимые лакомства.

Однажды, в начале марта, возвращаясь из командировки, звоню ей в дверь с подарками в руках. Евгеньевна, открыв дверь и не глядя ни на меня, ни на подарки, поворачивается и собирается уходить.

— Что случилось? Чем я вас обидел? – спрашиваю удивленно.

— Я всегда думала, что вы хороший папа, а вы - плохой папа.

— Почему?

— Моя внучка Машенька вчера разговаривала по телефону с вашей Ларисочкой. И та ей призналась, что каждое утро в понедельник, когда Вы уезжаете от неё в Курск, она ложится на диван и плачет. Вы знаете, что у нее дискинезия желчных путей на нервной почве? И после этого Вы – хороший папа?

Если бы пространство передо мной пронзила молния, я был бы меньше поражен. Лариса никогда не выдавала своих эмоций, и, получается, ребенок так страдал из-за меня, любящего ее больше всего на свете? Нет, я никогда не смогу быть спокойным, а тем более счастливым, зная, что она несчастлива из-за меня.

Как зомби, я повернулся к двери, зашел с чемоданом в свою квартиру, поцеловал маму и, сняв телефонную трубку, позвонил бывшей жене на домашний телефон.

С момента нашего развода прошло 8 лет. Трубку сняла Ларисочка. Ей одиннадцать. Мечтала о велосипеде.

— Привет, доченька! Как дела?

— Хорошо, папуля? Как у тебя?

— Тоже нормально. Угадай, какой подарок я приготовил тебе на 8-е марта? – Спрашиваю, будучи уверен, что она назовет велосипед.

В трубке повисло молчание. И вдруг такой радостный милый родной голосок:

— Ты к нам возвращаешься?!!!

Железногорск

Итак, договорившись С Колей Симоненко, что командовать нашим торговым предприятием, которое приносило скромную прибыль, останется он, я вернулся в свой любимый Железногорск. Город-картинка. Молодой, зеленый, светлый. Те же широкие прямые параллельные и перпендикулярные улицы. Уйма знакомых и приятелей. Братья-армяне, мои добрые и верные друзья. Все быстренько и с радостью узнали, что я вернулся. И не только они.

Не прошло и недели, как зазвонил домашний телефон:

— Михаил Петрович, добрый день! Это Попов, зам председателя райисполкома (районная власть). Не могли бы вы заглянуть ко мне на минутку?

Прихожу к нему в кабинет. На столе большая карта земельных участков, расположенных вокруг озера в центре города под застройку коттеджей.

— Михаил Петрович, я сразу к делу. Мы с председателем райисполкома узнали, что вы вернулись и решили, что настало время отблагодарить вас за прошлые дела.

Меньше всего ожидал услышать такое. Не подвох ли это?

— Простите, что вы имеете ввиду?

— Мы помним, как вы с риском для себя и семьи защищали нашего коллегу Ивана Тереньтьевича Полозенкова, вашего шефа по работе и нашего близкого друга. Защищали в то время, когда все от него отвернулись. Добрые дела должны вознаграждаться. Вот карта земельных участков вокруг озера. Центр города. Цена для Вас – копейки. Выбирайте любой участок и стройте дом своей мечты.

«Ревизор». Немая сцена. За все время моей адвокатской практики да и на протяжении всей жизни как же редко мне приходилось встречаться с проявлениями БЛАГОДАРНОСТИ ЧЕЛОВЕЧЕСКОЙ! Пальцев на одной руке хватит.

А тут спустя 8 лет после случившегося люди помнили, не забыли и придумали такой прекрасный подарок! В этом жесте была не только благодарность мне, но и проявление их глубоких дружеских чувств к Полозенкову, которого я защищал.

— Спасибо огромное, Михаил Георгиевич! У меня, просто, нет слов. Подарок -царский! –Проговорил я и тут же вспомнил, что мой партнер Коля Симоненко как-то вскользь упомянул, что хотел бы приобрести один из участков в этом месте.

— Михаил Георгиевич, вы знаете, что мы с Николаем Симоненко партнеры и друзья. Мне будет неловко строить коттедж только себе. Простите мою нескромность, но не могли бы вы рассмотреть вопрос о выделении еще одного участка для Симоненко?

Попов задумался. Попросил подождать и вышел из кабинета, видно, посоветоваться.

— Хорошо, Петрович – сказал он после возвращения. – Дарить, так дарить. Берите рядом участок и для вашего партнера.

Так началась моя первая строительная эпопея. Короткая, но запомнившаяся на всю жизнь.

На следующий день я помчался в Курск. Когда Николай услышал от меня о земле у озера, конечно, первой реакцией его была хоть и сдержанная (как, между прочим, и всегда), но - радость. А затем, будучи экономистом намного лучшим, чем я, он взял ручку и бумагу и в течение 10 минут показал, что денег, имеющихся у нас обоих с учетом будущих заработков, хватит только на строительный материалы. За работу платить нечем. Восторг как пришел, так и растаял. Поехал домой расстроенный.

Прошло несколько дней. Как-то вечером звонок в дверь. Открываю. На пороге двое незнакомых мужчин.

— Простите, Михаил Петрович здесь живет?
— Это я.
— Разрешите войти?
— Заходите. Вы кто?
— Мы из церкви баптистов (течение христианства). Знаете наш новый Дом для молитв на улице Курской?
— Знаю. В самом центре города, красивый большой дом из белого кирпича.
— Да, строили его всем миром. Последние копейки верующие отдавали.
— И что с ним?
— Он слишком понравился одному из больших чиновников. Видно, хочет себе забрать. Прокуратура нашла какие-то нарушения и подала иск в суд от имени властей Железногорска об изъятии дома. Но мы знаем, кто претендует на наш Дом. Помогите, пожалуйста. Вас нам рекомендовал наш знакомый Юрий Муха. Вы его когда-то от тюрьмы спасли.

С моим земляком Юрой Мухой, защита которого закончилась успешно, мы продолжали поддерживать добрые отношения. Да и мужики просили так жалобно, что отказать им было невозможно.

— Ладно. Я посмотрю дело.

Тщательное изучение документов привело к выводу, что хоть прокуратура и установила несколько незначительных нарушений во время строительства, но основная правовая база, была не нарушена. Отобрать здание у баптистов при грамотной защите прокурору не удастся.

Подготовив контраргументы, навестил помощника прокурора, участвовавшего в этом деле. Объяснил, что шансов у него немного.

— Да тут дело не во мне, Михаил Петрович. Нам из горисполкома приказали – мы исполняем. Решайте вопрос с властью. Решите, мы иск отзовем – ответил помощник прокурора.

Чиновника, нацелившегося на дом в центре города из белого кирпича, я знал. И он меня знал. Разговор был коротким. Узнав о судебной перспективе этого дела и о том, что итоги его могут попасть в прессу с упоминанием его имени, он замахал руками и тут же позвонил прокурору, попросив отозвать иск. Дело было прекращено.

Прошла неделя. И снова вечером – звонок в дверь. На пороге те же баптисты. Пригласил войти. Смущенно благодарят, жмут руку.

— Михаил Петрович, как нам отблагодарить вас? Денег у нас не густо.

— Все нормально, мы ведь ни о каких деньгах и не договаривались.

— Послушайте, а вам, случайно, построить ничего не надо или отремонтировать?

Оп-па! В сердце вспыхнула радость. Действительно, Бог есть на свете!

А я уже и похоронил мечту построить дом у озера.

— Случайно, мне ОЧЕНЬ НАДО построить аж два домика у озера, только денег на работу не хватает.

— Вот и замечательно, - обрадовались мужики – мы дадим Вам двух лучших строителей – мастеров на все руки. Вы только кормите их, поесть любят.

И уже на следующий день ко мне явились два молодых парня. Высокие крепкие немногословные. Я был у них и снабженцем и подсобным рабочим. И, несмотря на то, что доставать стройматериалы и подъемный кран было тяжелейшим делом, мы с ними за несколько месяцев построили фундаменты, внешние стены, внутренние стены и перекрыли бетонными плитами коробки двух домов мне и Коле Симоненко, который передавал мне деньги на стройматериалы. Деньги, заработанные на нашем совместном торговом предприятии в Курске, которым после моего отъезда теперь занимался Николай.

Наступила осень. Зарядили дожди. Строительство приостановилось. Не только из-за дождей, но и из-за нехватки денег. Цены на стройматериалы рвались вверх с каждым днем, и успевать за ними становилось все труднее.

И тут Судьба швырнула меня совсем в другом направлении. Неожиданном и с непредсказуемыми последствиями.

Глава 7. Крутой поворот

Москва

За 10 лет до описываемых событий, в 1983 году, отдыхая на море под Одессой, я познакомился с москвичом Александром Захаровым. Чуть постарше меня, худощавый, стройный, красивый брюнет с благородной сединой на висках. Умница и эрудит. Преподаватель института связи. Мы прекрасно поладили, и приятное общение вполне заменяло нам вечерние развлечения на курортах, которых в то время и не было вовсе.

Расставаясь, обещали продолжить знакомство, хотя, честно говоря, имея подобный опыт с другими москвичами, я на это надеялся мало. Обычно, попадая в Москву и пытаясь встретиться с теми, кого так гостеприимно принимал в Железногорске или Курске, получал только разнообразные отговорки.

Захаров оказался исключением. Узнав, что я приехал в Москву по делам, он сразу пригласил меня домой, познакомил с детьми и красавицей-женой Таней и оставил ночевать у себя (в то время проблема переночевать в Москве была для провинциала практически неразрешима. В гостиницах мест нет. Единственным другом, кто ВСЕГДА принимал меня в своей квартире в Москве был мой земляк, сын моей второй мамы Анны Михайловны Миша Унке, о котором я уже упоминал.

Мы действительно подружились с Сашей Захаровым. А с момента появления моего кооператива стали и бизнес-партнерами. Я познакомил его с Колей Симоненко. В 1991 году после нескольких удачно проведенных торговых операций мы все: Захаров, Симоненко и я купили по новенькой, прямо с завода, автомашине «Лада».

Я очень любил общаться с Сашей. Мы понимали друг друга с полуслова, как говорят сейчас, были на одной волне. Так откровенно я мог разговаривать с немногими.

В течение всего этого времени Саша не раз говорил мне: «Миша, как было бы классно, если бы ты жил в Москве! Здесь для тебя такое поле деятельности, столько возможностей! Да и общались бы гораздо чаще…». Я кивал, хоть и понимал, что это практически невозможно. Во-первых, и это главное, квартиры в Москве у меня не было. И во-вторых, найти работу – нереально.

Постепенно разговоры об этом сошли на нет. И как же я был удивлен, когда в начале ноября 1993 года раздался междугородный звонок, и я услышал взволнованный Сашин голос в телефонной трубке:

— Миша, привет! Быстрей бери билет, сегодня же выезжай и завтра после обеда у нас встреча с Генеральным директором концерна «Оранда». Сестра моего друга и партнера Андрея Монахова работает у него заместителем. Я попросил её рекомендовать тебя. Им сейчас нужен юрист. Я расписал тебя как чудо-юриста. Приезжай, они ждут тебя на интервью.

— Саш, спасибо тебе, конечно. Но юристов в Москве, как собак нерезаных. Покруче меня. Кому я там нужен, да и жилья своего в Москве, как ты знаешь, у меня нет.

— Юристов много. Хороших мало. За спрос не бьют в нос. Что ты теряешь? Билет купить недолго да и ехать всего 6 часов. Утром тебя жду.

Больше я не спорил. И действительно, что я теряю? Вперёд!

Серая ноябрьская дождливая Москва. Начало 90-х. Громады обшарпанных зданий и нескончаемо мчащийся прямо на меня грязный дикий табун машин на всех улицах и в переулках. После уютного тихого Железногорска – Содом и Гоморра.

Едем с Сашей по городу на встречу с генеральным директором «Оранды» Владимиром Леонтьевичем Леоновым. Дух упадка и разрушения во всем. Проезжаем заводы и фабрики. Не работающие.

Сдающие площади в аренду торгашам. Научно-исследовательские институты с окнами, покрытыми серо-черным налетом. Не функционирующие, поддерживающие своё существование той же арендой.

В здании такого же бывшего научно-исследовательского института недалеко от Ботанического сада «Оранда» арендовала несколько этажей, намереваясь расположить здесь своё будущее производство. Заходим в переговорную комнату и располагаемся в углу её за длинным прямоугольным столом. Волнения – ноль. Уверен, что ничего мне не светит и поэтому абсолютно спокоен.

Через минут 15 в комнату быстрым шагом заходят Леонов, крепкий кареглазый лет пятидесяти мужчина, с постоянно напряженным, сосредоточенным на своих мыслях взглядом, и его заместитель Ирина Владимировна, сестра Сашиного партнера, миловидная круглолицая блондинка лет сорока с голубыми глазами. Садятся на нашу сторону стола, перекрывая нам путь к выходу.

Я подымаюсь, представляюсь. Вместо ответного представления и протянутой для рукопожатия руки слышу от Леонова:

— Так это вы и есть тот «чудо-юрист», о котором мне говорила Ирина Владимировна?

В ответ вынимаю мой диплом юридического института с отличием и кладу перед ним. Не глядя на диплом, он спрашивает:

— Жильё в Москве есть?
— Нет.
— Вы нам не интересны.

Вот и всё. Коротко и ясно. Короче не придумаешь. Интервью окончено. Как я и предполагал. А всё равно в душе неприятно защемило. Можно было бы и повежливей отказать. Зачем ехал?

Медленно поднимаюсь, забираю диплом. Саша поднимается со мной.

И в этот самый миг в переговорную комнату входит делегация иностранцев (человек пять с переводчиком), улыбаются, здороваются за руку и садятся за стол напротив Леонова, который и не думает вставать, чтоб освободить нам выход. Поневоле пришлось опять присесть и присутствовать на переговорах.

Вернее, как выяснилось, переговоры между «Орандой» и фирмой «Philips» длились уже несколько месяцев, а сегодня, наконец, должно состояться подписание многомиллионного контракта на поставку голландцами запасных частей компьютеров для их отверточной сборки, которую «Оранда» намеревалась организовать в Москве. Примерно около часа они обсуждали последние детали сделки, после чего голландцы торжественно подписали все листы объемного контракта и передали его для подписания Леонову вместе с позолоченой ручкой «Паркер».

Не знаю, что меня дёрнуло вмешаться, но поднявшись и обращаясь к Леонову, я спросил:

— Владимир Леонтьевич, я случайно оказался свидетелем ваших переговоров. А разрешите мне как стороннему наблюдателю задать очень простой вопрос?

— Говорите.

— Владимир Леонтьевич, а под каким логотипом вы собираетесь выпускать и продавать ваши компьютеры? Учитывая, что все прилавки забиты продукцией известных мировых брендов, вы рассчитываете, что кто-то будет покупать собранные вашими людьми компьютеры «Оранда» или «Ласточка», или как вы их еще назовёте, вместо лучших компьютеров запада? Даже если они будут дешевле зарубежных (а они 100% дешевле не будут) их никто не возьмёт. Потому что их никто не знает! Зарубежные фирмы вложили сотни миллионов долларов в рекламу. За ними многолетний опыт успешной работы на этом рынке. "Philips" однозначно заработает на продаже вам частей компьютеров, продавая их с приличной наценкой. А что заработаете вы? А спросите-ка у голландцев, ДАДУТ ОНИ ВАМ СВОЙ ЛОГОТИП?

Большая пауза. Переводчик переводит иностранцам мои слова. Медленно поворачиваясь от меня к голландцам, как будто в раздумье, Леонов спрашивает:

— Вы нам дадите свой логотип "Philips"?

Те, возмущенно загалдев между собой, через переводчика отвечают:

— Нет. Это невозможно. Мы не можем нести ответственность за качество сборки вашими людьми и ставить под удар репутацию фирмы.

— Вы нам не интересны.- вдруг тем же безапелляционным тоном, что и мне полчаса назад, рубит Леонов, отодвинув от себя неподписанные им экземпляры контракта и, не обращая внимания на застывших в шоке голландцев, поднимается и направляется к выходу.

А когда Ирина Владимировна поднялась за ним, он, обернувшись, сказал ей, кивнув в мою сторону:

— А он – ничего. Проконсультируйтесь по МОЕМУ вопросу.

Если бы из глаз участников делегации "Philips" могли вылетать настоящие молнии, я бы сейчас безмятежно существовал в виде кучки пепла весом в 300 граммов. Слава Богу, пронесло.

У обалдевших голландцев перехватило дух. За три минуты потерять результат трехмесячного труда: перелётов, переговоров, работы над контрактом да и просто кучи денег, связанных со всем этим!

Они еще не знали Россию 90-х. Тогда её мало кто знал. Новая страна. Новые-старые люди. С вывернутой наизнанку уже не советской душой. Страна вдруг, откуда ни возьмись, победившего капитализма. По-настоящему дикого капитализма. Мы и сами её не знали...

Сочи

— Ситуация следующая, - начала Ирина Владимировна, - недавно мы купили в Сочи участок земли под строительство небольшого пансионата для работников нашего концерна. За один миллиард рублей (!). Оформили покупку на частное лицо – нашего Генерального директора Леонова Владимира Леонтьевича. Как Вы считаете, эта сделка законна? У нас не возникнет проблем при строительстве и эксплуатации пансионата?

При звуке «миллиард рублей» меня слегка качнуло. В голове масса вопросов: кому принадлежала приобретенная земля; можно ли её было приобретать частному лицу; кто подписал эту сделку со стороны продавца; какой орган власти её утверждал; сможет ли Леонов объяснить происхождение таких огромных денег, если дойдёт до суда???

— Ирина Владимировна, ни один профессиональный юрист не даст Вам однозначный ответ. Вопрос очень серьёзный, и для его решения мне надо провести расследование на месте, в Сочи, по оригиналам материалов, являющихся основанием для сделки.

— У Вас паспорт с собой?

— Да, вот он.

— Сейчас я отдам снять его копию, чтобы взять вам билет на самолет. Сегодня вторник. Жду вас в воскресенье в аэропорту Внуково к 3-м часам дня. Всего доброго!

Вот так. Сразу быка за рога. Впоследствии не раз задумывался, почему я так безрассудно согласился полететь с чужими людьми расследовать законность сделки, которая с самого начала имела «запашок»? И совсем не добрый! Не оговорил ни условий работы, ни размера гонорара. Да и вообще, зачем оно мне было надо? Ответа не нашел.

Скорее всего, все тот же неистребимый дух авантюризма, постоянно швырявший меня то вверх, то вниз. Вверх, когда очень везло (как с поступлением в юридический институт), вниз, когда потом проклинал всё на свете за то, что ввязался в эту авантюру, как и произошло в самом начале моего расследования в Сочи. Так или иначе, но в следующее мрачное от затянувших туч небо воскресенье я ждал Ирину Владимировну у входа в аэропорт.

В 15-30 в десяти метрах от меня остановился новенький, блестевший черным лаком Гранд-Чероки. С первого пассажирского сиденья вышла Ирина Владимировна, а за нею двое мужчин. Впереди кавказец, небольшого роста, но с широченными плечами и руками ниже колен (как позже узнал, член профессиональной сборной Италии по боям без правили) и с ним огромный молодой медведь – парень выше двух метров и килограммов под 130 не меньше. Оба в характерных кожаных куртках с сосредоточенно-угрюмым выражением на лицах, не предвещавших ничего хорошего. Криминалом от них несло за версту.

— Бандиты! - мелькнула мысль. – Они-то тут причем?

Отведя Ирину Владимировну в сторону, я тихонько спросил, кто эти люди и собираются ли они лететь с нами.

— Не волнуйтесь, Михаил Петрович, - с улыбкой отвечала она, – Это наша ОХРАНА. Они обеспечат нам безопасность. Времена сейчас сами знаете какие.

— Я понимаю, КТО они такие, но мы так не договаривались. Я с такими людьми никогда не работал.

— Вам ни о чём беспокоиться не нужно. Поверьте, всё будет хорошо.

Возражать дальше было бы просто стыдно. Ещё подумает, что я боюсь. Конечно, я знал, что с распадом Советского Союза, ослаблением власти и поголовным обнищанием населения в России, да и в других республиках СССР, в больших и малых городах не только бывшие уголовники, но и группы бодибилдеров, качавших мышцы по подвалам и спортзалам, стали сбиваться в банды и почти в открытую грабить. Нет, не случайных прохожих, а коммерческие фирмы, банки, заводы и другие, имеющие деньги структуры. Происходило это так.

К руководителям этих структур заявлялись плечистые парни в кожаных куртках и объявляли, что с этих пор они БЕРУТ ЭТУ ФИРМУ ИЛИ БАНК ПОД СВОЮ «ОХРАНУ» – обеспечивают «крышу». И что если кто-то другой, в том числе и правоохранительные органы, посмеет «наезжать», то по первому зову они явятся и «разберутся» с вымогателями.

А за такую «ответственную» работу теперь каждый месяц они будут получать «зарплату» в виде процентов от прибыли предприятия, фирмы или банка. Возражения были чреваты как реальной угрозой здоровью, а то и жизни руководителя, так и серьезным ущербом имуществу компании: взрывали склады, поджигали магазины. Учитывая, что почти у всех крупных банд были покровители в правоохранительных органах да и в структурах власти, которым они немало платили теми же награбленными деньгами, большинство бизнесменов вынуждены были соглашаться на такую «охрану».

Особенно вольготно бандиты чувствовали себя в больших городах, где было чем поживиться, и Москва в этом списке занимала первое место. Здесь действовали и кавказские, и среднеазиатские группировки, постоянно конфликтуя между собой. И вскоре московские кладбища зачернели помпезными памятниками над могилами, в которых покоились парни, не дожившие и до 30 лет.

Но самыми мощными были бандитские группы из Москвы и московской области: «ореховские», «измайловские», «ивантеевские», «солнцевские». Одна из таких «команд» и облагодетельствовала своими услугами концерн «Оранда».

Не встречаясь раньше с подобным явлением в Железногорске, в Москве я с бандитами столкнулся впервые. Старшего из них звали Карен, а его спутника с обезображенным шрамами лицом, никогда не менявшим природно свирепого выражения – «Малыш». Вернее, это была его кличка. Они практически не разговаривали, погруженные в свои «глубокие» размышления.

Вечер. Наш самолет приземляется в аэропорту Сочи. Выходим на трап. Прямо у трапа нас уже ждут такие же, как и во Внуково, два черных джипа «Гранд Чероки» – любимые авто бандитов. Я слышал, что Сочи «держали» армяне. Так и вышло. Земляки

Карена в обязательных кожаных куртках приветствовали нашу «охрану» дружескими объятиями. Мы сели в машину и прямо по лётному полю покатили к выходу.

До этого я бывал на отдыхе в Сочи несколько раз. В советское время попасть в этот город и получить путёвку в санаторий было за пределами возможностей. В сравнении с пыльной обшарпанной российской провинцией Сочи казался раем.

Белоснежные с прекрасной и разнообразной архитектурой санатории и дома отдыха; невиданные южные деревья и кустарники, изумрудные кипарисы и пахучий можжевельник; набережная с десятками уютных кафе и, наконец, сине-голубое и каждый день разное Черное море – мечта, воплощённая в жизнь. И нескончаемые радостные загорелые потоки отдыхающих со всех концов страны.

Каким же обшарпанным и несчастным я увидел этот город теперь. Разбитые дороги. Посеревшие здания санаториев с ободранными и даже полуразрушенными фасадами. Болтающиеся входные калитки. И практически пустой город – людей почти не видать.

1993 год – год всероссийской разрухи: в промышленности – заводы закрывались тысячами; в сельском хозяйстве – не было техники сеять, пахать, убирать урожай; безденежье в здравохранении и культуре.

Джипы с нами и бандитами миновали практически неосвещаемый в сумерках город и помчались дальше. Через некоторое время мы приехали в элитный ранее и совершенно запущенный сейчас курортный комплекс «Дагомыс». Не успел я разместиться в своём номере – стук в дверь. Карен просит спуститься, «перетереть» (поговорить) нужно.

Расстрел у железнодорожного вокзала.

А теперь ненадолго возвратимся в дни, предшествовавшие этим событиям.

Город Сочи – «жемчужина Черноморского побережья» – переживал не лучшие времена. Противостояние между «армянским» и «греческим» криминальными кланами в борьбе за теневую власть в городе достигло своего эпогея.

Воспользовавшись арестом нескольких армянских авторитетов, «греки» перешли в наступление. Сначала они взорвали мину, прикреплённую к столбу линии электропередач в пятидесяти метрах от кафе «Оазис», где должны были собраться армянские «братки». Но тем повезло – были убиты трое случайных посетителей, а семеро получили ранения.

В начале августа в сочинском кафе «Рубин» «греки» расстреляли семь человек, в том числе и братьев Юноевых, тесно связанных с армянским кланом.

Армяне решили – пора переходить в контратаку. Тем более, что поступила информация: поражённые наглостью и жестокостью «греческой» группировки высшие чиновники МВД города Сочи считают их действия беспределом и вызовом законной власти. Значит, особо препятствовать их устранению не станут. Как и искать виновных.

В тот серый осенний день за одной из колонн Сочинского железнодорожного вокзала, прислонившись к ней, стоял худощавый среднего роста мужчина в черном кожаном, длинном до пят плаще. Огромные солнцезащитные очки скрывали почти пол-лица.

В руках его, затянутых в черные кожаные перчатки, трепыхалась под ветром газета, которую он якобы читал, а на самом деле – еще один предмет маскировки. Среди своих он был известен как «Коча» – Армен Кочарян. И взгляд его был устремлён на высокого полного пожилого человека в грузинской кепке-аэродроме, сидящего на стульчике впереди и сбоку от входа в вокзал и продававшего крем для чистки обуви, щётки, шнурки и прочие дорожные мелочи.

Вокруг Армена люди входили в здание вокзала и выходили из него. Учитывая, что сезон для отдыхающих уже закончился, их было намного меньше, чем в летние дни. Спокойная, мирная, обычная жизнь привокзальной площади.

Армен бросил быстрый взгляд на часы. Без четверти два. Минуты ожидания тянулись нестерпимо долго. Но ждать он умел.

И вдруг Армен напрягся – пожилой продавец шнурков резко сдёрнул с головы свою большую кепку. Армен чуть выглянул из-за колонны и увидел, как из подъехавших к вокзалу двух огромных джипов «Кадиллак» вышли четверо крепких ребят в кожаных куртках и с дорожными сумками за плечами. Они повернулись спинами к нему, прощаясь с товарищами, оставшимися в машинах, а затем неторопливо направились к входу в вокзал рядом с колонной, за которой стоял Армен.

«Кадиллаки» не уезжали. Они развернулись лицом к вокзалу, и их пассажиры провожали взглядами удаляющихся товарищей.

«Греки!» – пронеслось в голове Армена. Четверка «братков» еще не достигла и третьей ступеньки, когда Армен, черным призраком, наполовину высунувшись из-за колонны, возник перед ними, отбросил правую полу плаща и вскинул автомат.

Не снимая его с плеча, он намертво приклеил палец к утопленному до конца курку. Послушный автомат быстро и отрывисто залаял, и очередь смертоносных игл несколько раз прошила «греков» слева – направо, обратно и по диагонали, сметая их со ступенек вниз под крики ужаса случайных прохожих. Двое из последних, оказавшиеся в пределах фронта огня, были легко ранены.

А с площади уже бежали трое товарищей расстрелянных, беспрестанно паля на ходу из пистолетов. Но расстояние от них до Армена было слишком большим, и почти все пули свистели мимо. Только две из них задели колонну рядом с Арменом.

Автомат успокоился, оставшись лежать на верхней ступеньке, а Армен, словно тень, проскользнув внутрь вокзала, выбежал на перрон, впрыгнул в вагон одной из отправлявшихся электричек и исчез из города на целую неделю. Пока разговоры и обсуждения внезапной гибели беспредельщиков-греков не поутихли на самых разных уровнях: от обывателей до руководства МВД. Потери списали (как обычно в этих случаях поясняла местная газета) на «разборки криминальных кланов». И в этот раз они не ошибались.

Всего этого, спускаясь с Кареном в небольшое кафе при гостинице, я, конечно, не знал и знать не мог, хотя позже Карен конечно же просветил меня в деталях.

Спускаемся на лифте и проходим в небольшое кафе, где за столиком уже сидят трое встречавших нас «братков», как они себя сами называли, и... с ними Малыш. Мы с Кареном присоединились к ним. По фактуре и властному поведению выделяю старшего. Представился Арменом. Арменом Кочаряном.

— Петрович, - с нажимом в голосе начинает Армен, - говорят, ТЫ, тут всех взбаламутил. Уважаемых людей (кивает на Карена с Малышом) прилететь заставил. Ты сомневаешься в правильности сделки с землей? А ты знаешь, что эту сделку ДЕЛАЛИ МЫ? Там все путём. ТЫ ЧЕМ ОТВЕТИШЬ, если не докажешь, что сделка неправильная? О себе подумал?

Как я уже писал ранее, мне не раз доводилось проводить уголовные дела в местах лишения свободы и общаться с заключенными. Поэтому суть вопроса понял сразу. «Ответить», т.е. компенсировать провал своей миссии в данном случае можно было только большими деньгами, которых у меня не было. Поэтому, ничего не оставалось, как, глядя прямо в глаза Армена, в тон ему спросить:

— А ЧЕМ ОТВЕТИШЬ ТЫ, если я докажу, что сделка была НЕЗАКОННОЙ?

Ответ (вернее, вопрос) явно неожиданный. 10 секунд глаза – в глаза. Кто первым отведёт взгляд. Ощущение не из приятных. «Охрана» концерна – Карен и Малыш – как воды в рот набрали.

Наконец, не отводя взгляд, Армен с нескрываемой угрозой цедит сквозь зубы:

— Ладно. Побазарили. По расходу.

Оказавшись в своем номере, пытаюсь лихорадочно соображать сквозь грохочущую в висках барабанную дробь: «Так, это – капкан. Я для бандитов – неожиданно возникшая угроза, единственная проблема. Нет человека – нет проблемы. Один миллиард рублей, это 1 миллион американских долларов. А цена человеческой жизни – 500 долларов. Значит, чтобы сохранить этот миллион меня тысячу раз «хлопнуть» можно. Хотя достаточно одного. Ждать до утра резона нет. Мой единственный выход – исчезнуть. А если мой номер уже под наблюдением?»

Выхожу на балкон. Вечер. Темень. Тишина. Жуть. Балконы номеров отеля почти соприкасаются друг с другом. В балконной двери через две комнаты от моего – свет. И в самом конце стены тоже свет. Хватаю свою сумку с вещами и начинаю рейд с балкона на балкон, пригнувшись там, где есть свет. Наконец, перелез на балкон последнего в ряду номера и присел. Осторожно приподнимаю голову. В комнате – двое мужиков спиной ко мне не столько ужинают, сколько пьют: на столе батарея бутылок. Пробую балконную дверь. Она, на моё счастье, открыта. Тихонько захожу, оказавшись перед мужиками, застывшими в изумлении. Киваю им, как старым приятелям, и выскальзываю в коридор. Дверь пожарного выхода рядом. Проскакиваю в неё и все восемь этажей ступенек пролетаю со скоростью звука. Выбегаю на улицу и прыгаю в одно из стоящих у входа такси.

— На Бытху. Быстрей.

Помчались. Обернулся. Темень непроглядная. Погони не было. Значит, проскочил.

Береженного бог бережет.

Следствие на грани фола

Шесть лет до описываемых событий я впервые попал на лечение в Сочи. Благодаря гитаре за плечами и некоторому сходству с Александром Розенбаумом, (знаменитым на всю страну исполнителем своих песен), совершенно случайно удалось устроиться в пансионат «Светлана», что в то время было равносильно попасть на прием к президенту США.

Вскоре познакомился с сестрой-хозяйкой корпуса Анной Сергеевной Лучкиной, чрезвычайно доброй и приятной в общении женщиной, старше меня лет на десять. Неоднократно бывал у нее дома и подружился с ее семьей: мужем Алексеем и сыном Романом. Жили они очень бедно, и я помог им купить новый холодильник, а также устроить свадьбу Роману. Впоследствии, бывая в Сочи почти каждый год, обязательно навещал эту семью, встречая всегда самый теплый прием. Жили они в горном районе города, называвшемся Бытха.

Именно туда сейчас и доставил меня таксист. И, конечно, удивлению и радости хозяев не было предела. По пути я заскочил в магазин и купил кучу продуктов. Мы вкусно поужинали. О цели своего приезда не сообщил, предупредив о том, что о пребывании у них, знать никто не должен. И был уверен: эти люди не выдадут меня ни бандитам, ни милиции, которая часто бывала с теми заодно.

Ночью продумал план действий. Утром побрился, надел белую рубашку, костюм, галстук – вид вполне официальный. Взял портфель и на такси поехал в администрацию Хостинского района города Сочи (местный орган власти), утвердившую договор купли-продажи участка, на котором «Оранда» собиралась строить пансионат для своих работников. Этот договор мне Ирина Владимировна вручила еще в самолете. Оказалось, что земля, купленная на имя частного лица – Леонова, принадлежала совхозу. А государственную землю в то время купить было практически невозможно. Договор был подписан директором совхоза, а утвержден Главой администрации Хостинского района города Сочи.

Захожу в приемную чуть раньше 8-ми часов. Вопросительный взгляд секретарши.

— Меня зовут Михаил Петрович. Я – корреспондент «Комсомольской правды» (популярнейшая газета страны в то время). Мне нужно срочно переговорить с Главой администрации по вопросу, имеющему чрезвычайную важность для Хостинского района.

Говорю, а у самого сердце бьёт чечетку: вдруг потребует удостоверение корреспондента газеты, тогда вся моя затея рухнет. Но, видимо, уверенное вторжение в приемную, официальный костюм и белая рубашка с галстуком, взгляд прямо в глаза и напор в голосе не зародили сомнений в хорошенькой головке секретарши. Она тут же нажала кнопку селекторного устройства и промурлыкала в микрофон:

— Сергей Станиславович, к вам корреспондент «Комсомольской правды».

— «Комсомолки»? Вот это да! Приглашай.

Нужно сказать, что в то время пресса еще играла видную роль в жизни общества. Чиновникам было чрезвычайно важно, что о них напишут столичные газеты. Ведь от этого зависело отношение к ним и начальства, и населения.

Захожу в просторный кабинет. Навстречу поднимается и идёт ко мне с широкой улыбкой на лице стройный седовласый мужчина. Представляюсь. Глава администрации крепко жмет руку, предлагает садиться.

— Как долетели? Может позавтракаем?

— Спасибо большое, но сначала к делу. У меня задание: сделать большую статью о землепользовании в городе Сочи. Решил начать с вашего района. Надеюсь, у вас с этим все в порядке?

— Конечно. Мы очень внимательно и ответственно подходим к вопросам землепользования, – отведя глаза в сторону, почти как на официальном докладе начал Глава администрации.

— Ну вот и отлично. Могу я посмотреть документы за этот год?

— Сейчас распоряжусь.

И следующие четыре часа я провел за изучением правовых документов о земле, действующих в Хостинском районе. С некоторых из них по моей просьбе секретарша сделал копии. Картина происшедшего начинала проясняться.

Вежливо отказавшись от обеда, поймал такси и поехал уже в Администрацию города Сочи, вышестоящую инстанцию для Хостинской администрации. Сценарий получения документов для изучения был аналогичным, правда, к Главе города не пошёл, это был вопрос его заместителя, любимой газетой которого оказалась как раз «Комсомольская правда». И опять никому не пришло в голову спросить меня удостоверение корреспондента «Комсомолки». Внешние вид и уверенность были моим удостоверением.

Ещё три часа работы с документами, и у меня собралась полная папка копий различных постановлений, решений, других правовых актов местной и центральной власти, касающихся распоряжения землей. И вот что удалось установить.

Продавать государственную землю разрешалось только в исключительных случаях по решению государственного Комитета по имуществу города Сочи, утверждённому Главой администрации города.

Администрация Хосты, орган власти всего лишь одного из районов города, такого права не имела.

СДЕЛКА КУПЛИ-ПРОДАЖИ ЗЕМЕЛЬНОГО УЧАСТКА, ОРГАНИЗОВАННАЯ БАНДИТАМИ, НАШЕДШИМИ ОБЩИЙ ЯЗЫК С ДИРЕКТОРОМ СОВХОЗА И ГЛАВОЙ ХОСТИНСКОГО РАЙОНА БЫЛА СОВЕРШЕННО НЕЗАКОННОЙ!!! Отменить её по суду и вернуть землю совхозу было делом пяти минут.

А на кону-то миллиард рублей! Вот так сюрприз! Не долго думая, отправляюсь к директору совхоза, чья подпись стоит на договоре купли- продажи. Повезло: удалось поймать его, когда он уже собирался уходить домой. После того, как я нарисовал ему полную картину сделки, показав документы, директор грохнулся на стул, побледнел, и я испугался, что придется вызывать ему «Скорую помощь».

— Да мне же конец, – еле выдавил он, придя в себя, – «братки» же меня на кусочки порежут. Но я правда не знал. Ведь районная администрация утвердила сделку.

— Незнание закона – не освобождает от ответственности. А если хотите остаться целым вам нужно сделать следующее: поскольку я назначу наше совещание с концерном «Оранда» и «братками» на завтра в 9 утра в вашем кабинете, разрешите мне переночевать в вашей конторе и предупредите сторожа.

Директор обречённо кивнул. Выйдя на улицу, я из телефона-автомата набрал номер телефона отеля и попросил Ирину Владимировну. Её голос в трубке захлёбывался от возмущения:

— Как вы могли так исчезнуть. Мы уже все больницы проверили и даже в морг позвонили!!!

— Спокойно, Ирина Владимировна. Вот чтобы не очутиться раньше времени в этих уютных заведениях, я и ушел по-английски. Моё следствие окончено. Предлагаю встретиться всем заинтересованным сторонам в кабинете директора совхоза, подписавшего договор купли-продажи, завтра в 9-00. С директором договорено.

— А почему не сегодня в отеле? Я и так переволновалась. Что вы там накопали? Сделка нормальная?

— Завтра вы получите моё полное заключение. Со всеми документами и подробностями. До встречи, - сказал я и быстро повесил трубку.

Поскольку в конторе совхоза спальных мест предусмотрено не было, уснуть, конечно, не удалось. Тысячу раз прокручивал в голове предстоящую встречу и свою обвинительную речь, прекрасно понимая, что риск огромен. Предсказать поведение сочинских бандитов, проваливших сделку по всем статьям, было невозможно. Одна надежда, что белым днем, в офисе, где полно работников да еще в присутствии директора совхоза, зам. Генерального директора «Оранды» и её «охраны» – на открытое убийство сочинские «братки» всё же не решатся. (О недавнем «подвиге» Армена Кочаряна у железнодорожного вокзала я еще не знал.)

Развязка

В 5 часов утра в темноте у конторы замаячили огоньки фар, и остановились два знакомых джипа. Посветили в окна офиса. Они зияли чернотой. Потом джипы развернулись и разъехались, блокируя обе дороги, по которым можно было подъехать к находившемуся на холме зданию.

«Добро пожаловать! Какой почет! Аж за четыре часа до начала совещания встречать меня приехали! Ну, теперь уж точно не пропустите! - пытался иронизировать, хотя страх ледяной змейкой всё глубже и глубже заползал в душу. - Отступать поздно. Раньше надо было думать. Ну почему позавчера не улетел обратно в свой тихий Железногорск? Кому и что доказать хочу???».

В 8 утра один из джипов уехал (видно, за Ириной Владимировной и её охраной), а другой остался на страже – вдруг удастся перехватить меня в последнюю минуту.

Вскоре пришли директор совхоза и другие работники. Ровно в 9-00 в кабинет директора вошли Ирина Владимировна, Карен с Малышом и сочинцы в кожаных куртках: Рубен с Самвэлом. И, несмотря на то, что выдержки им было не занимать, увидев меня, сидящего, как ни в чём не бывало, рядом с директором совхоза, скрыть свои недоумение и растерянность бандиты даже не пытались. Во взглядах, которыми они быстро обменялись, сквозило только одно: прозевали, проворонили.

За ночь наизусть заученная речь длилась недолго. После каждого утверждения я демонстрировал копию того или иного правового акта, начиная с федеральных и заканчивая местными. Понимая, что аудитория воспринимает юридические термины, примерно, так же, как я воспринимал бы язык еще не обнаруженных индейских племен бассейна реки Амазонки, просто и доступно объяснил положение каждого документа.

— Короче, вывод: сделка купли-продажи земли принадлежавшей государству, совершена с грубейшим нарушением федерального и местных законов и может быть признана недействительной в любое время. С возвратом обеим сторонам всего, полученного по сделке: совхоз должен вернуть миллиард рублей концерну «Оранда», а земля как была, так и останется собственностью государства (в пользовании совхоза). Все верно? – обратился я к директору совхоза. Бледный, как выбеленное полотно, он кивнул, не поднимая глаз.

Ирина Владимировна, слушавшая с неотрывным вниманием и широко раскрытыми глазами, выглядела совершенно растерянной. Её круглые щёки стали пунцовыми, как два помидора. Долгое время она молчала. Молчали и все остальные. Было видно, что такого удара не ожидал никто. И все понимали тяжесть последствий для каждого из них.

Ирина Владимировна была автором идеи построить пансионат в Сочи.

Её «охрана», Карен, нашел сочинских «братков», которые с помощью директора совхоза и Главы Хостинской администрации «сляпали» ничего не значащую бумагу.

А миллиард рублей – миллион долларов – был настоящим. И «Оранда» его уплатила. Да еще и наличными.

Я уже не говорю о том, что земля эта была аж в 15-ти километрах от моря. Земля сельскохозяйственного назначения, на которой возможно было только урожай выращивать, а не пансионаты возводить.

Ни воды, ни электричества, ни канализационных коммуникаций и близко не было. Да и дороги к морю от этого участка не наблюдалось. Чтобы довести всё до ума надо было вложить дополнительно огромные деньги.

Очевидно, никто из руководства «Оранды» не удосужился даже посмотреть на место будущего пансионата. Просто слепо доверились своей «охране». Молчание прервала Ирина Владимировна:

— Едем в Дагомыс. Разговор нам предстоит долгий. И, видимо, малоприятный.

На бандитов я не смотрел. Их чувства были понятны. В один миг организованная ими сделка превратилась в дым, безвозвратно улетевший в открытое окно кабинета. И за это надо было отвечать.

Не обращая внимания на похудевшего за это утро килограммов на 5, а то и на 10, директора совхоза мы вышли из кабинета и расселись по машинам, которые с визгом и рычанием помчали нас туда же, куда и в день нашего прилёта в Сочи.

Неожиданный поворот

Приехав в отель, Ирина Владимировна сразу ушла к себе в номер. Докладывать своему шефу неутешительные новости о результатах расследования. И назначила совещание с нами через два часа.

Только успел принять душ, стук в дверь. На вопрос: «Кто?» услышал голоса Карена и Малыша. Открыл. Оба стояли передо мной с таким видом, будто только что похоронили всех своих родственников в один день.

— Пойдём, Петрович. Базар есть.

Мы спустились на лифте и оказались опять в знакомом уже кафе, за одним из столиков которого нас уже ждали Армен с Самвэлом. Вид у них был не веселее, чем у Карена с Малышом.

— Да, заварил ты, Пэтрович, кашу,- глядя в стол, с неповторимым армянским акцентом начал Самвэл, – смотри, что получилось. Канэчьно, мы нэ думали, что этот грёбанный директор совхоза законов нэ знает. То, что произошло – ошибка, нэ специально. Мы бы наших уважаемых братанов (кивок в сторону Карена с

Малышом) никогда нэ «кинули». Но сейчас ситуация такая: мы «попали». И получается, что мы всё-таки «кинули» «Оранду». Теперь миллиард этот возвращать надо. А большинство дэнег уже ушло на «общак» (фонд, из которого финансируются бандиты и в тюрьме, и на свободе). Часть получили мы. Часть отдали братанам (?!) – опять кивок в сторону Карена с Малышом (так вот откуда похоронный вид «охранников» «Оранды»!). – По «понятиям», если мы нэ возвращаем дэньги, сюда должны привалить штук двадцать джипов из Москвы, крыша «Оранды», чтобы отстреливать нас. Ну, и мы, канэчно, смотреть нэ будем. Короче, гора трупов. Скажи, Петрович, тэбэ это надо?

— Так, а я тут причем? Ваша ошибка – ваша проблема. Я просто сделал свою работу, которую на моём месте мог сделать любой нормальный юрист. Какие ко мне вопросы?

— Э, нэт. Ты пассажир продуманный. Как колобок: и от бабушки ушёль, и от дэдушки ушёль. Эту кашу ТЫ заварил, а расхлёбывать её нам прикажешь? Давай, братан, помозгуй, как нам всем из этого дерьма выбираться. Мы тэбэ во всём поможем. И в долгу не останемся. Уедешь не пустой. При москвичах говорю: за базар отвечаю.

Тон разговора совсем иной, чем в первый раз. Просящий, уважительный. Видно, и в самом деле боятся войны с москвичами. А в голове уже зрела идея.

Когда я изучал документы в исполкоме сочинского горсовета, случайно познакомился с главным архитектором города, интеллигентным приятным мужчиной. Он-то наверняка каждый уголок Сочи в памяти держит. Если кто-то и может реально помочь в этой ситуации, то только он.

— Ладно. Ничего не обещаю и ни за что не отвечаю. Я останусь в Сочи и попробую найти выход, если «Оранда» согласится. Мне нужно: номер в отеле в центре города, машина с водителем, деньги на командировочные расходы и на билет на самолёт, поскольку мой пропадёт. Ещё раз говорю, я ничего не обещаю!

На состоявшемся затем совещании с зам.директора «Оранды» договорились, что я остаюсь в Сочи и попробую исправить ситуацию, которая не устраивала ни «Оранду» – всех денег вернуть не реально, ни бандитов – по аналогичной причине.

На следующий день ближе к обеду захожу в кабинет главного архитектора города Сочи.

— Вартан Суренович, добрый день! Разрешите пригласить вас пообедать. Тут рядом такой симпатичный ресторанчик. Да и деловой вопрос имеется.

Слегка удивленный архитектор не возражал. Мы устроились в уютном кабинете ресторана и пока ждали заказ, выпили по пару рюмок пятизвездочного «Арарата». Ничего не утаивая, я рассказал о положении, в котором оказался концерн «Оранда». И денег лишился, и землю не приобрёл.

— Вартан Суренович, есть ли хоть малейшая возможность помочь в такой ситуации? Ведь лучше вас город Сочи никто не знает.

Меньше всего я ожидал услышать в ответ:

— Михаил Петрович, да вас же ко мне сам бог послал! Обедаем и едем. Я покажу то, что поможет не только вашей «Оранде», но и мне с партнерами».

Вскоре он привёз меня на территорию старого санатория в центре города, расположенного прямо у берега моря. В стороне от главного здания находилась широкая площадка, на которой были построены фундаменты десяти огромных коттеджей, каждый на две семьи.

А вокруг бушевал под свежим морским ветром настоящий ботанический сад из кипарисов, пальм и других южных деревьев и кустарников. И вид на море – восхитительный.

— Эта земля принадлежит архитектурной мастерской города Сочи и досталась она нам за копейки. В 1992 году мы построили эти фундаменты для 10 коттеджей на 20 семей и закупили большую часть материалов. Но когда инфляция запрыгала на 100, 200 и 300 процентов, мы захлебнулись. Денег достроить нет. А нужно то всего 250 тысяч долларов! Если «Оранда» выделяет эти 250 тысяч долларов, мы достраиваем коттеджи и половина, то есть 5 коттеджей на 10 семей станут собственностью «Оранды». В течение июня – октября здесь могут отдыхать, если по две недели, то около 100 семей ваших сотрудников! Что Вы думаете об этом? Да, и еще: если вы согласны, то как это все юридически оформить? У нас-то на землю свидетельство о собственности имеется. А как сделать, чтобы ваша часть построенных коттеджей стала собственностью концерна?

Конечно, с одной стороны, решать за руководство «Оранды» я права не имел. Но, с другой – предложение было прямо фантастическим. Чтобы концерну, следуя предыдущей незаконной сделке, построить пансионат в поле далеко от моря, на участке, принадлежавшем совхозу, провести все коммуникации и дорогу, окружить хоть какой-нибудь растительностью, нужно было ещё вложить гораздо больше миллиона долларов. А тут прямо на блюдечке с голубой каёмочкой им преподносят великолепное место в тропическом лесу на берегу моря да еще и со всеми коммуникациями! И за 250 тысяч долларов они будут иметь уже готовые коттеджи! Да тут и думать нечего. Предложение – просто сказка!

— Вартан Суренович, вариант рабочий! Мне лично он нравится. Но я должен посоветоваться с руководством концерна. А насчёт оформления не беспокойтесь. Заключим Договор о совместной деятельности между Архитектурной мастерской города Сочи и концерном «Оранда». Вы вносите в фонд совместной деятельности землю с фундаментами, а «Оранда» – 250 тысяч долларов. Результаты же совместной деятельности в виде 10 готовых коттеджей делятся поровну: по 5 коттеджей каждой стороне. Конечно, этот договор должен быть заверен всеми заинтересованными департаментами Администрации города Сочи.

Мы договорились встретиться на следующий день утром, и я поехал в гостиницу звонить в Москву, в «Оранду».

Ирину Владимировну долго агитировать за советскую власть не пришлось. Она сразу всё поняла.

— Что вам нужно для заключения этой сделки?

— Согласие Генерального директора и доверенность на моё имя на заключение договора.

— Доверенность получите завтра. Ребята доставят её самолётом. С подписью Генерального директора. Начинайте работу над договором.

К вечеру следующего дня договор о совместной деятельности на 6-ти листах был готов как и доверенность, доставленная мне Малышом.

Два дня у меня ушло на то, чтобы с помощью шоколада, «Шампанского», коньяка и прочих приятных презентов получить 18 подписей на Договоре в различных департаментах Администрации города Сочи, включая завершающую подпись заместителя Главы города, хотя Вартан Суренович предполагал, что на это уйдет не меньше недели.

Выхожу на площадь перед Администрацией с двумя оригиналами и копией подписанного договора со всеми приложениями, украшенного солидной печатью Администрации города Сочи.

Армен, Самвэл и главный архитектор стоят с напряженно вытянутыми лицами, как школьники в ожидании аттестата зрелости.

Вручаю договор архитектору, а копию браткам. Залп радости – из их глаз.

— Ну, Петрович, ты даёшь! Погнали в ресторан, отметим это дело.

— Спасибо, пацаны! У меня самолет через три часа.

— Нэ волнуйся. Успеем. Мы тебя прямо к трапу доставим. А надо, так и самолёт задержим. Всё схвачено.

И действительно, после царского ужина меня доставили прямо к трапу самолета. И когда, попрощавшись, я уже собирался ступить на первую ступеньку трапа, Самвэл окликнул меня. Я обернулся. Самвэл с улыбкой протянул большую картонную коробку шоколадных конфет, крест-накрест перехваченную скотчем.

— Это что? - Удивился я.

— Это тэбэ подарок. Конфетки. Ты же сладенькое любишь? Мы заметили, ха-ха-ха... только открой их, когда уже в Москву прилетишь, а то в самолёте жарко, растают еще, ха-ха –ха... - засмеялся Самвэл, – ладно, пока. Увидимся ещё.

Я попрощался с всемогущими братками и пошёл по трапу. Несмотря на то, что хотя всё и закончилось так бескровно, вновь увидеться с бандитами ни малейшего желания не испытывал. Они существовали в разных мирах и по разные стороны баррикад.

Я понимал, почему вариант партнерства с архитектурной мастерской города Сочи устроил и «Оранду» и бандитов. Главное: никто не хотел войны, которая могла начаться после краха сделки, за которую уплачен миллиард. Ни сочинские, ни московские бандиты, а тем более Леонов.

Кроме того Леонов осознавал, что фактически он землю не получил, а всех денег все равно уже не вернуть. Найденная и оформленная новая сделка позволяла обеим сторонам сохранить лицо: бандитам - не возвращать миллиард, а «Оранде» получить возможность всего за двести пятьдесят тысяч долларов приобрести готовые коттеджи под ключ у самого синего моря, избавившись от необходимости вкладывать миллионы долларов в строительство пансионата на государственной земле вдали от моря и даже без дороги к нему.

И только в самолёте, когда закончился взлёт, и облака окутали лайнер белым мягким и пушистым одеялом, я почувствовал, как постепенно отпускает напряжение.

Уходит тяжесть, сжимавшая душу все эти дни. Ведь удалось не только остаться в живых, но и получить результат, о котором даже не мечтал. И хоть риск был совершенно необоснованным, но... победителей не судят. Тяжесть ушла, растворилась в воздушном пространстве, а её место заполнило ликование.

И, очевидно, Госпожа Удача была рядом всё это время.

Москва

Прилетев в Москву, переночевал у Саши Васильева, где, оставшись один в отведенной мне комнате, вскрыл коробку «конфет», полученную от Самвэла.

Там лежали пять пачек по 10 тысяч долларов. Я обалдел. «Давай, братан, помозгуй, как нам всем из этого дерьма выбираться. Мы тэбэ во всём подмогнём. И в долгу не останемся. Уедешь нэ пустой», – тут же вспомнилось обещание Самвэла во время разговора в кафе сразу после моего выступления в кабинете директора совхоза о незаконности сделки с землёй.

Зная, чего стоят обещания в криминальном мире, я и сразу не придал ему никакого значения, а в дальнейшем просто забыл, с головой погрузившись в процесс организации, написания и регистрации договора о совместной деятельности. Забыл напрочь. Все эти дни перед моими глазами и днём, не давая есть, и ночью, не давая спать, пылала цель, которую нужно достичь как можно быстрее, чтобы вырваться из капкана, в который попал, согласившись лететь с Ириной Владимировной в Сочи. А больше ни о чём и не думал.

Я смотрел на доллары – целое состояние – и никакой радости не испытывал. Наоборот – только тревогу. «Завтра поеду в «Оранду» отдавать документы по новой земле и, если увижу опять Карена, отдам ему деньги, пусть вернёт своим землякам...» – решил я. Слишком непредсказуемыми могли быть последствия такого «подарка».

Концерн «Оранда» занимал этаж в здании банка «Алтай» недалеко от станции метро «Красные Ворота». Банк и концерн работали как партнеры, т.е. коммерческие операции банк проводил через «Оранду», кредитуя концерн по льготной схеме.

Поднявшись на второй этаж и отыскав кабинет Ирины Владимировны, я вручил ей Договор о совместной деятельности и Приложения к нему со всеми планами участка, будущих коттеджей, коммуникаций и т.д.

Через несколько минут в кабинет вошел Леонов вместе с улыбчивой общительной женщиной, главным бухгалтером Аллой Николаевной. Я оставил кабинет, чтобы не мешать им совещаться. Но буквально через пятнадцать минут из него вышел Леонов. Проходя мимо меня, чуть задержавшись, тем же скрипучим голосом, как и во время нашей первой встречи, он бросил:

— Заявление написали?
— Какое заявление?
— О приёме на работу. (???)
— Так у меня же нет жилья в Москве...
— Зайдите к Ирине Владимировне и ПОЛУЧИТЕ КЛЮЧИ ОТ ВАШЕЙ БУДУЩЕЙ КВАРТИРЫ.
— ??????? – немая сцена, а Леонов уже скрылся в другом кабинете.

Всё еще не веря происходящему, влетаю в кабинет Ирины с горящими глазами и пляшучим от радости сердцем. Скороговоркой выпаливаю ей распоряжение Леонова. Жду, что она рассмеётся мне прямо в глаза и скажет, что шеф просто пошутил. Вместо этого она протягивает бланк Заявления о приёме на работу и ручку. Одним духом заполняю заявление. Ирина открывает ящик стола, достаёт связку ключей и, сверившись с каким-то списком, отделяет два ключа и вручает мне их – заветные КЛЮЧИ от моей будущей квартиры.

— Мы приобрели подъезд в восьмиэтажном доме в курортном месте на Клязьминском водохранилище, второй подъезд купил вице-премьер России Сосковец, - пояснила она. - У вас трёхкомнатная квартира номер 12 на шестом этаже. Дом скоро достроят. Но посмотреть квартиру можете хоть завтра. А с понедельника – на работу.

Не помню, как я оказался на улице. Каждая клеточка моей души трепетала от восторга: «Москва – столица нашей Родины! Сказочная синяя птица для каждого провинциала. И она - моя. Да не просто моя, а и с работой, и с квартирой. Бесплатное жильё в Москве даже ДО начала работы – чудо, фантастика! Абсолютная

НЕРЕАЛЬНОСТЬ! Подарок небес! Мои дети будут учиться в Москве!»

Ключи от квартиры, крепко зажатые в руке, вернули меня на землю. Что ж, вперёд в Железногорск, домой, за вещами. Через три дня меня ждут на новой работе. Надеюсь, она будет успешной.

Для меня любой город, в котором приходилось жить, это прежде всего – люди. Самое важное, чтобы были люди, которых приятно видеть, приятно с ними говорить, и можно делиться самым сокровенным. Люди, которые могут понять тебя на все 100%. И в Москве у меня таких было аж целых два: Миша Унке и Саша Захаров.

Вечером, перед поездом, позвонил своему старому другу, сыну моей любимой Анны Михайловны Мише Унке, уже много лет живущему в Москве и так же как и Саша Захаров мечтавшему, чтоб мы жили в одном городе:

— Мишаня, привет! Я переезжаю в Москву жить и работать. С понедельника приступаю.

— Мишка, да ты что?! Правда? Ну, ты даёшь! Поздравляю от всей души! Как только освободишься, приезжай к нам. Отметим.

Точно такой же была реакция и Саши Захарова, с чьей подачи я и познакомился с таким загадочным и полным сюрпризов концерном «Оранда».

И, как оказалось, сюрпризы эти только начинались...

Сюрпризы «Оранды»

По телефону мы с Сашей Захаровым договорились, что первое время, до переселения в свою квартиру, я буду ночевать на диване в его офисе, расположенном в 20-ти минутах ходьбы от станции метро «Тёплый стан» и находящемся через дорогу от его дома. Семья пока поживет в Железногорске.

С одной стороны, хорошо – друг рядом, с другой – не очень. До офиса от места работы добираться с пересадками более часа. Ну, да не привыкать. Тем более, как мне объяснили, в этот офис я буду приезжать только ночью поспать. Весь остальной день – работа, работа и работа. Так и вышло.

В первый же день, оставив чемодан у Миши в центре Москвы на Большой Грузинской и приехав в офис концерна, получил стол и кресло в кабинете с двумя бухгалтерами и кипу документов от президента банка «Алтай» на юридическую экспертизу. Вопросов сразу возникло гораздо больше чем ответов на них, и пришлось так глубоко зарыться в дебри новых нормативных документов, что выбрался оттуда только к концу рабочего дня, позабыв даже пообедать.

Мои соседи по кабинету стали собираться домой, но в это время раздался тяжелый грохот ног по лестнице, ведущей на наш этаж, и в офис ворвалась банда разъяренных кавказцев в кожаных куртках и с автоматами Калашникова наперевес. Двое из них ногой отшвырнули дверь в наш кабинет, и в одну секунду я и два бухгалтера оказались на полу с раскинутыми в сторону руками.

— Лежать и не дёргаться. Башку прострелю, – «ласково» пообещал один из незванных гостей. И, по-видимому, в серьёзности его намерений сомневаться не приходилось.

Лежим минут пять, лежим десять. Голова главного бухгалтера Аллы Николаевны в полуметре от меня.

— Что это за вечерняя зарядка? – Шепотом спрашиваю Аллу Николаевну.

— История давняя, – так же негромко отвечает она, – несколько месяцев назад чеченские бандиты предложили Леонову обменять их наличные рубли на доллары, вручив эквивалент миллиона долларов. Он согласился и взял деньги. Но совершить обмен не торопился, и вскоре курс доллара рванул вверх так, что из полученной рублевой массы сделать миллион стало нереально. Чтобы как-то выкрутиться, Леонов закупил на эти рубли импортные сигареты в надежде быстро их продать, а вырученные деньги и прибыль обменять на доллары. Сигареты не пошли. Продать их быстро не удалось. На «Оранде» завис долг.

— И вот по два раза в неделю чеченцы врываются к нам и «выбивают» у директора деньги, чуть не доводя его до инфаркта. Да ещё и «счетчик» включили: проценты требуют. Короче, пока хотя бы очередную двадцатку (двадцать тысяч долларов) не получат, не уйдут. А у нас сейчас ни в кассе, ни на счете копейки нет. Вчера всё раздали на зарплату и на аренду офисов. Деньги подойдут только через три дня, – заключила Алла Николаевна.

Торчать на голом полу три дня совершенно не вдохновляло, к тому же участь Леонова сейчас была мне совсем не безразлична.

— Алла Николаевна, а если я найду эту чёртову двадцатку, вы как главный бухгалтер гарантируете, что «Оранда» вернет ее мне, когда получит деньги, которые ожидаются через три дня?
— Михаил Петрович, клянусь. 100%. Выручайте нас, ради бога.
Осторожно поворачиваю голову к нашему конвойному:
— Передай старшему, я через час привезу деньги.
Тот тут же опустил автомат, вышел в коридор и, переговорив с кем-то на их горном наречии, жестом показал, что я могу идти.
Еду на Большую Грузинскую к Мише, у которого мой чемодан и деньги, полученные в Сочи, а в голове кипят мысли: «Да что же это за Москва, что же это за «Оранда»? Сплошные качели: вверх-вниз, вверх-вниз. Радость-беда, радость-беда. (Впрочем, как и во всей нашей обычной жизни...)»
Вернувшись с деньгами, зашел прямо в кабинет Леонова. Он стоял в углу, бледный, как смерть. И четверо чеченцев: кто на диване, кто верхом на директорском столе. Я вручил деньги директору, а он сразу передал их здоровенному бородачу, сидевшему в его же кресле.
Через секунду грохот ног по лестнице повторился. Чеченцы исчезли. А за ними исчез и страх. Осталась тишина. Но ненадолго. Люди поднимались с пола, собирались уходить домой, приглушенно разговаривали.
«Спасибо» от Леонова я не услышал. Списал это на то, что он и так был потрясен наездом. Зато Алла Николаевна вся разлилась в выражениях благодарности, и мы пошли из офиса вместе.
В метро по пути домой, вернее в офис Саши Захарова, опять нахлынули сожаления:
«Я ведь совершенно не знаю этих людей. Совершенно не знаю, что такое так называемый КОНЦЕРН «Оранда». По количеству людей в офисе – человек 20, не больше На концерн не очень-то похоже. И, главное, бухгалтера Аллу Николаевну, обещанию которой так безоговорочно поверил, я видел всего второй раз в жизни! Зачем отдал такие огромные деньги безо всяких гарантий, даже простой расписки не попросил?! Юрист, называется...»
Но огорчаться было поздно. И я, пообещав себе, что больше такое не повторится, попытался сосредоточиться на мыслях о будущей квартире, которую собирался посмотреть завтра.
На следующий день автобусом с пересадками поехал смотреть квартиру. Сначала до подмосковных Мытищ, а затем до поселка на

Клязьменском водохранилище. Добирался почти два часа. Серый день, свинцовые тучи, полностью затянувшие небо. Может поэтому пейзаж вокруг одиноко торчавшей ввысь мрачной бетонной коробки восьмиэтажного дома привлекательным не показался.

Захожу в подъезд. Лифт не работает. Поднимаюсь пешком на шестой этаж. Открываю дверь в квартиру. Она совершенно пуста. Неоштукатуренные стены. Нет ни электричества, ни воды, ни раковины с ванной и туалетом. Зато строительного мусора – хоть отбавляй. Грустная картинка.

Спускаюсь вниз, выхожу из дома и вижу строительный вагончик, а рядом несколько строителей за столиком в карты играют.

— Здорово, мужики! И скоро этот дом достроить собираетесь?

— А кто его знает, похоже, не скоро, – отвечает один, – деньги, отпущенные на строительство закончились. А когда будут новые, не знаем. Уже третий месяц «загораем». Работы нет.

Обнадёживающий ответ. По дороге в Москву размышлял: «Если бы даже недостающие деньги появились сегодня, там работы минимум на год. А учитывая, что их уже три месяца нет, скорее всего, переехать в новую квартиру мне не светит и в течение двух лет. Да и тратить четыре часа в день на дорогу туда и обратно – радость не большая. Очередной сюрприз «Оранды»: квартира как будто и есть, но въехать в неё невозможно. Не годами же жить в полухолодном офисе на жестком рабочем диванчике без семьи. И что делать?»

Когда этими грустными мыслями поделился с Ириной Владимировной, она только молча опустила глаза, и я понял, сказать ей нечего. Квартира скорее виртуальна, чем реальна. Возвращаться в Железногорск? В любом случае, надо было ждать возврата одолженных «Оранде» денег.

И снова сюрприз: ровно через два дня Алла Николаевна вручает мне пакет с деньгами.

— Здесь на 1000 долларов больше. Бонус от Генерального директора, за то, что выручили нас в трудную минуту, – улыбнулась главный бухгалтер.

Не знал, что и думать. Отказаться – поставить себя в неловкое положение. Только сумасшедший мог дарить такие деньги концерну, ворочавшему миллионами. Меня бы никто не понял. Пришлось взять деньги обратно.Но через несколько часов на лестнице раздался уже знакомый грохот бандитских ног. Чеченцы

прибыли за очередной порцией денег. И поскольку в кассе было только 10 тысяч, остальные десять пришлось опять доложить мне. После того, как бандиты покинули офис, постучался в кабинет к Леонову.
— Разрешите?
— Заходите. Слушаю вас.
— Владимир Леонтьевич, Вы вашей «крыше» деньги регулярно платите?
— Регулярно.
— У вас с ними отношения нормальные? Общий язык находите?
— Нормальные. А в чем дело?
— Вам эти еженедельные стрессы после наезда чеченцев не надоели?
Леонов молчит, опускает глаза:
— А что вы предлагаете? – спрашивает он.
— Разрешите мне поговорить с «крышей» на их языке, и я надеюсь, что кавказцы здесь больше не появятся.
— Ну, не знаю. Попробуйте.
— Пригласите, пожалуйста, их завтра в офис.
— Хорошо.
На следующий день был вызван в кабинет Генерального директора. Захожу и вижу Карена с незнакомым мужчиной лет 35-ти, с правильными чертами лица, стальными глазами и ледяным взглядом. Взглядом, который при встрече с ним, сразу вызывал острое желание оказаться где-нибудь на другом конце света.
— Это Граф. – представляет его Леонов, – «Бригадир». Что Вы хотели сказать.
— Значит так. Если вы, парни, наша «крыша», а Леонов ваш коммерсант, который вам регулярно платит именно за крышевание, никто, кроме вас, не должен получать деньги с вашего коммерсанта! Это закон. И вы его знаете! Долги концерна перед чеченцами вы обязаны взять на свою ответственность, сами получать их с «Оранды» и отдавать чеченцам. Они вам еще и проценты заплатят за эту работу. И вам выгодно, и Владимиру Леонтьевичу здоровье сохраните. А чужих «командиров» в «охраняемом» вами офисе быть не должно. Или я не прав? – обращаюсь к Графу, твёрдо глядя в его ледяные глаза.
Граф молчит. Думает. Потом кивает и, глядя на Леонова, цедит сквозь зубы:

— Мы «перетрём» с чеченами. Им и правда тут делать нечего.

И всё. Больше в «Оранде» чеченцы не появлялись.

Юридической» работы в «Оранде» и в банке «Алтай» было много. Кроме обычных претензий и исков мне приходилось разъезжать по многочисленным должникам и концерна, и банка, убеждая их заплатить огромные долги. В основном это получалось, и авторитет мой рос.

Шла зима. Работая целый день и приезжая поздно вечером (часто голодный) в офис Саши Захарова, заворачивался в ватное одеяло, полученное от Саши, и мечтал о тёплой квартире и серебристому смеху моейЛарисочки. А на следующий день снова ехал на работу. На что надеялся – непонятно.

И тут произошло то, что впоследствии серьёзно мне очень помогло решить эту нерешаемую проблему..

Ещё до моего поступления на работу «Оранда» закупила через германскую консалтинговую фирму в Голландии 2 тысячи тонн тушёнки фирмы Ван дер Лаан и распродала её по разным регионам России.

Последняя партия, полученная нами из Голландии, была отправлена в город Новосибирск. Через некоторое время к нам приехал представитель покупателя и продемонстрировал фокус.

Каждая банка тушеного мяса была завернута в глянцевую красочную бумажную этикетку с эмблемой фирмы «Ван дер Лаан». Срок годности – декабрь 2000 года. Представитель покупателя смочил водой и отодрал бумажную этикетку. На боку жестяной банки было выбито: «Материальная помощь. Срок годности: Декабрь 1991 года». А сейчас-то уже 1994-й!

Вот это сюрприз! «Ван дер Лаан» имела прекрасную репутацию на международном рынке, и вдруг – такой конфуз. Делать нечего: пришлось вернуть деньги новосибирцам, а тушенку взять обратно, сложив в арендованный склад.

Конечно, Леонов тут же связался с германской фирмой и отправил меня в командировку, улаживать проблему. Вместе с германским юристом Вольфгангом, сосватавшим нам эту сделку и прекрасно говорившим по-русски, мы вылетели сначала в Германию, а потом на машине помчались в Голландию. Первые переговоры с менеджментом поставщика ничем положительным не закончились, и руководство «Оранды» уже похоронило эти деньги.

Узнав об этом, я убедил Леонова дать мне возможность слетать второй раз, пообещав сделать всё возможное, чтобы встретиться лично с президентом компании «Ван дер Лаан». И снова почти три недели я проторчал в Германии – Голландии, но встречи с президентом всё-таки добился. Пожилой высокий и подтянутый он молча слушал наши бесконечные препирательства с его исполнительным директором. И когда я почувствовал, что и эти переговоры могут закончиться так же, как и первые, сделал вид, что поднимаюсь уходить, бросив мимоходом:

— Хорошо, господа. Можете не платить. Но я Вас предупреждаю: наши финансовые возможности вы знаете. И если мы сумели закупить у вас тысячи тонн тушёнки, то нам вполне по силам истратить столько денег, сколько понадобится, на то, чтобы на протяжении целого месяца, каждый божий день все европейские новостные программы показывали сюжет, о том, как ваша «уважаемая» фирма «Ван дер Лаан» торгует тысячами тонн ГУМАНИТАРНОЙ помощи с просроченным сроком годности! Обманывает и, по сути, травит людей в России!

— Как Вы думаете, кто-нибудь после этого захочет иметь с вами бизнес? Гарантирую, уголовное дело в вашей стране вам будет обеспечено. Это кроме того, что мы подадим иск в Международный арбитраж и взыщем, и основную сумму, и убытки, и моральный ущерб, – с нажимом произнёс я.

Президент поднялся вместе со мной. Его взгляд был обращен на исполнительного директора:

— ЗаплатИте им сумму просроченной продукции и 250 тысяч долларов за причиненные неудобства. Так устроит? – это были его первые слова, обращенные ко мне, и я пожал протянутую им руку.

Победа! Вкус её – восхитителен.

Решение квартирного вопроса

Прошло еще пару месяцев моей работы. Наступил март, и ничего не предвещало изменений. Я всё больше подумывал о возвращении в Железногорск, хотя, как мне казалось, это выглядело бы как моё поражение.

Время от времени от главного бухгалтера до меня доходила информация, что теперь уже наша «крыша» под руководством

Графа выдавливает из Леонова долг чеченцам. Конечно, под нажимом последних.

Дела в «Оранде» шли всё хуже и хуже, и отдавать каждую неделю такие огромные суммы становилось всё труднее. Да еще и пресловутый «счётчик», включенный кредиторами, делал этот долг практически невозвращаемым. Все 50 тысяч, которые у меня были, я передал концерну именно для погашения процентов по долгу.

Однажды в 2 часа ночи в офисе, где я ночевал, раздался телефонный звонок. С трудом, выпутываясь из паутины сна, дотягиваюсь до телефона.

— Михаил Петрович, я за городом, в усадьбе «Царицыно», - в трубке странно приглушенный голос генерального директора, – срочно берите такси и приезжайте сюда.

Наскоро умывшись, вызываю такси и мы мчимся по ночной Москве. Когда-то красавица-усадьба в Царицыно сейчас в ночной полутьме выглядела совсем не презентабельно. Захожу в холл и окунаюсь в атмосферу американских боевиков: человек десять бандитов из бригады Графа с оружием, демонстрируют друг другу прыжки, удары и блоки из восточных единоборств. Некоторые пытаются в прыжке достать ногой люстру под невысоким потолком. И это в третьем часу ночи. И ведь не пьяные! Насчет наркотиков – не уверен.

В это время из боковой комнаты выходят Карен и Граф. После того, как в прошлом ноябре я решил их проблему в Сочи, они относились ко мне с подчёркнутым уважением. Но сейчас лица их пылали, а из глаз летели искры.

— Петрович, короче. Чечены нас просто достали. Дали три дня на полный расчет. Леонов ни мычит, ни телится. Нам проще его «замочить» и закончить эту бодягу. Один геморрой с ним. Я своих ребят из-за этого хрена подставлять под пули не собираюсь. А он всё скулит: «Денег нет, денег нет. Подождите неделю, подождите месяц», – да нет у нас времени ждать. Иди, укатай раздолбая найти деньги или мы его сегодня же уроем. Петрович, ты меня знаешь, я не шучу. За базар отвечаю.

Такую пространную речь от Графа я слышал впервые. Молчать у него получалось лучше. Кожей чувствовал, что обстановка в усадьбе накалена до предела. Это не походило на обычный наезд. Бандиты действительно решили поставить точку. Вот тебе и «наша охрана» – как представила их мне при первой встрече Ирина Владимировна.

Захожу в комнату и вижу Леонова, сидящего на единственном стуле у простого деревянного стола с горящей на нем настольной лампой (как в кабинете следователей НКВД в 30-е годы) и представляющего собой ровно половину того генерального директора, с которым я когда-то познакомился в Институте у Ботанического сада.

— Михаил Петрович, ну хоть вы им объясните (кивок в сторону двери), что у нас будут деньги. Может через неделю, может через две. Но будут точно. Завтра я надеюсь получить копию платёжного поручения о том, что нам отправили деньги.

— Сколько вы надеетесь получить, Владимир Леонтьевич?

— Ну где-то около 250 тысяч долларов.

— Но ведь ваш долг, по словам бухгалтера Аллы Николаевны, еще около 500 тысяч. То, что им отдавали в последние месяцы, они считают процентами по счётчику. Так?

Леонов кивнул.

— Владимир Леонтьевич, чеченцы требуют полного расчёта в течение трёх дней. Иначе война. Ваша «крыша» гибнуть из-за вас не собирается. Какой еще есть выход? Подумайте, может вам банк «Алтай» поможет? Может к другим партнёрам обратиться? Вы-то в этой теме гораздо лучше, чем я. Вызывая меня сейчас, на что вы рассчитывали? Я живу только на зарплату «Оранды», а те деньги, что у меня были, все одолжил вам.

В ответ – молчание. Взгляд в пол. И жалко его и в то же время вопрос: ну как он мог брать такую огромную сумму, когда ни опыта, ни подстраховки не имел? Да еще и у кого – у бандитов. У которых просто перевёрнутое сознание, а единственный принцип – деньги любой ценой. Которые в любом коммерсанте видят только «лоха», низшее существо, которое надо «доить» и «доить». Чем больше, тем лучше и тем больше почёта от таких же, как они.

— Что делать? Что делать? – Сверлила мысль.

«Я не шучу, за базар отвечаю», – вспомнились слова Графа. Они не были бравадой. За ними – смерть. И тут меня вдруг охватил такой озноб, будто это меня самого собирались грохнуть:

— А ведь убьют Леонова, зароют в лесу, и концов не найдёшь, – подумал я – и как тогда жить мне? Молчать? Не смогу. А сдать их – всё равно, что подписать смертный приговор самому себе. От ментов – откупятся, а потом (или, скорее, раньше) разберутся со мной. И с моей семьёй. Так, как с Леоновым. Если не хуже...

И вдруг молнией пронзила мысль.

— Владимир Леонтьевич, у вас на складе сколько еще непросроченной тушенки от фирмы «Ван дер Лаан»?

— Тысяч на двести.

— А почему не продаёте?

— Так на неё цена растёт с каждым днём. Ждём, чтоб еще подросла.

— Она уже подросла. Если полмесяца назад было на двести, то сейчас она стоит все двести пятьдесят!

— И что из этого?

— У кого ключи от склада?

— У меня. Я их всегда с собой ношу как и печать концерна.

— Владимир Леонтьевич, вы после моей командировки от голландцев кроме стоимости просроченного товара еще и 250 тысяч долларов как компенсацию за моральный ущерб получили?

— Ну... получил.

— И где они?

— Марк Захарович, вы же знаете наше положение – кредиторов море. В тот же день деньги списали налоговики за неуплаченные налоги и пеню.

— В любом случае, если вы сейчас в счет долга чеченцам отдадите тушенку на двести пятьдесят тысяч, вы в принципе ничего не теряете. Изначально на такой бонус от голландцев ведь вы не рассчитывали. Верно?

— В общем-то да... Но ведь это меньше половины долга...

— Я поговорю с Графом. Попробую его убедить.

Леонов настороженно смотрел на меня, и я понял – не верит. Выйдя в холл, я подозвал Графа.

— Граф, правильно ли я понял: чеченцы перевели на вас долг «Оранды. Вы не смогли рассчитаться с ними за прошедшие несколько месяцев, и теперь они поставили ультиматум – закончить расчет за неделю? Верно?.

— Ну...

— По-любому за неделю?

— По-любому.

— Тогда есть один вариант. Но он – единственный.

— Говори.

— Привозите сейчас же вашего юриста с компьютером. Мы составим, подпишем и заверим печатью «Оранды» договор, по которому передаём вам отличную голландскую тушёнку на 250 тысяч долларов. Это половина долга, и отдать её чеченцам вы сможете уже завтра. Ключи от склада получите сейчас и хоть сейчас можете послать людей убедиться в том, что весь товар на месте. А недостающую половину получите деньгами в течение недели. Другого варианта нет. А если грохнете Леонова сейчас, то сами себе перекроете краник, из которого вам регулярно капает наличка. Въехал? Или я не прав?

Брови у Графа взлетают на лоб:

— А если мы скажем чеченам, что цена этого мяса 350 тысяч? Они ведь тушенку на Кавказ загонят, там жрать вообще нечего, и её по любой цене возьмут. А мы на этом еще и бабки сделаем! И с тобой, братуха, поделимся. А, Петрович? – осклабившись, подмигнул Граф.

— Нет, уж спасибо! Мне ничего не надо. Торгуйтесь сами. Мы по контракту передадим вам товар на 250 тысяч долларов, а за сколько вы его чеченцам загоните и сколько заработаете – дело не наше, и знать нам о том не надобно.

— Петрович, ты – то такой умный, а то, как ребёнок. От такого лавэ отказываешься. Ладно. Дело твоё. Я посылаю за юристом, а ты неси ключи, мы мухой проверим, что там у вас на складе...

Не было бы счастья, да...

Примерно через три часа, когда всё уже закончилось, мягкая и бесшумная «Ауди» плыла по пустынным улицам просыпающейся Москвы. Было еще темно. Редкие огоньки то там, то тут вспыхивали в окнах. Леонов сам управлял автомобилем, я сидел рядом.

Молчали. Отходили от столь «приятной» встречи с верной «охраной». Наконец, молчание нарушил Леонов:

— Я даже не хочу спрашивать о том, как вам удалось убедить этих извергов. Я о другом: Михаил Петрович, не нужна вам квартира в Подмосковье. Далеко. ВЫ НУЖНЫ МНЕ ТУТ! С завтрашнего дня ищите себе квартиру в центре Москвы, недалеко от Садового кольца. Машины у вас нет, значит поближе к станции метро. Главному бухгалтеру я скажу сегодня же.

И в очередной раз всё внутри взорвалось от радости, а сердце отстучало ирландскую чечётку: ведь я ничего не просил и уже не ожидал ничего подобного.

Вот тебе и Владимир Леонов – человек сюрприз. Был уверен: после случившегося этой ночью он меня не обманет.

На следующий день поговорил с Аллой Николаевной. Она уже была в курсе.

— Поскольку я отправляюсь на поиски квартиры, скажите, пожалуйста, на какую сумму от концерна я могу рассчитывать?

— Сколько у вас членов семьи?

— Я, жена, мама и две дочери.

— Ну, вам надо не меньше трёхкомнатной. Концерн выделит на это 40 тысяч долларов. Новую в центре за эти деньги не купить. Ищите вторичное жильё, и ремонт будете делать за свой счёт.

— Ясно, Алла Николаевна. Спасибо! Я пошёл.

Довольно быстро нашёл четырёхкомнатную коммунальную квартиру в старом сталинском доме с толстыми стенами и высокими потолками недалеко от метро «Савёловская» на перекрестке Новослободской и Сущёвского вала. Место хорошее, но квартира была совершенно «убитой». Её лет тридцать не ремонтировали. В ней жили две отдельные семьи и Наталья, одинокая женщина лет 50-ти, работавшая уборщицей в детском садике.

Посредника звали Эдик. Разбитной москвич, лет 30-ти, одет во всё импортное по последней моде. Он расселял две семьи и Наталью по трём отдельным квартирам, вследствие чего и освобождалась квартира, в которой они раньше жили вместе и которую я собирался покупать. Договорились с Эдиком о цене в 40 тысяч долларов.

По словам Аллы Николаевны, «Оранда» ожидала деньги через три недели, поэтому и сделку по покупке мною квартиры назначили на этот день. Когда до совершения сделки оставалось всего два дня, и все необходимые документы были собраны, главбух, опустив глаза вдруг объявила:

— Мне очень жаль, Михаил Петрович, но ожидаемые деньги задерживаются. На 10 дней.

— Как же так? Вы же обещали! И мои деньги у вас, и обещанные «Орандой» задерживаются. У меня же послезавтра сделка, и я не могу её сорвать. Уже и время в Регистрационной палате Москвы назначено. Да еще у меня и конкурент есть. Он, правда, даёт только

38 тысяч, но я не уверен, что продавец захочет ждать еще 10 дней, у него ведь тоже даты переезда в их квартиры определены.

— При всём уважении к вам ничем помочь не могу. Одно обещаю твёрдо: через 10 дней деньги будут.

В Москве, как я уже писал, у меня были два друга: Миша Унке и Саша Захаров. Но я отлично понимал, что таких денег у них нет. Что ж, придётся ждать, когда концерн получит деньги, и тогда снова искать другую квартиру. А жаль. Уже и душой и мыслями прикипел к квартире, которую сторговал.

Вечер был свободным и я решил позвонить старым друзьям, Юре и Тане Соболь, с которыми продавали яблоки, а потом с Юрой работали в кооперативе. Мы всегда были откровенны друг с другом, поэтому в разговоре упомянул о своей неудаче с первой сделкой.

— Послушай, Мишка, а ты знаешь, что мой кузен-канадец Игорь Сироткин, с которым ты познакомился несколько лет назад в Киеве, сейчас в Москве? У его фирмы офис в Центре международной торговли на Красной Пресне. Он основательно «поднялся» за последние годы, и, думаю, для него решить твой вопрос вполне реально. Запиши его телефон, – предложила Таня.

— Во-первых, он меня вряд ли помнит. А во-вторых, как он одолжит такую сумму денег незнакомому по сути человеку?

— Мы ему позвоним сегодня, – пообещала Таня.

На следующий день я позвонил Игорю и был приятно удивлён, что он сразу согласился встретиться. В небольшом, но шикарном офисе на 12-м этаже Центра международной торговли Игорь был один. Его партнёры Марк и Павел отдыхали в Канаде. Мы тепло поздоровались, и не успел я даже раскрыть рот, как Игорь открыл сейф, вынул оттуда 4 пачки по 10 тысяч долларов и вручил мне. Оказалось, Таня предупредила его и дала мне самую лестную рекомендацию.

— Когда вернёшь? – спросил Игорь.

— Через месяц нормально? – спросил я в свою очередь, не будучи уверенным, что «Оранда» получит деньги через 10 дней.

— Ладно.

Честно говоря, я был поражен тем, что он так легко одолжил мне такие большие деньги, не взяв расписки и даже не спросив копию паспорта. Не зная где я живу. Ведь в случае невозврата денег он даже не смог бы меня найти в этом многомиллионном городе. Вот такая беззаботная и доверчивая душа. И в этом позже я убеждался не раз. Но в данном случае мне удалось вернуть ему долг уже через 10 дней. На этот раз Алла Николаевна не подвела.

Итак, я стал полноправным владельцем четырёхкомнатной квартиры в солидном доме в центре Москвы. Организовал ремонт, не «европейский», но, по крайней мере, квартира стала выглядеть чистенькой и уютной. В июне 1994 года семья приехала из Железногорска в Москву.

Только мама осталась в Железногорске с ухаживающей за ней соседкой до августа, так как в июле мы собирались съездить в отпуск в Сочи, а в Москве ей некому было помогать. И тут перед нами встала серьёзная проблема.

Право на проживание давала пресловутая ПРОПИСКА в паспортном столе милиции, то есть фиксация: по какому адресу проживает собственник квартиры со своей семьёй. Получить эту прописку можно было только тогда, когда предыдущие жильцы, прописанные в этой квартире, полностью из неё выпишутся. Для этого им надо было прийти в паспортный стол и и получить штамп о выписке.

Так вот, две семьи, которых посредник Эдик расселил по двум двухкомнатным квартирам, выписались. А Наталью он просто обманул. Пообещал ей однокомнатную квартиру в районе не более получаса езды от центра Москвы. Сначала показал однокомнатную квартиру своего отца рядом с центром города, а при выселении привёз её с вещами в какую-то хибару в подмосковную Балашиху. Он знал, что Наталья одинока, и заступиться за неё некому. Единственное, что она могла сделать – не выписываться из квартиры, принадлежащей сейчас мне.

А без этого я не мог прописать ни себя, ни свою семью. В свою очередь, без ПРОПИСКИ я не мог получить медицинскую страховку, устроить Ларисочку в школу, а жену на работу. ПРОБЛЕМА! И очень большая!

Начал с детского садика, где работала Наталья. Попытался уговорить её выписаться. Но, узнав, кто я такой, на улицу с криками возмущения выскочили несколько женщин, её коллег, и никакие объяснения, что это посредник обманул Наталью, на них не действовали. Единственное, что удалось донести до Натальи, так это необходимость написать заявление в милицию о мошенничестве Эдика.

Я много раз звонил Эдику, требовал решить проблему. Он обещал. Но на этом всё и заканчивалось. Однажды получаю повестку явиться в отделение милиции к дознавателю. Прихожу и вижу в кабинете у него заплаканную Наталью. Всё-таки послушалась и написала заявление. Рассказал майору все как было. Через некоторое время дверь в кабинет распахнулась, и вошли Эдик под ручку с какой-то крашеной-перекрашенной девицей.

— Слышь, майор, ты чё меня дергаешь? - прямо с порога начал он – Ты знаешь что моя мать уже 20 лет в клубе МВД работает? Все генералы её знают. Да мне по барабану сошьёшь ты мне дело или нет, всё равно я его развалю.

— А ты, Наташка, мне доверенность на расселение не собственноручно ли подписывала? При нотариусе. Забыла, что ли? За мной всё чисто. Короче, я пошёл, и больше, майор, ты меня не тревожь. - выпалил одним духом Эдик, развернулся и вышел со своей подругой из кабинета.

Я обалдел от такой наглости и повернулся к дознавателю, ожидая, что он прикажет задержать нахала. Вместо этого он вогнул голову в плечи и развёл руками. Мол, ну что с ним сделаешь? Вот такое сейчас время...

Когда мы вышли с окончательно расстроенной Натальей во двор, она сказала:

— Я понимаю, что вы ни в чём не виноваты, но выписываться не стану, пока не получу квартиру в Москве. Это единственное, что мне остаётся.

А что оставалось мне? Если уж милиция отказывается заниматься мошенником, что могу сделать я? На душе – бессилие и ярость. Прибил бы подонка, да ведь этим делу не поможешь.

Через пару дней сижу на работе, весь в думах о своей ситуации с квартирой. Расстроен до предела. В это время в кабинет входят Граф и Малыш с вопросами к Алле Николаевне. Переговорив с ней, Граф поворачивается в мою сторону:

— Привет, Петрович! Чё такой кислый?
— Есть причина.
— Ну, поделись с братанами.
— Граф, вы мне не поможете. Менты и то не смогли ничего сделать. Что зря жаловаться?
— А ты пожалуйся. Мы не менты, но тоже кое-чего могём. Да, Малыш? - оскблабился Граф.

Терять было нечего, поэтому подробно рассказал всю историю с квартирой.

— А ты фамилию и год рождения этого Эдика не срисовал? – вдруг быстро спросил Граф.

— Когда оформляли квартиру, видел доверенность с его фамилией и годом рождения и запомнил их.

— Давай, запиши всё на бумагу и забей ему «стрелку» у тебя дома через три дня.

— Да я через два дня улетаю с семьёй в отпуск, правда, старшая дочь остаётся дома.

— Предупреди дочу, чтоб открыла двери сначала Малышу в 9-30 утра, потом Эдику в 10-00. Они её надолго не задержат.

На следующий день я позвонил Эдику и, объявив, что у меня есть вариант решения нашей проблемы, пригласил его через два дня к себе домой к 10 утра. А сам, предупредив Анюту о двух визитёрах и времени их прибытия, с женой и Ларисочкой уехал в отпуск.

Дальнейшее знаю со слов Анюты и Малыша.

Анюта:

— Примерно около 10 утра раздался звонок в дверь. Открываю и вижу парня, ну вылитый Кинг Конг, и с таким страшным лицом, что один раз его увидишь, всё равно что три «ужастика» посмотришь. Проводила его в зал. Через 10 минут пришел Эдик. Проводила в ту же комнату.

Малыш:

— Заходит Эдик в комнату и, увидев меня, сначала замирает, а потом выдаёт, что у него в подъезде живет «бригадир» подольских братков. Ну, я ему втолковываю: хочешь с «подольскими» нам стрелку забить? Давай. Заплатишь и нам и «подольским» за стрелку. И что дальше? Ты ведь НЕ ПРАВ! Тебе Петрович за хату «бабки» фальшивые дал? Нет. И если бы даже фальшивые дал, то ты об этом НЕ ЗАЯВИЛ. А ты ему хату фальшивую продал. Тётку из неё не выписал. И Петрович об этом заявил. Ну что, у тебя «бабки» есть заплатить за стрелку и нам, и «подольским»? Вряд ли. Мы мало не возьмём. Они – тоже. Так что даём тебе десять дней, чтоб хата была чистая, а тётка из неё выписана. Делай, что хочешь, а к приезду Петровича, всё должно быть тип-топ. А чтоб ты на лыжи не стал (не сбежал), вот тебе – твой адрес, где ты со своей шмарой сейчас живёшь. Вот адрес твоей бывшей жены с сыном. Вот адрес твоей мамаши, что в клубе МВД полы моет. Вот адрес алкаша-отца в центре Москвы. А это адрес твоей тётки в Рязанской области, если туда надумаешь дёрнуть.

Я представил себе ощущения Эдика. Он был загнан в угол, выхода из которого не существовало. Он понял, его найдут, куда бы он не спрятался, и это не милиция. Их не напугаешь!

В общем, 25 июля, вернувшись из отпуска, я обнаружил, что Наталья выписалась из квартиры (Эдик отдал ей квартиру своего отца, забрав того к себе). И я спокойно прописался в свою квартиру со всей семьёй, превратившись в нормального москвича со всеми положенными льготами и правами.

И осталось загадкой, как всего за три дня бандиты сумели накопать столько информации об Эдике? Не иначе задействовали свои связи в Федеральной службе безопасности. Та знает всё и обо всех.

Горе.

По возвращении из отпуска стал готовиться перевозить маму к себе. Подготовил ей отдельную комнату, закупил диетические продукты, поставил её на медицинский учёт и оформил страховку. Договорился с Генеральным директором «Оранды», что мне выделят автомобиль перевезти маму 1 августа. Но 31 июля рано утром раздался звонок из Железногорска. Звонила соседка, помогавшая маме.

— Михаил Петрович, приезжайте скорее. Снова инсульт. Ваша мама без сознания.

Позвонил Леонову и через час уже выехал в Ромны на присланной «Волге» с водителем. Семья приехала позже.

Мама была без сознания. Кинулся в больницу, но там только развели руками. 79 лет. Второй тяжелейший инсульт. Пути для реабилитации не существует.

Как же было невыносимо сидеть часами, смотреть на лицо родного человека, уходящего навсегда, и не иметь возможности продлить её жизнь, отдалить конец. Беспомощность, причиняющая неземные страдания. К вечеру мамы не стало. Я просидел у гроба всю ночь, и слёзы струились, не переставая. Так же было и когда умер папа.

Тринадцатилетняя Ларисочка почти всё это время была рядом. Переживала. Сочувствовала. Поддерживала. Я был очень благодарен ей за это, но легче не становилось. Снова с беспредельной ясностью осознал, кем были для меня родители. Люди, которые любили меня больше всего на свете.

Хоронили маму рядом с папой на том же тихом сельском кладбище. Весь этот день и похороны прошли, как в тумане. Пришел в себя уже вечером, набродившись в одиночестве по знакомой с детства роще. Вернувшись, тяжело опустился на лавочку у подъезда. Выбежала Ларисочка, присела рядом, взяла под руку.

— Ты не представляешь, доня, как это страшно понимать, что теперь окончательно остался один, остался сиротой, – с болью тихо произнёс я.

Лариса как-то вся сжалась, потом встала и убежала в дом. Через минуту из него выскочила её сестра Анюта. Глаза – два огромных блюдца:

— Папа, ЧТО ты сказал Ларисе? Она прибежала, упала на кровать и рыдает!

И тут до меня дошло: как я мог сказать, что остался один? А как же она? Она ведь со мной. Была, есть и будет. Пришлось подняться в квартиру и долго успокаивать доченьку. Такую чувствительную, что даже самое любящее отцовское сердце не способно иногда уловить нюансы её эмоций.

Еще одна страница моей жизни перевернулась навсегда. Остались только фотографии, с которых мама смотрит на меня в свои 30 лет в белом халате медсестры в военном госпитале, в 40 и в 50 – в длинных цветастых платьях тех далеких лет. Смотрит на знакомых до боли улицах родного городка. Прошлое, которое всегда рядом...

Москва. Новая работа

К концу 1994 года банк «Алтай» обанкротился. Что-то странное стало происходить и в концерне «Оранда». Фирма, еще год назад ворочавшая миллиардами рублей, оказалась не в состоянии даже выплачивать небольшую зарплату своим сотрудникам, которых осталось всего-то около десятка человек. На наши вопросы Леонов с энтузиазмом описывал какие-то сказочные проекты с европейскими банками, куда были вложены последние большие деньги, и твердил, что с реализацией этих проектов мы снова заживём богато и счастливо.

Шли дни, недели, месяцы. Положение не менялось. Зарплаты не было. Люди уходили. Осталось только пятеро. Будучи благодарным Леонову и Ирине Владимировне за всё хорошее, что они для меня сделали, я по-прежнему ежедневно приходил в офис. Понимал, что нужно что-то менять, потому что без зарплаты долго протянуть не удастся. Семью надо кормить.

В последние месяцы я стал частенько захаживать в офис Игоря Сироткина, так выручившего меня с покупкой квартиры. Мы подружились. Его партнеры: Марк и Павел, узнав, что я – юрист, иногда просили сделать для их фирмы небольшую юридическую работу, в чём я им никогда не отказывал. Денег не просил. Я считал, что делаю это в качестве благодарности Игорю за помощь в покупке квартиры.

Однажды мы все вместе выпивали в гостиничном номере Игоря. Неожиданно, Павел спросил меня, как идут дела в «Оранде», а узнав, что я уже несколько месяцев не получаю зарплату, сказал:

— Игорь говорил нам об этом. И он предлагает, чтобы ты поработал у нас.

Что сказать? Предложение было ой как кстати. Просто в «десятку». Но прежде решил еще раз поговорить с Леоновым.

Разговор не получился. Он снова с энтузиазмом ударился в описание своего абсолютно фантастических проекта с германскими фирмами, обещавшими ему десятки миллионов долларов, но сначала нужно было уплатить около полумиллиона евро вперёд (как потом выяснилось, одна из популярных в то время схем по отъёму денег у начинающих русских бизнесменов западными мошенниками).

— Владимир Викторович, проанализируйте ситуацию последних месяцев: с одной стороны, ваши немцы тянули и тянули, пока не вытянули из «Оранды» все имеющиеся деньги, а обещанной сверхприбылью и не пахнет. Обыкновенный обман (и через время это подтвердилось). С другой стороны, уже столько времени мы не получаем зарплату. Это не идёт ни в какие ворота, – пытался убедить его.

— Вы просто ничего не знаете. Это надёжные партнеры. Они сотрудничают с богатейшими банками Европы. Надо просто подождать. Я вам говорю, нас ждут десятки миллионов долларов! Это беспроигрышная финансовая схема, и нам очень повезло, что мы в ней участвуем! – Горячо доказывал Леонов.

В общем, я понял, что разубедить его не удастся и написал заявление об увольнении. А на следующей неделе приехал в офис Игоря в Центре международной торговли на собеседование с тремя партнёрами: Игорем, Павлом и Марком.

Все они очень отличались друг от друга. Игорь – симпатичный, умный, добрый, весёлый. Приятный и лёгкий в общении. Держался со мной по – дружески, всегда готов помочь.

Павел – быстрый, громкий, сибарит. Весь в своих делах. Всё что за рамками его интересов, просто не существует. Общался коротко, но со мной держался просто.

Марк – бывший цеховик. Маленького роста с ярко выраженным комплексом Наполеона. Важный, неторопливый, считающий себя главным в их тройке. Босс, одним словом. Все они имели семьи в Канаде, а бизнесом занимались на Украине и в России. К моменту моего прихода они сделали приличные по тем временам деньги на сырьевых контрактах и сейчас занимались тремя основными проектами:

1) китайским рестораном «Династия» в центре Москвы вместе с партнёром из Китая Джонстоном Чжу; 2) строительством

многоэтажного кондоминиума в Олимпийской деревне вместе со спортивным функционером Геннадием Венглинским и 3) строительством крупнейшего в России автомобильного рынка «Автогарант» за Люберцами вместе с партнёром Яном Ровнером, инициатором и главной движущей силой проекта.

Кроме трёх партнеров компания «Пальма» состояла из исполнительного директора Семёна Буратовского, бухгалтера, секретаря и нескольких технических работников. Вот и вся фирма. Как я позже узнал, все наёмные работники приходили от Марка. Я был первый из новичков, кого предложил Игорь, и это Марку не понравилось.

Чтобы проверить чего я стою, он решил предложить решить самую больную проблему, существовавшую на тот момент в их бизнесе: узаконить землю, на которой строился рынок автомобилей «Автогарант».

Для этого я сперва встретился с Яном Ровнером, дружеские отношения с которым поддерживаю до сих пор. Но первая встреча с ним совсем не обрадовала: передо мной сидел мрачный человек, с тяжелым взглядом карих глаз, не предвещавшим ничего хорошего. Сильный, жесткий, безаппеляционный. Если Марк держал себя, как босс, то Ян – как босс боссов.

С Яном Ровнером

Уже гораздо позже, ознакомившись с обстановкой, я понял, что сделать то, что сделал Ян, построить за нереально короткое время в чистом поле огромнейший открытый авторынок (русский способ продаж), 32 салона-офиса (европейский метод) и величественное здание аукциона автомобилей (американский стиль) в то «лихое», беспредельное и бандитское время было невозможно, будучи другим: корректным и мягким. То, что делал Ян, было революцией, и методы он использовал тоже революционные. Игорь, Павел и Марк были инвесторами.

Земля, на которой уже стояли многомиллионные в долларах здания и сооружения, принадлежала совхозу «Белая дача», кормившему овощами всю Москву. А хозяином строительства авторынка была швейцарская фирма «Аврора». Фактически здания иностранной фирмы строились на государственной земле без всякого разрешения её собственника – государства.

И вот тогда задача оформить государственную землю в собственность иностранной фирмы полностью легла на меня. Перевернув горы юридической литературы и нормативных актов уже нового времени, я бился и стучался во все кабинеты администрации Московской области, доказывая законность такой сделки. Наконец, на заседании Московской областной думы, где присутствовали и мы с Яном, Председатель думы в своём выступлении затронул и наш вопрос, провозгласив:

— В отношении земли, на которой построен «Автогарант». Есть мнение передать её в аренду сроком на 49 лет.

Я тут же вскочил:

— Мы ходатайствуем о выкупе земельного участка. Аренда – явление временное, а здания построены на века. Этот бизнес даст работу сотням людей и огромные налоги в казну области. Мы настаиваем на разрешении провести сделку купли-продажи, – говорю и чувствую, как Ян дёргает меня за полу пиджака: «Тихо ты. Сядь уже.»

— Кто это, Ян Борисович? – удивлённо спрашивает Председатель думы.

— Это наш юрист. Недавно работает.

— Пусть зайдёт ко мне с обоснованием своего требования через пару недель.

За пару недель мне удалось выйти на Земельный комитет при Администрации президента России и получить от них только что изданный нормативный акт, разрешающий в исключительных случаях при наличии крупных инвестиций продавать землю иностранной фирме.

В совокупности с подготовленными мною ранее документами он и послужил тем ледорубом, который пробил брешь в бетонной бюрократической стенке. Вместе с Яном нам удалось провести первую в Подмосковье сделку продажи государственной земли иностранной компании.

Более того, просидев в архивах несколько дней, я нашел легальный вариант, согласно которому вместо 2-х миллионов долларов за этот участок Павел, Марк и Игорь заплатили всего 40 тысяч долларов. Земля была узаконена, о чем я и послал телеграмму трём партнерам, отдыхавшим в Канаде.

Первый экзамен был сдан и вернувшиеся в Москву Игорь, Павел и Марк в жаркой дискуссии с Яном настояли, чтобы я остался работать в их «Пальме», а не у него в «Автогаранте», как требовал Ян. На тот момент у них накопилось много юридической работы, а к тому же они как будто предчувствовали, что скоро, очень скоро юрист понадобится им лично.

Неожиданные возможности

Как-то, заканчивая дела по «Автогаранту» я заехал в офис Виктора Семёнова, директора совхоза «Белая дача», волевого и умного руководителя. Разговариваем, и он одновременно распаковывает пухлый конверт с зарубежными марками, из которого вываливается пачка цветных фотографий.

— Из-за границы весточка? – спрашиваю у Семенова.

— Да, дочка учится в школе в США. Я подружился с министром сельского хозяйства штата Вирджиния, и мы организовали через наш Люберецкий отдел образования программу по обмену старшеклассниками. Дочь живёт в американской семье и учится в американской школе. Сам понимаешь, с каким прекрасным английским она сюда вернётся.

Перед глазами возникает картина: обычный вечер, полутемная и криминальная Москва, четырнадцатилетняя Ларисочка, ездившая вечером в музыкальную школу. Мои постоянные переживания: благополучно она доберется домой или нет?

— Виктор Александрович, а мою дочь можно по такой же программе отправить? Буду беспредельно благодарен.

Деловитости директора совхоза мог бы позавидовать бизнесмен самого высокого полёта. Он тут же снял трубку телефона и договорился, чтобы Ларису включили в список детей, отправляемых на две недели в июле во Флориду, Диснейленд, а в конце августа – в США учиться в школе на целый год и жить в американской семье.

А буквально через пару дней мне поступило и вовсе необычное предложение.

Рабочий день заканчивался. Мы вместе с Марком, Павлом и Игорем в офисе не спеша распивали бутылочку, беседуя о текущих делах. Вдруг в комнату влетел толстый краснолицый шумный мужчина лет сорока с огромными золотыми часами на левой руке, в дорогом костюме и с таким же дорогущим портфелем в руках. Быстро пожав руки присутствующим и опрокинув предложенную рюмку, он обратился к Марку:

— Марк, дело есть.

— Жора, у тебя всегда «дело есть». Ты ведь без дела не приходишь.

— Речь не о бизнесе. Тут кое-что покруче.

— Ну давай, что там у тебя за «покруче»?

— Ребята, послезавтра один из вас может стать ДЕПУТАТОМ РОССИЙСКОГО ПАРЛАМЕНТА – Государственной Думы. Цена вопроса – четвертак.

Присутствовавшие удивлённо переглянулись.

— И каким же это образом? - спросил Павел.

— У нас в списке ЛДПР освободилось одно место. Дайте мне копию одного из ваших российских паспортов, 25 тысяч долларов и через неделю получайте удостоверение депутата. Только соображайте быстрее, деньги отвезти надо сегодня.

— Ну, у меня и у Павла канадские паспорта – начал Марк.

— У меня тоже, – продолжил Игорь.

И тут они все, как по команде, повернулись ко мне.

— Слушай, Миша, у тебя одного российский паспорт. Он у тебя с собой? - спросил Марк за всех партнёров, смотревших на меня.

«Стать членом Государственной Думы, конечно же, престижно и выгодно, – думал я, – но не менее и опасно. Особенно в это время. Балансировка на лезвии ножа. Кто знает, какие задачи поставят передо мной хитромудрые Марк и Павел? И то, что я повисну в роли марионетки, а они будут дёргать за верёвочки, уж точно не сделает мою жизнь счастливее».

— Миша, ты что задумался? Большим человеком станешь. Сам законы писать будешь! Давай паспорт!- настаивал Марк.

— Нет, господа, паспорта с собой у меня нет. Это первое. Второе: я согласен с автором фразы: «Политика – самый грязный бизнес». Участвовать в нём никогда не хотел, не хочу и не буду

Уговоры не помогли.

— Я готов уволиться, но в Госдуму не пойду, – завершил дискуссию.

«Вот тебе и «воля народа, – размышлял я, возвращаясь домой, – а то, что «избранником» будет вор, подлец, глупец иль извращенец – неважно. 25 тысяч долларов плюс копия паспорта – и ты ЗАКОНОДАТЕЛЬ! Элита государства Российского. При коммунистах система власти разила гнилью, но и сейчас – не лучше...»

Случай на таможне

Спокойно поработать на новом месте удалось недолго.

Однажды утром, к нам в офис с обыском ворвались работники прокуратуры Украины со своими московскими коллегами и изъяли несколько коробок бухгалтерских и других рабочих документов. Оказалось, что на Украине уже давно возбуждено уголовное дело против компании «Пальма», в которую я пришёл работать. Расследование завершается, и прокуратуре нужны были документы по работе фирмы за последнее время. Искали также Павла и Марка, которых, к их счастью, в то время в Москве не было. Офисом руководил Семён Буратовский.

Несмотря на то, что партнеры знали об уголовном деле, наезд прокуратуры на офис в Москве встревожил их всерьёз. Дорога в Россию теперь была заказана, но производственные проекты ждать не могли. Марк назначил совещание в Праге, на которое должны были лететь и мы с Семёном. Я – раньше, Семен на два дня позже.

За пару дней до моего вылета Семён сообщил, что Марк приказал привезти тридцать тысяч долларов наличными, которые ему нужны срочно.

— Хорошо, Сеня. Вот мой паспорт, обменяй российские рубли на доллары, возьми в банке разрешение на вывоз валюты в сумме более 10-ти тысяч долларов, и я отвезу им деньги, – легкомысленно предложил я, лишь понаслышке зная порядок вывоза иностранной валюты за границу России. До этого мне никогда не приходилось совершать вояж с крупной суммой валюты. Банковского разрешения в глаза не видел.

На следующий день Семён принес мне тридцать тысяч долларов и вручил разрешение банка, графы которого были заполнены чернилами от руки, но стояли печать банка и подпись Олега Кантора, Президента банка «Югорский», которого я хорошо знал, так как «Пальма» была клиентом банка. Никаких сомнений документ у меня не вызвал, и в аэропорту я открыто задекларировал перевозимую сумму, предъявив офицеру таможни разрешение банка «Югорский» на вывоз денег. Офицер, молодой – лет 30-ти, внимательно изучил документ. Затем встал и куда-то ушёл. Надолго. Вернувшись, он проштамповал мою декларацию и жестом показал, что я могу идти на посадку. И вдруг в голове мелькнула мысль: «У трапа – возьмут».

В связи с задержкой на таможне получилось так, что все пассажиры уже сидели в самолёте. Я был последним, и поэтому до трапа меня сопровождала девушка, работница аэропорта. Симпатичная. О чем не преминул ей сказать, и по её улыбке понял – ей было приятно. Мы прошли паспортный контроль, прошли проверку на металлы и длинные коридоры до моего выхода на посадку. До трапа самолёта оставалось каких-то пять метров. И в это время на моё плечо легла тяжёлая рука таможенника:

— Ваш паспорт и таможенную декларацию!

Отдаю паспорт и таможенную декларацию. Таможенник, на груди которого красуется табличка с фамилией «Николаев», вынимает рацию и по громкой связи объявляет:

— Пассажир Кербель снимается с рейса Москва-Прага. Провоз крупной суммы валюты по поддельному разрешению банка!

Бабах! Как дубиной по голове! Мозг обожгли две мысли : «Контрабанда – пять лет лишения свободы!» и «Как мог Семён вручить мне поддельное Разрешение банка на вывоз валюты? Я ведь хорошо рассмотрел и круглую печать банка и подпись его президента!»

Времени на обдумывание не было совсем. Если меня сейчас арестуют, выбраться из тюрьмы будет ох как не просто.

— Офицер, я сегодня во что бы то ни стало должен быть в Праге. Обещаю, что через неделю, вернувшись в Россию я первым делом приду к вам, и мы во всём разберемся. Я легко докажу, что разрешение не поддельное.

— Нет. Сделать ничего не могу.

— Поймите, это недоразумение. Я готов отдать все эти деньги до моего возвращения. Это – гарантия, что я не стану уклоняться от встречи с вами.

— Нет. Я уже объявил по громкой связи, что задерживаю вас.

Отчаяние обожгло огнём с головы до пят.

— Черт тебя подери, идиот! Ты что вообще ничего не соображаешь? - вдруг заорал я на таможенника. - Тридцать тысяч долларов!!! Откуда они у меня – простого юриста? Да в какой бы изолятор ты меня сейчас не засунул, твоя фамилия – Николаев – тычу в табличку на его груди – в течение часа станет известна настоящим хозяевам этих денег. Сегодня же вечером тебя в подъезде твоего дома встретят и спросят с тебя по полной. И ты со своей копеечной зарплатой сможешь ответить за них? За тридцать тысяч долларов???!!!

Лицо таможенника стало белее мела (как выяснилось позже, всего за три дня до этого «солнцевские» и «измайловские» бандитские группировки в жестокой перестрелке делили между собой Шереметьевский аэропорт, вернее, влияние и прибыль).

Мой блеф сработал: совершенно случайно удалось попасть в единственно больное место – таможенника охватил страх. Он уже представлял себе встречу в подъезде своего дома с теми, для которых законы не писаны. И которые пощады не знают.

Слышно было, как кипят его мозги в поиске выхода. Наконец, офицер выдавил:

— Ждите здесь. Я сейчас вернусь. ПодпИшите Протокол о временном изъятии денег. По возвращению из Праги – сразу ко мне... - и быстрым шагом направился в глубь аэропорта.

Не успел я задохнуться от ликования, как в рации сопровождавшей меня девушки раздался голос командира самолёта:

— Через минуту взлетаем.

Я аж подпрыгнул:

— Девушка, миленькая, задержите борт! Ради всего святого!!! –судьба снова закачалась на волоске.

Девушка поднесла ко рту рацию:

— Подождите пять минут.

— Так объявлено же, что пассажир снимается с рейса, - настаивал пилот.

Умоляющее пламя из моих глаз растопило бы даже ледники Антарктиды, не то, что сердце девушки.

— Нет, командир. Таможенник его отпускает. – С нажимом произнесла она.

Пауза.

— Как фамилия таможенника?

— Николаев!!! – кричим мы в две глотки, ловя удивлённый взгляд наконец-то появившегося законного обладателя этой фамилии.

И через две минуты, подписав протокол и отдав деньги, я, сопровождаемый удивлёнными взглядами заждавшихся вылета пассажиров, с размаху плюхнулся в своё кресло. Закрыл глаза: «Ну, Семён, погоди!» - В ту минуту я готов был разорвать его на части.

Прилетев в Прагу, первым делом рассказал всё Марку, Павлу и Игорю. Первые два немного огорчились. Что не привёз деньги. На меня и мою участь им было плевать. Расстроился только Игорь. Мы позвонили Семёну в Москву, и он заверив нас, что разрешение на вывоз валюты действительно было подписано президентом банка, пообещал все вопросы с таможенником уладить до моего приезда.

После рассмотрения всех производственных вопросов перед отъездом в Москву Марк предложил мне поехать в Киев и попробовать прозондировать, можно ли прекратить уголовное дело, ведущееся против них на Украине. Виновными они себя не считали.

Прилетев в аэропорт Шереметьево, я, будучи уверенным, что Семён все уладил, спокойно направился к таможеннику Николаеву, чтобы забрать деньги, оставленные ему перед вылетом. Но наткнувшись на его хмурый холодный взгляд, понял, ничего не улажено.

Уголовное дело против меня было возбуждено в связи с тем, что за неделю до моей поездки разрешения на вывоз валюты печатались только на компьютере и только на специальных зеленых бланках. Моё же было отпечатано на печатной машинке на обычной белой бумаге и заполнено от руки ручкой с чернилами. Таких больше не принимали.

Как оказалось позже, Семён приехал в банк в момент его закрытия, и под рукой новых бланков не оказалось. Вместо того, чтобы прийти еще раз завтра утром, Семён уговорил президента банка выдать ручкой написанное разрешение на старом бланке.

Допросив меня, таможенник сообщил, что дело передаётся в авиатранспортную прокуратуру, так что дальнейшие следственные действия будет проводить она.

Я был в шоке. Через две недели Ларисочка должна отправляться на целый год в Штаты. А мне реально грозит получить пять лет лишения свободы?! И ЗА ЧТО? За чужие деньги и за чужое разгильдяйство. Я позвонил Марку и наорал на него так, что он тут же пообещал вмешаться, назвав большого начальника в таможне, который закроет дело.

Медленно ползли дни. Ситуация не менялась. Что-то не складывалось у генерала таможни – знакомого Марка.

Ожидание хуже наказания. Отчаяние не давало ни есть, ни спать. Поделился с Игорем Сироткиным, и он предложил обратиться к Яну Борисовичу, с которым мы так удачно отвоевали землю «Автогаранта». Выслушав нас, Ян заметил:

— Так, насколько я знаю, этим занимается Марк. Нет?

— Ян, речь идёт о судьбе человека. У Марка, видно, не получается. Если можешь, помоги Мише, – настаивал Игорь.

— Хорошо, – обращаясь ко мне, сказал Ян, – приезжай в субботу к 10 утра в «Автогарант», расскажешь всё подробненько, и подумаем, что можно сделать.

Приехав в субботу в офис «Автогаранта», я сразу зашел в кабинет Яна.

— Привет, Ян Борисович! Нет, ну ты можешь себе представить, я на таможне предъявляю разрешение банка с подписью президента, которого я знаю лично, и круглой печатью банка, так за это теперь я могу получить пять лет тюрьмы! – Подойдя вплотную, выпаливаю Яну.

— Спокойно, спокойно, Михаил Петрович. Не надо так волноваться. Ваше дело уже у меня в сейфе, – останавливает меня незнакомый тихий голос с другого конца длинного стола у меня за спиной.

Поворачиваюсь и вижу симпатичного средних лет незнакомого мужчину с улыбающимися серыми глазами, встающего и протягивающего мне руку.

— Алексей. Приятно познакомиться. О деле мы с вами поговорим в понедельник у меня в кабинете. А сейчас... там наш друг Ян Борисович такой прекрасный стол приготовил. Да и банька у него замечательная. Не были еще? В общем, расслабьтесь и пошли отдыхать.

Не знаю, почему, но я сразу поверил Алексею, и мы вместе с Яном пошли сначала за шикарно накрытый стол, а потом в баню тут же в цокольном этаже его офиса. Прекрасно отдохнув, мы договорились с Алексеем встретиться в понедельник в его кабинете в Транспортной прокуратуре города Москвы. Будучи следователем по особо важным делам, он истребовал моё дело из авиатранспортной прокуратуры, изучил его и, конечно, никакого состава преступления не нашёл.

В понедельник захожу к нему в кабинет. Алексей завален папками с делами. Сунув мне тоненькую папку моего дела, он предложил:

— Слышал, ты сам опытный юрист. У меня работы и так по горло. Поэтому сам напиши проект Постановления о незаконном возбуждении уголовного дела. А я проверю.

За 20 минут я написал проект требуемого документа. Алексей просмотрел, и, молча кивнув, протянул мне руку, прощаясь.

Так счастливо закончилось это идиотское дело, забравшее у меня столько нервов и здоровья. Деньги таможня вернула. Следователи, возбудившие дело, понесли наказания.

Но фактически виноват во всей этой истории был я сам. Опытный юрист, впервые столкнувшийся с вывозом крупной суммы за рубеж, должен был сам поехать с Семеном в банк и уточнить все детали предстоящего пересечения границы. И там неизбежно бы выяснилось, что разрешения теперь печатаются на специальных компьютерных зеленых бланках. И, разумеется, я бы ни за что не взял старый, вышедший из употребления бланк. На юридическом языке это называется «халатность». А в просторечии – «разгильдяйство». Доверяй – но проверяй!

И, конечно, я всю жизнь буду с благодарностью помнить участие Яна Ровнера в моей судьбе в то тяжелое время, которое до сих пор иначе как «лихие» или «мутные» 90-е годы не называют.

Прекрасно изучив тяжелый каток советской, а затем российской системы уголовного судопроизводства, продолжавший неизменно ползти исключительно по обвинительному уклону (осуждать по максимуму, а там пусть вышестоящий суд разбирается), я понимал, что органы могли запросто из этой «мухи» сделать настоящего «слона» и отобрать 30 тысяч долларов в пользу государства. И чем бы для меня закончился этот процесс – большой вопрос.

Вскоре я по рекомендации Яна был принят в коллегию адвокатов
«Мартов и партнеры» адвокатской палаты Московской области. Провел одно интересное уголовное дело. Выиграл его, освободив моего подзащитного, от уголовной ответственности полностью. Правда, пришлось вступить в конфликт с прокуратурой, потратившей 12 месяцев на расследование этого дела, поскольку на компромисс с ней я не пошел.

И на этом свою деятельность в коллегии заморозил, так как мои обязанности в компании «Пальма» никто не отменял. Просто хозяева хотели, чтоб их юрист был обязательно адвокатом.

«Примо Кофе»

Отправив Ларисочку в Америку, я вскоре уехал в Киев, попробовать уладить уголовное дело против моих боссов в Генеральной прокуратуре Украины. Это оказалось нелегко. Прокуратура собрала более 30 томов, обосновывающих хищение в особо крупном размере.

Нашел своего однокурсника по институту хорошего парня Вячеслава Журова, следователя по особо важным делам прокуратуры Украины, и, получив от него необходимую информацию по делу «Пальмы», предложил вариант, вернее, точку зрения, согласно которой состав преступления в действиях Павла и Марка отсутствовал. На то, чтобы обосновать и подтвердить доказательствами эту точку зрения ушло почти полгода. Но в Москву я вернулся с Постановлением о прекращении уголовного дела, за которое Марк обещал мне солидную премию. Мои боссы смогли приехать в Москву, но о премии Марк почему-то не вспоминал. А я не счел возможным унижаться и выпрашивать её у него.

Чем больше я узнавал Марка и Павла, тем менее хотелось продолжать работу в «Пальме». После того, как я фактически избавил их от реально грозившей им тюрьмы, а они сделали вид, будто к их спасению я не имею никакого отношения – желание работать с ними исчезло напрочь.

У Игоря тоже были проблемы с партнёрами, о чём я, конечно же, знал. И поэтому совсем не удивился, когда Игорь ушел из компании, обменяв свои акции в «Автомире» на доли партнеров в их китайском ресторане «Династия», расположенном в центре города на Садовом кольце

В этом ресторане его основным партнером стал Джонстон Чжу, китаец, прадедом которого был сибирский казак Жук.

Оставаться в «Пальме» вместе с Павлом и Марком мне совершенно не улыбалось. Я никогда не симпатизировал им. Слишком разные понятия о добре и зле. Слишком разные души. Слишком разный уровень эгоизма. Но делать нечего: семью надо было кормить. Поэтому я пока остался на работе в «Пальме».

Однажды вечером захожу в кабинет Семёна Буратовского и вижу перед ним кучу бланков, которые он лихорадочно заполняет.
— Это что? – Спрашиваю, указывая на стопку бумаг.
— Документы на эмиграцию в Канаду, – ответил Семен, не отрываясь от бланков.

Я удивился. Мы часто разговаривали с Семёном, но он никогда даже не заикался о том, что хотел бы эмигрировать. У меня же мысль о получении возможности жить в другой стране, появилась уже вскоре после переезда в Москву.

Абсолютный дискомфорт послеперестроечных лет. Развал Советского Союза. Танки в центре Москвы. Крушение промышленности, сельского хозяйства, образования и медицины. Грязь вокруг: во дворах и на улицах. Обшарпанное кольцо домов прямо в центре столицы, загаженные и полные бомжей вокзалы. Разроставшийся, как на дрожжах, криминал. И бандитов, и тех, кто должен был бороться с ними.

И никакой уверенности даже в ближайшем будущем, даже в завтрашнем дне – всё это вызвало желание перевести семейный кораблик в более устроенную и спокойную гавань.

Первая возможность переезда в другую страну представилась во время командировки в Германию. Обратившись в любой полицейский участок и имея паспорт, где в графе «национальность» значилось – «еврей», я тут же получил бы вид на жительство, общежитие, бесплатные уроки немецкого языка и деньги, достаточные для скромного проживания, пока не найду работу.

Москва. 1993 год

Путч против Горбачёва, август 1991 год.
Танки на Красной площади

Расстрел Дома Правительства России. Ноябрь 1993.

Но внутреннего ощущения, что я хочу жить в этой стране, не возникло. Чистая, красивая, сытая Германия была абсолютно чуждой мне по духу, по языку и по менталитету немцев.

Голландия – чуть теплее, но все равно не моё. Чехия – еще теплее, но зацепиться за неё возможности не было. А вот услышав от Семёна о Канаде, где жил мой друг Игорь Сироткин, и который рассказывал о ней много хорошего, я вдруг спросил у Семена:

— А ты можешь дать мне такие же бланки. Я бы тоже хотел попробовать.

Семён молча кивнул на стопку бумаг на другом конце стола.

— Заполни все бумаги и вечером принеси ко мне домой. Я передам их человеку, улетающему в Канаду. Только не опоздай! – сказал он.

Времени было в обрез, и только к 11-ти часам вечера я постучался в квартиру Семёна и вручил ему пухлый пакет с бланками и копиями документов о моей семье, работе, образовании и других. Рано утром они вместе с документами Семёна улетели в Торонто к эмиграционному юристу Грину. Процесс эмиграции был запущен.

Через несколько дней после отправки документов в Канаду, я встретился с Игорем, который теперь вёл самостоятельный бизнес.

Он привёз из Канады около тысячи кофейный аппаратов Bunn-O-Matic, чтобы расставлять их бесплатно в аэропортах, на вокзалах, в барах, кафе и ресторанах, при условии покупки только у него кофе, горячего шоколада, чая и быстрорастворимых супов.

Мы встретились в ресторанчике «Кабанчик» на Тишинке, где Игорь ужинал в теплой компании вместе с композитором и продюсером Игорем Крутым. Ужин проходил, как обычно с Игорем: шумно, весело, с тостами и анекдотами. После ужина мы вышли на морозный воздух и я будто-бы в шутку спросил:

— Ну что, Игорёк, в прошлом году ведь я шёл работать к тебе, а теперь ты меня оставил с Павлом и Марком? Моё отношение к ним ты знаешь. Работать с ними просто не хочу. И что прикажешь делать?

— А ты переходи ко мне, – вдруг, как будто между прочим, предложил Игорь.

— Кем?

— Генеральным директором. Зарплата – вдвое выше, чем в «Пальме».

Я с радостью протянул ему руку. Игорь был единственным, кто чувствовал, понимал и ценил меня и мою работу.

— Завтра же иду увольняться.

И, несмотря на трехдневное сопротивление Марка и Павла, я сменил их офис в высотном Центре международной торговли на офис на первом этаже старинного дома на Пречистенке новой фирмы Игоря Сироткина «Примо кофе».

До этого Игорь немного ввёл меня в курс дела. Фирма работала уже почти полгода. В ней было три президента – знакомые Игоря по жизни в Канаде и Америке. Бухгалтера фирма не имела. Полгода никакого учёта товаров и денег. Небольшой склад располагался тут же в офисе, и командовала им Лена, бывший работник торговли. Все четверо – умные, энергичные, приятные ребята, но то ли из-за их оторванности от российской действительности, то ли по другой причине дела в фирме шли стабильно по убывающей.

Они наняли пару десятков так называемых «дилеров», которые на своих автомобилях должны были разъезжать по городу и расставлять кофе-машины бесплатно, продавая кофе, чай, горячий шоколад и быстрорастворимые супы за деньги.

В первый же день работы мне пришлось выдавать дилерам установленную им ранее президентами зарплату: 300 долларов в месяц плюс 20% от суммы проданного товара, при том, что средняя зарплата по стране не достигала и 200 долларов. Один за другим приходили ребята, не принёсшие фирме вообще никакой прибыли, но всем пришлось выдать по 300 долларов зарплаты плюс процент от проданной суммы!!! Полное разорение. Сплошной убыток. Только трое из них оправдали продажами свои зарплаты. Я был в шоке.

Собрав всех дилеров, объявил, что с нового месяца порядок оплаты меняется. Никакой зарплаты – только комиссионные. Хочешь заработать, приноси фирме прибыль. После этого, кроме троих человек, уволились все.

Выдержав атаку президентов, обвинявших меня в развале бизнеса, как мог попытался убедить их, что эта реорганизация необходима.

— Сколько денег Игоря вы уже потратили на бизнес? – перешёл я в атаку.

— Около шестисот тысяч долларов.

— Сколько отбили?

Молчание. Долгое молчание. А потом вдруг:

— Миша, ты должен позвонить Игорю (он как раз был в Канаде) и объяснить ему, что в бизнесе всякое бывает. Пока прибыли нет, но нам нужно еще примерно столько же денег, чтобы выйти на должный уровень.

Набрал Игоря, передал ему предложение президентов. Он тоже долго молчал, а потом спросил:

— А ты что думаешь?

— Пока не разобрался. Когда ты прилетаешь?

— Ещё не знаю.

— Хорошо. Приедешь, разберемся вместе.

За следующую неделю я по объявлениям набрал новых дилеров на новых условиях оплаты. Кроме того, мне удалось уговорить моего старого друга Мишу Унке совмещать его многолетнюю работу редактора издательства «Восток» с обязанностями моего заместителя в фирме и навести порядок с кадрами. Бухгалтером же пригласил Аллу Николаевну, с которой работали в «Оранде», оптимистичную и надёжную, хорошего профессионала.

Как-то через пару недель утром, шагая на работу и подойдя к дому на Остоженке, где располагался их офис и склад, я увидел, что часть территории перед входом в здание огорожена желто-черной милицейской лентой, а внутри ограды и вне её работают люди в форме и в штатском.

Подойдя поближе, я различил обведенную мелом на сером асфальте фигуру человека, рядом с которой растеклась огромная алая лужа крови.

— Убийство! – Пронеслось в голове, – уж не из наших ли кого-то?

Оглянувшись по сторонам, я с облегчением заметил стоявшие в стороне три белых «Шевроле», на которых ездили три президента фирмы. Все они сидели в машинах – в здание никого не пускали – и, увидев меня, замахали руками, приглашая подойти к ним.

Приветственно махнув им рукой, я направился к одному из офицеров, стоявших вне ограды, и, показав удостоверение адвоката, спросил:

— Кто погибший?

— Хозяин здания, сдававшего его в аренду разным фирмам, – ответил офицер, оказавшийся местным участковым.

— Есть предположения, кто убийца и каков мотив?

— В прошлом месяце погибший поднял запредельную даже для этого района Москвы арендную плату вдвое, так что хлопнул его, возможно кто-то из арендаторов. Но для меня более вероятна другая версия: на это здание давно положили глаз солнцевские бандюки. Угрожали. Я не раз предупреждал бедолагу: они не отстанут. Он только отмахивался: «Не посмеют. У меня крыша – Петровка 38». Вот и «не посмели». Дырявая крыша-то оказалась…

Теперь у меня сложилось полное представление о причинах провала бизнеса в «Примо кофе»: непонятно зачем президенты сняли офис и склад в самом центре Москвы и платили невероятно высокую аренду; разъезжали на трёх дорогущих машинах, привезенных из Америки; жили в шикарных номерах гостиницы «Пекин»; питались и развлекались в элитных ресторанах, а доходов от прежних дилеров получали – с гулькин нос. Вот и зарыли в землю шестьсот тысяч долларов.

— Да тут срочно нужна революция, – подумал я, твёрдо решив брать командование в свои руки.

В течение недели мы сменили маленький, но дорогущий офис на Остоженке на просторный и недорогой за Садовым кольцом, что сразу уменьшило расходы.

Жесткий контроль над дилерами и зависимость их дохода от доходов компании стали приносить свои плоды. Дело сдвинулось с мертвой точки.

Мои президенты улетели к своим семьям в начале марта. Игорь тоже был в Канаде. Однажды звонит:

— Привет! Ну, как мы окончили февраль?

— С небольшой, но прибылью. Пока только полторы тысячи долларов.

— Что??? Да я ведь каждый месяц посылал десятки тысяч, чтобы фирма могла существовать. А у тебя за первый же месяц работы – прибыль? Что надо сделать, чтоб это сохранить? - почти кричит Игорь.

— Оставь трёх президентов там, где они сейчас.

— Считай, что их обратные билеты в Москву я уже порвал.

Теперь всё руководство и вся ответственность легли на меня с моим другом Мишей. На следующий месяц мы получили уже 3 тысячи долларов прибыли, а в апреле прилетели Игорь и его умница-жена Жанна. Мы тепло встретились и после веселого ужина заехали к ним в номер гостиницы с видом на Кремль. Жанна была в ударе. Услышав, что я направил документы на эмиграцию канадскому юристу Грину, она тут же позвонила в Торонто своему другу юристу Сисилю Ротенбергу, бывшему члену Верховного Суда Канады:

— Сисиль, привет! Ты можешь быстро сделать эмиграцию моему хорошему другу и его семье?

— Жанна, для тебя – никаких вопросов. Игорь даст мне письмо, что ваш друг нужен ему как агент в Восточной Европе по делам его канадской кофейной фабрики. Я сделаю ему рабочую визу, а семье – временную визу на год. Через несколько месяцев все они будут в Канаде, пока их документы на предоставление постоянного вида на жительство рассматриваются в министерстве иммиграции, – ответил юрист.

— Слыхал, Мишка, - это Жанна уже ко мне, - Давай команду Грину передать твои бумаги Ротенбергу. Я уверена, что до лета вы все будете в Канаде – лучшей стране мира!

Как в воду глядела. Только просто ничего не бывает. И понервничать пришлось еще немало.

Игорь и Жанна Сироткины

Багамы

11 апреля 1996 года мне должно было исполниться 45 лет.

— Мишка, ты как юбилей отмечать собираешься? – спросила как-то за неделю до этого Жанна.

— Не думал еще, а что?

— У нас с Игорем есть для тебя подарок. Мы с Яном Ровнером организуем чартерный рейс игроков казино на Багамы, Карибские острова. Заплатишь только за билет, а пять дней в шикарном отеле с питанием и шоу-концертами – наш с Игорем подарок тебе.

— Ух ты! Здорово! Спасибо, Жанна! А там ведь и до Америки, где моя Ларисочка недалеко. Мы ведь не виделись больше восьми месяцев! Заодно и её увижу, тем более, что визу в США я уже получил.

— Да, и туда же я пригласила юриста Ротенберга. Если он сделает тебе визу, ты из Америки сможешь заглянуть к нам в Канаду. Посмотришь, захочется тебе жить в этой стране или нет, – вновь обрадовала Жанна. И вдруг спросила: «Между прочим, в какое время дня ты родился?»

— Мама говорила, примерно в 3-30 ночи, а что?

— Ничего, это я так.

В «Примо Кофе» вместе с Игорем, Жанной и моим другом Мишей я почувствовал себя совершенно другим человеком. Мало того, что удалось двинуть вперёд новый бизнес, открытое и дружеское общение со мной Игоря и Жанны было полной противоположностью отношению его партнеров в «Пальме». Те, кроме себя, никого не замечали, и слова доброго от них никогда не услышишь.

Неделя пролетела на подъёме и вот 11 апреля в 2-45 ночи мы стали загружаться в самолёт. Интересный момент. С нами летела «императрица» российской эстрады – певица Ирина Аллегрина с мужем. Нос – выше её замысловатой причёски. Апломб бьёт струей из каждой клетки тела.

Увидев, что Ян Ровнер прилёг, заняв три кресла своего ряда, Аллегрина с неудовольствием бросила:

— Ты чё тут на трёх креслах разлёгся? Купи самолёт, и хоть весь ряд забирай!

Взглянув на неё исподлобья и не меняя положения тела, Ян коротко буркнул:

— А я и купил...

И это было чистейшей правдой. Ровно в 3-30 ночи самолёт набрал высоту. Не успели мы отстегнуть привязные ремни, как в салоне раздался громкий голос командира:

— Дорогие господа, дорогие товарищи! У нас на борту только что родился мальчик!

Все, в том числе и я, завертели головами, высматривая роженицу с младенцем. В этот миг в проходе появились две стюардессы, которые с трудом удерживали в руках подарочную трехлитровую бутыль шотландского виски. Они подошли ко мне и со словами поздравления вручили этот неожиданный подарок. Сюрприз от Жанны и Игоря. Настоящий сюрприз! Я был тронут до слёз.

Конечно, бутыль пошла гулять по всему самолету, и к моменту промежуточной посадки в Ирландии её донышко было абсолютно сухим. Еще один миг счастья в моей жизни.

Как-то еще в 28 лет я вывел формулу:
«НАСТОЯЩЕЕ СЧАСТЬЕ – В КРАСОТЕ ЧЕЛОВЕЧЕСКИХ ОТНОШЕНИЙ».
И оппонентов этому мнению за прошедшие 40 лет встретить довелось немного.

Багамы приветствовали нас поклонами роскошных пальм и приятным морским бризом. Жанна руководила расселением нас по номерам. Получила свой номер и Ирина Аллегрина. Через некоторое время она подходит к Жанне и с возмущением, громко, так что было слышно всем окружающим, заявляет:
— Жанна, что за конуру ты мне выделила в этом отеле, вид на океан только из одного окна?! Да ты знаешь, что у меня в Подмосковье дом – 500 кв.м., и езжу я на «Мерседесе»?
Жанна улыбнулась и, вежливо извинившись:
— Ирочка, ты можешь поменять свой номер на мой. Правда, так получилось, что у меня вида на океан нет ни из одного окна. Да, и, между прочим, у нас в Торонто дом – 1200 кв.м., и езжу я на «Бентли».
Аллегрина опустила глаза и быстро удалилась под насмешливыми взглядами остальных пассажиров нашего самолёта.
А мы, впервые попав на Карибы, провели чудесное время, накупавшись, назагоравшись и посмотрев отличные вечерние шоу.
Кроме того, мы встретились с юристом Ротенбергом. Толстый добродушный пожилой канадец он прямо на коленке на лэптопе оформил все необходимые документы и, благодаря его другу – консулу Канады в Детройте, я через три дня получил визу в Канаду на неделю. Кроме того, с помощью Игоря, предоставившего письмо с его кофейной фабрики в Торонто, Ротенберг составил и отправил документы на предоставление мне рабочей визы, а семье – туристической визы на один год. Обещал, что получу я их через пару недель.
Время отдыха на Багамах заканчивалось, и мой дальнейший маршрут был таков: сначала в американский Детройт, увидеться с Ларисочкой (мы с ней условились о дате и времени моего прилёта), оттуда в Канаду, а потом опять на несколько дней в Америку к доченьке, пока не получу рабочую визу.
Интересный момент при пересечении американской границы. Мы с Игорем боялись, что меня могут не пустить в США: визу

я получал в России, а в Америку собирался влетать с Багамских островов.

Первым идёт Игорь. Таможенник очень долго рассматривает его американский паспорт. Потом задаёт кучу вопросов. В конце концов пропускает. Игорь не отходит далеко, чтобы в случае чего помочь мне с переводом на английский.

С волнением подаю таможенному офицеру свой красный российский паспорт. Он открывает его и, увидев визу, возвращает паспорт обратно с широкой улыбкой: «Welcom to USA!"

Удивлённый Игорь не удержался:

— Офицер, почему мой американский паспорт вызвал у вас так много вопросов, а паспорт моего друга – ни одного? – спрашивает он.

— Российский паспорт? Так он же лучший в мире! – отвечает пограничник (мой нос автоматом взлетает вверх), - Его никто даже и не подумает подделать! – со смехом продолжает офицер (нос занимает обычное положение).

По прилёту в Детройт радостно окунаюсь в объятия родных ручек моей Ларисочки, с которой мы не виделись больше восьми месяцев, и замираю счастливый. Мы прикипели к полу в центре аэропорта, и ручеёк её слез долго струился прямо в нагрудный карман моего пиджака.

Четырнадцатилетним ребёнком Лариса впервые попала в чужую страну, в чужую семью, чужую школу, с чужим языком, оторванная от родителей столько времени. Конечно, это был непреходящий стресс для её чувствительной души. При том, что всё это время в разговорах по телефону с нами она никогда не жаловалась, и на наши вопросы всегда был только один ответ: «Всё нормально. У меня всё нормально.» Ведь когда я объявил, что она может поехать на год учиться в Америку, она прыгала до потолка от радости. Поэтому и не жаловалась. Терпела. Такая мужественная девочка.

И только при встрече со мной в аэропорту Детройта она дала волю и чувствам, и слезам. Долго не могла успокоиться. Да я и не торопил. С этими слезами изливалось всё её многомесячное напряжение, весь негатив от разлуки с родными, который приходилось сдерживать в окружении чужих людей.

Я тоже сдерживался изо всех сил. Обнимая ребёнка, вдыхая её родной запах и слушая родной голосок, я с предельной ясностью осознавал, как же мне всего этого не хватало. Не хватало лучиков, струящихся из её голубых глазок, колокольчика её радостного смеха, и, главное, обмена непередаваемой энергетикой сердец.

Мы провели вместе несколько часов и, договорившись, что встретимся через 4 дня, разлетелись: Лариса в Ричмонд, недалеко от которого она жила, а мы с Игорем – в Торонто.

Первая встреча со страной Кленового листа

Первое впечатление о Канаде: все четыре дня меня сопровождало удивление!

Я первый раз видел эту страну: природа, как в России или на Украине. Будто и не уезжал. Торонто – мегаполис, состоящий из нескольких плавно перетекающих один в другой городов, каждый из которых размером с хороший областной центр в России.

Большие бунгало и отдельно стоящие двухэтажные дома на севере Торонто, с изумрудной и идеально постриженной травой во дворах величиной с футбольное поле.

Узкие улицы со стоящими близко друг к другу двухэтажными жилыми домами и неисчислимыми «точками» малого бизнеса в среднем городе.

Стеклянные и бетонные громады небоскрёбов, муравейник автомобилей и перезвон трамваев в центре города, над бескрайним, голубым под солнцем и свинцово-серым в дождь озером Онтарио.

Но удивление моё было не от урбанистических вариаций Торонто, а от того, что буквально сразу возникло ощущение: Я УЖЕ ЗДЕСЬ ЖИЛ. КОГДА-ТО ЖИЛ.

Эта страна не была мне ни холодной, ни чужой, как европейские страны, в которых побывал раньше. Английская речь вокруг не вызывала такого неприятия как немецкая или голландская, а моё даже весьма скудное знание английского языка позволяло общаться. Хоть и на самом низком уровне, но всё же глухонемым я себя не чувствовал.

Четыре дня в огромном невероятно красивом и хлебосольном доме Игоря и Жанны, двери которого с утра до вечера не закрывались для его многочисленных приятелей, пролетели незаметно. На «Ягуаре» Игоря мы прочесали и город, и окрестности.

Постоянно поражал уровень культуры общения: в магазине случайно спиной задел мужчину, обернулся к нему и... получил его извинения с улыбкой в придачу (хоть виноват был я). В другой раз пришлось спросить дорогу. Незнакомая женщина не только рассказала, но и проводила до угла, показав, куда надо идти дальше.

И такое было не раз. Хоть на улице, хоть в магазине, лишь только встречаешься взглядом с незнакомцем, немедленно получаешь вежливую улыбку, а то и короткое «Хай» (привет).

А главное, с первого до последнего часа в Торонто я каждой клеточкой своей души ощущал его непередаваемую атмосферу: спокойствие, спокойствие и спокойствие.

Вскоре в решении перевезти семью в Канаду я укрепился окончательно. Интуиция, подтолкнувшая отправить документы на иммиграцию именно в эту страну, не подвела.

Американское гостеприимство

Прилетев из Торонто в Ричмонд, я на такси добрался до Ларисочкиной школы в сельской местности. Огромная школа с прекрасно оборудованным школьным двором и невероятных размеров спортивным залом ошеломила. Таких школ я не видел даже в Москве.

У Ларисы был урок физкультуры, и в спортзале одновременно занимались несколько классов. Ожидая её в уголке, увидел подкрадывающуюся ко мне группу парней-старшеклассников. В их глазах не было агрессии, скорее, интерес.

«Что им нужно? Я ведь только приехал...» – недоумевал я. На всякий случай оглядел свою одежду – всё на месте. Подойдя ко мне и извинившись, один из них робко спросил:

— Скажите, пожалуйста, вы из ФБР?
— Почему вы так решили? – еще больше удивился я.

Парень жестом показал на мой отглаженный темно-синий костюм, белую рубашку и бордовый галстук. Я понял: так здесь не одевается никто.

Несмотря на апрель, было довольно жарко, и не только школьники, но и все без исключения учителя кроме майки и шортов (в лучшем случае, джинсов) ничего не носили. В моём костюме я явно выглядел белой, вернее, темно-синей вороной среди простой и удобной, легкой одежды окружающих.

Уроки закончились часам к 4-м, и за нами приехала Джэннет вместе со своей пятилетней доченькой Лори. Джэннет, небольшого роста, приятная милая женщина – хозяйка дома, приютившего мою дочь.

Познакомились, и она повезла нас к себе домой. Нужно признаться, что весь этот день у меня крошки во рту не было: позавтракать не успел, а в самолете не кормили. По дороге я представлял шикарный обед, который, наверное, приготовила хозяйка к приезду отца их гостьи, которую по словам Джэннэт и она, и её муж Том успели крепко полюбить.

Представлял, как бы я принимал их, если бы они прилетели к своей дочке, которая жила бы у меня в России: шампанское или вино, оливье или винегрет, наваристый борщ, дымящееся жаркое: тушеная говядина со сливами, от одного запаха которого можно сойти с ума, и мороженное или торт с компотом, кофе или чаем. Рот наполнился... пока только слюной.

Большой дом, куда мы приехали располагался на широкой и зеленой сельской улице, вдали от других домов. Двор выходил прямо на лес и позволял держать детскую площадку и горку для ребенка. Зайдя в дом, Лариса сразу повела меня в свою маленькую комнату, где она и спала, и занималась.

Я просмотрел её американские учебники. Заметил, что на первой половине объёма книжек почти над каждым словом карандашом написан русский перевод (как сказала Лариса, первые месяцы ей приходилось каждый день сидеть над учебниками до часу ночи, а в 6 уже вставать в школу. Слава богу, что в последний момент перед отъездом в Америку я дал ей электронный переводчик, только появившийся тогда в продаже).

Вторая половина учебников, в подстрочном переводе уже не нуждалась. Через полгода занятий в условиях полного отсутствия русского языка проблема с английским испарилась.

— Время обедать! – донёсся снизу голос Джэннет, и я пулей слетел в столовую.

Увиденное повергло меня в шок.

На столе на одной тарелке лежали четыре тоненькие сосисочки и четыре размером с сардельку булочки, разрезанные пополам, вместе с четырьмя тоненькими огурчиками. И ВСЕ... И ЭТО НА ВСЕХ... НА ЧЕТЫРЕХ ЧЕЛОВЕК!

«Может это у них такие закуски? – успокаивал себя, не заметив, как хот-дог нырнул в мой желудок. Лариса и остальные, съев свои порции, направились к холодильнику и взяли по баночке «Кока Колы». С недоумением ждал, что же будет дальше. А дальше ничего не было. Все разошлись по своим комнатам, и мне оставалось лишь констатировать факт: разные культуры – разное понятие гостеприимства. Не хуже, и не лучше. Не от того, что жили бедно. Никто не голодал. Просто так принято.

Вечером пришел хозяин. Том. Он работал менеджером в хозяйственном магазине. Как и все получил хот дог и банку «Колы». Познакомились.

На следующее утро, когда все разъехались, и я остался один, первое что сделал, отправился пешком в магазин. Шёл по обрамленной зеленью живописной автомобильной дороге, так как тротуары в поселке не были предусмотрены, и отвечал на улыбки и приветствия водителей почти каждой проезжающей мимо машины.

А с трудом вернувшись из магазина (еле донёс!), набил холодильник сверху донизу: колбасой, сырами, охлаждённой курицей и говядиной, натуральными соками, овощами, фруктами и ягодами, самой крупной из которых был, конечно, арбуз. Плюс пирожные, шоколад и даже небольшой тортик. Жаль, нормального хлеба не было. Американский хлеб – мягкий и лёгкий, как пух, и почти безвкусный.

Вернувшись из школы и открыв холодильник, Ларисочка подпрыгнула и захлопала в ладоши. Кушать по-русски и кушать по-американски, как говорили в Одессе, две большие разницы.

В тот раз в Америке мне пришлось провести более двух недель в ожидании канадской визы для меня и семьи. И, конечно, эти долгие дни в чужом доме были скрашены необыкновенно теплым общением с доченькой. Ведь нас снова ждала разлука.

Получив визу, я попрощался с хозяевами и Ларисочкой, увидеться с которой в следующий раз пришлось только через полгода и уже в стране Кленового листа.

С Томом и Джэннет

И опять «Примо Кофе»

По возвращении в Москву моё мажорное настроение от поездки за океан резко сменилось минорным. По итогам апреля фирма «Примо Кофе» снова просела до убытков. 15 дилеров сумели расставить только 40 кофе-машин. Собрал совещание и неожиданно услышал такой поток причин и объяснений, что возражать было бесполезно. Что делать? А не попробовать ли самому вкус этого хлеба? Хлеба наших дилеров.

На следующее утро загружаю свою служебную машину десятком кофе-машин и товаром к ним, а также рекламными буклетами и выезжаю в город. Выезжаю без всякого плана. Едем по Садовому кольцу. Проезжаем Министерство иностранных дел.

— Поворачивай! – командую водителю.

— Так тут ведь министерство, а не ресторан и не кафе, – недоумевает он.

— В том то и дело, что министерство. Ты посмотри на здание – высотка. А сколько в ней людей работает? А где они обедают, а некоторые и завтракают и ужинают? Уверен, у них есть и столовая и кафе.

Так и оказалось. С большим трудом удалось пробиться к директрисе министерского общепита. Взгляд вышедшей в коридор женщины бальзаковского возраста с ярко накрашенными губами сначала не предвещал ничего хорошего, но, после россыпи комплиментов, которые я обрушил на опешившую директрису, тут же потеплел.

— Ой, что же мы стоим в коридоре, проходите в кабинет. – предложила она.

Разложив наши яркие рекламные буклеты, я с таким энтузиазмом и энергией стал убеждать её бесплатно разместить у себя наши кофейные машины (американские, лучшие в мире!), особенно упирая на слово «бесплатно», что, бегло просмотрев цены наших товаров: кофе, чая, горячего шоколада и быстрорастворимых супов, она тут же согласилась подписать договор на установку 10 кофе-машин в разных точках общепита министерства иностранных дел, заказав около 100 кг товаров к ним.

Мы с водителем были в восторге. Еще бы, с первого раза такой успех.

Когда на следующем совещании с дилерами я сообщил им о своём результате, их расширившиеся от удивления глаза говорили только одно: «Этого не может быть, потому что не может быть никогда!». А нехитрый секрет лежал на поверхности:

— Ребята, сотни институтов, университетов, заводов, фабрик, больших частных фирм и просто госучреждений имеют свои пункты питания. Их оснащенность похуже, чем в обычных кафе и ресторанах, да и зарабатывают поменьше. Приобрести свои кофе-машины – не у всех хватает денег. Вот им-то наше предложение бесплатных аппаратов как раз кстати. Надо только найти подход к тем, от кого это зависит. Женщинам – комплименты. Мужчинам – чёткое экономическое обоснование их выгоды. Так что – вперед за орденами!

Не знаю, мой ли совет или просто желание доказать, что они не хуже, но с этого дня работа наших дилеров стала совсем иной. С каждым месяцем мы наращивали темпы. Количество расставляемых аппаратов росло в геометрической прогрессии, как и количество дилеров. Фирма насчитывала уже около 40 человек персонала. Пришлось даже открыть небольшую столовую для своих.

Вскоре, неизвестно каким путём, о нас узнали в разных регионах России, и оттуда посыпались ходоки с заказами на десятки кофе-машин и сотни килограммов товаров. Прилетевший из Канады Игорь вынужден был установить очередность регионов и послать заказ еще на 500 аппаратов.

Бизнес не просто шел полным ходом – он без остановок летел по рельсам, которые мне с Мишей Унке удалось проложить по этой совершенно новой и ещё не освоенной в России «территории». И мне было вдвойне приятно наблюдать, как мой старый друг Миша неожиданно (прежде всего для себя) превратился из редактора научной литературы в отличного управленца частной компании.

Через некоторое время Игорь не только вернул свои вложения в этот бизнес, но и получил неплохую прибыль.

Первый шаг в Канаду.

На 16 июня 1996 года были назначены выборы нового Президента России.

В весенних предвыборных рейтингах лидер коммунистической партии РФ Геннадий Зюганов намного опережал действующего президента Бориса Ельцина.

В воздухе отчетливо запахло реставрацией необольшевиков, что означало хаос и запреты.

Хаос – потому что пассионарная часть населения страны этого не хотела, и гражданская война не казалась фантастикой. Запреты – потому что власть коммунистов запрещала все элементарные свободы и права граждан, к которым мы за четыре года успели попривыкнуть: иметь и распоряжаться своей собственностью, свободно передвигаться по стране и за ее пределами, заниматься бизнесом в любой сфере.

Поскольку решение об эмиграции было принято окончательно, осуществить без риска его можно было только до выборов, что я и сделал.

И в мае жена с Анютой улетели в Канаду. Лариса присоединилась к ним через два месяца прямо из США, не заезжая в Россию. Они сняли таунхаус и стали обосновываться в новой стране. Мне удалось приехать только в сентябре.

Армейское гостеприимство или как стать полковником

Я уже упоминал, что Коля Симоненко несколько лет назад познакомил меня со своим другом АЛЕКСАНДРОМ ПОЕЗДНИКОМ, с которым они вместе учились в кооперативном институте. Саша после окончания института работал сначала председателем райпо, а потом – заместителем председателя Курского облпотребсоюза .

Сероглазый, небольшого роста, крепкий, со спортивной фигурой – сгусток энергии, прямо на ходу решающий вопрос за вопросом. Весь в делах и всегда в делах. Мы встречались нечасто, но хорошие отношения сложились сразу.

Однажды мы все втроем попали в приключение, которое приятным уж никак не назовёшь. Ребята в свое время закончили Полтавский кооперативный институт, и в Полтаве у них остались друзья. Решив навестить их, они пригласили с собой и меня.

В милом и зеленом городке нас встретил их товарищ по институту Никита и после посещения института и бывших преподавателей он пригласил нас на банкет в воинскую часть, с командиром которой у него были деловые отношения.

Поздний вечер. Темень. Узкая дорога сквозь лес. Как из под земли вырастают часовые, но узнав машину, пропускают без вопросов. В офицерской столовой накрыт стол, где нас уже ожидают человек двадцать офицеров. Во главе стола – полковник. Командир части.

Запотевшие бутылки водки выстроились, как оловянные солдатики, каждые полметра вдоль длинного стола, уставленного холодными и горячими закусками. Никита здоровается с командиром, коротко представляет нас как курских кооператоров, и мы садимся за стол. Начинается пир в духе легендарных офицерских попоек, когда в перерыве между тостами и пуля не пролетит. Практически не закусывая.

Мы с Сашей и Колей после длинного дня больше налегаем на еду. Водка развязывает офицерские языки, шум и гул разговоров становится громче и громче. В какой-то момент из этого гула, как ребенок из утробы матери, начинает выползать агрессия, растущая с каждой минутой. И агрессия, непонятно почему, но явно в нашу сторону. Сначала это лишь недоброжелательные взгляды, а затем и неприкрытые угрозы. Атмосфера в комнате начинает накаляться.

— Батя, а че тут гражданские субчики меж нами, как короли, порасседались?! – Вдруг, не вставая, обращается к командиру уже опьяневший капитан.

— Да, Батя, за одним столом с офицерами торгашам не место, – с трудом ворочая языком, вторит ему лейтенант.

— Да что мы смотрим,?! БЕЙ их, гони их, чтоб и духу их не было! – уже в открытую кричит красный, как рак, от выпитой водки старлей.

Еще миг, и начнется пьяное побоище, выбраться из которого шансов немного.

Какая сила снесла меня с места и бросила через весь стол к командиру, не знаю. Но, оказавшись рядом с ним, сидящим, и глядя на него сверху вниз, я разъяренным и не терпящим возражения тоном резко спросил:

— Командир, ты в каком году «полковника» получил?

— В позапрошлом... – автоматически ответил тот.

— А я – в 88-м, в Афгане... У вас тут что – Новгородское вече? Ты почему личный состав распустил? У тебя полк или пьяный бардак? Не ты ли нас приглашал? И таково твое гостеприимство? Ну, спасибо тебе, полковник! Низкий тебе поклон!

Я еще не успел закончить фразу, как командир, вскочил и, грохнув кулаком по столу, заорал, обращаясь к своим офицерам:

— Молчать всем... твою мать! Кто пасть откроет – уволю на хрен! К моим гостям – только с уважением! Кому не ясно? – и, повернувшись ко мне, виновато:

— Извини, ПОЛКОВНИК... Пьют, болваны, не закусывая, вот дурь в голову и ударила.

Офицеры, как нашкодившие котята, молча уткнулись в свои тарелки. Но и мы задерживаться не стали, а вскоре осторожненько покинули «гостеприимных» лесных вояк. Слава Богу, без потерь.

И хоть был вынужден самому себе на полчаса присвоить звание «полковника», жалеть об этом не пришлось. Да и ребятам тоже.

Новый бизнес

Об этой поездке я упомянул потому, что в описываемое время жизнь на этот раз тесно и надолго опять свела нас с Сашей Поездником. Однажды, встретившись в Курске с Колей Симоненко я услышал, что Саша закончил свою работу в Курском облпотребсоюзе, и есть предложение создать в Курске новый бизнес: оптовую торговлю продуктами, закупаемыми в Москве. Было уже подобрано помещение для офиса и склада, были необходимые связи. Но нужны были инвестиции.

Переговорил с Игорем. Подробно рассказал о Саше, его успехах, опыте и карьере.

— Насколько ты его хорошо знаешь? Поручиться можешь? – спросил Игорь.

Я задумался: «с одной стороны, пуд соли с ним я не съел, с другой – мы съели пуд соли с Колей Симоненко, который, конечно же, за него поручится…»

Я кивнул и предложил съездить в Курск: познакомиться с Сашей лично и всё посмотреть на месте.

С Сашей Поездником

Знакомство прошло успешно, и вскоре на двери нашего нового офиса в Курске замаячила свеженькая табличка «ГЛАВСНАБ», куда из Москвы потянулась цепочка машин с продуктами, продаваемыми потом в магазины и ларьки города Курска.

Бизнес пошел неплохо, и вскоре у Игоря возникла идея объединить «Примо кофе», ресторан «Династия» и «Главснаб» в холдинг с единым управлением и бухгалтерией. Возглавить холдинг было поручено мне. Теперь мое время делилось между этими тремя разными компаниями, а директором «Примо кофе» стал Миша Унке, у которого и без меня все получалось отлично.

Наш китайский ресторан на Садовом кольце в центре Москвы стал одним из лучших в городе, о чем свидетельствовал диплом мэрии. Стенки холла пестрели автографами звезд эстрады и государственных деятелей, посетивших ресторан. Не могу сказать, что в том была моя заслуга – все основное было организовано до моего прихода.

Сыновья. Как быть прокурором

После того, как семья улетела в Канаду, я остался один в четырехкомнатной квартире с кошечкой Пушей. Одиночества не замечал, так как с утра до вечера проводил на работе, возвращаясь домой только спать.

Однажды раздался телефонный звонок из Николаева, и я узнал голос моей первой тещи:

— Миша, здравствуй! Ты знаешь, Владик окончил институт физкультуры. Но у нас на Украине такая разруха, работы нигде нет, устроиться невозможно. Ну, кто ему еще может помочь, как не ты?! Давай, выручай сына.

После этого я позвонил Владику, и он подтвердил, что в Николаеве найти работу – большая проблема. Подумав, я предложил:

— Приезжай в Москву. Жить будешь со мной, а над твоим будущим подумаем вместе.

Вскоре он приехал и стал заочно учиться в одном из частных юридических институтов, которые в то время появлялись в Москве, как грибы после дождя. Одновременно я устроил его инкассатором в ресторан «Династия» – парень большой и сильный, пора уже было и самому зарабатывать деньги. А жили мы вместе в моей квартире.

Как-то выхожу с рабочего совещания на улицу. Прекрасный солнечный денек и такое же настроение. Вдруг – звонок из Киева по мобильному телефону и рыдающий голос мамы Антона в трубке: «Миша, Антон умирает…».

Сердце обожгло огнем:
— Что случилось?
— В Киеве эпидемия менингита. Больницы переполнены. У Антона третий день температура под сорок. И ни одна больница нас не принимает. Люди лежат в коридорах, нет ни лекарств, ни даже постельного белья... Только что на коленях умоляла главного врача больницы хоть куда-нибудь положить Антона. Хоть без белья, на матрац, лишь бы лечить начали. Бесполезно... – и снова рыдания в трубку.

Безысходность ситуации разрывала на части: «Антон – в Киеве, я – в Москве. Как его спасти? Ведь помощь нужна немедленно, сию же минуту! Ему ведь только 10 лет...»

— Ты сейчас далеко от главврача? - спрашиваю дрогнувшим голосом.
— Нет... – сквозь слезы, – у двери его кабинета...
— Дай ему трубку. Скажи, из Москвы звонят.
Через минуту слышу низкий мужской голос:
— Я слушаю. В чем дело? Кто говорит?
Мгновенно перевоплотившись, ледяным тоном, с начальственной сталью в голосе произношу:
— Меня зовут Михаил Петрович. Я заместитель прокурора города Москвы.

А с Генеральным прокурором Украины Олегом Михайловичем Литваком мы вместе Харьковский юридический институт заканчивали. Дружили, да и сейчас семьями дружим. Недавно вместе мой день рождения отмечали. Так вот, у вас есть выбор: или вы немедленно принимаете и лично контролируете лечение от менингита моего сына Антона Литвиненко, или я сейчас же звоню Генеральному прокурору Украины и беру билет на самолет, а завтра после обеда вы будете иметь честь принимать в своем кабинете и меня, и Генерального прокурора.

— Как вы предполагаете, останетесь ли вы в должности главного врача больницы после этого визита ? Я думаю, вряд ли. Выбор за Вами.

В трубке мобильника повисло свинцовое молчание. Казалось, что я чувствую, как плавятся мозги у моего собеседника от одного единственного вопроса: что это – ПРАВДА или БЛЕФ ???

Честно говоря, Олега Литвака я действительно знал по институту, он окончил его на пару лет раньше. Но близок с ним никогда не был. Как никогда не был и замом прокурора города Москвы. Но сына надо было спасать, и другого придумать я просто не успел.

— Итак, – я нарушил затянувшееся молчание – мне брать билет на самолет в Киев или НЕТ?

Пауза в телефонной трубке продолжала висеть. И в тот момент, когда, отчаявшись, я уже собирался отключать мобильник, в трубке раздалось тихое, как дуновение ветра, и тяжелое, как сама земля: «НЕ НАДО…».

И моментально для Антона нашлись и койка, и постельное белье и нужные лекарства. Вскоре, к нашей радости, тяжелейшая болезнь была побеждена.

Коля Тугарин в Москве

Вскоре после этих событий, встретившись с Мишей Унке, неожиданно услышал:

— Я только вчера вернулся с Украины из Ромен, навещал родителей, – начал он – встретился с твоим одноклассником и другом Колей Тугариным. Ты хоть представляешь, как он сейчас живет?

— Нет. Мы давно не встречались и не перезванивались.

— Это и плохо. А ты знаешь, что на Украине просто беда: средняя зарплата 100 долларов? Коля, талантливый инженер, месяцами зарплату не получает? Чтоб как-то выжить с семьей, он целыми днями на нескольких огородах «пашет», картошку выращивает. Ты знаешь, что он вынужден держать козу во дворе городского дома, чтоб иметь стакан молока для дочки? Я встречался с Колей и его женой. Они просили меня узнать, можешь ли ты чем-то помочь?

— Миша, ну какой разговор? Я же не знал…

— Это не оправдание. Я знаю, что ты день и ночь на работе, но в том, что вы так долго не общались, вина обоих.

Кто бы спорил. С Витей Московцом мы постоянно созванивались, и каждый год я навещал его и в Витебске, и в Минске, куда он с семьей переехал и работал преподавателем в Высшей партийной школе, а потом – в частном университете.

С Колей мы виделись лет пять назад, когда я привозил его и его жену Галину в гости в Железногорск. Тогда у него все было в порядке, и я даже не предполагал, что сейчас так все изменилось. Да, конечно я знал, что в то время и в России, и на Украине многомесячные задержки заработной платы бичевали народ, вынуждая не жить, а выживать. Но то, что под этот каток попал мой друг, я узнал только от Миши.

Не долго думая, тут же позвонил Коле домой в Ромны:

— Коля, привет! Миша рассказал мне о твоей ситуации. К сожалению, работу такую, как ты заслуживаешь, найти нереально. Но устроить на работу в Москве с зарплатой в 1000 долларов в месяц, пожалуй смогу. Жить будешь у меня. Если не возражаешь, бери билет на поезд и дуй ко мне. Жду.

Уже на следующей неделе я встречал Колю на Киевском вокзале. Перед этим убедил Игоря, что нам в холдинг просто необходим человек с техническим талантом Коли Тугарина, и что зарплата в 1000 долларов в месяц даже в 3-ей доле не отражает той пользы, которую он нам принесёт.

И зажили мы втроем: Коля, Владик и я в четырехкомнатной квартире на Новослободской улице весело и дружно. Коля великолепно готовил, в отличие от меня, который кроме жареной картошки и яичницы ничего приготовить не умел. Владика он смог научить, а я оказался в поварском искусстве совершенно безнадежным. Коля прекрасно справлялся с порученной работой в холдинге и вскоре заслужил уважение и в «Примо кофе» и в ресторане «Династия».

А поскольку ситуация на Украине к улучшению не просматривалась, я убедил Колю и его жену подать документы на эмиграцию в Канаду. Был уверен, что там Колин талант в любом случае пробьет себе дорогу. И не ошибся. К счастью!

Интервью в Детройте

Весной 1997 года мне пришло долгожданное приглашение пройти интервью в Канадском консульстве в Детройте для получения постоянного вида на жительство в Канаде. Это был завершающий процесс эмиграции после подачи, рассмотрения и проверки представленных ранее документов.

В Детройте потому что, как я уже упоминал, у моего юриста Ротенберга был дружбан – консул Рич – и, как уверял Ротенберг, консул, поговорив со мной пару минут о природе и погоде, вынесет положительное решение. Кроме того, поскольку я шел по категории бизнесмен, работающий на самого себя, я имел право на переводчика. Учитывая, что поддержать меня в Детройт приехал

Игорь Сироткин, нисколько не волнуясь, я ранним весенним утром вошел в здание консулата.

В приемной мы стретились с Игорем и, оживленно беседуя, стали ждать вызова к консулу Ричу. Так совпало, что из пяти претендентов на статус постоянного жителя страны Кленового листа, проходивших интервью в этот день, четверо, включая меня, были россиянами. И все они по очереди были вызваны передо мной, так что, видя их невесёлый вид после прохождения интервью, я понимал, они его не прошли.

Последний из них – огромный широкоплечий мужчина с русой бородой, выскочил в приемную, как ошпаренный, с багровым лицом и разразился отборным матом в адрес какой-то «крысы». Его брань явно свидетельствовала, что шлагбаум на пути в страну кленового листа ему закрыл не консул Рич, а какая-то женщина.

Услышав это, я бросился к секретарю приемной:

— Простите, а разве консул Рич сегодня не принимает?

— Консул Рич заболел, и сегодня принимает миссис Лопес.

Вот это да! Обухом по голове! Но это был только первый удар. Второй удар я получил через пять минут, когда, войдя в кабинет консула со своим переводчиком, заявившим, что я немного говорю по-английски, но понимаю не всё, услышал ее жесткий скрипучий голос:

— Господин переводчик! Если ваш клиент хочет жить в Канаде, он должен и говорить и понимать. And you – back off!

Добавить к этой тираде нездорово серое, узкое лицо миссис Лопес, длинный остренький с горбинкой носик, ее маленькие черные, как бусинки, злые глазки, взгляд, не предвещавший ничего хорошего (крыска да и только), и можно представить, что я испытал в тот момент, когда переступил порог ее кабинета.

И вот я перед ней один. И чувствую себя абсолютно голым. Беспомощным и голым. С ужасом понимаю, что сейчас в один миг разрушится вся уже такая налаженная жизнь моей семьи в Канаде: Ларисочка – в канадской школе и вне её, как рыба в воде; Анюта устроилась на работу в аптеку в Торонто; появилась работа и у жены. И все из-за того, что сейчас я провалю такой важный экзамен из-за слабого знания английского? Я – окончивший школу с медалью, а институт – с красным дипломом?

Конечно, был стресс. Невероятный стресс. Потому что вдруг из самых дальних уголков моей памяти один за другим поползли такие английские слова, которые ни за что бы не вспомнил в нормальной обстановке. Как говорят: вспомнил то, что даже не знал.

Слава богу интервью началось с простых вопросов: где родился, где учился … Потом сложнее. Надо было рассказать об адвокатуре и о всех бизнесах, которыми занимался в России. Пар струился из моей головы, которую уже давно покинули когда-то кудрявые волосы: крайним напряжением, медленно, но упорно я доставал и складывал английские слова в фразы. Коряво, неправильно, помогая себе жестами и мимикой.

Старание понять и ответить фонтанировало из меня настолько сильно, что его поток захватил и увлек неприступную миссис Лопес. Она даже пыталась помогать мне донести до нее какие-то неведомые ей вещи. О кооперативе «Пласт» и о том, как я «выбивал» в Министерстве наряды, а потом – в Уфе полиэтилен. О «Примо кофе», «Главснабе» и «Курскпродукте».

И в какой-то момент я почувствовал, настроение консула изменилось. В ее черных бусинках-глазках читалась симпатия и одобрение.

— ОК, Майкл, – сказала она после более, чем часовой беседы, – последний вопрос: чем Вы собираетесь заниматься в Канаде?

А вот к этому я был готов, предупрежденный Ротенбергом заранее, и свой первый маленький спич по- английски выдал без запинки.

— Я юрист и бизнесмен. В настоящее время много американских и канадских деловых людей интересуются рынком развивающейся России, где прибыль гораздо выше средней. Но они не знают ни гражданского, ни уголовного, ни таможенного законодательства России. Не знают ни форм предприятий, ни практических подводных камней, ожидающих их на пути российского бизнеса. Поэтому я надеюсь, что открыв в Торонто юридическую консалтинговую фирму, страдать от безделья мне не придется.

Реакция консула меня поразила – она чуть не захлопала в ладоши:

— Отличная идея! А то тут перед Вами было несколько русских парней, так они все, как по команде, собрались открывать магазины русских продуктов! У нас что, в Канаде, своих продуктов не хватает? Или они хуже русских? Ладно, ваше интервью окончено. Можете идти.

— Простите, миссис Лопес, я могу узнать результат?

— Я не имею права говорить его вам сейчас. Но то, что вы доказали возможность обеспечить себя в канадской жизни – это бесспорно.

Словно взмахом волшебной палочки меня вынесло в приемную где, сияя каждой клеточкой своего лица, я крепко обнял Игоря, только сейчас заметив, что на моем костюме (сквозь майку, рубашку и пиджак) проступили огромные пятна пота..

И снова Минск

После интервью я вернулся в Россию. Ждать получения постоянного вида на жительство пришлось еще добрых восемь месяцев.

А в это время жизнь в стране бурлила, как уха в рыбацком котле. На должность губернатора Курской области взлетел Александр Руцкой. Лётчик и боевой генерал, прошедший плен в Афганистане. Вице-президент России, возглавивший бунт Парламента против Президента Ельцина и арестованный за это. Освобожденный по амнистии и ураганом пронесшийся в избирательной кампании по Курской области, завоевав большинство голосов.

Экономика области висела на волоске. Налоги, без которых не могло существовать ни одно государство, собирались с невероятным трудом. А сельхозпредприятия вообще не имели денег, чтоб их платить.

Наша оптовая торговля продуктами в Курске постепенно сходила на нет. В город пришли крупные игроки, конкурировать с которыми возможности не было.

Вот тут-то и появилась идея: раз колхозы не имеют денег платить налоги, пусть отдают эквивалентное количество зерна нам, а мы, реализовав его и получив деньги, и налоги за крестьян заплатим, и себе что-то заработаем.

Так с благословения губернатора, сразу оценившего нашу идею, и появилась компания «Курскпродукт», возглавил которую проживавший в Курске Саша Поездник.

Вскоре с помощью друзей Игоря мы познакомились с бизнесменом из Минска Владимиром Соловьевым, имевшим большие связи среди директоров элеваторов Беларуси.

Оперативное руководство проектом осуществлял Поездник, а политическими и юридическими аспектами занимался я. Мы заключили кучу договоров с Соловьевым как с посредником, и вскоре ручеек курского зерна заструился в сторону элеваторов последней братской республики бывшего Советского Союза.

Сначала все шло хорошо. Мы отправляли зерно. Соловьев платил деньги. И вдруг – стоп. Платежи прекратились. Зависла огромная сумма долга, и нелёгкая задача его вернуть легла на меня.

К этому времени у нас с Соловьевым сложились почти дружеские отношения, и у меня даже не было мысли подавать на него в суд и тем более использовать какие-то незаконные методы. Единственное, что придумал, так это: поставить стул рядом с его креслом в кабинете офиса и с утра до вечера убеждать отдать нам деньги.

Когда его терпение заканчивалось, он вручал мне платежку с какой-то суммой, и я на неделю оставлял его в покое. Возвращался в Москву. А через неделю приезжал снова.

Однажды во время этого «великого сидения» в кабинете Соловьева мне пришлось присутствовать на его совещании с несколькими председателями колхозов – крупных агрофирм.

Оказалось, что Соловьев договорился о кредите банка на получение в лизинг
20-ти комбайнов «Бизон», производившихся в Польше. На совещании обсуждали, в какие колхозы пойдут работать комбайны и что можно на этом заработать.

После совещания все вышли на улицу и передо мною на столе оказались все расчеты будущего проекта. Даже не будучи специалистом, я понял: заработать можно очень и очень неплохо. Кроме того, за эти дни я впитал немало информации о состоянии сельского хозяйства в Беларуси, урожайности полей и сроках уборки.

Когда Соловьев один вернулся в кабинет, спрашиваю:

— Владимир Григорьевич, верно что уборка в Беларуси всего три недели и то в августе?

— Верно.

— А правда, что средняя урожайность пшеницы у вас около 20 центнеров с гектара?

— Правда.

— А Вы знаете, что в России, в Краснодарском крае уборка начинается в июне и что урожайность там до 70 центнеров с гектара?

— Ну, в общем, да...

— А почему бы до того, как ваши комбайны начнут работать в Беларуси, не использовать их целых два месяца на уборке урожая на Кубани и не взять вместо денег пшеницу, которой у вас так не хватает? Представьте, сколько дополнительно вы сможете заработать!

Глаза Соловьёва вспыхнули, как спичка.

— Слушай, Михаил Петрович, а идея то неплоха! Ты ведь юрист. Вот наш контракт с польским заводом «Бизон». Просмотри, может посоветуешь что-нибудь дельное.

Уже через несколько часов изучения этого контракта я показал Соловьеву ряд невыгодных для него пунктов, составленных в пользу завода.

— Контракт нужно менять, вернее, существенно исправить. Если хотите, я поеду вместе с вами в Польшу и попробую убедить руководство завода.

Уговаривать Соловьёва не пришлось, и через пару дней мы уже мчались на его «Волге» в сторону польской границы. Директор завода «Бизон» принял нас и по-деловому, и гостеприимно. В течение двух часов я объяснял ему необходимость изменения контракта и причины, по которым он в прежнем виде работать не будет.

Да, я изменил многие пункты в пользу Соловьева, но в то же время и обеспечил гораздо большую защищенность интересов завода «Бизон». Директор был в восторге и с явным удовольствием подписал новый вариант контракта. Более того, он пригласил нас с Соловьевым «обмыть» сделку в шикарном охотничьем домике посреди векового леса, где ожидалось присутствие самого министра сельского хозяйства Польши.

На этом банкете рядом со мной оказался бывший полковник украинской армии, а ныне сотрудник Харьковской корпорации «Агроинкор» Николай Кожевник. Он рассказал, что Харьковская корпорация еще два года назад взяла в лизинг 200 комбайнов и успешно работает с ними на Украине, а он здесь потому, что занимается отправкой в Харьков запасных частей. Когда, основательно подвыпив, Кожевник узнал о моем намерении поработать с «Бизонами» в Краснодарском крае, он перед прощанием заявил:

— Не думаю, что у вас с белорусами что-то получится. Если – нет, приезжайте к нам в Харьков. Я помогу, – и оставил телефон.

Честно говоря, предложение нетрезвого технического клерка у меня в одно ухо влетело, в другое вылетело. Но, видать, вылетело не навсегда. Потому что когда выяснилось, что банк в последнюю минуту отказал Соловьеву в кредите на лизинг комбайнов, я тут же вспомнил о Николае Кожевнике и его предложении.

К тому моменту все наши бизнесы в Москве и Курске почти свернулись: кофейные машины в «Примо кофе» отслужили свой срок, доходы от ресторана «Династия» постепенно падали, и «Курскпродукт» тоже заканчивал свою работу по уплате налогов за колхозы.

Что делать дальше? Как содержать семьи? Эти вопросы не давали спать Игорю, Джонстону, Саше Поезднику и мне. Какое-то время мы протянем на старых запасах, но недолго.

Невольно вспомнилось такое недавнее советское время, в которое подобные вопросы нам и в голову прийти не могли. О завтрашнем дне никто не думал.

Не сложилось на одной работе, завтра найдёшь другую. А если ты еще и неплохой специалист, вообще никаких проблем. В советское время таких вопросов не существовало. Запросы – небольшие, предложение товаров и услуг тоже небольшое, и зарплаты в 120-150 рублей в месяц вполне хватало, чтобы прожить.

А сейчас чтобы выжить, срочно нужен был новый бизнес. Поэтому, я решил воспользоваться предложением Кожевника и попытать счастья в Харькове, где госпожа Удача была моей неизменной спутницей еще во времена поступления и учебы в юридическом институте.

Глава 8.
Битва за новый бизнес

Харьков – Краснодар

Конечно, на то, что, в отличие от хорошего знакомого мне Соловьева, руководитель Харьковской корпорации, впервые увидя меня, согласится отправить комбайны на работу в другую страну через таможенную границу, особой надежды я не питал. И может быть поэтому, входя в шикарный кабинет президента «Агроинкора», был внутренне готов к отказу. Вся помощь Кожевника свелась к тому, что после моего звонка ему, Николай загодя рассказал шефу о моей идее и договорился о дате посещения.

Из-за стола поднялся приятной наружности худощавый русоволосый лет 50-ти мужчина, в модном костюме, рубашке и галстуке. Крепкое рукопожатие и искренность его улыбки были вдвойне приятны, поскольку на такой радушный приём я вовсе не рассчитывал. Уже с самого начала диалога я почувствовал в нем настоящего бизнесмена, схватившего на лету суть нашей идеи.

Совершенно неожиданно он протянул мне несколько листов бумаги с расчетами, где вырисовывалась совсем неплохая прибыль корпорации «Агроинкор» в случае использования комбайнов в Краснодарском крае.

— После сообщения Кожевника о вашем приезде, - начал президент, - мы проделали небольшую аналитическую работу. Посмотрите, пожалуйста. Взаимная выгода в нашем будущем сотрудничестве несомненна. А поскольку наш общий успех зависит от того, какой объем работ для «Бизонов» вы сумеете обеспечить и какое количество зерна мы с вами сможем получить в качестве оплаты, не теряйте времени: поезжайте в Краснодар и возвращайтесь с договорами о намерениях, из которых мы увидим, насколько реален ваш проект и вся наша совместная деятельность. В случае успеха двадцать «Бизонов» я вам гарантирую.

Из кабинета я вышел окрыленный. Моя душа пела так, что секретарша в приемной тоже услышала эту песню и понимающе улыбнулась.

Мы с Николаем поужинали в привокзальном ресторане, и через час я уже засыпал под стук колес поезда, уносившего в Краснодар. Там я намеревался встретиться с Валерием Биндасом, который когда-то учился с моим знакомым по Железногорску Володей Лакомовым, который и посоветовал мне обратиться к Валерию, давно работающему на Кубани.

По приезде я устроился в гостинице «Краснодар, что на центральной улице города. С Валерием - высоким, крупным симпатичным мужчиной лет 30-ти бывшим десантником, а теперь бизнесменом в городе Крымск мы сразу нашли общий язык. Его мнение было обнадеживающим - предложение привезти импортные комбайны было актуальным как никогда: именно в тот период готовность к работе уборочной техники в агрофирмах Краснодарского края находилась в абсолютно плачевном состоянии. Не было денег на ремонт. Не было денег на запчасти. Не было денег на солярку для комбайнов. Нечем было платить комбайнерам.

— Я познакомлю тебя с Татьяной Алексеевной, юристом сельхозуправления Администрации края, - сказал Валерий. - Думаю, она и будет той первой ступенькой лестницы, по которой тебе надо подняться вплоть до губернатора - батька Кондратенко. Хотя, честно говоря... шансов у тебя не много. Батько - небожитель. И кроме того, коммунист и антисемит №1. А без его одобрения чужаку о бизнесе на Кубани нечего и мечтать.

Гм. Хорошенькое начало. Коммунист и антисемит в одном лице. И такое лицо мне, именно МНЕ, надо убедить дать дорогу нашему проекту? Вот это вызов! Ну что ж, попробуем. Вдруг повезёт?

На следующий день мы встретились втроем в ресторане за обедом. Юрист сельхозуправления Татьяна Алексеевна, миловидная и приятная в общении блондинка лет на десять старше меня, немногословная, с лучистыми серыми глазами, внимательно выслушав предложение привезти комбайны «Бизон» и поработать на уборке урожая, идею одобрила и, взяв номер телефона, пообещала перезвонить утром, предупредив, чтобы я был готов прийти в Администрацию края в любое время.

Её звонок раздался ровно в 9-15 утра.

— Михаил Петрович, здравствуйте! Прошу подойти через 15 минут. Начальник сельхозуправления Николай Шоков вас ждет.

Ровно через 15 минут я входил в кабинет Шокова. Татьяна Алексеевна уже была там.

Огромный суровый мужик, даже не поздоровавшись и не тратя времени на знакомство, подвел меня к карте Краснодарского края и, предложив записывать, показал с десяток районов в разных концах края, где я могу работать с комбайнами «Бизон».

— Поезжай к начальникам сельхозуправлений этих районов. Скажешь, что ОТ МЕНЯ. - коротко изрек Шоков.

«Да, - подумал я, - вот что значит иметь знакомство. Блат, как говорят в России. (Между прочим, в менее коррумпированной Канаде знакомство играет еще большую роль во всех сферах жизни, особенно при устройстве на работу.)

Выйдя из кабинета вместе с Татьяной Алексеевной, я искренне рассыпался словами благодарности, полагая, что уж теперь-то успех проекта оттягивает мой карман.

— Не спешите радоваться, Михаил Петрович, - с улыбкой произнесла она, - вы преодолели лишь первый километр дистанции. Марафонской дистанции, учтите. И успех теперь будет зависеть от председателей колхозов, чей урожай вы будете убирать. Кубанцы – люди особые, чужаков не жалуют. Каждый в своём колхозе царь и бог. И если Вам удастся найти с ними общий язык, можете вешать себе на грудь медаль, а то и орден. А последнее слово, заключительный аккорд - решение губернатора, батька Кондратенко. Так что, могу только пожелать удачи в вашем добром, но уж очень не простом начинании!

— Татьяна Алексеевна, я уже второй раз слышу, что «легче верблюду пролезть в игольное ушко», чем встретиться с губернатором края и получить от него «добро». Вы у меня – одна на всю бескрайнюю Кубань. Выручайте. Мы уже вместе сказали «А». Давайте не обидим молчанием и «Б»!

— Ладно, – улыбнулась юрист, – постараюсь еще организовать вам встречу с зам. главы правительства Краснодарского края по сельскому хозяйству Иваном Михайловичем Петренко. Если и его заинтересовать удастся, возможность попасть к губернатору станет более реальней. Он к мнению Ивана Михайловича прислушивается.

За месяц, последовавший за этим разговором, я пропахал тысячи километров по Краснодарскому краю, размером не уступающему крупнейшим странам Европы. Валерий Биндас порекомендовал взять водителем бывшего командира небольшой воинской части – Дмитрича. Он был постарше меня, но крупнее и сильнее физически. Загорелое исчерченное морщинами лицо. Военная закалка. На военную пенсию прожить не получалось, и дополнительным заработком Дмитрич дорожил по-настоящему.

Пришлось преодолеть воистину тяжелый автомобильный марафон, в котором было не до красот золотых полей юга России. Жара – плюс 30-35 градусов. Машина раскалялась так, что работа сталеваром у доменной печи уже б не испугала. Не помогали и открытые окна. Иногда пролетали по 800 километров в день. Перекусывали всухомятку и на ходу. Случалось проводить в машине и день, и ночь, смывая утром грязь и пот с лица водой, купленной на заправках. Поражался нечеловеческой выносливости Дмитрича (самому удавалось хоть несколько часов подремать на заднем сиденье).

Сначала встречался с чиновниками в районах, а уж те давали координаты председателей агрофирм, с которыми можно попробовать заключить договор на уборку урожая. Не раз вспоминались слова Татьяны Алексеевны: «Кубанцы – люди особые, чужаков не жалуют. Каждый в своём колхозе царь и бог». Очень помогали знание украинского языка (многие на Кубани говорят на нём) и умение выпить наравне с ними («кто не пьёт, значит или больной, или подлец»).

Единственный перерыв в этом марафоне я сделал, когда получил сообщение о том, что встреча с зам.председателя правительства края Иваном Михайловичем Петренко подготовлена. Иван Михайлович не пожалел потратить на нашу встречу несколько часов. В целом его заключение было положительным, но когда я спросил о перспективе попасть на прием к Губернатору, он с улыбкой пожал плечами.

— Не простой вопрос, Петрович. Подумаем, как и когда это можно устроить. А пока удвойте свои усилия по обеспечению ваших комбайнов фронтом работ. Удачи!

Наглотавшись пыли и прочесав пол края по знойным дорогам Кубани, я возвращался в Харьков с пачкой не только договоров о намерениях, но и с частью уже заключенных контрактов: заходи и работай хоть завтра.

А потому с уверенностью, что новый бизнес у нас уже в кармане, я, прилетев в Харьков, тут же направился в кабинет президента «Агроинкора». Приветливо улыбнулась уже хорошо знакомая секретарша и по селектору предупредила президента фирмы о моём прибытии.

Переступив порог кабинета, я превратился в ледяной столб, увидев в кресле президента абсолютно другого человека: крупного, смуглого, в простеньком, мешковато сидевшем пиджаке мужика лет пятидесяти, с тяжелым, недоверчивым взглядом карих глаз. Даже внешне – полная противоположность предыдущему.

— А где...? –даже не поздоровавшись, ошеломлённо начал я, имея ввиду прежнего хозяина кабинета.

— А он теперь заместитель мэра города, – перехватил мысль новый президент корпорации и представился: – Меня зовут Григорий Иванович Кулик. Я слышал о вас и о вашей задумке. Смотрел расчеты. Да, мы буквально на днях получаем новые «Бизоны» из Польши. Но, честно говоря, для меня осуществление вашего проекта представляется невозможным. Как вы себе представляете отправку 20-ти комбайнов в другую страну под чужую юрисдикцию через таможенную границу? Да одной таможенной пошлины сотни тысяч долларов заплатить придется. У нас на это денег нет.

— Таможенной пошлины можно избежать. Мы создадим совместное российско-украинское предприятие и внесем комбайны в уставный капитал, а он пошлиной не облагается. – наконец, опомнился я.

— Хорошо тебе говорить. Комбайны будут на территории России, фирма – под российским законодательством, и мы никак не сможем влиять на ситуацию. А если вы не обеспечите фронт работ? А если вам не отдадут заработанное зерно, вы ведь за зерно работать собираетесь? Денег-то у колхозов нет.

— Григорий Иванович, вот контракты, где работы хватит не только на двадцать, но и на тридцать комбайнов.

— А безопасность? Нет, всё это слишком рискованно. Короче, я должен обсудить это с советом директоров. Мы сообщим о принятом решении. Приходи через неделю.

Через неделю? Ну уж нет. И я засел в офисе «Агроинкора» как когда-то в офисе Соловьёва: с утра до вечера. Первая удача явилась мне в лице величественно-красивой женщины Натальи Анатольевны – супруги бывшего президента, занимавшей сейчас должность вице-президента по экономике. Поскольку, к моему счастью, она полностью разделяла прогрессивные взгляды своего мужа, найти общий язык нам было не сложно. Более того, она познакомила меня с остальными членами совета директоров. И с каждым из них в отдельности (и не один раз) я провёл разъяснительную работу.

Постепенно мнение Совета директоров стало поворачиваться в мою сторону. Почувствовав это и понимая, что Кулик тоже в курсе, рискнул снова его побеспокоить. Разговор был долгим. В конце концов, он выдавил:

— Ладно, Петрович. Кати-ка ты в Белгород. Ты ведь хочешь создавать бизнес в России, а губернатор Белгородской области Евгений Степанович Савенко в ней уважаемый человек. Сумеешь убедить его стать нашим партнером, так и быть: создаём совместное предприятие.

Чёрт! И снова задание, приступить к которому я даже не представлял с какого конца.

Но потом вспомнил, что Валера Биндас окончил институт в Белгороде, может быть у него есть знакомые в этом городе. И действительно, товарищ Валерия оказался сыном человека, спонсировавшего избирательную кампанию губернатора. Мчусь в Белгород, всего час езды. Туда же выехали и Саша Поездник с Валерием Биндасом.

Белгород

Встретившись с другом Валерия, узнаю, что его отец – в инфекционной больнице, проникнуть к нему невозможно.

Что делать? Комбайны вот-вот прибудут в Харьков из Польши. И если их разгрузят с железнодорожных платформ на землю – прощай наша мечта о новом бизнесе.

Пришлось вспомнить детство: вместе с белгородским товарищем Биндаса, помогая друг другу, с большим трудом преодолели высокий больничный забор и проскользнули мимо охраны. И вот мы в палате. Тысячу раз извинившись, эмоционально и в красках рассказал свою проблему и срочность её решения. Друг губернатора тут же набрал его по телефону и, узнав, что тот собрался уезжать на совещание, попросил отложить и принять нас.

Когда мы примчались в приемную губернатора Савченко, где Поездник и Биндас уже ждали нас, первое что увидел, это округлившиеся от негодования глаза его секретарши:

— Евгений Степанович ждет вас уже 10 минут!!!

В кабинете нас встретил небольшого роста седоватый мужчина с властным и пытливым взглядом карих глаз. Не теряя ни минуты на знакомство, он устроил мне такой экзамен по будущему проекту, что я невольно вспомнил свой экзамен по истории СССР при поступлении в Харьковский юридический институт. 100 вопросов один за другим и сто ответов в таком же темпе. Слава Богу, что все это уже вошло в мой мозг и в кровь за долгие дни холодного сидения в Минске и горячего тура по Краснодарскому краю. Существенно помогли и Саша с Валерой.

Через час такого экзамена Савченко удовлетворенно кивнул и заключил:

— Я даю своё добро. Скажите секретарше, чтоб набрала мне Харьков.

— Спасибо, Евгений Степанович! Вам не придётся жалеть о принятом решении.

Счастливый и окрыленный я снова помчался в Харьков, надеясь, что теперь-то уже президенту «Агроинкора» сказать будет нечего. Перед глазами, как в цветном документальном фильме, проносились кадры: мои заветные голубые «Бизоны» бороздят золотые нивы Кубани.

Как же я ошибался! Как же плохо я знал Кулика! Он, как древнегреческий царь Еврисфей, уже готовил мне новое задание, да такое, что предыдущее, по сравнению с этим, пустяком оказалось.

Харьков

Первое, что я узнал, переступив порог «Агроинкора», это то, что комбайны из Польши уже в Харькове. Только что прибыли. Стоят, голубые красавцы, на железнодорожных платформах и ждут команды на разгрузку. И 20 из них (как мне думалось) изнывают от желания поскорей помчаться в поля Краснодарского края.

«Успел!» – подумал я, радостно открывая дверь в кабинет Кулика и так же радостно протягивая ему руку для приветствия.

— Ну, Григорий Иванович, все вопросы с Белгородским губернатором решены. Комбайны – на стапелях, и после подписания нашего договора могут стартовать в сторону благодатной Кубани. Регистрируем совместное предприятие, подписываем договор, и я приглашаю весь совет директоров отметить событие в ресторане «Харьков». Идёт? – с энтузиазмом начал я.

Проговорив все это, я вдруг уперся в стену тяжелого взгляда карих глаз президента «Агроинкора». Он явно не разделял ни моей радости, ни моего энтузиазма.

— Пока никто никуда не идёт, Михаил Петрович, - как всегда, низким ворчливым голосом произнес Кирпичный, - я тут вот что подумал. Белгород – Белгородом. Но комбайны-то вы хотите отправить в Краснодар. А там все будет зависеть от местной власти. Да и еще: о крутом характере батька Кондратенко, губернатора края, я знаю не понаслышке. Мой лучший друг Николай Науменко, которого я планировал назначить директором нашего совместного предприятия, живет и работает в Краснодаре. Короче, мне нужно, чтобы лично губернатор края позвонил мне и предоставил гарантии, что программе Бизон-Краснодар будет дана зеленая улица. И, кроме того, должен быть принят специальный ЗАКОН правительства края, обеспечивающий нам полную поддержку власти! Так что лети-ка ты, дружок, в Краснодар. Да поторопись: я держать комбайны на платформах более трёх дней не могу. Платить штрафы железной дороге за просрочку разгрузки по твоей милости не собираюсь!

Я застыл. Только что сердце разрывалось от счастья. Ведь так лихо удалось встретиться с губернатором Белгородской области и убедить его создать совместное предприятие. А получается, старался зря?! Теперь нужно еще и от краснодарского губернатора организовать звонок Кулику с гарантиями и обещанием СПЕЦИАЛЬНОГО ЗАКОНА?!

Вспомнились слова Валеры Биндаса: «Губернатор Краснодарского края батько Кондратенко – небожитель. И кроме того, коммунист и антисемит №1.»

А это означало, что шансов влёт попасть к нему на приём у меня - ноль. Да и даже если бы попал, не станет Губернатор многомиллионного края звонить какому-то бизнесмену в Харьков по его хотению. Слишком велика честь для того!

Я опустился на стул.

— Григорий Иванович, ну сколько можно? Вы ставите мне запредельную задачу. И сами прекрасно понимаете, что решить её за два дня практически невозможно...

— А ты что думал?! - Рот президента «Агроинкора» вдруг перекосило криком. - Хочешь на халяву получить двадцать новеньких импортных комбайнов на миллионы долларов, не обеспечив политической безопасности проекта? Тебе - денежки в карман, а мне - отвечать головой и свободой? Не выйдет. Без личного разговора и гарантий от губернатора Кондратенко комбайнов не дам. НЕ ДАМ! Ты понял???

Ударной волной артиллерийского залпа из уст Кирпичного меня мигом вынесло из кабинета и бросило в кресло приемной напротив секретарши. Но ненадолго. Соображая, что времени на продолжение дискуссии нет, быстро поймав такси, помчался в аэропорт, по дороге позвонив Дмитричу, чтобы встречал.

Проникновение на строго охраняемый объект

Мой отставной вояка ждал у выхода из аэропорта Краснодара. И до полета, и во время него моя голова раскалывалась: я перебирал тысячи вариантов, как пробиться на свидание с губернатором, и не находил ни малейшего выхода. По прибытии, опустившись на сиденье машины рядом с Дмитричем рассеяно спрашиваю его:

— Дмитрич, а что это за толпа милиционеров у въездных ворот на вертолетное поле рядом с аэропортом? Кого там ждут?

— Так это губернатор с министром сельского хозяйства Росии делают облёт полей и вскоре должны приземлиться здесь. А что? - Заводя машину, спрашивает Дмитрич.

— Губернатор? С министром сельского хозяйства? Здесь? - я аж подпрыгнул. - Дмитрич, родненький, да лучшей новости ты и придумать не мог! А если еще и сообразишь, как мне попасть на вертолетное поле за эти охраняемые ворота, премия тебе - три месячных оклада!

Дмитрич задумался, подъехав ближе к воротам, но на расстояние, не привлекающее внимания охраны. А я стал внимательно наблюдать за движением туда и обратно через заветные ворота. Группы охраняющих их милиционеров были расположены на подступах к воротам, но не рядом, а на некотором отдалении. Водитель очередной машины, подъезжавшей к воротам, нажимая переговорное устройство, говорил что-то, после чего ворота открывались и пропускали автомобиль.

Решение пришло внезапно.

— Дмитрич, слушай внимательно. Будь готов рвануть с места, когда очередная машина приблизится к воротам, и затормозить параллельно, слева от неё, у самых ворот. А там: пан, или пропал. Сможешь?

Дмитрич кивнул. Ждать пришлось недолго. Беленький микроавтобус «Пазик» не спеша приблизился к воротам. Мгновенно наша «Волга» сорвалась с места и с визгом притормозила рядом с «Пазиком» именно в тот момент, когда ворота перед ним широко открылись.

Резко распахиваю дверь наружу, выскакиваю из машины и под прикрытием въезжающего микроавтобуса залетаю в ворота, тут же автоматически закрывающиеся за мной. Метрах в трехстах – вертолетное поле, а между ним и мной – две стоящие рядом толстенные колонны, поддерживающие портик небольшого здания техперсонала. Еще миг, и я вжимаюсь в них, становясь незаметным для нескольких охранников, взгляд которых, к моему счастью, обращен на поле, куда именно в этот момент опускается вертолёт.

Вот он приземлился, и, как в сказке, на моих глазах из вертолёта выходят: губернатор Краснодарского края Николай Игнатович Кондратенко, председатель правительства края Мельников, его первый заместитель по сельскому хозяйству, уже знакомый мне, Петренко и последним (боже мой!) - Виктор Александрович Семёнов (!!!), министр сельского хозяйства России собственной персоной.

Тот самый бывший директор совхоза «Белая дача», которого я всего три года назад вывел из-под удара потерять землю «Автогаранта», и который по моей просьбе отправил мою Ларисочку в Америку на целый год. Более того, мы с ним потом не раз отдыхали в сауне у Яна Ровнера.

Нет слов передать то, что я почувствовал тогда. Бог в последний момент протянул мне лестницу, по которой я мог вскарабкаться на небо. К своей цели.

Кондратенко и Мельников шли впереди, а Семёнов и Петренко поодаль сзади. Вот они поравнялись с колоннами, за которыми укрывался я. Выскакиваю из-за колонн и почти кричу:

— Виктор Александрович!!!

Семенов оборачивается:

— О, Михаил Петрович, а ТЫ что здесь делаешь? - удивленно вскрикивает он и раскрывает объятия, в которые мы и заключаем друг друга. И все это на виду у руководства Краснодарского края. Понимая, что у меня считанные секунды, пока не схватила охрана, выпаливаю одним духом:

— Виктор Александрович, выручай! В крае огромный дефицит уборочной техники. Я хочу привезти 20 импортных комбайнов «Бизон». Они уже на платформах, готовы к отправке. Но нужно, чтобы лично губернатор Кондратенко позвонил президенту корпорации в Харьков и дал гарантии успешной работы в крае.

И тут мгновенно, как в мультике, маска дружелюбия старого товарища вмиг исчезла с лица Семенова, а на ее место удобно расположилась пресловутая маска бюрократа. Чужой, жгуче-ледяной взгляд министра отшвырнул меня прочь:

— Ты это ЧТО, Петрович, придумал?! Я ТАКИЕ вопросы на ходу решать НЕ собираюсь! - бросил он и, резко развернувшись спиной ко мне, направился к губернатору, наблюдавшему за нами вместе с председателем правительства края. От них отделились несколько мужчин в штатском, но с военной выправкой, и двинулись в нашу сторону.

Всё кончено. Отчаяние адовым огнём прожгло насквозь, и я уже протянул руку, чтобы схватить уходившего министра за плечо, сделать еще одну попытку. Но тут передо мной, как из-под земли, вырос Петренко. Он видел, как мы обнимались. Он слышал, что я просил министра о чем-то. Но суть просьбы, видимо, не услыхал.

— Михаил Петрович, так вы дружны с министром?! Ради бога, не беспокойте его сейчас! Завтра я жду вас у себя в кабинете в 6 утра. И обещаю, мы решим все ваши вопросы. - Иван Михайлович подал мне руку, которую я пожал с таким чувством, с каким пожал бы руку человека, вытащившего меня из горящего дома.

Охранники тоже замедлили шаг, и я спокойно вышел за ворота к поджидавшему меня Дмитричу. Надежда получила новое право на жизнь.

Прием у Витренко

Летом в Краснодаре светает рано. А к шести часам утра раскалённый желток солнца уже дрожал в синеве, словно собираясь растечься по всей необъятно-голубой сковородке неба, и вовсю поливал город теплом, светом, и хорошим настроением.

Именно с таким настроением я и постучался в дверь кабинета Ивана Михайловича, так как секретарша еще не пришла. А он уже был на месте. Захожу.

С чего начать разговор?

Не знаю почему, но меня, вдруг, прорвало. На Петренко обрушилось море эмоций, накопившихся из-за всего пережитого с момента зарождения идеи «Бизон-Краснодар»: и моё сидение в Минске; и путешествие в Польшу на завод комбайнов; и сорвавшаяся сделка с Соловьевым; и обнадежившая встреча с первым президентом «Агроинкора»; и многодневное ралли по задыхающемуся от жары Краснодарскому краю – встречи с руководителями районов и председателями колхозов; первая встреча с Куликом; вояж по его воле в Белгород и ... это последнее задание – ни теоретически, ни практически не выполнимое.

Очевидно, моя искренность тронула Петренко. Он надолго задумался, просчитывая различные варианты.

«Похоже, мои шансы тают. До «небожителя Кондратенко» не дотянуться...», – думал я, глядя на сосредоточенное лицо Ивана Михайловича.

Его вопрос обескуражил:

— А вы знаете домашний телефон президента харьковской фирмы?

— Да, он мне дал его еще при первой нашей встрече.

— Тогда сделаем так. Я позвоню ему. Как у первого лица, курирующего сельское хозяйство в крае, такое право у меня есть. Думаю, он еще спит. Рано ведь.

Я быстро достал свой телефонный блокнотик, написал на бумажке домашний телефон президента «Агроинкора» и с замиранием сердца стал наблюдать, как Иван Михайлович набирает номер. Каждый щелчок диска – укол адреналина, утраивающий моё напряжение.

Наконец, заспанный голос на другом конце провода с присущей Кулику «любезностью» буркнул:

— Кто говорит?

— Григорий Иванович, доброе утро! – Медленно проговаривая каждое слово, чтобы дать Кулику прийти в себя, начал хозяин кабинета, – Вас беспокоит Иван Михайлович Петренко, первый заместитель председателя правительства Краснодарского края, курирующий сельское хозяйство региона. Извините, ради бога, за ранний звонок. Губернатор поручил мне позвонить вам и объяснить, что программа Бизон-Краснодар одобрена правительством края и им лично. Мы обещаем вам полную поддержку на всех этапах работ, для чего будет дано поручение разработать Постановление правительства Краснодарского края специально для вашей программы. В том числе в нем будет упомянуто и о гарантиях всяческого содействия вашим людям со стороны правоохранительных органов. Вы ведь об этом, наверное, больше всего беспокоитесь? Угадал?

Тембр голоса Кулика мгновенно расцвел красками, из которых сложилась картина, отражавшая всемерное уважение и почтение «художника» к руководству Краснодарского края. Он даже упомянул, что его корни – из запорожских казаков, а значит, общие – с казаками кубанскими.

И, конечно, море благодарности Ивану Михайловичу за его звонок и за гарантии сотрудничества.

— Еще один вопрос, – терпеливо дождавшись конца тирады, сказал Петренко, – тут у меня в кабинете Михаил Петрович. Он спрашивает, успеет ли он вернуться в Харьков до разгрузки вами комбайнов с платформ на землю?

Умница Петренко так сформулировал вопрос, что ответ «да» или «нет» практически означал зеленый или красный свет всему проекту «Бизон-Краснодар». Если «да», значит комбайны не будут выгружены в Харькове и поедут прямо в Краснодар.

Понял это и Кулик. В трубке повисла пауза, такая же тяжелая, как и характер человека, мозг которого лихорадочно соображал, как бы так ответить, чтобы не ответить никак.

Мир вокруг меня почти исчез. Сузился до размера сечения телефонного провода от Краснодара до Харькова.

— Пусть приезжает, – наконец вынырнул из недр зелёной телефонной трубки хриплый баритон Кулика, – буду ждать.

Верный себе, он и тут сумел ускользнуть от прямого ответа. Ни «Да», ни «Нет». Но все-таки, это было кое-что. «Тепло», как говорят в известной игре «Холодно – горячо». Очевидно, разговор нам еще предстоит. Господи, хотя бы он был последним.

Сердечно поблагодарив Ивана Михайловича, сломя голову помчался в аэропорт.

«Мы – в бизнесе?!!!»

В кабинете Кулика нас было трое: он сам, заместитель по экономике Наталья Анатольевна и я.

Уже, казалось бы, переговорено обо всём. На столе перед президентом «Агроинкора» три экземпляра договора и учредительных документов совместной российско-украинской компании «Бизон-Краснодар». Все графы заполнены. Нет только подписей руководителей «Агроинкора».

И снова тягостная пауза. Да. На такие паузы Кирпичный был мастер. Чемпион. Проходит пять минут. Десять. Что еще у него на уме?

Наконец, президент изрекает:

— Наталья Анатольевна, ты как заместитель по экономике первая свою подпись поставишь? - и испытывающе-хитрющий взгляд карих глаз.

Немного подумав, Наталья Анатольевна молча витиевато расписывается и передаёт ему ручку.

И снова повисла пауза, показавшаяся мне бесконечной. Опустив глаза, с ручкой, зажатой в руке, Кулик смотрел куда-то мимо документов, представленных ему на подпись.

Свинцовая тяжесть ожидания давила душу. Казалось, еще миг и я взорвусь. И вдруг Григорий Иванович положил ручку на стол и, медленно подняв голову, посмотрел мне прямо в глаза.

Я опешил: на меня смотрел совсем другой человек, другой Кулик. Я его таким никогда не видел.

Всегда тяжелый и уверенный взгляд его был растерянным и жалким. Просящим и надеющимся.

— Михаил Петрович, - необыкновенно теплым голосом проговорил он, - скажи мне, как на исповеди: что бы ТЫ сделал на моем месте?

Теперь мяч был на моей стороне. И только от моего ответа зависело: получим ли мы сейчас, сию минуту, столь важный для меня и моих партнеров бизнес или нет.

И тут неожиданно я сам рухнул в бездонную пропасть его сомнений: отдать комбайны общей стоимостью в миллионы долларов в другую страну? Совершенно незнакомым людям? Не имеющим ни опыта, ни знаний ведения такого сложного сельскохозяйственного производства? Только под обещания успеха?! Но ведь обещания – это слова, а любые договоры – только бумага. Если что-то пойдет не так и проект рухнет, отвечать-то Кулику на Украине, а судиться ему придется в России. В России, где суды на весь мир славятся своей «неподкупностью» (страна занимала 140-е место в мире по уровню коррупции, впрочем, украинские – не лучше).

— Григорий Иванович, вы спрашиваете, что бы сделал я? Хорошо, скажу.

Я бы НЕ отдал в Краснодар двадцать комбайнов!

Тугой пучок глубоких морщин на смуглом лице Кулика мгновенно разгладился, а глаза от удивления превратились в два больших коричневых блюдца. Наталья Анатольевна была поражена не меньше. Теперь я держал паузу, глядя в раскрытое окно кабинета. Минуту, две, три.

— Отправил бы только пятнадцать. – наконец вымолвил я.

Для нас это была большая уступка, ведь мы теряли 25% своих будущих доходов. Но, видно, бог подсказал мне этот ответ, в какой-то мере совпадающий с ходом мыслей президента «Агроинкора». Я показал, что частично подтверждаю и разделяю его сомнения. Что я с ним заодно. И что мне можно доверять. Видимо, так.

Потому что именно после этих слов, без всяких пауз, Кулик снова взял ручку, и на всех экземплярах лежащих перед ним правовых документов замаячили такие долгожданные ПОДПИСИ президента и ПЕЧАТЬ «Агроинкора».

И, конечно, я даже представить себе не мог, что эти подпись, печать и всё то, что за ними последует, распахнут окно не только в абсолютно новое для меня и удивительно интересное дело, но и всего через несколько лет преподнесут одну из главных и таких долгожданных ролей в новой пьесе моей жизни. Прекрасной и неповторимой. Пьесе, суть которой – семейное счастье. ТО, что не оценишь никакими деньгами. ТО, что бесценно!

После подписания документов Кулик пригласил своего заместителя по производству и приказал ему начать переоформлять грузовые документы на 15 комбайнов из Харькова в Краснодар. Я сразу рванул на железнодорожную станцию. Голубые, блестящие на солнце, красавцы-комбайны на железнодорожных платформах казались парящими в воздухе. И теперь они были наши.

Тут же по мобильному телефону позвонил и сообщил об этом Игорю. Его радостный крик в телефонной трубке согнал с веток птиц на соседних деревьях:

— Ур-ра!

МЫ – В БИЗНЕСЕ ?!!!!!!!

Глава 9.
Краснодарская эпопея

Сочи. Краснодарский край

Через несколько дней Саша Поездник, Игорь, Джонстон и я собрались в Сочи на совещание. Настроение приподнятое. Вопросов к обсуждению – тьма. И если по финансированию определились достаточно быстро – организацию его брали на себя Игорь и Джонстон, то вопрос о том, кому возглавить оперативное руководство проектом оказался не простым.

Джонстон жил в Китае. Игорь с семьей – в Канаде. Моя семья тоже в Канаде, хотя в России я проводил едва ли не больше времени, чем в стране Кленового листа. Но подошел рубеж, когда для получения канадского гражданства и паспорта мне необходимо было находиться в Канаде более половины года. И только Саша Поездник жил в России постоянно и мог возглавить руководство проектом.

Не могу сказать, что наше предложение он принял, не задумываясь. Семья и налаженный быт в Курске. Все бросить и мчаться в неизвестность – ну, вообщем-то уже и не мальчик. Пришлось приложить немало усилий, чтобы убедить Сашу в необходимости такого шага. Причем, я хоть и не скупился на изображение красочных перспектив, но железной уверенности в успехе, конечно, не чувствовал. Дело совершенно новое, и как оно пойдет, никто не знает.

Слава Богу, что мои обещания и предсказания оказались для Саши ПРОРОЧЕСКИМИ, и о принятом тогда решении он сейчас НИСКОЛЬКО НЕ ЖАЛЕЕТ.

Следующий важнейший вопрос: проблема кадров. Пятнадцать комбайнов планировалось разбить на бригады по 3-4 комбайна, чтоб они могли работать в нескольких точках одновременно, а иногда и в нескольких хозяйствах. На пятнадцать комбайнов нам нужны 25-30 комбайнеров а также 5 бригадиров – кураторов. Главное, это должны были быть проверенные, честные люди, которым можно верить на 100%, так как возможности, мягко говоря, работать на себя, на свой карман у них будет предостаточно.

Я же сразу подумал о Владике. В Москве сделать карьеру у него вряд ли бы получилось, а хорошо заработать – тем более (там таких кандидатов по десять человек на квадратный метр).

Второй кандидатурой стал Витя Московец. В те девяностые годы Белоруссия переименованная в «Беларусь», переживала такие же тяжелые времена, как и все республики бывшего Советского Союза. Высшая партийная школа, где Витя преподавал политэкономию, давно закрылась. И он подрабатывал в частном институте, получая около двухсот долларов в месяц. В его трехкомнатной квартире я нашел маленький черно-белый телевизор, старую мебель и пустой холодильник.

Уговаривая Витю бросить его привычное преподавание за копейки и присоединиться к нам, получая две тысячи долларов в месяц (такой мы определили зарплату кураторам), я преследовал сразу две цели: и помочь другу материально, и вновь, как в юности, иметь общее дело, общие интересы с моим любимым и надежным сверстником.

Конечно, я переживал, потянут ли Владик и Витя столь необычное для них обоих дело, но, как оказалось, переживал зря.

И третьей моей креатурой стал Сергей Ходарев из Лабинска. С ним меня свела в Сочи Анна Сергеевна Лучкина, тётя Сергея, с которой я подружился в пансионате «Светлана».

Сергей в начале 90-х во времена всеобщей разрухи хорошо зарабатывал, покупая и ремонтируя старые домики с садом и огородом в Лабинске и меняя их на квартиры пенсионеров в Сочи. Таким образом, пенсионеры имели хоть какую-то прибавку к копеечной пенсии в виде дохода от садов и огорода, а Сергей, продавая квартиры в Сочи, получал неплохую прибыль. Но к концу 90-х он остался не у дел и с удовольствием принял предложение поработать в родном Краснодарском крае.

Я же продолжал штурмовать Администрацию Краснодарского края, добиваясь встречи с Губернатором Кондратенко. И вот исторический момент: мы с Сашей, наконец-то, в его приемной. Ждем встречи, которой я так долго добивался.

И вдруг открывается дверь. В приемную из кабинета выходят Губернатор и председатель правительства Краснодарского края Мельников. Подойдя и крепко пожав нам руки, Кондратенко говорит:

— Извините, ребята! Поговорить не сможем. Меня срочно вызывают на прямой эфир Первого телеканала страны. Но товарищ Мельников уже получил все инструкции, и вы можете готовить с ним проект постановления правительства края по вашей программе Бизон-Краснодар.

Ура! Ура! Ура! Заветное слово небожителя батьки Кондратенко сказано! Желанное «ДОБРО» получено. Вот теперь-то можно и вперёд за орденами! Т.е. за урожаем!

Примерно, неделя ушла на согласование и подписание текста постановления, где, конечно, же главными пунктами являлись те, которые обязывали все правоохранительные органы края оказывать нам содействие и помогать в нашей, такой важной для края работе: во что бы то ни стало собрать и сохранить урожай.

Как показала жизнь, тонкая брошюрка с этим постановлением правительства сотни раз выручала наших ребят и в работе, и в получении заработанного зерна, которое в безденежных колхозах расхватывали другие кредиторы, появившиеся гораздо раньше нас: продавцы дизтоплива и минеральных удобрений, налоговая инспекция и т.д.

Рисовый завод. Коля Тугарин.

А за несколько месяцев до описываемых событий произошло следующее.

Игорь Сироткин, я и Валера Биндас вместе ехали в машине в Темрюкском районе. И вдруг Валера говорит:

— Ребята, комбайны, конечно, тема неплохая. Но я могу предложить вам и кое-что получше.

Мы удивленно посмотрели на него:

— Ну, предложи. – усмехнулся Игорь.

— Вы мне говорили, что у вас в Китае есть партнер и бизнесмен Джонстон. Так? Моё предложение: вы покупаете оборудование завода по переработке риса, а я с партнером строю здание цеха для этого завода. Таких заводов в крае еще нет.

Предложение выглядело действительно интересным, и, не откладывая в долгий ящик, Игорь тут же связался с Джонстоном, рассказав о предложении Биндаса. Возник вопрос: кто же сможет поставить, наладить и запустить такое оборудование? Специалистов подобного профиля ни у меня, ни у других партнеров среди знакомых не наблюдалось. И тут я вспомнил о моём старом друге Коле Тугарине. Да, он никогда не строил рисовых заводов, но я был уверен, что для Коли ничего невозможного в технических вопросах не существует.

С Игорем и Джонстоном

Поэтому в мае Коля уже приступил к монтированию оборудования, пришедшего из Китая. Демонстрируя чудеса технической сообразительности (за что и был прозван местными жителями «Кулибиным»), падая с ненадежных строительных «лесов» и получая травмы, Коля всего за несколько месяцев смонтировал все оборудование полученного завода.

Герой! Он же стал и первым директором нашего первого рисового завода.

Дела текущие

Поскольку моя семья уже почти два года жила в Канаде, а Владик и Коля Тугарин работали в Краснодарском крае, то самому мне в редкие недели пребывания в Москве четырехкомнатная квартира была совершенно не нужна. Решил её продать Саше Поезднику. Перед этим я купил маленькую двухкомнатную квартиру рядом со станцией метро Петровско-Разумовская, подальше от центра города на задаток, полученный от Саши.

В Канаде, где мы тоже еще год назад купили небольшой домик в рассрочку, я навещал семью, но не работал. Общался с детьми и приятелями, посещал курсы английского языка (без особого успеха) и ездил на рыбалку.

С Аликом и Ариной

Ларисочка заканчивала школу, Анюта работала помощником ревизора в аптеке. Жена довольно успешно преподавала маленьким детям бальные танцы в цокольном этаже нашего дома, который я переделал в танцевальную студию. Отношения у нас с ней испортились окончательно. Скандалы следовали один за другим и, несмотря на то, что меня по полгода не было дома, в периоды встреч мы существовали практически как два совершенно чужих человека. Дети выросли, и нас больше ничего не связывало. Дело катилось к разводу семимильными шагами.

Моими первыми друзьями за океаном стали Алик и Арина – соседи по первому дому. Арина умница и красавица брюнетка из Черновцов работала дантистом, а Алик симпатичный крепыш блондин из Белоруссии – зубным техником. Причем хобби у обоих – живопись. Весь дом был увешан прекрасными картинами, написанными ими. Алик сразу приобщил меня к рыбалке, поскольку Канада оказалась страной неисчислимых озер и рек. И мы почти всегда возвращались домой с рыбой.

Основная жизнь протекала в Росии. Мы были первыми, привезшими новые импортные комбайны в Краснодарский край, и поэтому бизнес получился взаимовыгодным. Колхозы платили нам 25% от урожая, который собирали наши комбайны. Половина этих денег покрывала наши расходы, остальное – прибыль. И хотя результаты первого рабочего сезона порадовали и нас, и «Агроинкор», наших партнеров по этому бизнесу, ошибок, огрех и нестыковок тоже хватало. Практически для всех нас и наших кураторов это было совершенно незнакомое и неизведанное дело. Учиться приходилось на ходу и только на своих ошибках.

И хотя наш первый рисовый завод сработал только на четверть своей мощности, так как хранение и сушку риса мы не обеспечили, слава о нас разлетелась по краю, и в следующем году мы построили еще два рисовых завода.

Практически всю заработанную прибыль мы снова вкладывали в производство, беря на зарплаты только самое необходимое для жизни и поддержки наших семей. И на третий год мы построили четвертый такой же завод в Славянском районе плюс завод по производству больших мешков для упаковки риса производительностью пять миллионов мешков в год. Кроме того, по предложению главы Славянского района мы выкупили акции умирающей агрофирмы, начав масштабную реорганизацию всей её работы.

Пятнадцать комбайнов, агрофирма и пять заводов. Много это или мало? Очевидно, мало, потому что в 2000-м году – мы замахнулись еще на один проект.

И снова мой любимый Минск

Поскольку за прошедшие два года так и не удалось получить все деньги, которые нам должен был минский предприниматель Владимир Соловьёв, связь с ним всё это время не прекращалась. Изредка то из России, то из Канады я тревожил его одним и тем же вопросом: «Владимир Григорьевич, когда вернете долг?»

И, конечно, его ответ был предсказуем, как и его реакция на каждый мой звонок. Тем сильнее пришлось удивиться, когда однажды в апреле он сам позвонил мне:

— Михаил Петрович, привет! Слушай, Минская область получает более ста комбайнов «Бизон» в лизинг. Если тебе удастся уговорить Минский облисполком и министерство сельского хозяйства отправить несколько десятков комбайнов в Краснодар на уборку в июне и в июле с тем, чтобы вернуть их в августе в Беларусь, когда начнется уборка у нас, то и вы, и я сможем неплохо заработать. В министерстве сельского хозяйства у меня есть знакомый, значит есть с кого начать. Прилетай немедленно.

— Владимир Григорьевич, считай, что билет на самолет у меня в кармане.

Прилетев в столицу Беларуси я поселился в гостинице «Минск» в центре города. Цены за номер в ней по сравнению с российскими были просто смешными, а цены в ресторане – тем более. Президент Беларуси Александр Григорьевич Лукашенко правил десятимиллионной страной железною рукой, не допустив разгула дикого капитализма, обрушившегося на Россию. Такого чудовищного расслоения населения, такой пропасти между богатыми и бедными в Беларуси не наблюдалось.

И с первого же дня я методично, день за днем стал нарабатывать нужные связи, знакомясь и устанавливая хорошие отношения с одним чиновником за другим.

Наконец, после месяца кропотливой работы положительное заключение Минсельхоза и его рекомендации в Минский облисполком (высший исполнительный орган власти) были получены и, отметив с Соловьёвым первый успех, я приступил к следующему, основному этапу – завоеванию Минского облисполкома. Там пришлось намного труднее.

К счастью, глава Минской области Николай Федорович Домашкевич оказался на редкость умным, проницательным и понимающим ситуацию человеком. Мы нашли общий язык буквально после первой встречи, на которой я в деталях объяснил, какую прибыль может получить Минская область при отправке 60 комбайнов на два месяца в Краснодарский край.

Вследствие этого моя работа с департаментами пошла несколько успешнее, так как в случае непонимания я шел в кабинет к председателю, и он никогда не отказывал мне в помощи по любым вопросам. Дело двигалось к завершению. Помочь мне по техническим вопросам приехал Николай Кожевник, который, оставив Харьков, перешел к нам на работу из «Агроинкора» и жил со мной в одном номере.

И тут...

Девушка с зелеными глазами

Однажды, вернувшись довольно поздно из облисполкома, я пошел поужинать в ресторан при гостинице. Со мной были Кожевник и минский знакомый Александр Степук, позиционировавший себя местным авторитетом: «А у меня всё схвачено. За всё уплачено.»

Зал в ресторане был почти полон, но Александр, который был с дамой, подсуетился, и столик для нас нашел. Веселье в ресторане «Минск», сопровождаемое живой музыкой, к этому времени уже било не ключом, а целым водопадом, напоминая мне доброе старое время – эпоху СССР.

Выпив и закусив, почувствовал, как отпускает напряжение рабочего дня. Расслабился. И тут Степук предложил нам потанцевать быстрый танец, в котором принимали участие почти все гости ресторана. Мы вошли в общий большой круг, ритмично двигаясь и оглядывая танцующих.

И тут мой взгляд упал на стройную девушку в черной кофточке, танцующую легко и непринужденно. Милые мягкие славянские черты тонкого благородного лица, зеленые глаза и нежная улыбка заставили меня забыть обо всех окружающих, и давно неизведанное чувство, внезапно вспыхнувшее и молниеносно разгоревшееся пламенем, охватило душу целиком.

Поймав её взгляд, я широко улыбнулся и (о чудо!) получил такую же улыбку в ответ. Именно эта её ответная улыбка, это мгновенье и определило моё решение.

Танец закончился. Все разошлись по своим столикам. Внимательно слежу за понравившейся мне девушкой. Она сидит за общим столом в большой компании рядом с невысоким шатеном. На медленные танцы только он приглашает её. «Может муж?» – подумал я, не решаясь подойти. Зато слегка перебравший водочки Кожевник вдруг вскакивает, подходит именно к этой девушке и приглашает её танцевать. Замечаю, что её прежний кавалер уже обнимается в медленном танце с другой.

— Слушай, Саша, - поворачиваюсь к Степуку, – ты говорил, что у тебя тут все схвачено. А телефон девушки, которая сейчас танцует с Кожевником, получить сможешь?

Степук, не отвечая, небрежным жестом подзывает старшего официанта.

Это было 9 июня. Пятница.
В тот день в мою жизнь постучалась Судьба.

— Слышь, ты тут завтра работать хочешь?, - сквозь зубы спрашивает Александр.

Официант кивает. Тогда Степук вручает ему записку с номером своего телефона и говорит:

— Ну тогда без телефона и имени во-он той девушки – показывает рукой – не возвращайся. Понял?

Танец закончился. Я видел, как официант подошел к девушке, и стал что-то ей говорить, показывая рукой на наш столик. Через пять минут он вернулся с той же бумажкой, на которой был написан номер телефона девушки.

— Её имя – Анжелика, – добавил улыбающийся официант.

На следующий день я позвонил по заветному телефону. Ответил молодой мужской голос. Как потом выяснилось это был Анжеликин брат Володя. Её самой дома не оказалось, и поговорить с ней удалось только на следующее утро.

— Здравствуйте, Анжелика! Меня зовут Михаил. Мы виделись пару дней назад в ресторане гостиницы «Минск» – в трубке молчание, – ну, я был в белой рубашке, такой высокий...

— Высокий и красивый? – насмешливый, но очень приятный голос девушки заставил меня улыбнуться.

— Ну, об этом не мне судить. Но я буду искренне рад, если вы согласитесь пообедать со мной сегодня. Обед – не ужин, ни к чему не обязывает. Просто познакомимся. Как насчет встретиться в два часа дня? Я за вами заеду, только скажите адрес.

К двум часам дня я подъехал по названному адресу на машине с водителем Виктором. Анжелика задерживалась. Вдруг Виктор, указывая рукой на крышу стоявшего рядом девятиэтажного дома, к которому примыкало двухэтажное здание аптеки, взволнованно произнес:

— Смотрите, на самом верху пьяный мужик шатается. Точно грохнется сейчас.

Действительно у самого края крыши девятиэтажки здоровенный и, видно, очень нетрезвый мужчина, шатаясь, вёл «изысканный» диалог с таким же пошатывающимся приятелем, стоявшим на девять этажей ниже, на тротуаре рядом с аптекой. Причем нецензурных слов из их уст срывалось гораздо больше, чем цензурных. Казалось, еще миг и он полетит вниз прямо на крышу аптеки.

— Успокойся, Витя, пьяным и дуракам везёт, – отмахнулся я.

И в это время на тропинке показалась Анжелика. Я вышел из машины, широко улыбаясь. А она, увидев меня, замедлила шаг, почти остановилась.

И тут до меня дошло: Николай Кожевник ведь тоже был в белой рубахе. И это он танцевал с ней медленный танец в ресторане. Очевидно, она решила, что именно Кожевник пригласил её на свидание. Но думать было некогда. Я как ни в чем не бывало приветствовал её и, сделав приглашающий жест, распахнул заднюю дверцу машины. Анжелика неуверенно подошла и в тот момент, когда она садилась, водитель вдруг крикнул:

— Михаил Петрович, пьяный упал!

Взгляд на крышу девятиэтажки. Человека там не было, а внизу его собеседник неудачно пытался открыть дверь телефонной будки, стоявшей рядом. Решив, что мой водитель лично сам видел падение я, бросив Анжелику, рванул к будке и, отшвырнул пьяного в сторону. Мгновенно вызвал милицию и скорую помощь. И только потом вернулся и сел в машину рядом с девушкой, соображая: «Хорошенькое начало первого свидания... И что она обо мне подумает? Надо объясниться.» Что я незамедлительно и сделал.

Самое интересное, что впоследствии ни в аптеке, ни соседи Анжелики о каком-нибудь несчастном случае не слыхали.

Мы обедали на открытой веранде кафе в центре города. Не знаю почему, но уже с первых минут я проникся к девушке таким доверием, что без какой-либо рисовки и утайки поведал ей схематически обо всей своей прошлой жизни. О хорошем и плохом. В том числе упомянул и о приличной разнице в возрасте между нами.

Анжелика тоже была откровенна. Она – учительница белорусского языка и литературы. Сейчас свободна. Воспитывает трёхлетнюю доченьку Карину. Живет с родителями. В ресторан выбралась впервые за несколько лет «обмыть» шубу подруги.

И уже на первом свидании неожиданно для себя (а еще более для неё) я пригласил её через неделю поехать со мной в Москву. Отдохнуть и развлечься. Но перед этой поездкой, мы встречались каждый вечер, и каждый вечер был незабываемым. Как ожидаемый и неожиданный праздник. И с каждым разом наши свидания становились всё нежнее и теплее.

Несмотря на внешнюю мягкость, стержень характера Анжелики был не иначе, как из титана. Однажды мы ужинали в том же ресторане гостиницы Минск, где я впервые её увидел. Веселились, танцевали. В какой-то момент, возвращаясь к своему столику после танца, Анжелика проходила мимо стола, за которым сидело несколько подвыпивших мужчин. Я шел позади неё. Вдруг один из сидевших хорошо одетый седой мужчина с хмельной улыбкой шлепнул Анжелику пониже спины. Мгновенно с разворота она влепила ему такую пощечину, что он чуть не грохнулся со стула.

Мужик мгновенно протрезвел. Он оказался депутатом Белорусского парламента и потом долго извинялся за своё хамство.

Мне нравилось в ней всё: и приятно звенящий голосок, и трогательно милый колокольчик её смеха, скромность и мягкая сдержанность, и, главное, необыкновенно теплая аура, которую я очень чувствовал и которая вскоре стала мне нужна, как воздух.

Сражение в Миноблисполкоме

Моя миссия в Минске заканчивалась. Оставался последний бой – совещание в Минском облисполкоме, на котором решение, отправлять 60 комбайнов в Краснодарский край или не отправлять, должно было быть принято окончательно. Поскольку 99% всех вопросов за прошедшие три месяца мне удалось решить, неприятных сюрпризов не ожидал. Как оказалось, совершенно напрасно.

Большой зал заседаний Минского областного комитета депутатов трудящихся. В президиуме совещания – председатель Домашкевич, его заместители и ... седовласый человек в военной форме генерала с синими погонами. Комитет государственной безопасности Беларуси.

Я сидел в зале вместе с большинством присутствующих на совещании. Сначала всё шло так, как я и предполагал. Но тут к микрофону вышел генерал КГБ и громовым голосом, обращаясь к президиуму, заявил:

— Да вы что тут, товарищи руководители, белены объелись? С таким трудом полученные импортные комбайны в чужую страну отправлять собираетесь? Через государственную границу? А кто ответит, если они не вернутся? Если они сгорят или утонут? Где гарантии, что руководство края обеспечит выполнение всех условий вашего договора? Да и кто, в конце концов тот человек, который зазомбировал вас, опытных хозяйственников и управленцев, до такой степени, что вы согласны бесплатно отдать ему государственное имущество Беларуси на десятки миллионов долларов??? – воскликнул генерал пристально оглядывая зал.

Не помня себя, взлетаю на сцену президиума и подхожу к микрофону, жестом предлагая генералу посторониться.

— Этот человек - перед вами, уважаемый товарищ генерал. Зовут меня Михаил Петрович и я руководитель успешно работающего на протяжении нескольких лет совместного российско-украинского предприятия «Бизон-Краснодар. Вы спрашиваете гарантии? Вот постановление правительства Краснодарского края, специально изданное для обеспечения бесперебойной работы нашей компании. Вот расчеты, показывающие, какую прибыль и сколько зерна получит республика Беларусь за время работы 60 комбайнов в Краснодарском крае. Вот договор, подписанный лично губернатором Краснодарского края Кондратенко, между прочим, большим другом президента республики Беларусь Александра Григорьевича Лукашенко, вашего президента, генерал. – Говорю и при этом чуть не силой вкладываю в его руки копии называемых мною документов. При упоминании президента Беларуси лицо генерала начинает покрываться красными пятнами.

— А теперь ответьте Вы, уважаемый «радетель» государственного имущества, откуда возьмутся у Минской области миллионы долларов на оплату ежеквартальных платежей за 127 комбайнов, полученных в лизинг? Может вы рассчитываете на продажу зерна, которое комбайны уберут у вас в стране за всего-то три недели работы в августе? Хочу напомнить, что заработок у вас в Краснодаре будет в 10 раз больше, чем у в Беларуси.

— А вот если Минская область не заплатит лизинговые платежи, то тогда она гарантировано лишится всех своих 127-ми новеньких только что полученных комбайнов. Да еще дополнительно уплатит и штраф за срыв контракта и транспортные расходы по отправке комбайнов назад в Польшу. Ответьте, пожалуйста, не мне. Ответьте всему народу, – при этом широко обвожу рукой зал и президиум на сцене, – готовы ли вы лично, товарищ генерал, взять на себя ответственность за потерю вашей страной 127 комбайнов и всего связанного с этим материального ущерба??? Вы лично...

Наверное я слишком увлекся. Потому что краем глаза увидел, как в президиуме совещания резко поднялся председатель облисполкома Домашкевич и, прервав меня, объявил:

— Ладно, Михаил Петрович. Довольно дискуссий. Ответственность за осуществление проекта берет на себя Минский облисполком. Решение принято.

Когда колонна из шестидесяти голубых, сверкающих на солнце «Бизонов» на открытых железнодорожных платформах мчалась по пути из Беларуси в Краснодар, люди, наблюдавшие полёт летящей по воздуху нескончаемой голубой стрелы, замирали от восхищения. Не исключая меня, Игоря Сироткина и Саши Поездника, на которого и обрушился весь основной объем дальнейшей работы по растаможке комбайнов, устройству и питанию комбайнеров, определению фронта работ, вывозу заработанного зерна. С финансами, как всегда помог Игорь, да и мне под этот проект удалось получить с Соловьева значительную часть его долга нам.

Еще одна победа! Полная и безоговорочная!

Но главная победа ждала меня впереди.

Москва – Краснодар – Торонто

Когда я вспоминаю год за годом свою личную жизнь и слова цыганки, сказанные много лет назад в поезде мне солдату: «В женщинах счастлив не будешь...», возникает вопрос: а почему так? В чем причина того, что, будучи вообщем-то неглупым человеком и прожив к тому времени большую половину жизни, я так и не узнал семейного счастья?

И вывод напрашивается такой: конечно, дело не в том, что женщины мне встречались плохие. У меня самого характер – не подарок, ведь в семье я всегда позиционировал себя как добытчик, а значит лидер, командир.

Скорее всего дело в том, что моя врожденная ИМПУЛЬСИВНОСТЬ даже в таких ответственных поступках как женитьба не позволяла спокойно обдумать, проанализировать, всё взвесить и решить, соответствует ли необходимым мне критериям для создания семьи та или иная женщина? Подходим ли мы друг другу? Насколько совпадают наши душевные качества, интеллектуальный уровень, стремления и интересы?

Совершенно другие мотивы: то внешняя привлекательность, то жалость, то необходимость жениться, потому что так поступают все порядочные мужчины – именно они толкали меня к принятию спонтанных решений. И все оказались ошибочными. Винить в этом могу только САМОГО СЕБЯ. И сейчас я это хорошо понимаю. Поздновато, правда.

К моменту моего знакомства с Анжеликой, дети: и Анюта, и Лариса выросли. Анюта жила то в Москве, то в Торонто. А Лариса, выйдя замуж в Торонто, поступила в Монреальский университет и в то же время серьёзно занялась бальными танцами с партнером Сашей, погруженным в них так же фанатично как и она.

К тому времени я понимал – развод неизбежен. Этого хотели уже обе стороны.

Лариса и Анюта в Канаде

Наша первая с Анжеликой поездка в Москву сложилась фантастически.

Я будто нырнул в свою юность, полную надежд, свежих чувств и восторга от того, что есть женщина, с которой ты счастлив уже только потому, что можешь быть с ней рядом, видеть её милое лицо, слышать приятный голосок и необыкновенно звонкий колокольчик её смеха, не похожий ни на какой другой и каждый раз приводящий меня в восторг. Не меньшее удовольствие испытывал, держа её руку в своей.

Мы побывали в ресторане «Династия», где я познакомил с Анжеликой моих партнеров Сашу Поездника и Игоря Сироткина, дав этим ей понять, что настроен на серьезные отношения. В другой раз мы поужинали в ресторане «Сирена», где стеклянный прозрачный пол служил крышкой огромного аквариума, с медленно плавающими осетрами и карпами, так что создаётся впечатление, что ты ступаешь по поверхности пруда с живыми рыбами. Даже страшновато сначала.

А в предпоследний день нашего путешествия в Москву мы оказались вечером в ночном клубе «Кристалл». Может быть это снова может показаться поспешным, но душа моя пела так громко, что я не удержался от очередного сюрприза. В разгар ужина в ресторане, к нам внезапно подошел официант с огромным эксклюзивным букетом цветов и вручил их Анжелике со словами:

— Это передал мужчина, который вас любит!

Анжелика была поражена и не скрывала этого. Сначала она завертела головой, осматривая зал, и я, подыграв, сделал то же самое. Наконец, она поняла, от кого действительно прибыл этот шикарный подарок. За нежность подаренного ею взгляда я отдал бы все оранжереи мира.

Через некоторое время мы с ней совершили короткое путешествие в Сочи, а затем в Краснодар, где у меня были дела.

В Сочи нас встретил мой уникальный товарищ Сергей Ходарев из Лабинска. Уникальность его была в том, что, обладая довольно изворотливым умом и умением выходить сухим из воды в самых опасных ситуациях, он практически не знал, что такое страх. В войну именно такие и становились героями.

Сергей был племянником Анны Лучкиной, работавшей в пансионате «Светлана», с которой я дружил еще в 80-х и у которой прятался от сочинских бандитов осенью 93-го года.

Именно его я рекомендовал куратором комбайнёров вместе с Владиком и Витей Московцом. Сергей, три года отработав в Краснодарском крае, стал заместителем Саши Поездника по комбайнам.

Встретившись и проведя несколько часов вместе, я заметил, что всегда невозмутимый и спокойный, Сергей находился в необычно возбуждённом для него состоянии.

— Серега, что ты какой-то напряжённый. Что случилось? Я тебя таким никогда не видел, - спросил я, - и почему ты в Сочи, а не дома в своём Лабинске?

— Я только вернулся оттуда, - пояснил Сергей, - надо какое-то время отсидеться здесь.

— Отсидеться? А в чём дело?

Его рассказ потряс нас с Анжеликой.

— На прошлой неделе я приехал домой из Краснодара, - начал Сергей, - не успел переступить порог нашего дома, мама, как обухом по голове: «Серёжа, твоего Лёшку Дадонова братья Бабанские на кусочки разобрали. Избили до полусмерти. В больнице сейчас.»

Лёшка - мой лучший друг, как брат родной. Четыре брата Бабанских - полубандиты - полукомерсанты, тесно связанные с ворами в законе. Их весь Лабинск побаивается.

Я сразу рванул в больницу. Вбежал в палату и сердце остановилось: лежит мой Лёха весь перебинтованный так, что только глаза видны. Нога на вытяжке, из руки трубки капельницы. Живой труп. Только по морганию глаз понятно, что еще живой.

— Бабанские? - спрашиваю. Говорить не может, но ресницами моргнул: «Да.»

Ночью мы с моим братом Андрюхой, а если ты помнишь Марк, он хоть и младший, но покрупнее меня будет, подошли к усадьбе Бабанских. Перелезаем через забор. Во дворе новенькая фура «Вольво» красуется. Разбиваю боковое стекло и бросаю на переднее сиденье заряженный пистолет Макарова. Чуть бензина и - вспыхнула машинка, как олимпийский факел.

Затем швыряю камень в окно. Выскакивают все четыре брата в трусах и один из них с саблей. А у нас с братом по кнуту трёххвостному со свинцовой блямбой на конце. Разбежались мы так, чтоб на каждого по двое бандюков пришлось, и быстренько их упаковали, родненьких. Рядочком у горящей машины и сложили. В темноте они даже не поняли, что это было и кто их сделал.

Наутро менты нашли в машине обгоревший пистолет, и завели на Бабанских уголовное дело за незаконное хранение оружия. Только еще долго допрашивать их не получится. С месяц минимум очухиваться будут. Мы с Андрюхой оттянулись по полной. За другана моего - Лёху.

«Да, - подумал я, - как когда-то в законах вавилонского царя Хамураппи: ОКО ЗА ОКО, ЗУБ ЗА ЗУБ».

Осуждать Сергея за это - рука не поднималась. За себя не отомстить - ещё может быть. Но за друга –святое.

В Сочи Сергей на правах хозяина показывал нам всевозможные красоты города и окрестностей, водил в чудесный Ботанический сад, возил на Ясную поляну, угощал в ресторанах и в кафе на набережной. Он искренне меня уважал и, как будто чувствовал, что эта наша встреча будет последней.

(Через несколько лет жена Сергея, после развода, чтобы отобрать себе их общий сигаретный бизнес, натравит своего брата, и тот белым днём прямо на выходе из городского базара расстреляет из охотничьего ружья и Сергея, и его брата Андрея. На глазах у их матери, милиции и многочисленных горожан. Жуткая история. Жуткая судьба.)

Но это будет позже. А сейчас мы с Алесей наслаждались городом и морем. Жаль, всего несколько дней. Бизнес звал в Краснодар.

Первые путешествия

Я не могу сказать, что Анжелика сразу влюбилась в меня без памяти, это было бы неправда.
Привыкала она ко мне постепенно, шаг за шагом, встреча за встречей. Но, чувствуя это, я понимал ситуацию и не торопил.

Так же постепенно, но неуклонно сближались мы сердцами и с маленькой Каринкой, щекастенькой красавицей с носиком-пуговкой и карими бусинками глаз. Ведь теперь ей, ранее безраздельно владеющей вниманием мамы, приходилось делить это внимание со мной.

В дальнейшем, когда я на несколько месяцев приезжал работать в Краснодар, Анжелика с Кариной приезжали ко мне. Мы снимали квартиру и хоть времени на общение было немного, я уезжал в 7 утра, а возвращался в 11 ночи, тепло домашнего очага согревало меня все эти дни. К нам приезжала старшая дочь Анюта, которую я познакомил с Анжеликой, и они быстро нашли общий язык.

В августе я отправил Анжелику с Кариной в Евпаторию, где у моего однокурсника Павла Орлова из Николаева (он к тому времени был уже генерал, проректор университета МВД) находился филиал его вуза. Анжелика с Кариной замечательно отдохнули на песчаных пляжах и накупались в теплом Черном море.

Вернувшись в Канаду моментально получил от жены очередной артиллерийский залп семейного скандала. Поэтому, когда канонада улеглась, объяснил, что больше так жить не могу и не хочу. Предупредил Аню и Ларису, с пониманием отнесшихся к моему решению. Собрал необходимые вещи и переехал жить к Игорю с Жанной до того времени, когда мне снова пришлось лететь в Краснодар.

Было бы неверным сказать, что наш краснодарский бизнес шел без сучка и задоринки. Шероховатостей и ошибок хватало. Не использовалось и половины возможностей, которые мы могли бы использовать, имей хоть какой-нибудь опыт ведения бизнеса в сельском хозяйстве. И винить кого-то одного в этом было бы неверно.

Основная наша с Игорем проблема заключалась в том, что мы работали в Краснодарском крае только наездами, занимаясь за рубежом своими делами. И это была большая ошибка.

Бизнес, как ревнивая женщина: чуть ослабишь к ней внимание, и она поворачивается к тебе спиной.

А Саша Поездник, наоборот, варился в этом котле 24 часа в сутки 365 дней в году. «Батрачу...», так обычно отвечал он на вопрос: «Как дела?», задаваемый нами по телефону из Канады.

Все мы понимали, что я, как и Игорь, пытались усидеть на двух стульях: и иметь бизнес в России, и не потерять Канаду, в которой я как раз готовился к сдаче экзамена на гражданство и получению канадского паспорта. В таких случаях, хотя бы на одном стуле удержаться, уже хорошо. На одном – удержался. Гражданство и паспорт я получил.

А вскоре меня ждал приятный сюрприз: Коля Тугарин с семьей стали жителями Канады. И вот мы, два одноклассника с первого по десятый класс, из украинского городка Ромны, сохранявшие свою добрую дружбу на протяжении более 40 лет, перелетев океан, встретились в Торонто на бескрайних берегах озера Онтарио, о котором в детстве оба читали только в книжках Фенимора Купера об индейцах.

На протяжении того времени моя жизнь распределялась между Канадой и Россией, примерно по два месяца в каждой стране. В России занимался делами нашего Краснодарского бизнеса, снимая квартиру в Краснодаре. А возвращаясь в Канаду, сначала снимал комнату в одном доме вместе с Колей и его семьей, а затем перешел жить в нижний этаж дома Алика и Арины, моих первых соседей по Канаде, дружбу с которыми я поддерживал всё это время.

В декабре 2001 года получил от жены предложение расторгнуть брак официально. По каким-то своим соображениям она очень спешила, и я сделал все возможное для получения развода еще до нового года. Оставив ей дом с танцевальной студией в нём и налаженный танцевальный бизнес, занял у Левы Липковича, который теперь проживал в Нью Йорке, несколько тысяч долларов и улетел в новую жизнь. В Россию. На целых три года. Необыкновенно важных года в моей биографии.

Глава 10.
И снова адвокатура

И вот я снова в Москве.

Новый год мы отпраздновали в моей маленькой двухкомнатной квартире на Петровско-Разумовской улице. Мы – это Анжелика, Карина, мой друг Миша Унке с женой Ларисой и я. Отпраздновали весело, с песнями и танцами, А в разгар веселья, став на одно колено, я подарил Анжелике тоненькое золотое колечко (на большее денег не было) и попросил счесть это помолвкой. Что и было принято. С удивлением и радостью.

Праздники закончились быстро, и надо было думать, как и на что жить дальше.

Краснодарский бизнес сходил на нет: почуяв запах прибыли в Краснодарский край, как коршуны, слетелись турецкие компании со своими комбайнами, и заработок упал с 25% до 10% от собранного урожая, что даже не покрывало наших расходов. Рисовые заводы, завод по изготовлению мешков и колхоз им.Ленина так и не вышли на должный уровень своих возможностей, и нами было принято решение постепенно все реализовать.

Значит в Москве мне приходилось рассчитывать только на себя самого, притом что Анжелика с Кариной поселились у меня да еще и надо было содержать студентку Ларисочку в Монреале.

У меня был знакомый экономист, с которым я пересекался по работе еще в 90-е годы, ставший теперь заместителем министра финансов России. И на его помощь я возлагал большие надежды. Хотя стопроцентной уверенности в том, что, добившись таких высот, он захочет встретиться со мной не было.

Однако, реакция на мой звонок оказалась положительной, и на следующий день утром я вступил в холл министерства финансов, где на моё имя уже был выписан пропуск. Разговор не получился. Вежливый приём и вежливый отказ. Все мои предложения разбивались о фразу: «Я теперь государственный чиновник и помочь вам ничем не смогу.»

Не помню как я оказался на залитой зимним солнцем Ильинке в центре Москвы, с неотвратимой ясностью осознавая: «А ведь это конец. Имеющихся денег с учетом расходов на Ларисочку хватит на несколько месяцев. И что дальше? Как, на какие средства содержать новую семью?». И такое отчаяние охватило меня с головы до ног, что я застыл как вкопанный, не в силах двигаться дальше.

Я стоял на заснеженной январской улице и смотрел на снующих мимо меня людей, как на кадры документального фильма, мелькавшие на экране телевизора, а в висках стучало с каждым ударом пульса: «Что делать? Что делать? Что делать? Что я скажу Анжелике, вернувшись домой? Что я – безработный? Возвращайся, дорогая, назад в Минск? И это я, претендовавший на статус мужчины её мечты?!»

И в этот миг кто-то тронул меня за плечо.

— Михаил Петрович! Сколько лет, сколько зим! Как я рада вас видеть! А я уже референт старшего партнера в нашей адвокатской коллегии и получаю второе высшее – юридическое образование.

Передо мной стояла Татьяна, которую пару лет назад по просьбе друзей я с большим трудом устроил в свою коллегию адвокатов простой секретаршей, и с тех пор мы почти не общались.

И я уверен, ТО, что именно в ЭТОТ день и в ЭТОТ час Татьяна встретила и заметила меня в центре многомиллионной Москвы, было определённо проявлением высших сил. Невидимый покровитель уловил моё запредельное отчаяние и направил её ко мне в нужную минуту.

— Что с вами случилось, почему такой убитый вид? Чем я могу помочь? - сыпала она вопросами, а в её глазах я прочел искреннее желание изменить моё настроение

. «Благодарная девочка... – подумал я, – помнит добро, не часто таких встретишь...», и, не скрывая, поведал ей всё по порядку о том, что произошло в моей жизни за это время и в каком аховом положении я сейчас очутился.

Не успел я закончить, как она быстро-быстро заговорила:

— Михаил Петрович, а вы знаете, что Евгений Григорьевич Мартов, старший партнер нашей коллегии, в которой вы, между прочим, до сих пор числитесь, уже год как ищет партнера. Его прежний партнер эмигрировал в Германию. Давайте-ка я с ним поговорю и завтра же перезвоню вам о результатах разговора.

— Таня, он же меня совсем не знает. И что ты ему можешь сказать? Что семь лет назад, придя к нему в коллегию, я выиграл одно уголовное дело? Да, оно имело резонанс на уровне Генеральной прокуратуры и адвокатской палаты Московской области, но что из того?

— Не волнуйтесь. Я найду, что сказать,- довольно самоуверенно, как мне показалось, заявила Татьяна.

Назавтра её звонок не заставил долго ждать.

— Добрый день, Михаил Петрович! Евгений Григорьевич ждёт вас в 3 часа дня в нашем офисе. Дорогу не забыли?

— Спасибо огромное! Как тебе удалось? – Ошарашенно спросил я.

— Да все нормально. Я сказала, что лучшего партнера ему не найти, а он мне доверяет. Правда, спросил:

— А он не очень... жёсткий? Я помню, как в своём уголовном деле он не пошёл на компромисс ни с прокурором, ни с судом.

— Да, но ведь в конце концов он выиграл дело и престиж нашей коллегии не пострадал – ответила я, – поверьте, он будет вам надежным партнером.

— Так что ждем вас, Михаил Петрович. Не опаздывайте, Мартов человек занятой.

Ровно в 3 часа дня я подошел к старинному 18 века двухэтажному особняку, на первом этаже которого располагалась коллегия адвокатов. Евгений Григорьевич встретил меня сдержано. Расспросив о том, чем я занимался в последние годы и определив наш краснодарский бизнес как малый (?), он сказал:

— Когда заключается соглашение о партнерстве, надо сразу определить, как будем расходиться, когда придет время. Я не хочу в будущем заморочек и претензий, решаемых легальным или нелегальным путём.

— Евгений Григорьевич, я никогда в своей жизни не ставил деньги во главу угла. Цепляться и убиваться за каждый рубль не собираюсь. Вы, насколько я понял, доверяете Татьяне, а она партнера со склочным характером вам бы не рекомендовала.

— Ну ладно. На первый раз поверим на слово. Кабинет в офисе я вам дам. Зарплату платить не буду, только долю от заработанных вами же денег. За мной - идея, дела, офис, административные и иные связи. За вами - работа 24 часа в сутки. Поле деятельности - бескрайнее. Все зависит только от вас. Согласны?

Тон безапелляционный. Конкретно и жёстко. Конечно, я очень рассчитывал хоть на какую-то поддержку в виде зарплаты. И нырять с головой в абсолютно незнакомую для меня область юриспуденции, не связанной с уголовным судопроизводством, да еще и после стольких лет отсутствия какой-либо юридической практики вообще, было колоссальным риском.

Но разве существовала альтернатива? У меня просто не было выбора. Мы пожали друг другу руки, и Мартов приступил к объяснению того, чем я должен был заниматься.

К тому времени в России все наиболее прибыльные сферы деятельности: углеводороды, металлургия, химическая промышленность и т.д. уже были поделены между олигархами, сумевшими урвать первыми. И в начале третьего тысячелетия возникла новая тема: земля сельхозназначения, принадлежавшая колхозам и совхозам, преобразованным в акционерные общества. Земля, расположенная в пределах 30-100 км от Москвы рядом с популярными направлениями автодорог, где уставшие от городской суеты и шума состоятельные москвичи с удовольствием покупали дачи: большие и красивые загородные дома.

Эта земля в соответствии с указами президента Ельцина еще в 90-е годы стала общей долевой собственностью крестьян, работавших в этих акционерных обществах. Т.е. каждый акционер имел пай (часть) в общедолевой собственности, но выделить свой участок и начать на нем работать на себя практически было невозможно.

Короче говоря, крестьяне, обладая свидетельствами на земельный пай, хранили их в ящиках своих комодов, и продолжали работать в хозяйствах, занимаясь привычным делом: животноводством, растениеводством и т.д. Что, кстати, было совершенно необходимым и актуальным в то время, когда убитое в 90-е годы сельское хозяйство страны только начинало вновь подниматься с колен.

Нужно добавить, что наличных денег крестьяне в этой тяжелой для села ситуации практически не видели. Зарабатывали в хозяйствах копейки и в основном кормились с собственных садов и огородов.

Так вот, именно на такую землю и нацелили свои хищные клювы различные банки, фирмы с криминальным капиталом и даже такая уважаемая фирма как «Мосэнерго». Они задешево скупали у крестьян их земельные паи и, обладая их большинством, становились фактическими хозяевами земли. Затем строили дачные поселки и продавали дома горожанам. Прибыль – сотни если не тысячи процентов. При этом сельскохозяйственная деятельность прекращалась полностью.

Будучи юридическим советником губернатора Московской области генерала Бориса Громова, мой партнер Мартов получил от него задание: попытаться вернуть грабительски захваченные сотни тысяч гектар земли в распоряжение области, сохранить сельское хозяйство. И сделать это можно было в том числе и через Арбитражный суд.

В первые недели работы я, как прилежный студент во время экзаменационной сессии, с головой погрузился в пучину нормативных документов, регулирующих эти правоотношения. Читал, зубрил, анализировал, делал выписки, стараясь как можно быстрее и глубже изучить абсолютно новый для меня аспект юриспуденции. Работал по 12-14 часов в сутки.

И слава богу, что так спешил, потому что когда внезапно получил от Мартова распоряжение ехать за 60 км от Москвы в акционерное общество ЗАО «Большово», хоть минимальным, но необходимым запасом знаний я уже обладал.

Познакомившись с директором, я узнал, что дело о банкротстве этого ЗАО находится уже в арбитраже и через пять дней назначены его слушания. Банкротила «Большово», владеющее 8,000 гектаров земли, корейская фирма с криминальным капиталом и с руководством из бывших «братков».

Какое-то время назад этой фирмой-жуликом был заключен договор с бывшим директором ЗАО о строительстве забора вокруг коровников сметной стоимостью – 200 тысяч долларов в рублевом эквиваленте. В действительности же на строительство забора было потрачено только 20 тысяч долларов, да еще 10 тысяч долларов на взятку директору (огромные для того по тем временам деньги).

По истечению срока платежа фирма обратилась с иском к ЗАО «Большово» в Арбитражный суд о взыскании 200 тысяч долларов за постройку забора, который бывший директор в суде признал. Иск был удовлетворен, но денег исполнить решение Арбитражного суда в хозяйстве по прежнему не было.

Вот почему следующий иск корейской фирмы был уже о банкротстве «Коврово», где основным кредитором, естественно, выступала фирма. В случае удовлетворения иска о банкротстве, и последующей продажи имущества ЗАО, фирма за бесценок скупила бы всё имущество хозяйства вместе с 10,000 гектаров его земли.

Мне пришлось остаться в хозяйстве на три дня. Ночевал в офисе на диване. Все дни с утра до вечера вместе с бухгалтерами мы упорно и скрупулёзно наводили порядок в старой документации и создавали новую. Я даже успел собрать крестьян-акционеров и провести общее собрание ЗАО, утвердившее вновь созданные документы.

Участвуя в арбитражном суде, я первое время чувствовал себя не совсем уверенно и единственное, чего удалось добиться – отложить рассмотрение дела на месяц. Но это тоже была хоть и маленькая, но победа. За месяц я смог подготовиться к процессу гораздо лучше и, хоть заседания суда еще не раз переносились, в конце концов дело выиграл. Первая победа на новом поприще! С чем меня Евгений Григорьевич и поздравил.

Как ни странно это звучит, но к 1 мая я получил красочную открытку от моих бывших процессуальных противников с тёплыми поздравлениями с праздником и предложением перейти к ним на работу на любых, устраивавших меня условиях. Помня своё общение с этой публикой в 90-е годы, предложение вежливо отклонил.

Пошли другие дела. Все разной сложности и с разными обстоятельствами. Это были совсем не те острые, но непродолжительные сражения на юридическом ринге, какие я описывал ранее по уголовным делам.

Наоборот, сейчас шла длительная, вязкая, тяжелая борьба, при которой мои противники постоянно применяли грязные «броски» и «подножки», представляя сфальсифицированные документы,

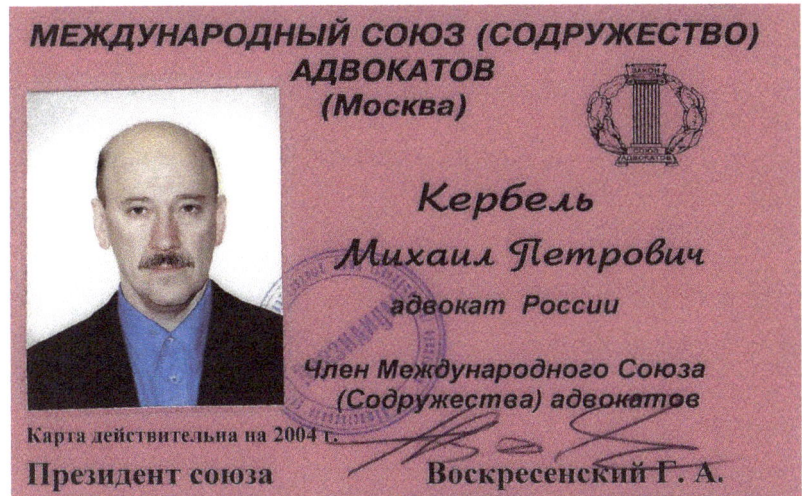

подкупая свидетелей и даже судей. Да, в то время многие дела в Арбитражном суде решались таким вот образом: выигрывал тот, кто находил тропинку к ящику стола арбитражного судьи. Каждое дело о возврате земли отнимало месяцы, а некоторые длились годами.

Я еще вернусь к этой теме, а сейчас...

Неожиданная свадьба

Итак, мы тихо жили с Анжеликой и Кариной в маленькой двушке на Петровско-Разумовской улице. Анжелика вела дом и училась во «Французской академии красоты» (так назывались курсы макияжа в центре Москвы, которые она посещала). Кариночку удалось устроить в детский сад. Жили очень скромно: зарплату я не получал, а занятые у Левы деньги таяли быстрее, чем снег наступающей весны за моим окошком. Хорошо еще, что Саша Поездник иногда подбрасывал небольшие деньги с краснодарского бизнеса, который уже близился к завершению.

Как-то в день 8 марта, проходя мимо вещевого рынка, расположенного рядом с домом, предложил купить Анжелике в подарок шарфик за 100 рублей (3 доллара по тем ценам). И в ответ услышал:

— Не надо, Миша. У тебя долги. -

Я несколько раз предлагал ей узаконить наши отношения, на что она шутливо отвечала:

— Зачем? Брак убивает романтику. Главное – у нас все хорошо! Бумаги счастья не добавят.

Не знаю, как долго бы продлился этот гражданский брак, если бы не случай. Однажды, отпраздновав день рождения Игоря 31 января, после полуночи мы возвращались на машине домой. Только въехали в полутемный двор и направились к своему подъезду, как к нам, чуть не сбив, подлетела милицейская машина, из которой выскочили двое офицеров с автоматами наперевес.

— Стоять на месте! Предъявить документы! - грубо потребовал один из них.

Паспорт Анжелики был дома, с собой не было. Офицер приказал ей сесть в машину.

— Стойте! Я сейчас вынесу вам документы!– закричал я и резко сунул руку во внутренний карман пиджака, чтобы достать удостоверение адвоката.

Но второй офицер, передёрнув затвор, направил на меня дуло автомата, решив, что я потянулся за оружием. Через секунду их машина с рёвом умчалась в сторону отделения милиции, расположенного в двух кварталах от нас.

Сбегав наверх и взяв документы, я через десять минут уже подходил к милиции и первое, что увидел, это ту же машину, похитившую у меня Анжелику. Сидевший в ней офицер, видно, ждал меня. Он приоткрыл окошко водителя, поманил рукой и сделал характерный жест пальцами: «Деньги принёс?».

Не обращая на него внимания я зашел в отделение, представлявшее собой в тот момент не самую приятную картину. За решеткой матерились пьяные задержанные всех мастей: от проституток до бомжей. И стойкий, бьющий в нос дух от них был явно не от «Кристиан Диор». Анжелика стояла в стороне от решетки, бледная и напуганная происшедшим.

Достав свое красное удостоверение адвоката и её паспорт, я обрушил на дежурного капитана такую лавину гнева, разрывавшего меня все это время, что он в течение двух минут заполнил все необходимые бумаги и с извинениями освободил Анжелику.

И вот когда мы вернулись домой и вошли в квартиру, она твёрдо и убеждённо произнесла:

— Всё, Мишечка. Ты был прав. Нам действительно пора жениться. Больше попадать в такой кошмар я не хочу!

Ну, что ж. Сказано сделано. Как люблю я часто говорить: «Поставьте задачу!». Но обстоятельства сложились так, что мне пришлось улететь в Канаду, а Анжелике с Кариной – в Минск. И только в конце марта мы встретились в Москве, и я вновь завел разговор о женитьбе. Возражений не последовало.

В один из первых дней апреля 2002 года, я приехал на станцию метро «Тимирязевская», где располагался Дворец бракосочетаний весьма популярный среди звезд эстрады и кино. У дверей толпилась длиннющая очередь из желающих подать заявление о вступлении в брак. Постояв пару минут, я услышал из разговоров в очереди, что заявления принимают только на июнь, т.е. ждать регистрации нужно более двух месяцев.

Засветив красную корочку удостоверения адвоката и сурово буркнув: «По службе», вошел внутрь здания и сразу поднялся на второй этаж. Увидев на двери табличку «Директор», постучал и, не ожидая ответа, вошёл в кабинет. Директриса была одна, что-то писала и удивлённо подняла на меня глаза. Сажусь на стул напротив её и молча предъявляю то же самое заветное удостоверение, которое она внимательно читает и в её взгляде появляется тревога: «Кто это и по какому поводу мог направить ко мне адвоката?».

Выждав минутку, широко улыбаюсь и с предельной вежливостью прошу её пойти мне навстречу, зарегистрировав мой брак уже 11 апреля. Прямо в мой день рождения. На лице женщины появляется облегчение, она тут же просматривает свой журнал и, о чудо, находит именно в этот день время (в четыре часа дня) для регистрации нашего брака.

Вернувшись домой, невольно заставил Анжелику испытать очередной шок: свадьба – 11 апреля, на подготовку – два дня.

Свадьба получилась очень теплой и очень скромной. На торжестве присутствовали Миша Унке с женой, Саша Поездник и Игорь Сироткин. Еще несколько знакомых присоединились к нам в грузинском ресторанчике на стадионе «Динамо». Запомнились танцующая Анжелика в длинном подвенечном платье с невероятно сложной высокой прической на голове и маленькая смеющаяся Карина на плечах у Миши, подружившегося с ней с первых же минут. В тот момент я искренне надеялся, что это будет последняя свадьба в моей жизни.

Во Дворце бракосочетаний

Дела житейские

Шли дни, месяцы. Я упорно работал, расходуя последние деньги, а света в конце туннеля в виде солидного гонорара, способного дать нам ощущение хоть какой-то стабильности, так и не было видно. Этими вопросами ведал мой старший партнер Мартов, но никакой информации от него за все это время не поступало. А ходить к нему спрашивать, будто просить милостыню, унижаться, я не хотел.

Иногда, придя домой, в сердцах бросал Анжелике, что больше так не могу. Надоело. Завтра же уволюсь. Но наступало утро, которое вечера мудренее, и я снова ехал в свой кабинет и продолжал работать. Да и жалко было расставаться с накопленным за эти полгода багажом выигранных судебных процессов.

В конце июля я снова на последние деньги сумел отправить Анжелику с Кариной на солнечный юг к любимому Черному морю. Опять же с помощью Паши Орлова, который обеспечил им жильё бесплатно.

И вдруг буквально через несколько дней абсолютно неожиданно на меня, как снег на голову, обрушился мой первый и действительно солидный гонорар. За всё прошедшее проработанное время. Честно говоря, я смотрел на эти деньги и не верил, неужели это всё моё?! Я даже втайне не мог мечтать о такой сумме! Неужели у меня получилось?!

Никогда раньше деньги не вызывали у меня такого ощущения радости. Но в тот момент, этот гонорар означал конец нестерпимой многомесячной пытки страхом за то, сумею ли я прокормить семью в Москве и Ларисочку в далёкой Канаде. Сумею ли я в который раз доказать свою состоятельность как мужчины, добытчика и той «спины», за которой и женщина, и вся семья может чувствовать себя, как за каменной стеной. А ведь именно это всегда и составляло смысл моего существования.

В общем, я наконец-то вздохнул свободно и с удовольствием отправился искать нам другую квартиру. Просторней и поближе к своей работе. И мне повезло: первой же попалась трёхкомнатная квартира на втором этаже кирпичного дома с потолками высотой пять метров и мощными стенами шириной в метр, с прекрасным ремонтом и огромной ванной в тихом дворе рядом с парком и всего в десяти минутах ходьбы от моей работы. Я сразу в неё влюбился и в течение недели оформил сделку.

Ничего не сообщив Анжелике, перевёз наши вещи с предыдущей квартиры, выставив ту на продажу. И вот в конце августа я встречаю Анжелику с Каринкой на Курском вокзале, усаживаю их в такси и везу...

— Я не поняла. Это что за фокусы? Куда мы едем? Опять сюрпризы?– обеспокоенно спрашивает Анжелика, сразу заметив, что наш маршрут лежит совсем не в сторону Петровско-Разумовской.

— Успокойся. Все нормально. Мы едем в наш новый дом.

Войдя в залитую светом современных ламп новую квартиру, с большими тремя комнатами в абрикосовых с узорами обоях и огромной бело-голубой ванной, мои девочки были настолько поражены, что даже и не пытались это скрывать. Радость и восхищение струились из глаз Анжелики:

— Неужели это НАША квартира? - только и вымолвила она.

Эти её радость и восхищение окончательно смыли с моей души остатки тягостных переживаний и опасений за весь прошедший период, как смывает рисунок ребёнка с прибрежного песка набежавшей морской волной. В очередной раз я был счастлив. Счастлив до предела.

И зажили мы втроём в милой и уютной квартирке так славно, что вспоминая тот период, я до сих пор ощущаю тепло и нежность, ставшие непременными гостями, нет, законными хозяевами в нашем доме. Анжелика сумела создать такую приятную и обволакивающую теплом семейную атмосферу, какой я никогда не знал ранее. Если мне приходилось засиживаться на работе после шести часов, в душе закипало раздражение – так сильно тянуло домой.

Иногда я возвращался с работы нервный, уставший после судебных процессов, и единственное, чего хотелось, это покоя. И я всегда находил его дома. Вкусно поужинав, мы рядышком усажи-

С доченьками Аней и Ларисой

вались на диване. Я смотрел телевизор, Анжелика вязала рядом. Мы почти не разговаривали – она чувствовала, что мне сейчас не до разговоров. И это молчаливое понимание и просто само ощущение исходящих от неё тепла и нежности наполняло мою душу умиротворением. Я очень ценил эти молчаливые диалоги и эти часы, проведенные вместе.

К этому времени Лариса с партнером, потренировавшись всего один год, выиграли чемпионат Канады по бальным танцам (впоследстви они были бессменными чемпионами страны на протяжении 8 лет!), но на мировых соревнованиях в английском Блэкпуле им удалось войти только в 96 пар из 250.

А мечтою их было выйти в четвертьфинал, в элиту, которую знал и на которую равнялся весь танцевальный мир. Поэтому я предложил им переехать в Москву, так как здесь возможностей брать уроки у законодателей танцевальной моды итальянцев и англичан было гораздо больше. Я иногда сопровождал их на конкурсы в Италии и Англии, таская за собой тяжеленный мегафон, взятый в Москве в Олимпийской деревне. И под сводами огромных танцевальных залов то и дело гремел мой многократно усиливаемый крик поддержки моей доченьки и её партнера.

В Венеции

Кроме уроков они, живя в Москве, регулярно по две тренировки в день сами занимались в студии. Каждый день. Невероятно каторжный труд. Но вскоре он дал плоды. Они сумели осуществить свою мечту, и более того, перейдя в профессионалы, вошли в полуфинал – 12 лучших пар мира, а в престижнейшем мировом конкурсе молодых профессионалов «Восходящая звезда» завоевали серебряные медали!

Лариса с партнёром

К этому времени у меня появился новый друг. Настоящий друг. Понимающий дружбу. Умеющий её ценить. Умница и профессионал в любом деле, за которое брался. Сергей Львович Устинов. Когда-то он был одним из лучших журналистов газеты «Московский комсомолец», затем писал детективы, которыми зачитывалась вся страна и по сюжетам которых снимались сериалы, показываемые по центральным каналам российиского телевидения.

В 90-е годы, когда власть швырнула народ в пучину хаоса и нищеты, Сергей Львович, как он сам признавался, совершенно случайно занялся недвижимостью и к моменту нашего знакомства уже был одним из крупнейших девелоперов Московской области.

Мы успешно сотрудничали, и не было партнера честнее и порядочней, чем он. Но истинное удовольствие я получал от общения с ним вне бизнеса. Наши души, взгляды и понятия существовали настолько в одном энергетическом поле, а глубина его эрудиции настолько меня поражала, что я мог беседовать с ним часами. Редко, но метко мы встречались и за столом. По поводам и без. И каждый раз мне не хотелось расставаться.

Сергей Устинов, Миша Унке и его жена Лариса

Вскоре в моей жизни произошло еще одно неординарное событие. Государственное издательство «Музыка» выпустило книжку моих песен «Наши встречи», где я написал и слова и музыку. В неё вошло 27 песен, написанных в разные периоды. Тираж небольшой – всего 300 экземпляров. На обложке мой портрет с гитарой. Целью выпуска было – раздарить своим близким, друзьям и знакомым. Но выпускающий редактор попросила оставить половину тиража в магазине при издательстве.

— Меня же никто кроме знакомых не знает, нет моих песен на радио, нет клипов на эти песни. – Удивлялся её настойчивости я.

— Посмотрим, – возражала редактор, – а я вам гарантирую, за месяц ни одной книжки не останется.

И как же я был поражён, когда она оказалась права. Через две недели, заглянув в магазин посмотреть, продана ли хоть одна книжка, я увидел, что на полке оставалось не более двух десятков.

— А где остальные? – спросил продавца магазина.

— Проданы.
— ???
— Покупатели берут их в руки, смотрят на обложку и спрашивают: «А что это Розенбаум под псевдонимом печатается?». И покупают.

Странно, сам я нахожу наше сходство с Александром Розенбаумом настолько отдаленным, что если бы не случай с книжками, которые действительно за месяц были проданы и пришлось делать дополнительный выпуск, продавцу бы не поверил.

«И в небо надпись – «Вероника»

Конечно, с тех пор как Анжелика и Каринка переехали ко мне, мы мечтали о ребенке. Прошел уже год, как мы жили вместе. Мечты оставались мечтами. И вот в феврале я предложил ей обвенчаться. Это был серьёзный шаг, и мы оба это понимали. Поскольку мы жили рядом с прекрасным Елоховским собором, в котором когда-то крестился Пушкин, решили провести этот обряд в нём.

Пригласили только самых близких: Мишу Унке с женой, мою крестную дочь Наташу из Железногорска, которую мне удалось устроить в Московский институт управления, и Сергея Львовича. Со стороны Анжелики приехали её родители и брат Володя, со своей женой. Корону над моей головой держал он. Венчание прошло торжественно и строго.

Зато как же весело мы потом отметили это событие в моём любимом украинском кабачке «Тарас Бульба»! Украинская горилка лилась рекой, по которой легко уплывали разнообразные закуски, борщ и самое уникальное и любимое мною из всех украинских национальных блюд – вареники с мясом.

Прошло положенное время и жена положила передо мной тест, показывающий, что в ней уже зародилась крохотная новая жизнь. Сначала я от счастья улетел на седьмое небо, в затем стал мучительно думать, к кому обратиться за медицинским сопровождением во время беременности. Хотелось, чтобы оно было самым лучшим. Ведь мне уже было 52. И некоторые из моих друзей, узнав об этом, с улыбкой крутили пальцем у виска: «Ты соображаешь на что идёшь? В твоем-то возрасте. Совсем не мальчик уже».

И снова бог, или, как скажут атеисты, совпадения подключились к нашей судьбе. Как-то в 7 часов утра у меня зазвонил телефон.

На венчании. Вверху родители Анжелики.

«Кто бы это мог быть так рано?», – с тревогой подумал я. Но тут же успокоился, услышав в трубке голос моего старшего партнера Мартова:

— Доброе утро! Михаил Петрович, вам сейчас позвонит моя знакомая. У неё вчера арестовали сына. Вы у нас любитель уголовных дел, так что, надеюсь, не подведёте нашу коллегию и меня лично.

И действительно, через полчаса позвонила женщина. Договорились встретиться у моего дома. Её звали Татьяна

Алексеевна, и приехала она на машине. Мы поехали на окраину Москвы в Видное, а по дороге она рассказала о сути дела.

Её сын работал в огромном шведском мебельном супермаркете IKEA и за какую-то незначительную провинность был уволен. Спустя пару дней в ящике супермаркета для писем и предложений обнаружился лист бумаги с написанными на нем угрозами: «Аллах акбар! Час расплаты настал! Готовьтесь! Всё взлетит на воздух! Умрёте все!». Без подписи.

«Заведомо ложное сообщение об акте терроризма». Статья 207 часть 3 Уголовного кодекса Российской Федерации. От 6 до 8 лет лишения свободы. Служба безопасности супермаркета решила, что это дело рук Виталия, сына Татьяны Алексеевны, и на следующий день, когда он с нею возвращался домой, его арестовали прямо в подъезде их дома на глазах у матери.

Представил ужас, охвативший и его, и её в тот момент. Подъехав к Управлению милиции и оставив Татьяну Алексеевну в машине, захожу в здание. У лестницы целый взвод автоматчиков, будто ждут нападения террористов. Предъявляю им адвокатское удостоверение, ордер на защиту и прошу сообщить обо мне следователю, ведущему это дело. Сообщили. Но пришлось простоять еще не менее часа, пока следователь соизволил меня принять. Показывал, кто тут власть.

Виталий тоже сидел у него в кабинете. На лице – печать бессонной ночи. Измучен и испуган.

— Вы опоздали, господин адвокат, - с иезуитской улыбкой встречает меня следователь, - мальчик уже во всём сознался. Протокол допроса с его признанием подписан час назад!

— И вам доброе утро, товарищ следователь. Дайте мне побеседовать с подзащитным.

Следователь вышел. Всё оказалось как я и предполагал. После ареста сначала оперативники всю ночь «работали» с парнем, а утром следователь завершил начатое ими ночью. Признательные показания у Виталия просто выбили, когда уже не было сил терпеть.

— Скажи мне только одно. И только правду. Ты писал эти угрозы? - спросил я его.

— Конечно, нет. Да мне и смысла никакого не было. Я уже устроился на работу гораздо лучше, чем в IKEA.

— Ладно. Не переживай. Если это правда, мы выйдем отсюда вместе.

Даже беглого знакомства со следователем мне хватило, чтобы понять: с ним разговаривать не о чём. Поэтому, выйдя из кабинета, направился сразу в приёмную начальника милиции города. К счастью, он был свободен. Поздоровавшись, и предъявив ордер, объясняю ситуацию с моим подзащитным и прошу избрать ему мерой пресечения подписку о невыезде, освободив из под стражи.

— К сожалению, ничего не могу сделать, – отвечает полковник, – парень полностью признал свою вину.

Тогда я вынимаю и кладу на стол солиднейшую пухлую красную корочку советника начальника Главного управления внутренних дел по Центральному федеральному округу РФ, которым я уже около года являлся (с подачи того же Сергея Львовича Устинова) и которое не раз выручало меня в запланированных и незапланированных эпизодах общения с доблестной милицией. Жду пока полковник внимательно изучит содержание удостоверения.

— Выслушайте меня внимательно, товарищ полковник, – твердо и чуть с угрозой в голосе начинаю я, – у моего подзащитного спина и живот – синие от побоев! Всю ночь ваши заплечных дел мастера «трудились» над парнем, которому только недавно исполнилось 18 лет. Во-первых, я потребую медицинское освидетельствование, которое неизбежно покажет, что парень был избит, и что побои свежие. Во-вторых, никакой экспертизы, подтверждающей, что почерк Виталия совпадает с почерком на сообщении об акте терроризма у вас нет и быть не может. Парень мне не врёт. Он этого не делал. И в – третьих, если я сейчас же не выйду на улицу вместе с ним, уже через два часа подробный доклад о вопиющих беззакониях, творящихся во вверенном вам управлении, ляжет на стол начальника Главного управления МВД по Центральному Федеральному округу генерал-полковника Сергея Федоровича Щадрина, в штате советников которого я имею честь состоять. А через два дня в вашем кабинете будет комиссия, которая наряду с этим случаем досконально проверит всю текущую деятельность вашего управления. Вы что, на сто процентов уверены в безгрешной работе ваших сотрудников? Вы уверены, что комиссия ничего не найдёт? В любом случае, ВАМ ЭТО НУЖНО???

Полковник молчал. Потом попросил меня подождать в приёмной. Через пять минут к нему в кабинет зашел следователь. На долгие тридцать минут. Наконец, он вышел. Его лицо напоминало переспевший помидор, который вот-вот лопнет. Стрельнув в меня злобным взглядом маленьких черных глаз, жестом пригласил с собой. Всё остальное происходило в гробовой тишине. Следователь молча заполнял бланки документов в том числе и подписку о невыезде. Виталий подписал её и мы вместе вышли на залитый солнцем и такой сладкий после затхлых кабинетов милиции воздух свободы.

Заждавшаяся нас мама Виталия, выскочив из машины, со слезами на глазах бросилась обнимать сына. И мы радостные, с прекрасным настроением, отправились в Москву. Подъехав к моему дому, мы с Татьяной Алексеевной вышли из машины.

— Михаил Петрович, у меня нет слов. Я не очень богатый человек, но чем я вам обязана помимо гонорара, внесенного в вашу коллегию адвокатов? – начала она.

— Татьяна Алексеевна, больше ничего не нужно. Все нормально, и я искренне рад, что удалось так быстро вам помочь.

— Ну что ж. Еще раз спасибо! И попрошу учесть, я работаю ведущим врачом в Центре матери и ребенка на Севастопольском проспекте. Если кому из ваших близких понадобится рожать, то...

Удовольствие для обоих.

— ЧТО-О?, – аж подпрыгнув, перебил я её, мгновенно сообразив, что это один из ведущих акушерских центров Москвы, где рожали самые известные мамы страны, – миленькая, это не Мартов, это нас с вами БОГ друг другу послал! Моя жена беременна!

— Все ясно. Завтра жду её к 10 утра, - уже совсем другим, деловым тоном произнесла врач и написала мне на бумажке свои телефоны.

В дальнейшем Анжелика регулярно и счастливо наблюдалась у неё, а 20 ноября 2003 года утром на свет появилось наше маленькое чудо – наша любимая Вероничка!

Я впервые присутствовал при родах и первый взял на руки дочь от пеленавшей её медсестры. Я смотрел на этот маленький розовый комочек и горячая волна любви и нежности заливала всю мою душу. Я стал старше. Сентиментальней. Да и личное присутствие на этом главном в жизни таинстве дало себя знать. Наша семья пополнилась еще одним любимым человечком.

Примерно в это же время Анжелика оформила документы на себя и Карину для получение вида на жительство в Канаду. Тогда я ни на минуту не сомневался, что это правильное решение. Во-первых, мои старшие дочери Лариса и Анюта жили в Канаде. Во-вторых, стабильнее и спокойнее страны действительно не существовало. Канада постоянно занимала первые места в мире по удобству проживания. И в середине 2004 года мы получили положительный ответ.

Золотой ключик

Еще в 2003 году я познакомился и подружился с Русланом Шароевым, бизнесменом, занимающимся недвижимостью в том районе, где работал и я. Мы провели несколько серьёзных сделок. Непростых и длительных по времени. Но все они закончились благополучно. Я неоднократно бывал у него в поместье в сорока километрах от Москвы и с Анжеликой, и с Ларисочкой. Мы парились в отдельно стоящей бане Руслана и даже как-то отмечали его день рождения с традиционными кавказскими шашлыками, на котором присутствовали семья и самые близкие ему люди.

В 2004 году Руслан обратился ко мне за помощью решить сложный вопрос о выделении ему довольно обширного заброшенного участка, частично покрытого лесом, и получении разрешения на строительство на этом участке. Добившись разрешение властей района, я с энтузиазмом взялся за организацию документооборота, получение виз различных ведомств и изменение целевого землепользования по этому делу, тем более, что мы договорились о немалом гонораре. Рассчитывал закончить дело к августу.

В то же время последние полгода не прекращалась моя война с одним из одиознейших банков России – банком «Золото». Скупив за копейки часть паёв у крестьян-акционеров ЗАО «Огнево», банк от имени Валентины Борисовой, акционера «Огнево» долбил ЗАО исками о признании недействительными сделки с паями остальных акционеров, принадлежащих администрации района. В случае удачного для банка исхода дела, он оказывался безраздельным владельцем всех десяти тысяч гектаров земли.

Процесс получился длительным и сложным. Мы почти каждый месяц встречались в Арбитражном суде, и чаша весов склонялась то на одну, то на другую сторону. Против меня выступала довольно сильная группа юристов, с участием начальника службы безопасности банка, бывшего полковника Комитета Государственной безопасности (КГБ) по имени Александр. Они пытались подкупить меня, не получилось. Пытались через меня договориться с Главой района о разделе земли, не договорились.

И тогда... Однажды летним утром получаю звонок на мобильный телефон, и грубый незнакомый голос, не поздоровавшись, выдаёт:

— Михаил Петрович? Код замка входной двери твоего подъезда 2433? Твоя жена Анжелика отводит дочь Карину в детский садик «Солнышко» к 8-30 утра? Няня Татьяна Константиновна, гуляет во дворе с младшей дочкой Вероникой с 10 до 12 дня? Тебе понятно? Короче, если тебе дорога жизнь твоей семьи, ты «заболеешь»! И на следующий процесс в Арбитраже ты не придёшь, тебя не будет...– последовали короткие звонки, шантажист бросил трубку.

Первой мыслью было позвонить Устинову, имеющему хорошие связи в МВД еще со времени, когда писал детективы. Но, в связи с тем, что моя семья в то время в Москве не находилась (гостили у бабушки в Минске), и в ближайший месяц им ничего не угрожало, чуть поразмыслив, нахожу визитную карточку и набираю номер телефона президента банка «Золото», с которым неоднократно встречался, но никогда первым ему не звонил.

— Добрый день! – как можно более спокойным голосом поздоровался я. – Михаил Петрович беспокоит.

— А, Михаил Петрович, рад слышать, – прожурчал елейный голос президента банка (хоть на хлеб намазывай).

— Мне тут от ваших структур только что поступил звонок. Нужно срочно встретиться лично. Есть что обсудить. Надеюсь, как цивилизованные люди, мы найдём общий знаменатель. Буду ждать вас на Поклонной горе напротив мемориала в 14-00, - и выключил телефон.

Ровно в 14-00 я приехал на метро на Поклонную гору. Никого нет.

Прогуливался взад и вперед напротив мемориала, пытаясь успокоиться. Ветер гнал по небу густые тёмные тучи, как пастух гонит отару овец, спеша укрыться от надвигающегося ливня.

Прошло более получаса.

— Чёрт, зря звонил в банк... Кто - я, а кто - они. Вырубить меня - для них - раз плюнуть. Семью не найдут, так меня встретят вечером в подъезде. Шарахнут битой по голове или по хребту, и ойкнуть не успею. И, даже если живой останусь, то в деле участвовать не смогу. И ведь даже не докажу, кто меня искалечил. Менты спишут на обычную попытку разбоя. Может у Миши Унке спрятаться на время? Точно. Всё лучше, чем рисковать, возвращаясь домой, – беспощадной метелью кружились мысли.

Но тут как на параде нарисовались три черных джипа, затормозивших рядом со мной. «Прибыли на «стрелку» как в лихие 90-е, – пронеслось в голове, – ну что ж, пан или пропал!».

Собрав волю в кулак, я подошел к президентскому джипу, открыл заднюю дверцу и, приблизившись к лицу президента на расстояние ближе приличного, впился взглядом в его серенькие масляные глазки, а затем яростно одним духом выпалил, перейдя на «ты»:

— Слушай меня внимательно. С тобой тут десять отморозков. Вы можете легко вывезти меня в лес и там закопать. Но ты отлично знаешь, на кого я работаю. На губернатора Громова. Завтра на моё место придут трое, пятеро юристов, сколько он пошлёт. И ты своими идиотскими звонками и угрозами их всех не запугаешь! А может ГУБЕРНАТОРА ГРОХНУТЬ хочешь? Попробуй! – И с этими словами я захлопнул дверцу, повернулся и, еле сдерживаясь, чтоб не помчаться прочь, медленно пошел к остановке.

Реакцию президента на мой спич я случайно узнал через несколько лет от того же начальника службы безопасности банка Александра, только тогда уже работавшего на моего друга Яна Ровнера в качестве адвоката (зигзаг судьбы).

— После вашего «демарша» в машине, - рассказывал Александр, - все молчали, слишком неожиданно и стремительно это произошло. Ведь мы ждали, что вы, испугавшись, предложите уладить дело за деньги. «Этот Кербель что, совсем БЕЗБАШЕННЫЙ? Или просто ИДИОТ, - наконец, выдохнул президент банка, - от таких денег отказался. Оставьте его в покое. Купим судью. Так проще, дешевле и надёжней».

И у меня не было никаких оснований ему не верить, ведь доказательства этим словам, сказанным в будущем, я получил уже на следующий день после «стрелки» на Поклонной горе.

Дело в том, что следующее заседание Арбитражного суда должно было быть решающим и завершающим: или они выигрывают, или я.

За три дня до заседания ко мне подошла референт Татьяна, протежировавшая моё партнёрство в коллегии адвокатов, которая бывала в Арбитраже гораздо чаще меня и завела там кучу полезных знакомств.

— Михаил Петрович, у меня для вас две новости: плохая и очень плохая. С какой начинать?

— Начинай с плохой, - а сердце уже начинает отплясывать бразильскую самбу.

— В вашем процессе заменили судью. Судьёй будет Брунова.

— Так, - чуть успокаиваюсь, - а какая же новость очень плохая?

— Бруновой уже занесли, - понизив голос сообщает Татьяна, имея ввиду взятку переданную банком «Золото».

— Что? Это точно? - самба в моём сердце переходит в искромётный джайв.

— Точно. Я знаю через кого они это сделали, и все последние дни юристы банка не вылезают из кабинета судьи.

— Ясно. А что ты знаешь о судье Бруновой?

— А вы что, не слышали как Андрей Караулов опозорил её на всю страну в прямом эфире по федеральному телеканалу?

— Нет, расскажи.

— Она вынесла решение по подмосковному мясокомбинату, фактически узаконившее его рейдерский захват мощной корпорацией. Караулов в своей передаче «Момент истины» раскрыл всю мошенническую схему захвата, а потом прямо из студии позвонил ей домой и спросил, каким законом она руководствовалась, вынося такое чудовищное решение? Брунова сильно смешалась, стала заикаться и, наконец, промямлила, что без разрешения председателя Арбитражного суда давать комментарии она не вправе. Короче, опозорилась по полной программе.

— Спасибо, Таня! Твоя информация бесценна. Пока не знаю, что я буду со всем этим делать, но все равно тебе еще раз огромное спасибо!

Обычно для того, чтобы найти выход из трудного положения, мне нужно время. Мгновенно принятые верные решения случались, как в ранее описанных случаях на приёме у Председателя уголовной коллегии Верховного Суда Украины. Но не часто. Гораздо больше случаев, когда оптимальное решение я находил, хорошо обдумав все детали, взвесив возможные риски, и из нескольких вариантов выбирал лучший.

Так было и сейчас. Сначала задача казалась неразрешимой: если судья приняла взятку, она никогда от неё не откажется. Отчётливо понимал, несмотря на то, что я довольно сильно укрепил свою позицию, в случае принятия взятки, никакие мои доводы не сработают. Судья вынесет решение в пользу взяткодателя банка «Золото».

Сижу за рабочим столом. В который раз перебираю пухлые папки с документами по этому делу. Ничего нового. Все факты и аргументы выучены за эти длинные месяцы арбитражных сражений почти наизусть. И тут взгляд останавливается на первом документе моего досье, с которого и начиналось это дело – исковом заявлении банка, предъявленным от имени крестьянки Валентины Борисовой, акционера ЗАО «Огнево», проживающей в селе Ильино.

— Валентина Борисова... Валентина Борисова... Стоп... А кто же она такая эта Валентина Борисова и какая её связь с банком «Золото»? - Словно из глубины подсознания выплывает вопрос, – в чем её интерес разрушить родное хозяйство, на территории которого она жила и проживает? - В душе загорается огонёк надежды. - Времени у меня еще два дня. А почему бы и не попробовать? - Размышляю, вспоминая самостоятельные расследования, проведенные по уголовным делам в прошлом.

Открываю карту района. Нахожу деревню Ильино на территории Дукаревского сельского поселения с центром в Хлебовске. Ну, что ж, тогда завтра с раннего утра – в Хлебовск.

Руководитель муниципального образования сельского поселения встретила меня с истинно русским радушием. На столе тут же появился чай и свежие баранки, как будто она ждала приезда адвоката из Москвы. Быстро описываю ей ситуацию и спрашиваю:

— Знаете ли вы Валентину Борисову из деревни Ильино и что могли бы рассказать о ней?

— Ой, так у нас же её родной племянник работает. Владимир Козырев. Сейчас я его позову.

В кабинет вошел небольшого роста приятный мужчина лет тридцати пяти и с улыбкой протянул мне руку.

— Козырев. Владимир.

— Ну, а меня зовите Михаил Петрович, адвокат из Москвы. Прибыл по поручению губернатора Московской области Бориса Громова. Вы знаете, что от имени Валентины Борисовой банком «Золото» подан иск в Арбитражный суд Московской области с целью отобрать всю землю в пользу этого банка? Что ж это ваша тётя, Владимир, родное хозяйство в чужие руки банка-мошенника передать задумала? Со всеми десятью тысячами гектаров земли. Ведь тогда все триста человек её земляков останутся без куска хлеба. Поля застроят дачами, и сельским хозяйством заниматься там уже не придётся. И это ваша родная тётя, Владимир, а вы – представитель власти!

Мужик густо покраснел. Взгляд на меня, взгляд на свою начальницу. Опять на меня, опять на начальницу.

— А я-то думаю, на какие деньги её дочь, моя двоюродная сестра, в Москве себе «Ладу» купила, – подавлено проговорил он,- Теперь ясно. Сама тетя Валя уже год, как с постели не встаёт. С позвоночником у неё проблема. Ладно. Чем я могу помочь?

— Вот это другой разговор. Едем к ней и попытайтесь объяснить, сколько людей возненавидят её после того, как вся земля перейдёт банку, а колхоз станет банкротом. Попытайтесь достучаться до её совести: ведь практически это её руками банк захватывает всё её родное хозяйство. И к тому же, скажите ей, сам генерал Громов, губернатор области просит её исправить ситуацию.

Садимся месте с ним машину. Заехав в районный центр, берем с собой нотариуса со всеми печатями и штампами и едем в Ильино. Неказистая деревянная хатка, с облупившейся синей краской на стенах и покосившимся забором вокруг участка.

Объясняю моим спутникам:

— Мне нужны: Первое – заявление Борисовой в Арбитражный суд Московской области об отзыве искового заявления (даю им все реквизиты иска). Второе – отзыв доверенности, выданной ею представителям банка «Золото» на ведение от её имени дела в Арбитражном суде (отдаю копию доверенности).

Сначала в дом зашел Владимир. Медленно, как в кадрах замедленного действия, текли минуты. Десять, двадцать, двадцать пять.

— Да, видно, шансов у меня немного, – размышлял я, ожидая Козырева в машине вместе с нотариусом, – очевидно, банк попросту купил Валентину Борисову. И цена сделки – «Лада». Вряд ли она пойдёт на то, чтобы так резко испортить отношения с банком. И её можно понять: а вдруг потребуют «Ладу» обратно вернуть. Уговоры племянника тут не помогут. Скорее всего, не видать мне удачи, как своих ушей... – отчаяние сжимало все больше и больше.

Наконец, племянник Валентины вышел на крыльцо. Он широко улыбнулся, поднял большой палец вверх: «Всё в порядке», и пригласил нотариуса пройти в дом. А я замер от удивления, боясь поверить в то, что сейчас произойдёт.

А вскоре, доставив Владимира и нотариуса к местам их работы, помчался в Москву, в нотариальную контору, выдавшую доверенность Борисовой представителю банка и оформил Отзыв этой доверенности соответствующим образом. Вот теперь можно и в бой. Золотой ключик от заветной дверцы лежал у меня в кармане.

Завершение адвокатской практики

В то утро я приехал в Арбитражный суд заранее, пригласив с собой знакомого, который увлекался документальной съемкой и имел большую профессиональную видеокамеру. О том, чтобы он захватил её с собой, я попросил заранее. Скромно сидим на лавочке рядом с дверью зала судебного заседания. Ждём.

Сначала появляется бригада юристов банка вместе с Александром, начальником службы безопасности. Проходят мимо нас, даже головы не повернув и не ответив на приветствие. А вот и сама «ВАША ЧЕСТЬ» в образе судьи Бруновой. Как и юристы банка, не ответив на моё приветствие и подойдя к моим процессуальным противникам, она прямо расплывается в милейшей улыбке, здороваясь с каждым из них.

— Участник, не заявляющих самостоятельных требований еще не явился. Будем слушать дело или перенесем судебное заседание? – СПРАШИВАЕТ (???) судья у истцов по делу (???), такой же стороны в процессе как и я, и на которого она вообще не обращает внимания.

Вот тут-то последние сомнения в достоверности сведений Татьяны о том, что судья получила от банка деньги, улетучились, как легкий дымок под порывом ветра. Она даже не скрывала своих особых отношений с ними. И в то же мгновение душу обожгло страхом: ведь если юристы банка согласятся перенести заседание суда и им станет известно о моём вчерашнем визите в Ильино к Валентине Борисовой, они успеют всё раскрутить обратно. А это – конец.

Но, к счастью, они были настолько уверены в своей победе, что милостиво разрешили судье начать судебное заседание прямо сейчас. И вот мы в зале заседаний. Первым слово предоставляется истцам. И они, поднимаясь один за одним четко и уверенно излагают свои, как им казалось, «железобетонные» доводы, подтверждающие их исковые требования.

Выступление закончилось. Слово предоставляется мне.

— Ваша честь! - начинаю я, поднимаясь из-за стола,- Я не стану ни одним словом возражать уважаемым истцам, как я не стал перебивать никого из них, хоть мог бы сделать это еще до того, как они начали свои выступления. Ведь в сегодняшнем процессе ни один из них не имел права сказать ни одного слова.

Изумление и непонимание – на лице судьи. Непонимание и злоба – во взгляде моих противников.

— Прошу ознакомиться с Отзывом искового заявления по рассматриваемому делу и Отзывом доверенности, которая давала право представителям Валентины Борисовой находиться в этом зале. - вручаю я судье оба документа. Один за одним.

Если бы в этот миг взорвалась ядерная бомба, это не так бы поразило судью и моих процессуальных противников. В их глазах читалось: «Это неправда! Этого не может быть, потому что не должно было быть никогда!!!». Противясь своей воле, дрожащими руками судья берет документы, не сводя при этом затравленного взгляда с юристов банка. Затем начинает читать. Снова взгляд на моих противников.

— И что прикажете с этим будем делать? - с оттенком вселенского горя в голосе вопрошает судья(???).

— Отложить дело!
— Мы должны убедиться в подлинности этих документов!
— Это подделка! – орут юристы банка, перебивая друг друга.

Не давая судье ни секунды возможности подумать или согласиться с их требованиями и значительно повысив голос, почти кричу:

— Ваша честь! У вас нет ни малейшего основания откладывать дело. Истица ОТОЗВАЛА своё исковое заявление, что заверено государственным нотариусом в установленном порядке. ИСКА БОЛЬШЕ НЕ СУЩЕСТВУЕТ!!! Кроме того, истица ОТОЗВАЛА доверенность, выданную её представителям, которые после этого не имеют право ни на одно слово в этом процессе, и вы это прекрасно знаете. Отзыв доверенности оформлен и нотариальной конторой Москвы, выдавшей ранее эту доверенность. Две государственные нотариальные конторы из разных городов принимали в этом участие, поэтому ни о какой подделке речи быть не может.

— А то, что вы лично, даже ознакомившись с предоставленными мною и только вчера составленными по всей процессуальной форме и нотариально заверенными документами, продолжаете незаконный диалог со стороной, дважды лишённой этого права, отнюдь не свидетельствует о вашей беспристрастности при рассмотрении этого дела.

— Только имейте ввиду: проходя в зал судебных заседаний вы не могли не заметить в коридоре человека с видеокамерой. Это репортер НТВ, того самого канала, где ведет свою популярную программу «Момент истины» мой старинный друг Андрей Караулов. Так вот завтра в прямом эфире я расскажу о чудесах, которые творятся в Арбитражном суде Московской области, а снятый прямо сейчас в вашем коридоре видеоролик, запечатлевший ваш такой любезный досудебный диалог с юристами банка «Золото», послужит хорошей иллюстрацией с места событий. Расскажу, как государственный Арбитражный суд вопреки всем существующим законам поддерживает частные структуры абсолютно далёкие от сельского хозяйства и разрушающие сельское хозяйство России. И какой, вы думаете, будет реакция телезрителей – народа нашей страны?

При упоминании имени Андрея Караулова судья Фролова, уже поднявшая руку, чтобы остановить мой гневный спич, побагровела, опустила руку и слушала молча, впившись в меня ненавидящим взглядом. (С благодарностью вспомнил Татьяну и её информацию). А когда я закончил, враз осунувшееся лицо судьи свидетельствовало только об одном. Она смирилась с поражением. Своим поражением.

Обернувшись к юристам банка, судья покачала головой и развела руками.

— Прекращайте дело! – хмуро выдохнул их старший, оставив за собой последнее слово.

И вот мы стоим в ожидании лифта вместе с юристами банка. Подняв на меня совершенно спокойный взгляд, юрист, возглавлявший команду, без тени иронии вымолвил:

— Поздравляю, Михаил Петрович! Ювелирная работа. А тебе, – повернулся он к Александру, начальнику службы безопасности, самое время подумать о другом месте службы.

Я вышел на крыльцо Арбитражного суда. Прекрасный теплый летний день. Солнышко в безоблачно лазоревом небе разделяет со мной радость победы. И ... непередаваемая усталость. Опустошение.

И тут вдруг внутри меня будто голос с неба гулко произносит: «ХВАТИТ... УСПОКОЙСЯ... ЗАКАНЧИВАЙ ЭТУ РАБОТУ... ПОРА...».

Не могу объяснить, что это было. Возможно, ментальная и нервная усталость от всех проведенных процессов, копившаяся все три года, хлынула через край и опустошила душу. Или этот стресс после последнего, самого сложного дела, одномоментно смёл весь мой энтузиазм. Но прямо там же, на ступеньках Арбитражного суда я принял бесповоротное решение: «Это дело будет последним. Хватит работать и жить в таких условиях! Хватит отбиваться от грязных приёмов, поддельных документов и ложных свидетелей в судебных процессах! Хватит подкупленных судей, бандитских наездов и смертельных угроз! Хватит неоправданного риска для себя и семьи! Хватит сражений и бурь! Никакие деньги этого не стоят. Пора лететь в тихую Канаду.»

И если первая эмиграция с предыдущей семьёй была вызвана невиданным разгулом преступности и реальной возможностью реставрации коммунизма, то сейчас атмосфера в стране хоть и была другой, но менее нервной, напряжённой и даже опасной для профессии адвоката она не стала.

В разы выросла коррупция чиновников всех уровней от сельских муниципалитетов до министров правительства России.

Что говорить, если старшеклассники в школьных сочинениях на вопрос: «Кем ты хочешь быть?» - отвечали: «Чиновниками». Не лётчиками, путешественниками, геологами, журналистами - ЧИНОВНИКАМИ.

Не говоря уже о тех, кто должен был защищать закон и бороться с коррупцией - у прокуроров и полковников изымали из дома полученные взятки миллиардами рублей.

Если в 90-е годы бандиты подминали под себя банки и заводы, заставляя их платить за «крышу» только 10% своих доходов, то теперь по всей стране «гуляли» рейдеры: полубизнесмены-полубандиты, которые в связке с продажными судьями, выносящими решения по абсолютно поддельным документам, захватывали предприятия целиком. Выставляли вооружённую охрану и выбрасывали законных хозяев с их директорами на улицу.

Изменить систему, породившую всё это или даже бороться с ней, мне было не под силу. Понимал - бесполезно. Для этого требовалось волевое решение с самого верха и вся мощь государственной машины, преобразованной к тому времени соответствующим образом..

А главное, я не чувствовал, что в очередной раз удастся избежать реальной опасности своей профессии и защитить свою семью. Поэтому и ни на минуту не сомневался в том, что решение уехать было верным.

Перед самым отъездом позвонил Мартову, старшему партнеру коллегии:

— Евгений Григорьевич, вы где? Я через три дня отбываю в страну Кленового листа. Хочу заехать попрощаться.

— Михаил Петрович, я обедаю в ресторане «Пушкин», если недалеко приезжайте прямо сюда.

В ресторане я застал его обедающим вместе с одним из заместителей председателя правительства России. Я пожал обоим руки и присел за их столик.

— Вот, знакомьтесь, - представил сначала высокого чиновника Мартов, - а это, - жест в мою сторону, - мой партнер Михаил Петрович. Адвокат, за три года выигравший больше десяти процессов, в том числе и у таких монстров как «Мосэнерго» и банк «Золото», и при этом не заплативший в арбитраж ни одного рубля.

— Выигрывать в арбитраже без денег? - зам. председателя правительства взглянул на меня с нескрываемым интересом. - Ну,

Михаил Петрович, так вас, как диковинку, надо возить по всей стране, показывая, что законность у нас не только существует, но и способна побеждать!

«Здравствуй Торонто»

Мы запланировали вылет на 28 августа с тем, чтобы Карина 1 сентября уже пошла в школу в Канаде. А пока я усилено занимался оформлением документов по земельному участку Руслана Шароева. Уже и Акт выбора земельного участка, включающий несколько десятков документов и Регистрационное дело, не менее пухлая папка находились в областной регистрационной палате. Со дня на день я ждал одобрительного заключения. И вдруг Областная регистрационная палата возвращает нам материалы с предложением представить еще целый ряд документов. Для этого необходимо было время.

В конце концов, уже в сентябре я все-таки получил положительное заключение. Вручив Руслану заветное Свидетельство о праве собственности на землю и получив от него больше половины гонорара и обещание рассчитаться в течение года, со спокойной душой вместе с семьёй отправился в страну Кленового листа.

Симпатичный дом, который я купил в Торонто заранее, моим девочкам сразу понравился. До сих пор у меня в ушах стоит

радостный крик семилетней Карины, взлетающей по лестнице с первого этажа на второй и сбегающей обратно :
— Мама, мы попали в РАЙ!!!

Поскольку в школе Анжелика изучала французский, она сразу же пошла в колледж учить английский язык. Маленькой Вероничке взяли няню филиппинку, проживающую в цокольном этаже нашего дома. А Каринка хоть и не знала английского, пошла в обычную школу во второй класс, поскольку ей было уже 7 лет. Я каждый день отводил её на занятия и каждый день забирал со школы. В течение почти шести месяцев на мой вопрос:
— Ну как, ты что-нибудь сегодня поняла? - получал неизменный ответ:
— Ничего...

И как же я был поражен однажды, когда на этот же мой вопрос Карина ответила:
— Всё. Поняла всё.

Так приходит к детям иностранный язык и довольно быстро становится таким же как и родной русский.

Наша московская патриархальная семейная жизнь, когда Анжелика всецело занималась детьми и домом, а я каждый вечер приходил с работы, мы вместе ужинали и смотрели телевизор, изменилась. У жены как и у Карины много времени уходило на учебу. Вероничкой занималась няня, и если мы разговаривали с дочкой по-русски, то няня говорила с крохой на английском языке.

Я еще продолжал ездить в Россию, заканчивая оставшиеся мелкие дела и получая от Руслана остальные части гонорара. И каждый раз, встречаясь с ним, получал самый тёплый приём. На небосклоне наших отношений, как обычно, было безоблачно. Ничто не предвещало грозу. Так прошел год.

Ночное похищение

Однажды утром мой телефон в Торонто разразился частыми гудками. Звонок из России. Звонил Руслан:
— Привет, Петрович! - начал он своим, как обычно, немного хриплым голосом, - я тут надумал продать тот участок земли, который ты мне в прошлом году оформил. Покупатели захотели посмотреть историю сделки. Мы пошли в земельный комитет, а там никакой папки с Актом выбора земельного участка нет.

Искали везде, даже архив проверили – нету. Более того, когда мой юрист Мясников, который в Государственной Думе работает, пошел в Регистрационную палату, ему там тоже никакого Регистрационного дела не показали. Вот мне сейчас моя риэлтор Наталья вместе с Мясниковым и говорят:

— Руслан, «кинул» тебя Петрович. Вручил фальшивое Свидетельство о праве собственности, а документов-то, подтверждающих законность сделки никаких и нет.

— Что за бред?! – взорвался я, – Ты что не помнишь, как наше дело после проверки было возвращено Областной регистрационной палатой и пока я не донёс требуемые документы, положительного заключения не выдавали! Всё там проверено самым тщательным образом. Я еще из-за этого и в Канаду опоздал и ребенка в школу вовремя не отвёл. Какое там фальшивое свидетельство? Кого ты слушаешь?

— Ну, не знаю, Петрович. Давай приезжай. Будем разбираться.

— Приехать сейчас не могу. Я позвоню Сергею Львовичу Устинову, которого ты знаешь, попрошу его помочь.

— Смотри, тебе видней.

Настроение испортилось окончательно. С одной стороны, я понимал, что ни в чем не виноват, что честно и скрупулёзно отработал это дело. С другой стороны, отсутствие и Акта выбора и Регистрационного дела давали Руслану основания сомневаться. Да еще и риэлтор с юристом его подзуживают. Позвонил Сергею Львовичу, постоянно работающему и с Земельным комитетом, и с Регистрационной палатой, и попросил найти эти исчезнувшие вдруг документы.

Сергей Львович перезвонил через два дня:

— Добрый день, Михаил Петрович, или у вас еще утро?

— Здравствуйте, Сергей Львович! Утро еще,- ответил я.

— К сожалению, обрадовать вас нечем. В Земельном комитете перерыли всё вверх дном. Ваше дело с Актом выбора просто испарилось.

— А Регистрационное дело?

— Да зашел я с юристом Мясниковым в Регистрационную палату, а он, идиот, закатил там скандал. Они его и погнали. Так он еще меня и оскорблять начал. Чуть не подрались с ним. Извините.

Я понял, что дело плохо и остаётся только один выход.

— Ладно. Скажите, пожалуйста, Руслану, что я в субботу прилетаю.

Перед вылетом позвонил Анюте, которая жила в нашей московской квартире.

— Привет, доченька! Как дела? Все нормально?

— Привет, папуля! Да ничего не нормально. Тут по подъезду уже три дня ходит какой-то следователь, показывает удостоверение и спрашивает: «А где это Михаил Петрович со своей молодой женой?»

Следователь? Еще один сюрприз со знаком минус. В том, что за время своей работы никаких нарушений закона я не допускал, был уверен и потому спокоен. Тогда откуда ноги растут?

— Ладно, Анюта. Ты не волнуйся. Мне бояться нечего. Приеду разберусь. Я в субботу прилетаю.

Перед вылетом попросил Мишу Унке купить мне билет на поезд Москва-Минск, чтобы передать маме Анжелики деньги на покупку квартиры в Минске. Деньги находились у Миши.

Прилетел днем. Встретились с Аней в моей квартире, пообедали, и я собрался ехать к Мише, чтобы взять деньги и билет, а затем ехать на Белорусский вокзал на поезд. Мой канадский и заграничный российский паспорта оставил дома, взяв с собой только внутренний российский паспорт с московской пропиской. Выхожу со двора и перехожу на другую сторону дороги, чтобы поймать машину. Наконец, едет одна. Поднимаю руку. Проезжает мимо. И тут вижу, как желтая «Лада», стоявшая на противоположной стороне дороги, разворачивается и подъезжает ко мне. Молодой водитель открывает стекло и спрашивает: «Вас подвезти? Куда едем?».

Ничего не подозревая, сажусь в машину и называю адрес Миши. Доехали без приключений. По дороге поговорили о последних московских новостях.

— Слушай, – говорю водителю, – а ты можешь меня подождать? А потом отвезти на Белорусский? Я ненадолго.

— Нет проблем, – соглашается парень.

Захожу к Мише. Обнялись, посидели на кухне, попили чайку, обменялись семейными новостями. Затем я взял деньги на квартиру, положил в свою дорожную сумку, попрощался и вышел на улицу. Водитель был на месте, ждал. Стемнело. Машина двинулась, но почему-то миновала улицу, на которую надо было сворачивать к Белорусскому вокзалу.

— Почему ты не свернул? –спрашиваю водителя.

— Там была пробка,- отвечает он, хоть никакой пробки я не заметил. Это насторожило.

В эту же секунду нас обгоняет большой черный джип «Мерседес» и перед нами начинает петлять: вправо-влево, вправо-влево.

— Обгоняй его,- говорю водителю, – не видишь пьяный какой-то.

— Сейчас он остановится, тогда и обгоню, – не глядя на меня, бормочет водитель.

Джип действительно остановился. Остановилась и наша машина, водитель которой вдруг резко выскочил из-за руля и отбежал в сторону. И в тот момент, когда я, поражённый этим, провожал его взглядом, кто-то резко рванул на себя заднюю дверцу. Перед глазами возникло раскрытое служебное удостоверение майора государственной безопасности, а его обладатель, заполнив своей огромной тушей всё пространство открытой двери и дохнув перегаром, чуть ли не в ухо казенным голосом отчеканил:

— Кербель Михаил Петрович? Вы обвиняетесь в совершении ряда тяжких уголовных преступлений. Быстро из машины!

Первая мысль: «Ограбление?! Так, не спешить. Выйти. Пнуть его ногой в колено и бежать. Завезут в лес – конец»...

Расплавленный свинец скатился от горла к желудку. Я медленно выбрался из машины и тут же, не успев осуществить задуманное, увидел, приближающегося ко мне еще одного гиганта, в котором, благодаря ярко светящему уличному фонарю, я узнал Сашу Колодина, водителя и охранника Руслана.

«Фух...», немного отлегло от души. «Если предстоит разговор с Русланом, я готов.»

Мы сели в джип, причем, майор устроился рядом со мной . Джип тронулся.

— Саша, - каким-то не своим, чужим голосом, спросил я у Колодина, – может ТЫ мне объяснишь что это за триллер, что за ночное похищение? Мы же только недавно с Русланом разговаривали. В чем дело?

— Михаил Петрович,- перебил меня майор, – мы едем на встречу с очень уважаемым человеком. Если ваш разговор закончится нормально, то вы сможете наконец-то(?) вернуться в вашу Канаду и продолжать работу во всех своих двадцати двух фирмах(???).

«Оп-па! Первый прокол доблестного ФСБ! Серьёзный прокол! У меня никогда не было и нет никаких двадцати двух фирм! Ни в

России, ни в Канаде. И почему «наконец-то вернуться в Канаду», я ведь только что прилетел? Ну-ну, что же дальше-то будет?» – думал я, постепенно успокаиваясь.

— У меня билет на поезд в Минск. Отправление через час. Я должен к завтрашнему дню быть в Беларуси, – уже с раздражением бросил майору.

— Мы это знаем. Вагон 3, место 9. Не беспокойтесь. Если вы найдёте общий язык с уважаемым человеком, то мы найдём возможность доставить вас в Минск.

Мы мчались по шоссе в сторону области, и редкие, чернеющие в ночи деревья по обочинам дороги, будто суровые часовые, пролетали мимо. Машин в это время почти не было, и я заметил, что стрелка спидометра дрожала на отметке 150 километров в час. В моё плечо упиралось крутое плечо сидящего рядом майора, а исходящий от него «фимиам» продолжал струиться по салону джипа.

Я понимал, что меня везут в поместье Руслана, где я столько раз бывал и куда с удовольствием возил своих жену и дочь. Но только на этот раз настроение было совершенно иным.

Въехав в ворота поместья, машина направилась не к огромному двухэтажному дому с освещенными окнами, как я ожидал, а дальше по дорожке прямо к зданию большой деревянной бани, где мы с Русланом не раз парились вместе.

Кромешная тьма черным покрывалом плотно окутывала огромный двор. Не намного светлее оказалось и в просторном предбаннике с большим деревянным столом и такими же лавками, освещаемыми только нервным огнем пылающего камина, куда я вошёл с майором ФСБ.

У стола стоял Руслан. На чётко очерченном кавказском профиле его лица с орлиным носом, словно вырубленном из гранита, то и дело вспыхивали отблески огня, подчёркивая его мертвецкую бледность. Я сделал шаг вперёд, и в тот же момент, как игральная карта в руке фокусника, в руке Руслана оказался полуавтомат Beretta, а низкий хриплый голос произнёс:

— Ты что, Петрович? Кинуть меня вздумал? А я тебя разве не предупреждал, что те, кто пытались меня кинуть, уже давно в земле гниют?

Черные тени, пляшущие свой нескончаемый танец на деревянных стенах предбанника вместе с багровыми языками пламени камина, приобрели еще более зловещие очертания. Минуты на обдумывание не предполагалось – следующая секунда могла стать последней.

И, несмотря на то, что первый раз в моей жизни черное дуло смертоносного оружия застыло в тридцати сантиметрах от переносицы, даже искорки страха не вспыхнуло в моей душе.

— Руслан, от того что сейчас ты сделаешь моих детей сиротами, ты счастливее не станешь, - глядя ему прямо в глаза, сказал я, – убери пушку.

Я не чувствовал за собой никакой вины: я никого не обманул, я честно сделал свою работу.

Минута – дуэль взглядов. Раскалённый от ярости – взгляд Руслана. Твёрдый, уверенный в своей правоте, и оттого спокойный – мой.

Наконец, пламя во взгляде Руслана погасло, и он медленно, как будто через силу, положил пистолет на стол рядом с собой. (Спустя несколько дней, он признался: «Меня остановило... твоё спокойствие.»)

А вот то, с чем он вдруг набросился на меня, повергло в шок.

— Где твой заграничный паспорт?

— Оставил в квартире,- удивлённо отвечаю ему, заметив кривую ухмылку майора. И тут Руслан взорвался:

— Ты все это время врал мне! Ты продал мне фальшивое Свидетельство о собственности на землю! Ты не делал никакого Акта выбора и никакого Регистрационного дела! Их нет в природе! И ты дурил меня весь этот год! Ты говорил, что ты – в Канаде, а у самого НИКОГДА НЕ БЫЛО ЗАГРАНИЧНОГО ПАСПОРТА! Что, по России прятался?

— Руслан, что ты говоришь? Я только сегодня прилетел в Москву из Торонто. Как бы я смог это сделать, не имея заграничного и канадского паспортов? Давай позвоним Анжелике, – достаю мобильный телефон.

— Не надо никуда звонить, – переглядываясь с фээсбэшником, остановил мою руку Руслан. - Любой звонок можно подделать так, что никогда не узнаешь, где твой абонент. Правильно, майор? - Офицер кивнул.

— Хорошо, давай позвоним дочке Анюте, она подтвердит, что оба паспорта у неё.

— Это не доказательство. Ты мог договориться с ней об этом.

— Но я клянусь тебе здоровьем детей, что я сегодня прилетел из Торонто!

И это подействовало на кавказца.

— Майор, скажи, когда мы сможем узнать в аэропорту Шереметьево, прилетал сегодня этот пассажир из Торонто или нет? - обратился он к офицеру.

— В 8 утра мой человек будет в аэропорту, он все узнает и доложит.

— Ну, что ж, Петрович. Время у нас есть. Присаживайся за стол, а ты, - обращаясь к фээсбэшнику, - скажи там, чтоб нам принесли покушать. Посидим, покалякаем, подождём.

Через некоторое время Колодин внёс огромную миску плова и тарелку с овощами. А еще через минуту вбежал, нет ворвался, майор с таким видом, будто он нашел сокровища царя Соломона:

— Руслан, а пассажир-то наш уже «на лыжи стал», кивая в мою сторону, захлёбывался от радости офицер, - и не просто бежать собрался, а в полном обмундировании. Приготовился капитально! - и он затряс моей сумкой, где лежали деньги, приготовленные для тёщи.

Взгляд Руслана, направленный на меня, снова наполнился гневом.

— Я уже говорил твоему майору, что завтра должен быть в Минске и проводить сделку по квартире для Анжеликиной мамы, - спокойно парировал я слова майора, - это правда. Больше сказать нечего. Да и зачем бы мне надо было куда-то от тебя уезжать, если я мог спокойно оставаться в Канаде. А там тебе уж никак меня не достать. (Однажды Руслан уже пытался приехать в Торонто к нам в гости, но получил жесткий отказ в визе.)

Примерно около получаса я пытался объяснять ему, что единственной причиной моего приезда является желание разыскать документы и доказать, что его никто не обманывал. Взывал к его разуму. Напоминал о наших ранее действительно добрых отношениях. Всё было бесполезно. Руслан был словно зазомбирован.

— Петрович. Тут мне ребята, - кивок на майора,- такое на тебя досье собрали. Не знал, что ты - особо опасный международный преступник. Вся твоя подноготная у меня в папочке. Парни хорошо поработали. Я деньги просто так не плачу, - с ухмылкой заявил Руслан.

И опять, кроме внутренней усмешки и презрения эти слова у меня ничего не вызвали. «Международный преступник! 22 фирмы в Канаде! Полная чушь...», – я уже понимал, что Руслан с ног до головы напичкан ложной информацией, умело вложенной в него теми, кто в этом был заинтересован. А так, как личных врагов у меня не было, причиной всему могли являться только деньги. Так оно в дальнейшем и оказалось.

Прошло еще полчаса. И вдруг – озарение! Как же я раньше об этом не подумал. Ну точно – тугодум, иначе не назовешь. Лезу во внутренний карман пиджака и достаю свой внутренний паспорт. Поднимаюсь, нажимаю выключатель, и над столом загорается яркая лампа. Открываю последнюю страницу паспорта и подношу её к глазам Руслана.

— Читай! Очки не нужны?, – и вслух читаю вместе с ним: «Выдан заграничный паспорт, номер, серия, дата, МИД Российской федерации». Не паспортный стол МВД, в котором проверяли и не нашли моего паспорта фээсбэшники и в котором я действительно ничего не получал. А МИД Российской Федерации, так как я заказывал заграничные паспорта через фирму-посредника, работающую с Министерством иностранных дел.

Руслан повернулся к майору. Его убийственный взгляд свалил бы с ног и слона. Под эти взглядом майор съёжился до размера пряжки на своём ремне. Он пытался что-то сказать, но изо рта вырывались только нечленораздельные звуки.

Не давая им опомниться, подымаюсь из-за стола и уже не прошу, а приказываю:

— Руслан, хватит этих триллеров! Погнали ко мне на квартиру! Я передам тебе оба паспорта до тех пор, пока не отыщу пропавшие документы. - И не глядя на них, первым направляюсь к двери. Меня никто не останавливает.

Втроём мы сели в тот же джип, и Колодин помчал нас по пустому ночному шоссе обратно в Москву. Приехали к моему дому. Захожу в квартиру. Проснулась Анюта. На её лице – растерянность и испуг: «А ты разве не уехал?». Успокаиваю её, забираю паспорта и, попрощавшись, выхожу во двор. Сажусь в машину и вручаю оба документа Руслану. Он рассеянно перелистывает их, будто надеется, что они окажутся не моими. И вновь убийственный взгляд на майора:

— И что ты мне теперь скажешь, чекист недоделанный? Я за что заплатил вам деньги? А, майор? Что вы мне тут насочиняли??? Я чуть друга не грохнул.

Офицер разводит руками и виновато пытается оправдаться. Но Руслан взмахом руки заставляет его замолчать.

— А теперь, ребята, мухой в аэропорт, – требую я, – вы за свой счёт устраиваете меня в гостинице рядом с аэропортом и берёте билет на первый утренний рейс. Вернусь в Москву во вторник и займусь поиском пропавших документов. Вперёд!

Возражений не последовало. И хоть поспать удалось всего три часа, но стресс, пережитый этой ночью, улетучился с первыми лучами осеннего солнца, улыбавшегося мне сквозь стекло окошка гостиничного номера. Пора было вставать и спешить на самолёт.

Шолом, Израиль

В понедельник в Минске я уладил сделку с квартирой и вечером вернулся в Москву. Сразу же поехал в земельный комитет, где в прошлом году готовил Акт выбора. Руководителя земельного комитета хорошо знал, поэтому попал в её кабинет без задержек.

— Алевтина Ивановна! Сколько лет – сколько зим! Рад вас видеть!

— Здравствуйте, Михаил Петрович! Взаимно! Какими судьбами?

— Помните, я занимался делом Градовой (жена Руслана, на которую оформлен участок)? Готовил документы по Акту выбора земельного участка?

— Конечно помню. Тут его уже обыскались: и Руслана люди искали, и Устинова люди. Как в воду кануло. Первый раз в моей практике такой случай.

— Алевтина Ивановна, что можно сделать? Магарыч с меня.

— Дело не в магарыче. Нужно попробовать восстановить Акт выбора, по новой собрать документы по копиям, имеющимся в соответствующих ведомствах. Не расстраивайтесь. Я вам помогу.

Подпрыгнув от радости, сразу приступаю к работе, и в течение недели мы с ней восстановили почти половину от количества документов, составляющих Акт выбора, хотя оставшаяся часть, должна была занять гораздо больше времени.

Кроме того, затарившись шампанским и коробками элитных шоколадных конфет, навестил районную регистрационную палату, и оставив её сотрудницам всё это добро, вышел с полной копией Регистрационного дела по этому земельному участку, которую торжественно и вручил Руслану. Никуда она не пропадала. Просто его юрист не нашел общего языка с закормленными до предела чиновницами регистрационной палаты. Половина дела была сделана.

Все это время жизнь отравляли мои каждодневные баталии, которые пришлось вести в поместье Руслана с его юристом Мясниковым и риэлтором Натальей, чьи рты иначе как черными и не назовешь. С криками и визгами они продолжали доказывать, что все мои действия были незаконны, что только они знают, как сделать правильно, лишь бы только Руслан позволил им заняться этим снова.

И тут подошли ноябрьские праздники: пять дня отдыха. Все учреждения закрылись. Моя работа по восстановлению Акта выбора остановилась. Папку с документами восстанавливаемого Акта выбора оставил в кабинете руководителя Земельного комитета до начала рабочей недели.

«Сидеть в Москве, ничего не делая все эти дни, раздумывая и переживая? Получится ли у меня успеть всё завершить к приезду Анжелики, с которой мы договорились отдохнуть и погулять в Москве? Ведь она должна прилететь ко мне уже через неделю, – размышлял я, – А если не успею, что я ей скажу?» - представил как она расстроится, если узнает правду. Ведь я так ничего и не сообщил ей о том, что у меня произошло с Русланом.

И вдруг, как с неба, мысль: «А не махнуть-ка мне в Израиль?».

Ведь никогда в нём не был, несмотря на то, что там живут мои родственники, которых я давно не видел: два моих двоюродных брата и две двоюродные сестры, на одной из которых женат мой старый друг из нашей школьной семерки Толик Петровецкий?

Подумано – сделано. Беру у Руслана мои заграничный российский и канадский паспорта. После получения Регистрационного дела он уже по-другому смотрел на ситуацию и не возразил ни слова. Покупаю билет и звоню Толику Петровецкому, сообщив ему дату прилёта и номер рейса. И вот я уже в Израиле, в аэропорту Бен-Гурион. Длиннющая живая змейка очереди вьётся передо мной к окошкам пограничного контроля.

«Да, часа два я тут промаринуюсь», – думаю с тоской, оглядывая переполненный аэропорт.

И вдруг чувствую чьё-то прикосновение к моей руке:

— Кербель Михаил Петрович? - передо мной неысокого роста лет тридцати незнакомый мужчина в штатском.

— Да, а в чем дело? Проблемы? - с удивлением спрашиваю, лихорадочно соображая, кто, как и по какому поводу мог вычислить меня в такой толпе народу.

— Нет, что вы! Всё в порядке. Пойдёмте со мной. - И мы, минуя всю длинную ленту очереди, подходим к окошку пограничника.

Незнакомец берет мой паспорт и, кивнув офицеру, протягивает документ ему. Тот, быстро его проверив, ставит въездной штамп, и мы выходим в багажную зону, получаем багаж и отправляемся на улицу. Мужчина ведет меня за угол аэропорта, из-за которого с радостным криком выскакивает и прыгает мне на шею мой старый друг и муж сестры Элины Толик Петровецкий. Собственной персоной. Когда первые эмоции поутихли, спрашиваю моего проводника:

— Так вы - кто?

— Заместитель начальника службы безопасности аэропорта и близкий друг Анатолия, вашего друга.

Теперь все стало на свои места. Ну, что ж, приятные сюрпризы в жизни тоже бывают. А теперь вперёд, в путешествие по земле обетованной!

Путешествие получилось захватывающе интересным. Во-первых, это - земля моих предков, и она напомнила мне об этом. Когда мы ехали на машине к Мертвому морю, то остановились на минутку посреди бескрайней желтой пустыни.

Выйдя из машины, я вдруг был охвачен облаком и улетел в другой мир, в доисторическое время, где увидел себя, одетого как пастух, с посохом среди неисчислимой отары овец и огромным рыжим псом рядом. Это видение длилось мгновенье, но картина была настолько четкой и рельефной, что я даже сейчас помню ободранное ухо рыжего пса. В изумлении рассказал Толику и его зятю. Они не удивились.

— Я уже слышал что-то подобное от впервые приехавших сюда евреев. Может быть тот самый голос крови? Мы многое ещё не знаем о себе и своём подсознании. - резюмировал Толик.

Во-вторых, всю свою жизнь я любил и изучал историю. Особенно древнюю. И когда мои ноги касались истертых до блеска плит на площадях Иерусалима, чей возраст насчитывает около четырех тысяч лет, я испытывал восторг археолога, обнаружившего артефакты тысячелетней давности.

Не знаю почему, но меня вдруг почти физически потянуло к храму Гроба господня. Мы вошли втроём внутрь храма и должны были отстоять длинную очередь к маленькой часовне внутри его, где находился сам каменный гроб. Ждать пришлось более часа. И этот час в ожидании пролетел для меня как одна минута, настолько улетучилось ощущение времени. Настолько я погрузился в ауру намоленного места. Намоленного миллионами людей на протяжении многих веков.

И постепенно тягостное чувство, владевшее мной всё это время с момента получения звонка Руслана с сообщением о пропаже документов, притупилось. Но не исчезло.

Поэтому когда экскурсоводом было предложено написать просьбу к богу и оставить её в храме, я не сомневался. В моей записке криком последней надежды застыли слова: «Боже, помоги мне найти Акт выбора земельного участка Алены Градовой».

Точно такую же записку я положил и между камнями Стены плача, к которой мы пошли потом. Стоя у этой тысячелетней стены, я вновь улетел из времени, как и в храме Гроба господня, и вновь почувствовал силу ауры не менее намоленного места.

А потом с огромным удовольствием я окунулся в тепло таких редких встреч с своими двоюродными братьями и сёстрами: Яковом и Веней, Ритой и Элиной. Некоторых я не видел по 10-15 лет. Конечно, все наши разговоры были об общих родственниках, ну, и немного о себе. У меня никогда не было родных сестёр и братьев, и среди двоюродных я чувствовал себя, как среди родных. Ведь Рита и Яков воспитывались моим отцом, и, как я уже писал, они долго называли его «папой». От земли обетованной осталось хорошее и сильное впечатление.

Обыкновенное чудо

И вот я снова в Москве и в первый же рабочий день, ничего не подозревая, насвистывая одну из любимых песен, еду в Земельный комитет, заканчивать восстановление утерянного Акта выбора. Был приёмный день и все коридоры и кабинеты были забиты пришедшими после праздников посетителями.

— Странно. Почему же никого нет у кабинета руководителя Земельного комитета? – подумал я, взявшись за ручку двери.

Захожу в кабинет и тут же застываю, как вкопанный. За столом сидит Алевтина Ивановна с таким видом, будто только что похоронила всех своих близких родственников. И весь пол её кабинета забит горами картонных папок различных земельных дел.

— Алевтина Ивановна, что случилось? Вы собрались переезжать? – спрашиваю, не скрывая удивления.

— Михаил Петрович, меня уволили... – пауза, – собираюсь передавать дела.

— Мне искренне жаль. Прошу прощения, что беспокою в такой день, но могу я забрать свою папку с восстанавливаемым Актом выбора?

И тут её лицо принимает еще более жалкое выражение:

— Михаил Петрович, я знала, что вы сегодня придете. С утра хотела приготовить вашу папку, но она каким-то образом исчезла. - Алевтина Ивановна беспомощно развела руками.

— Что значит исчезла? У вас же кабинет не проходной двор. Кто ее мог взять, тем более, что сбор документов еще не окончен? – Чуть не кричу, дрожа от негодования.

— Ума не приложу. Можете поискать сами.

Бросив пальто на стул, начинаю методично проглядывать стопку за стопкой папки, наваленные на полу кабинета. Но, вспомнив, что моя папка отличалась ярко-зеленым цветом, очень быстро убедился, что в кабинете её нет.

Не помню, как вышел в коридор. Закрыв за собой дверь кабинета, я превратился в соляной столб, ноги словно приросли к земле.

«Боже, за что же мне это?! Ведь это конец, конец, конец! Восстановить Акт выбора ещё раз нет ни сил, ни возможности, а главное, времени! Тупик». Дикое отчаяние скрутило душу в тугой морской узел так сильно, что, видимо, сам бог услышал мой молчаливый крик и бросил спасительную мысль: «А почему бы самому не попробовать поискать оригинал этого призрака – Акта выбора???»

И в ту же секунду, как в голливудских кинофильмах, мои глаза встречаются с глазами идущего навстречу Сергея Петровича, инженера работающего в команде Устинова, постоянно «прописавшегося» в этом земельном комитете и знающего всех и вся. Мы с ним не раз пересекались раньше. Хороший мужик. Рыбак и выпить не дурак.

— Серёжа, миленький, ну тебя мне точно бог послал, – вскрикиваю я, крепко пожимая его руку, – Скажи, в каком кабинете находится журнал учёта входящей и исходящей корреспонденции?

Сергей Петрович показывает в дальний конец коридора на приоткрытую дверь одного из кабинетов, куда выстроилась огромная очередь посетителей.

— Скажи, ты сможешь каким-то путём попасть в этот кабинет? Нужно посмотреть в журнале, выходило ли и когда из земельного комитета дело по Акту выбора Градовой. Если найдёшь, с меня пять бутылок коньяка!

Заманчивость предложения была бесспорна, поэтому Сергей молча кивнул и исчез. Но уже через пару минут я увидел его через открытую дверь внутри нужного кабинета. Увидел, как он пересёк кабинет с большим журналом в руках. Сергей положил журнал на маленький столик и стал медленно листать его, водя пальцем по фамилиям клиентов, чьи дела истребовались из земельного комитета по тем или иным причинам. Вот он перевернул одну страницу, через время – вторую, третью, четвёртую, пятую.

Стоя в конце очереди я вместе с ней потихоньку продвигался вперёд.

И когда передо мной оставалось еще человек десять, а Сергей перевернул очередную страницу, я вдруг почувствовал, как какая-то сила швыряет меня вперёд, и я, расталкивая впереди стоящих и получая вдогонку проклятия и отборный мат, уронив кепку, врываюсь в кабинет и подбегаю к Сергею, который как раз собирается переворачивать страницу.

— Стой, подожди! - возвращаю я назад эту страницу, и начинаю сам проверять все фамилии сверху донизу.

И, (о чудо!) в самом низу страницы, ниже жирной черты, подводящей итог списку фамилий, маленьким буквами еле разборчивым почерком написано: «Гордова А.С. Исходящий номер .1121, дата. Входящий номер 1452, дата». Дело было истребовано областным Земельным комитетом примерно два месяца назад, а вернулось недавно, за день до начала праздников. Поднимаю на Сергея взгляд полный немого вопроса. Он виновато улыбается: «Извини, Петрович, проглядел».

Подхожу к чиновнице, работающей в кабинете и, показывая на строчку в журнале, с замиранием сердца вопрошаю:

— Скажите, пожалуйста, а где сейчас дело Градовой? - спросил и замер в ожидании ответа.

— А вон оно. На этажерке, - совершенно спокойно и буднично отвечает чиновница, показывая рукой на этажерку за моей спиной.

Еще не веря своему счастью, медленно поворачиваюсь и на ватных ногах подхожу к этажерке. На ней лежат всего две папки. На верхней из них яркими буквами, как мне тогда показалось, горели такие желанные для меня слова: «АКТ ВЫБОРА ЗЕМЕЛЬНОГО УЧАСТКА ГРАДОВОЙ А.С.».

Заветный оригинал. Который искали так много людей и не смогли найти. Из-за которого и разгорелся весь этот сыр-бор, выдернувший меня из-за океана и накрывший стрессом, как огромной морской волной.

Я был спасён. Мои муки закончились. Со мной был бог!

Об этом я и размышлял в ожидании, пока Сергей Петрович по моей просьбе снимал ксерокопии со всех листов Акта выбора.

«Это всё случилось не просто так: уж слишком много совпадений. Неожиданное решение полететь в Израиль; внезапно возникшее желание посетить именно храм Гроба господня и Стену плача, оставив в обоих местах записки с просьбой к господу; пропажа восстанавливаемого Акта выбора; спасительная идея поискать Акт выбора самому; появление Сергея Петровича именно в момент рождения этой идеи и, главное, КАКАЯ СИЛА толкнула меня в кабинет ИМЕННО В ТОТ МОМЕНТ, когда Сергей Петрович уже закрывал такую нужную мне спасительную страницу???».

Вспомнился случай в армии, когда я ночью стоял на посту, и такая же неведомая сила швырнула меня наземь в момент полета метательного ножа, целившего мне в грудь.

Нет, что бы мне не говорили, но без вмешательства высших и покровительствующих сил тут не обошлось! Это было чудо. Обыкновенное чудо. Или - необыкновенное?

С каким же удовольствием я через уже через час вручил Руслану копию Акта выбора и поздравил нас обоих с окончанием этой глупейшей и забравшей столько здоровья и нервов эпопеи. Эпопеи с грозным обвинением, ночным похищением, восстанавливанием Акта выбора, борьбой с юристом Мясниковым и риэлторшей Натальей.

Руслан долго молчал, пролистывая Акт выбора и убеждаясь в его подлинности.

— Извини, пожалуйста, Петрович!, - наконец произнес он, – Извини за всё. Только моя эпопея еще не закончилась. Люди, которые всё это затеяли, которые играли на моих чувствах и помутили мой разум, чуть не поссорив нас с тобой, они ответят по полной программе. Это я тебе обещаю.

А затем он показал мне фээсбэшную папку, собранную якобы на меня. Господи, большей белиберды мне встречать не приходилось. Там были какие-то фотографии, как например та, где я садился в желтую «Ладу», доставившую меня к похитителям. Там были нескончаемые списки каких-то номеров телефонов, к которым я не имел никакого отношения. Перечень двадцати двух канадских фирм принадлежавших людям с моей фамилией, но буквы имени которых не совпадали с моим. Ответ паспортного стола России о том, что заграничный паспорт мне не выдавался. Телефонные переговоры Мартова. И вывод службы государственной безопасности о том, что я являюсь международным преступником, скрывающимся неизвестно где в России! В общем, я даже не стал брать эту чушь с собой, и Руслан при мне сжег её в камине своей бани.

Он еще несколько раз звонил мне потом в Канаду и каждый раз извинялся, хоть я давно уже его простил.

Ну а мы с приехавшей через день после решения проблемы Анжеликой замечательно и от души отдохнули тогда в Москве целую неделю, побывав на прекрасных спектаклях в московских театрах, на концертах звёзд эстрады и в весёлых ночных клубах. (В Торонто так не погуляешь).

Глава 11.
Заключительная

Как стать девелопером-строителем

К 2006 году все мои дела в России закончились, и в Канаде я решил попробовать себя на новом поприще.

Вспомнилось, как еще во время первого этапа эмиграции в 1996 году Игорь Добрин предупреждал:

— Будь осторожен с вложением денег. Таких новичков, как ты, здесь многие ждут. К тебе будет очередь с предложениями партнёрства. Не спеши. Тысячу раз отмерь, прежде, чем отрезать.

Было над чем поломать голову.

Все предыдущие годы я пытался понять, в каком бизнесе ниже риски. Изучал статистику, встречался с бизнесменами, анализировал их опыт. И, в конце концов, решился.

Поскольку Торонто каждый год прибывает более ста тысяч эмигрантов, им всем нужно где-то жить. Поэтому строительство жилья не останавливается ни на миг.

«А почему бы не попробовать себя в этом? Недвижимость есть недвижимость. Не украдут и с собой не унесут...» – решил я, наконец.

Как и многие советские эмигранты, был уверен, что уж в Канаде и порядок идеальный, и обязательства выполняются неукоснительно, и бизнесмены законопослушные. Как же иначе – не зря ведь страна уже который год входит в пятёрку стран, самых удобных для проживания.

Действительность, с которой пришлось столкнуться, перевернула все представления о ней.

Для начала, собрав заработанные ранее деньги и взяв в банке кредит под свой дом, я купил в неплохом месте маленький столетний домик на широком участке земли. Решил снести его, разделить землю надвое и построить два современных новых дома. В прорабы пригласил опытного итальянского строителя Дэни Лупо. Того самого, который построил чудесный дом, где мы и проживали с семьёй.

— Дэни, - встретившись с небольшого роста рыжим итальянцем лет сорока пяти, начал я разговор, – судя по тому, как ты построил дом, в котором я живу, ты – опытный строитель, и видеть тебя просто прорабом я бы не хотел. А что если нам стать партнёрами 50 на 50, разделив и инвестиции, и прибыль?

Дэни задумался:

— Сначала я всё посчитаю. Сколько понадобится денег и сколько можно заработать. И уж потом решу, принимать твоё предложение или нет, – прямо ответил Дэни.

На следующей встрече он заявил:

— Хорошо. Я согласен войти в партнёрство, только за работу прораба я должен получать зарплату, - и тут он назвал такую сумму, что я сразу понял, Дэни не зря носит свою фамилию. (Лупо – по-итальянски – волк.)

— Ладно, - подумав, ответил я, хотя и сам не планировал оставаться в стороне от работы. Но...Дэни – профессионал. С этим надо считаться.

Прораб с энтузиазмом взялся за дело, и уже через несколько дней огромный таран, превратил в труху старый дом, в котором прошла жизнь не одного поколения канадцев.

Несколько месяцев у меня не было возможности контролировать партнёра, (заканчивал дела в России) а когда, вернувшись, посчитал расходы, глаза полезли на лоб: они намного превосходили планируемые.

— Дэни, ты что тут без меня наработал? Ты же сам лично до начала стройки составил смету! Расписал и расходы, и прибыль. И я, как идиот, доверился тебе. Партнёр называется... Ведь если так и дальше пойдёт, мы просто вылетим в трубу!

Дэни отвёл глаза.

— Ну... цены на материалы растут... Рабочие требуют зарплату выше, чем раньше...

— Ты хочешь сказать, что цены НА ВСЁ за это время выросли вдвое? У нас что – кризис?! А почему ты не предупреждал меня об этом? Да я бы и сам узнал о двойном скачке цен. Или этот скачок касается только твоих рабочих и тех материалов, которые закупаешь ТЫ???

Дэни молчал. Глаза в пол.

— А почему ты прекратил инвестиции в проект? Мы же договорились 50 на 50.

— Я уже вложил 20%. Больше не могу.

Пришлось впрягаться и пахать самому: закупать материалы, нанимать строителей, торгуясь за каждый доллар и контролируя их работу. И, как по мановению волшебной палочки, кривая расходов резко пошла вниз.

И вот рядом выросли два симпатичных домика, сочетавших и канадский, и европейский стили.

А после их продажи, прежде, чем делить прибыль, я по совету Игоря потребовал у Дэни все документы для аудита, послав официальное письмо. Ответа так и не дождался, но и за своей частью прибыли Дэни не пришёл. Очевидно она была меньше тех денег, которые он все-таки успел украсть.

Это был хороший урок. Поэтому, строя свои следующие дома, я закупал материалы, набирал работников и платил за все только сам. И, конечно, экономия получилась колоссальной.

Третий дом на улице HOLLYWOOD рядом с лучшей школой Торонто я построил для нашей семьи. Архитектор превзошел самого себя, и для отделки я использовал только высококачественные материалы. Мы прожили в этом доме 7 лет, и часто, особенно в первые годы, я замечал, как проезжающие мимо автомобили останавливались, а сидящие в них люди фотографировали наш дом. Он действительно был одним из самых красивых в округе.

Проект «ГОЛУБЫЕ ПАРУСА»

Строительство отдельных домиков шло полным ходом, и я накопил приличный опыт малого строительства. Возможно, если бы и продолжил заниматься этим, то не попал бы в ситуацию, из которой потом долго пришлось выкарабкиваться. Но... Произошло то, что произошло.

Однажды Лариса познакомила меня с доминиканцем Феликсом, жена и дети которого учились бальным танцам у неё в студии.

С первых встреч Феликс Велес, худощавый смуглый, с благородной бородкой на лице, очень похожий на Дон Кихота, интеллигентный и эрудированный вызвал симпатию, и мы быстро подружились. Феликс, как и я, любил и знал историю, и нам всегда было о чем поговорить.

Однажды Феликс повёз меня в соседний с Торонто городок, расположенный на берегу огромного, как море, голубого озера Симко и показал единственный, оставшийся незастроенным участок земли прямо на берегу озера в центре города, который продавался хорошим знакомым Феликса. На этом участке можно было построить два высотных жилых здания с кондо – апартаментами.

Этот огромный проект сначала показался мне фантастичным. Ведь для такого размаха стройки нужны были совсем другие деньги, которых и в помине не было.

Но вид на бескрайнее голубое озеро с белоснежными парусами яхт, пришвартованных в гавани как раз напротив этого участка, дышал романтикой и очаровывал с первого взгляда. Да и финансово проект выглядел безупречным. Ведь квартиры в тот год разлетались, как горячие пирожки, а цены на них стабильно росли.

Я загорелся:

— Феликс, но где мы возьмём столько денег? У нас обоих не хватит не только на стройку, но даже на покупку земли..

— А нам и не нужно ничего строить, – спокойно ответил Феликс. – Нам нужно примерно за два с половиной года пройти все этапы утверждения Генерального плана. А потом мы продадим проект крупным застройщикам по цене вдвое дороже цены земли.

— Но и землю купить у нас не хватит денег!

— А я договорился с продавцом о том, что он предоставит нам ссуду в размере 70% стоимости земли. А остальные 30%, надеюсь, мы с тобой уж как-нибудь наскребём, согласен? – улыбнулся Феликс.

Крыть было нечем и мы объявили конкурс архитекторов. В нем приняли участие две мастерские с мировым именем из Торонто и местный архитектор. Их предварительные наброски не сильно различались, а вот цену местный архитектор дал вдвое меньше остальных, поэтому я сразу рванул к нему.

Представительный шотландец Айан Малколм мне сразу понравился.

— Я слышал, Айан, что все дома на побережье – ваши проекты. А значит с мэрией вы знакомы не понаслышке. Так?

— Да, я дружу с мэром, мы много работали вместе.

— А вы могли бы устроить мне встречу с ним ? Прямо сейчас?

— Попробую, если он не занят.

Айан тут же позвонил мэру, и уже через час мы вместе входили в его приёмную.

Мэр совсем не походил на бюрократа. Скорее - на рыбака, охотника, ковбоя. Он поздоровался с архитектором, как со своим добрым знакомым, а затем с располагающей улыбкой пожал руку мне. Архитектор представил нас друг другу.

— Этот парень, - показал он на меня, - собирается купить пустующий участок на Бэйфилд стрит.

— Отлично, – радостно отреагировал мэр, – я уже много лет хожу мимо этого пустыря, и сердце кровью обливается. Ведь это лучший участок земли в городе. На нём такую красоту построить можно. Обещаю, я обеспечу этому проекту статус ПРИОРИТЕТНОГО!

Вот так. Очень прямо. Никаких намёков на взятки деньгами или будущими квартирами. Сразу чувствовалось, что мэр переживает за свой город, а не за свой карман.

— Простите, господин мэр, я знаю, что в вашем городе нет домов выше 15-ти этажей. Это верно?

— Верно. Такова градостроительная политика на протяжении последних тридцати лет. А что?

— Да, но время идёт вперед. Посмотрите на небоскрёбы, которые, как грибы, вырастают в Торонто – самом богатом городе страны. И наш проект имеет экономический смысл только тогда, когда мы построим два дома по 25 этажей каждый, в общей сложности на шестьсот апартаментов. Я бы очень просил вас убедить городской совет позволить нам это строительство. Ведь чем больше семей поселятся в будущих домах, тем больше налогов они будут платить и тем больше тратить денег на различные сервисы в вашем городе.

Мэр задумался.

— Наверняка не обещаю, но постараюсь сделать всё возможное. Ваши доводы меня убедили.

— И еще одна просьба. В процессе работы над проектом нам нужно будет получать утверждение мэрией сотен документов. Я знаю, что прохождение их через департаменты может занять и месяц, и два. Учитывая, что проект будет приоритетным, возможно ли, чтобы мои документы получали ответ максимум через две недели.

— Хм... И как это устроить?

— Я или мои сотрудники будут информировать вас о дне каждого документа, поступившего в мэрию. А уж вы любезно попросите соответствующий департамент не задерживаться с ответом. Возможно?

— Ну, это не трудно. Начинайте работу.

Обговорив детали проекта, мы тепло распрощались, и мэр вручил мне свою визитку с телефонами и электронной почтой, предложив обращаться к нему по неотложным вопросам без стеснения в любое время, в том числе и в выходные дни. И слово своё сдержал.

Более того, уже в течение следующего месяца он убедил городской совет дать согласие на проект строительства двух двадцатипятиэтажных домов из прозрачного голубого стекла.

Мы с Феликсом заключили сделку и купили участок, заплатив 30%-ный аванс и получив на остальные 70% ссуду от продавца.

Название проекта – «Голубые паруса» – навеянное романтикой одного из Великих озер Канады и набросками архитектора, одобрили все.

Мажорное начало – минорный финал

В омут строительства «Голубых парусов» я бросился так же решительно, как и (почти 20 лет назад) в создание кооператива «Пласт». Первое и главное – ЛЮДИ.

Не считаясь с тем, что приходилось согласиться с их требованием повышенных зарплат, кроме архитектора Айана Малколма нанял лучших в округе инженера, плэнера и ландшафного дизайнера.

Каждый день в 7 утра я садился в машину и мчался по шоссе 100 километров до места стройки, чтобы в 8 утра начать планёрку с моей командой. И на этих планерках я не только спрашивал отчет о том, что сделано за каждый прошедший день, но всемерно нажимал и подгонял моих сотрудников, заряжая их на ускоренный темп работ.

Сначала их удивлял такой необычный подход и ежедневный прессинг, но спустя пару месяцев все привыкли и даже удивлялись, если в какой-то из дней я не приезжал, и планёрки не было.

К концу августа 2008 года, истратив вместо двух с половиной лет (тридцати месяцев) всего четырнадцать месяцев, мы получили SITE PLAN APPROVAL – УТВЕРЖДЕНИЕ ГЕНЕРАЛЬНОГО ПЛАНА И РАЗРЕШЕНИЕ НА ПРЕДВАРИТЕЛЬНУЮ ПРОДАЖУ КВАРТИР!

Теперь проект можно было выставлять на продажу.

Мы с Феликсом даже не успели подумать об этом, как раздался звонок, и крупная компания по работе с пенсионерами вместе с известной строительной компанией «Base», пригласили нас на совещание.

Мы встретились с ними в шикарном офисе в центре города, расположенном на 22-м этаже высотки из розового стекла. Высокий полный розовощекий, с копной седых волос, в майке и джинсах президент «Base» резко контрастировал с маленьким худощавым индийцем в официальном костюме, белой рубашке и с галстуком – директором компании по работе с пенсионерами.

— Мы хотели бы купить у вас вот эту часть вашего участка, – начал разговор индиец, показав на карте обведенный красным фломастером кусок земли, – и построить на нём элитный дом для пожилых людей.

— Это, примерно, треть вашего участка, – добавил президент "Base", – за сколько вы могли бы ее продать?

— Судя по тому, что вы раздобыли карту нашего участка и довольно скрупулёзно поработали над ней, готовясь к нашей встрече, думаю, вы успели выяснить, за какую цену мы ее покупали полтора года назад и какую работу проделали за это время – ответил я, даже не представляя, сколько просить за треть своего участка.

— Верно, поэтому мы и пригласили вас на этот разговор.

— Ну тогда, очевидно, какие-то цифры у вас намечены, и мы хотели бы услышать их.

Президент строительной компании улыбнулся:

— Не будем играть в прятки. Учитывая, что мы просим удалённую от воды, заднюю часть участка мы предлагаем вам... – и тут он назвал цифру, равную цене, за которую мы купили ВСЮ землю!

Я был в шоке.

— Ну почему... - не скрывая удивления, только и сумел выдавить я

— Дело в том, что это место нам подходит идеально: тихий городок, рядом гладь голубого озера, парки для прогулок, а также огромный госпиталь в пяти минутах ходьбы до вашего участка. Как видите, мы играем в открытую. Что скажете?

— Я тоже скажу вам честно – предложение для нас неожиданное. Хотя, я думаю, мы найдём общий язык, - осторожно ответил я. - Но, надеюсь, вы понимаете, что разделение участка - это довольно длительный и затратный процесс. Кто будет заниматься этим и нести расходы?

— Давайте так. Все документы по земле и все связи в мэрии – у вас. Вы занимаетесь разделом участка, а мы оплатим расходы. Идёт?

Мы встречались еще не один раз. Переговоры проходили успешно, и уже 11 сентября я с президентом компании «Base», договорившись о всех деталях сделки, передали документы юристам, для её оформления.

Мы с Феликсом были на седьмом небе от счастья и по приглашению Феликса решили отметить удачу, рванув к нему в гости в Америку, в живописный штат Монтана, где дикие олени, нисколько не боясь людей, запросто заходят во дворы городских домов попастись свежей травкой. Феликс недавно купил дом в Монтане и переехал в него жить.

Эта картина так и стоит у меня перед глазами. Последний день пребывания в Монтане. Бирюзовое озеро в окружении величественных гор, укрытых белоснежными остроконечными шапками. Мы на катере медленно троллим, то и дело вытаскивая со дна озера огромных серебряных озерных форелей. И... вдруг резкий и требовательный звонок мобильного телефона:

— Майкл, мировой финансовый кризис. Банки изменили условия финансирования. Сделка в том виде, в котором мы договаривались, нас не устраивает, - как обухом по голове, огорошил президент «Base», тот с которым они несколько дней назад пожали руку, символизируя заключение сделки.

От неожиданности горло сдавило так, что сперва я не мог произнести и слова.

— А в каком виде - устраивает?, - придя в себя, выдавил обреченно.

— В общем, мы можем закончить сделку, но снизив цену наполовину. Даю тебе три дня на обдумывание. Бай-Бай. - Трубка умолкла.

Сказать, что я был убит, ничего не сказать. Какого рожна мы бросились отмечать еще не состоявшуюся сделку? Почему не дождались её закрытия в Торонто? Забыли об украинской народной мудрости: «Не кажи «Гоп!», поки не перескочиш!»???

Пересказал услышанное партнеру. Наскоро свернув такую удачную рыбалку, вернулись в дом Феликса.

— Слушай, я за то, чтобы принять новое предложение «Гиффелтс», - начал я, - продав одну треть земли, мы получим те деньги, которые, отдадим продавцу-кредитору и избавимся от необходимости каждый месяц платить огромную сумму процентов. А оставшуюся лучшую часть земли продадим с хорошей прибылью. Соглашаемся!

Что тут началось! Феликс, с пеной у рта бросился доказывать, как я не прав:

— Ты что не понимаешь, что это только приём, чтоб опустить нас, наполовину снизив цену, о которой уже договорились. Никакого кризиса нет и быть не может! Они нигде не найдут такого классного участка, как наш. Дешёвый приём! Ты собирался через два дня лететь в Россию? Ну вот и лети. Вернёшься через две недели – они к нам на коленях приползут с извинениями.

Не хочу писать о дальнейших дебатах. Ещё чуть-чуть и мы бы подрались. Но всё это – лирика. А реальность была в том, что имея 65% акций нашей общей компании, я мог спокойно, без всяких душераздирающих споров, завершить сделку сам. Но... характера не хватило. Непозволительная слабость. Виню только СЕБЯ!

Я улетел в Россию, а когда вернулся, узнал: выяснив, что кризис действительно пришел, Феликс через неделю сам «на коленях приполз» на прием к президенту «Гиффелтс» с согласием на его условия, но было уже поздно.

— Я дал Майклу три дня. Он не отозвался. Мы купили другой участок. Бай-Бай!

И как же дорого обошлась мне эта слабость! Потому что через непродолжительное время Феликс отказался вносить свою долю платежей по налогам на недвижимость и процентам по ссуде и вышел из партнёрства.

Я выставил землю на продажу через риэлтора и долгих три года не мог её продать, неся расходы сам. А когда все возможности платить истощились, вынужден был уступить участок с большим убытком. Ну что ж, лучше что-то, чем ничего.

Упасть легко. А вот подняться...

Итак, подхваченные ураганом кризиса 2008-го года «Голубые паруса» растаяли в предрассветном тумане, оставив ощутимые потери и разочарование в душе.

Не желая смириться с поражением, я время от времени возвращался к этому проекту. Искал и искал хоть какую-то зацепку, чтобы вернуть утраченное.

В который раз пересматривая груды документов, полученных за эти годы от различных компаний, с которыми работал для получения утверждения Генерального плана, я обратил внимание на папку с документами компании «Террапроб».

Компании, которую пригласил для глубинного исследования почвы на предмет её загрязненности. После проведения необходимых работ инженерное заключение гласило: земля загрязнена, поэтому весь верхний слой нужно вывозить на специальные свалки. А это – миллионы долларов.

К тому времени участок уже был выставлен на продажу, и я понимал, что эта проблема встанет неподнимаемым шлагбаумом перед любым покупателем – ни один из них не согласится заплатить нормальную цену, зная о будущих расходах на очистку земли.

Я тут же собрал совещание своей команды вместе с директором «Террапроб».

— Скажите, есть ли хоть какой-то выход из этой ситуации?

— Есть! – уверенно заявил директор, – Заключите с нами контракт на проведение Оценки риска. Но стоить это будет в два раза дороже, чем предыдущая наша работа.

— И что это за Оценка риска?

— Мы проведём более двухсот бурений, возьмем образцы почвы, проанализируем их и представим детальную картину, в каких конкретных местах располагаются пятна загрязнения. Тогда вам нужно будет вывезти грязную землю только их этих нескольких пятен, а расходы на очистку уменьшатся в 10-15 раз.

— Отлично! Готовьте контракт, – обрадовался я.

Договорились о цене и о сроках. По контракту компания обещала выполнить все работы в течение 1-го года и представить заключение – Оценку риска. Но... Этот документ становился действительным только после утверждения его Министерством природохраны Канады. Без него он – пустая бумажка.

Работа началась. Потекло время, а с ним один за другим поплыли счета на оплату работ «Террапроб». Я сначала платил по контракту, а потом уже и за его пределами. Год за годом.

Но подрядчик ни за год, ни за два, ни за три так и не выполнил контракт, потому что из-за его недоработок Министерство так не утвердило финальный отчет.

Выхода не было. Как и возможности нести дальнейшие расходы: налоги и проценты по ссуде. Пришлось продать землю без Оценки риска. С большим убытком.

Но это еще не все: платеж по налогам и процентам по ссуде за все прошедшие пять лет, а также расходы на архитектуру и зарплату членов команды за это время составили огромную сумму.

«Чёрт побери, да это же типичное гражданское дело – невыполнение контракта, оплаченного полностью. Надо во что бы то ни стало попробовать вернуть свои деньги через суд. Взыскать и сумму контракта, и сумму убытков» – решил я, закончив просмотр документов.

И начал поиски юриста, который бы взялся меня защищать, что неожиданно оказалось не так просто. Двое из тех, к кому я обращался по рекомендации знакомых, отказались, потому что не видели, по их словам, «судебной перспективы». Связываться с инженерной компанией, которая всегда найдёт технические объяснения или переведёт стрелки на клиента – никто не хотел.

И только третий, молодой юрист по имени Росс, после изучения материалов неуверенно произнёс:

— Что ж, я могу попробовать взяться за это дело. Думаю, процентов семьдесят на успех у нас есть.

— Почему семьдесят? Почему не все 100%? Ведь доказательства невыполнения контракта налицо. И ещё: могли бы мы договориться о работе без почасовой оплаты? Зато в случае успеха я предлагаю вам 50% от выигранной суммы?

— Нет. Я так не работаю, – сразу возразил Росс, что недвусмысленно выдавало его сомнения в положительном исходе дела.

Впервые столкнувшись с гражданским процессом в Канаде, я даже представить себе не мог, насколько он растянут. Постоянно, каждые несколько месяцев, шли какие-то промежуточные незначительные юридические баталии, в которых участвовали только юристы. Сначала они складывались в нашу пользу, а потом развернулись в обратную сторону.

После нескольких дней перекрёстных допросов, юристы «Террапроб» нанесли неожиданный удар, подав встречный иск с требованием ко мне уплатить триста пятьдесят тысяч долларов на расчетный счет суда в качестве гарантии того, что «в случае моего проигрыша по основному делу и возможной неплатежеспособности к тому времени», все их юридические расходы по процессу будут оплачены.

— Это обыкновенная подножка, – «успокоил» Росс, – ведь они выяснили ваше финансовое положение и понимают, что такую сумму вы уплатить не сможете. В этом случае дело будет закрыто. И вы ничего не получите.

Я был в шоке. Мало того, что счета на оплату работы Росса выныривали из электронной почты с регулярностью календарных дней, так юрист счёл нужным «обрадовать» еще больше:

— Мне жаль вам это говорить, но обнадёживать вас не хочу. Обычно суды подобные иски удовлетворяют, чтоб не возиться потом с теми, кто не в состоянии оплатить судебные расходы.

— Так у нас что, вообще нет шансов?

Росс молчал, и по его огорчённому виду я понял – юрист уже смирился с поражением.

Анжелика, услыхав о таком повороте дела, стала убеждать прекратить процесс, и так высосавший уже кучу денег и нервов:

— Хватит. Ты - российский адвокат и ты не знаешь законов этой страны. Ничего мы не добьёмся. Сворачивай это дело, пока окончательно не разорились, – настаивала она.

— Сдаться после трёх лет упорной борьбы? Добавить к своим потерям еще и потери по оплате суда и адвоката? Но ведь правда-то на нашей стороне! Неужели не найду контрприём на их «подножку»?» - разозлился я, пересматривая листы дела, оставленного Россом, – а что если так?

Я взял ручку и написал всего два пункта возражений на иск противников:

1) На каком основании фирма «Террапроб» ЗАРАНЕЕ делает вывод, о том, что мы ПРОИГРАЕМ процесс, т.е. фактически ЗАРАНЕЕ предсказывает решение по основному делу? Ведь право вынесение решения является исключительной прерогативой

судьи. «Террапроб» самовольно наделяет себя функциями СУДЬИ ???».

2) «Террапроб» не представил и не в состоянии представить доказательства нашей неплатежеспособности в неопределённом будущем. Наша кредитная история в Канаде – безупречна.»

Встретившись с Россом, я жёстко потребовал включить эти два пункта в Возражения на исковое заявление противников, приложив официальную кредитную историю и свою, и Анжелики. Пожав плечами (сделаю, раз клиент настаивает), тот согласился.

А через две недели, я слушал, как вернувшийся с судебного заседания, Росс с энтузиазмом кричал в трубку:

— МЫ ВЫИГРАЛИ! Майкл! Поздравляю!!!

Навестив его в офисе, я прочёл решение судьи. Необычайно короткое. В нём были всего ДВА пункта! Догадываетесь какие?

И вот, наконец, мы впервые лично встретились с «Террапроб» и её страховой компанией в судебном заседании. У нас было что сказать. И в своём выступлении мы с Анжеликой выплеснули столько убийственных фактов головотяпства инженеров, накопившихся за три года их работы, что судья даже не стал до конца выслушивать возражения противников.

Трёхлетние сражения на судебном поле закончились. Их результат вполне устроил: нам возвращались все деньги, уплаченные ранее по контракту. Плюс более половины понесенных убытков.

Первое гражданское дело в Канаде закончилось победой.

Это был хороший результат, и семья снова смогла встать на ноги.

Жизнь продолжается

Постепенно оправившись от ударов кризиса, мы смогли заняться повседневными семейными делами. Анжелика сдала экзамены на риэлтора и начала работать. Карина отлично училась в последних классах школы, а Вероничка – в начальных классах. Она умела говорить, читать и писать по-русски, но предпочитала английский.

Шли дни... Поскольку Анжелика всё больше и больше втягивалась в бизнес, разделяя с со мной эти заботы, у меня появилась возможность гораздо больше времени уделять друзьям и семье.

Друзья... Почти каждый год, бывая в Минске, я проводил много времени в обществе старого друга – Вити Московца. Последнее время тот чувствовал себя неважно – диабет и два инфаркта сломали когда-то богатырское здоровье первого спортсмена их родного городка.

Но в то же время, почти каждую неделю общаясь с Витей по телефону и при личных встречах, я знал, что тот много и плодотворно писал. Его коньком стали стихи для детей, с которыми Витя выиграл немало популярных конкурсов, соперничая с самыми известными поэтами страны.

Однажды Витя позвонил мне, когда я гостил в Москве у Миши Гордона, и после обычного разговора о текущих делах попросил:

— Миша, хочу поделиться своим успехом. Недавно участвовал в международном конкурсе «Золотое перо Руси». Соревновались тысячи поэтов из десятков стран мира. Первая премия – у Андрея Дементьева. У меня – вторая. «Серебряное перо Руси»! Завтра в Москве в Доме писателя вручение наград, а я болею, приехать не смогу. Будь добр, получи этот диплом за меня. Доверенность уже у тебя на электронной почте.

И на следующий день я в присутствии литературного бомонда столицы принимал великолепно изготовленный Диплом «Серебряное перо Руси» и набор интереснейших книг в придачу. Среди грома аплодисментов, пылая гордостью за своего талантливого друга, я представлял радость Вити, если бы тот стоял на моём месте.

Витя... И тут перед глазами всплыла картина семилетней давности, когда я, только что пережив ночное похищение и разлюбезнейшую встречу с Русланом Шароевым, прилетел в Минск.

Едва расположившись в двухкомнатной квартирке Анжеликиной мамы, я по-привычке сразу набрал номер телефона Вити. Трубку сняла его жена Зина. Услышав мой голос она разразилась слезами.

— Господи, Зиночка, что случилось?
— *Витя умирает... Третий, обширнейший инфаркт. Он в реанимации. Положение безнадёжное. Спасти может только срочное шунтирование,* - сквозь непрекращающиеся рыдания сообщила Зина.

— *Но если можно спасти, то в чём дело?*
— *Очередь на шунтирование расписана на годы вперёд...* - рыдания продолжались.

— *А если заплатить за операцию?*

— *Тогда он будет на столе уже через полчаса.*
— *Сколько нужно денег?*
— *Пять тысяч долларов! Для нас, да и для любого в Белоруссии, эта сумма – из области фантастики. Таких денег и близко нет.*
— *Мигом звони в больницу, чтобы Витю готовили к операции. Кажется у твоего зятя машина? Пусть пулей летит ко мне. Я передам ему деньги.*

В тот же день Витя был успешно прооперирован и прожил после этого еще четырнадцать лет.

Последняя встреча с Витей Московцом...

Витя издал более десятка книжек своих изумительных детских стихов, разлетевшихся по стране, и, конечно, подарил другу все авторские экземпляры.

Но Витя был далеко, а душевная поддержка нужна была здесь и сейчас, ведь несмотря на годы, прожитые в Канаде, она так и не стала мне по-настоящему родной.

К счастью, в Торонто жил Коля Тугарин, и мы стали еще ближе и необходимее друг другу. Встречались не реже, чем в Союзе – в любое время и без обязательных звонков, предупреждающих о своём приходе. Мы по-прежнему помогали друг другу в самых сложных ситуациях, а также отмечали праздники, дни рождения, отдыхая вместе. Часто ездили на рыбалку на бескрайние озёра на север от Торонто – живописнейшую водную гладь в обрамлении коричнево-багровых гранитных берегов и девственных лесов. Там в индейской гавани у нас стоит чудесный катамаран, на котором можно путешествовать и ловить рыбку с комфортом.

Миша Унке, Витя Московец, Толик Петровецкий и Коля Тугарин – парни, чистую юношескую дружбу с которыми мы пронесли через всю свою жизнь.

И моя песня «Сердца моих друзей» посвящена им:

*Итожу жизнь
обычно в День рожденья:
Всё жестче кружит
будней карусель...
Но получу,
уверен, в этот день я
Свой главный приз –
сердца моих друзей.*

*Мои друзья –
вас много, и... немного,
С кем столько лет
по жизни нас несёт.
Мои друзья,
пусть вам – светла дорога!
Мои друзья,
спасибо вам за всё!*

*Уметь дружить –
забытое искусство.
Уметь дружить -
не каждому дано.
И чтоб в душе
сберечь мне это чувство,
Друзьям я душу
заложил давно.*

*Дождь за окном
в Канаде иль Росии...
Всё жестче кружит
будней карусель.
До той поры
смогу остаться сильным,
Пока со мной
Сердца моих друзей!*

Тысячу раз был прав Шота Руставели, который еще в 12-м веке написал: «Кто себе не ищет друга, самому себе он враг!»

Слева направо мои друзья: Миша Унке, Валера Биндас, муж Аллы Николаевны, Владимир Соловьев, Коля Симоненко, Алла Николаевна, Анжелика, Саша Захаров, Зина, Витя Московец, Коля Тугарин, Игорь Сироткин.

Но всё-таки главной опорой в канадской жизни была и остаётся семья.

В 2006 году у меня на шею легла злокачественная опухоль. И бог еще раз дал мне почувствовать, что такое семья.

Первой к нам в дом в двенадцатом часу ночи примчалась Лариса:

— Папуль, я узнала, что лучшим онкологом по проблемам, связанным с шеей в Канаде является профессор Джонатан Айриш из госпиталя Принцессы Маргариты. Но очередь к нему – невероятная. Мне удалось добыть адрес его электронной почты. Но как убедить его принять тебя?

— Послушайте, – подключилась Анжелика, – я несколько раз отправляла чеки в качестве благотворительной помощи именно этому госпиталю. Сообщите в своём письме профессору об этом.

И прямо тогда мы вместе написали короткое письмо от имени Ларисы:

«Дорогой профессор Айриш! Мой отец Михаил Кербель является благотворителем госпиталя, в котором Вы работаете и которому он не раз оказывал помощь. Но сейчас в помощи нуждается он сам. У отца обнаружили опухоль на шее. Мы знаем, что Вы чрезвычайно заняты, и попасть к Вам на приём невозможно. Нам остаётся надеяться только на чудо... Лариса Кербель. Номер телефона.»

И чудо не замедлило себя ждать: уже в 8 утра Ларисе позвонил сам Джонатан Айриш: «Я беру вашего отца. Скоро вам позвонит мой ассистент и скажет, какие нужны документы.» Так и получилось. Через час позвонила ассистент, и уже через неделю я был успешно прооперирован.

К этому времени моя семья существенно расширилась. Еще когда Владику исполнилось 30 лет, он позвонил мне из Николаева и спросил:

— Папа, а почему я ношу фамилию совсем незнакомого и чужого мне человека? Можно я возьму твою фамилию?

Тёплая волна разлилась по моей душе.

Перед глазами проносились картинки:

Вот пухленький в кудряшках десятимесячный Владик, прыгая, держится за спинку деревянной кроватки. Сияя солнечной улыбкой и лучиками глаз, он радостно встречает меня, еще студента, в доме своей бабушки.

Вот я несу его на руках через весь город после карусели, на которой трёхлетнего малыша прилично укачало.

Вот он уже шестилетний бросается мне на шею, вспомнив после двухлетней разлуки.

Вот мы встречаемся на его выпускном в школе, и группа сына играет и поёт придуманную мною в поезде по пути к нему песню:

«Мы не прощаемся с тобою – до свиданья школа!

Сохраним воспоминанья школьных дней весёлых...»

Вот мы в Москве, где Владик и учится, и работает, и постигает азы кулинарного искусства с помощью Коли Тугарина.

Вот, закончив дневную работу с комбайнами, в белоснежной майке и модных джинсах под лукавыми взглядами местных девчонок он важно шествует по центру станицы в Краснодарском крае.

Это было не только признание в сыновней любви, но и признание моего значения в его жизни, понимание той роли, которую мне довелось в ней сыграть.

— Конечно, сынок. Но на смену документов у тебя уйдёт уйма времени.

— А я никуда и не спешу. Спасибо, папа!

Владик с семьёй.

По итогам работы в Краснодарском крае Владик заработал столько, что сумел не только купить машину и двухкомнатную квартиру, но и организовать бизнес, который кормит его и его семью. Вскоре после смены фамилии в семье появилась чудесная доченька Евочка, а через время – двойняшки Витя и Лёва. Так в Николаеве стало на два Кербеля и трое кербелят больше. Мы созваниваемся с Владиком каждую неделю, и связь между нами не ослабевает ни на миг. Владик по-прежнему увлекается музыкой, даёт концерты со своей группой и участвует в больших концертах с большими оркестрами как певец. Иногда присылает мне записи своих песен. Поёт он классно.

Владик в Торонто на моём юбилее

Ещё в 2006 году мне позвонил Антон из Киева, где он закончил первый курс университета.

— Привет, папа, как у вас дела?

— Ничего, Антоша. Как у тебя?

— Да, знаешь, ты в прошлом году оказался прав, когда отговаривал меня поступать в Киевский университет. Ничему там толком не учат. Все зачеты и экзамены покупаются за деньги. Что учился год – что не учился.

— Ладно, Антон. Давай так: ты сдаёшь международный экзамен по английскому языку, а я забираю тебя учиться в Канаду.

— Понял, папа. Сейчас же берусь за английский.

И за короткое время, взяв преподавателя, он подготовился и сдал этот международный экзамен прямо в Киеве.

Антон

А через два месяца, устроив его в престижный Сенека колледж на бизнес-администрирование, я уже встречал его в Канаде. Первое время Антон жил у нас дома, затем перешел на квартиру. Окончив колледж, он долго не мог найти работу по специальности, подрабатывая то на ландшафтных работах, то на фабриках за наличные деньги. В конце концов ему удалось устроиться в один из самых больших банков страны.

Антону уже 33 года. Он бывает у нас каждую неделю, и в его сыновнем почитании сомневаться не приходится. Умный, эрудированный, много читающий. Старается организовать свой бизнес, связанный с модой. Пока дело идёт медленно, но надежда не иссякает.

Ларисочка. Одна из лучших тренеров спортивных бальных танцев и одна из самых востребованных судей в мире. Объездила полсвета. Её студенты стали чемпионами мира по десяти танцам. Наивысший успех!

В 2011 году Лариса подарила мне первого внука Николаса. В 2017 году она родила Эвелину, которая понимает и русский, и украинский и английский, так как её папа родом с Украины. А в декабре 2019 появилась крошка Ариана. Получается: трое внуков в Николаеве, трое внуков в Торонто. Я часто бываю у Ларисы дома, стараясь помогать по мере возможности, и даже если просто смотрю на возню маленьких родных человечков, чувствую, как тает душа, наполняясь спокойствием и счастьем.

В прошлом году у нас был большой праздник: Карина после четырёх лет обучения общим наукам в университете Торонто сдала экзамены и поступила в медицинский университет в Лондоне в двух часах езды от дома. Конкурс был огромный. Поступили только три человека из ста желающих. Врач в Канаде – стабильно обеспеченный человек. Мы все долго прыгали до потолка от радости!

Семья на вручении Карине белого халата

Семья

Вероника заканчивает двенадцатый, последний класс. Танцует балет и современные танцы. Собирается поступать учиться на психолога.

Всем моим четырём доченькам посвящена эта песня:

Дорогие доченьки – вас всего четыре,
А в костре любви моей добрых чувств не счесть...
Вас родней и ближе мне нету в целом мире,
И для вас ПАПУЛЕЙ быть – мне большая честь.
                2
Я вас баловать люблю и бываю строгим.
По утрам целую вам завитки волос.
Пусть я буду далеко, пусть всегда в дороге -
Но подарки принесёт добрый Пап-мороз.
                3
Доченьки-доченьки: Аня и Ларисочка,
Ника и Кариночка – вы со мной всегда!
Сюпочка, Анюточка, Доня, Мурмулеточка –
Лучшая картиночка мне на все года.
                4
Зонтиком хочу я быть над головкой каждой,
Чтобы каждую укрыть от беды любой.
Знаю, что помогут вам в жизни не однажды:
Мой совет, моё плечо и моя любовь!

Каждый год мы с семьёй навещаем Анжеликиных родственников в Минске, откуда я всегда заезжаю проведать Мишу Унке в Москве, а также побывать на могилах родителей в Железногорске.

В 2020-м году мы с Анжеликой отметили ДВАДЦАТЫЙ год со дня нашей первой встречи.

Как я уже писал, буквально с первых дней знакомства с моими детьми: Ларисой, Анютой, Владиком и Антоном – между ними и Анжеликой установились добрые семейные отношения, которые сохраняются и до сих пор.

Я согромным удовольствием наблюдаю, с каким теплом она общается теперь уж с моими внуками: девятилетним Николасом, трёхлетней Эвелиной и годовалой Арианой. Конечно я безмерно ценю и искренне благодарен ей за это.

Николас, Эвелина, Ариана

Когда-то в детстве я с азартом болел по радио за киевское «Динамо», а сейчас по телевизору болею за «Рапторс» – баскетбольную команду Торонто, впервые выигравшую в прошлом году кубок американской Национальной Баскетбольной лиги (НБА). Вспоминаю своё баскетбольное прошлое.

В общем, всё идёт своим чередом. Даст Бог, скоро 70.

Заключение

Всю жизнь день за днём описать невозможно. Я остановился лишь на самых интересных и необычных её случаях, происшедших со мной или с моими близкими.

И в заключение своей повести хотел бы включить одну из песен, написанных под влиянием размышлений, воспоминаний и обобщений прошедших лет, которую назвал:

«Переступи черту!»

Не каждый день подружка-жизнь
Нам предлагает виражи,
Когда ты должен тормозить иль жать на газ.
Когда ты должен выбирать
Путь: как найти – не потерять.
И замирает у черты твоя нога.

2.

Ты всем на свете доверял,
Как жаль, что это было зря:
Полна намерений благих дорога в ад.

Горит душа от прошлой лжи,
Но вновь поверить просит Жизнь,
Черта близка, а может повернуть назад?

3.

Любовь – коварная река
Её безбрежны берега,
Ты в эту реку не вступать обет принёс.
Но милых глаз, увидя свет,
Ты понял, лучше в мире нет.
И над чертой опять завис немой вопрос...

4.

Тебе уже за пятьдесят,
Уж дети внуками грозят,
А ты опять «придумать» хочешь малыша?!
Все удивляются вокруг:
А не с ума ль сошел ты, друг?
И замирает над чертой последний шаг.

5.

Ты не искал судьбы другой,
И вот, как пропасть под ногой
Тебе для выбора
проведена
черта.
А за чертой сияет ПИК.
Ступи на ПИК,
и ты – ВЕЛИК,
А вдруг – ТУПИК?
И за чертою –
НИЧЕРТА?!
Переступи черту! Переступи черту,
Как перешел когда-то Цезарь Рубикон!
И нет пути назад,
А впереди – глаза
Твоей Удачи,
Верь, Она- недалеко!

Моя жизнь и сейчас продолжает быть интересной, даря сюрпризы, эмоции и надежды.

**ЖИЗНЬ И ЕСТЬ СЧАСТЬЕ!
ЖИЗНЬ ПРОДОЛЖАЕТСЯ!**

Содержание

Глава 1. Корни 4
  Отец 4
  Мама 11

Глава 2. Детство и юность 16
  Первый раз – в первый класс 17
  Первая любовь 19
  Первые успехи в творчестве 21
  Виды родного города 21
  Витя Московец 30
  Баскетбол 31
  Вторая любовь 34
  9-й и 10-й классы 35
  Финальная игра со школой № 4 37
  Музыкальная школьная жизнь. 39
  В преддверии окончания школы. 42
  Анна Михайловна 44
  Поступление в вуз. Попытка первая. 46

Глава 3. Армия 53
  Возвращение Московца 53
  Приглашение в музыкальный взвод 55
  Первый армейский день 56
  Марш-бросок 57
  Третья рота 64
  Солдатские будни 69
  Витины радость и горе 74
  «Бунт» 76
  Первый поцелуй 77
  Казус 80
  Служба продолжается 81
  Привет из ночного леса 83
  Цыганка 84
  Дембель 86

Глава 4. Институт 88

Ромны 88
Харьков 94
Экзамен 97
Приемная комиссия 101
Поступление в институт культуры 104
Развязка 106
Харьков 107
Начало занятий 109
Юра Двинский 111
Путешествие в Северную Осетию 112
Зина 115
«Хиппачка» 117
Женитьба друзей 127
Николаев 129
Неожиданное знакомство 130
Практика в Луцке 136
Свадьба 140
«Твой мир». 142

Глава 5. Адвокатура 145

Николаев 145
Первое уголовное дело 146
Дело о рыбаках и рыбке 151
Дело об убийстве секретаря райкома комсомола.. 160
Дело о краже из сельского магазина 168
Дело о злостном хулиганстве 171
Дело Сабурова 175
Путешествие в Ленинград 193

Глава 6. Перелом 195

Пришла беда – отворяй ворота 195
Ларисочка 197
Братья-армяне 199
Железногорск 200
Дело о трижды украденной невесте 209
Юра и Таня Соболь 213
«Пожарный случай» 217
Яблочная эпопея 220

Первый бизнес: кооператив «Пласт» 223
Уфа 233
Успехи и неудачи 238
Курск 240
1992-1993 годы 248
Железногорск 251

Глава 7. Крутой поворот 255

Москва 255
Сочи 259
Расстрел у железнодорожного вокзала 262
Следствие на грани фола 266
Развязка 269
Неожиданный поворот 271
Москва 276
Сюрпризы «Оранды» 278
Решение квартирного вопроса 284
Не было бы счастья, да 288
Горе. 294
Москва. Новая работа 296
Неожиданные возможности 300
Случай на таможне 302
«Примо Кофе» 308
Багамы 316
Первая встреча со страной Кленового листа 320
Американское гостеприимство 322
И опять «Примо Кофе» 325
Первый шаг в Канаду. 327
Армейское гостеприимство или
как стать полковником 328
Новый бизнес 330
Сыновья. Как быть прокурором 331
Коля Тугарин в Москве 333
Интервью в Детройте 334
И снова Минск 337

Глава 8. Битва за новый бизнес 341

Харьков – Краснодар 341
Белгород 346

Харьков 347
Проникновение на строго охраняемый объект 349
Прием у Витренко 352
«Мы – в бизнесе?!!!» 354

Глава 9. Краснодарская эпопея 357

Сочи. Краснодарский край 357
Рисовый завод. Коля Тугарин 359
Дела текущие 361
И снова мой любимый Минск 363
Девушка с зелеными глазами 364
Сражение в Миноблисполкоме 368
Москва – Краснодар – Торонто 370

Глава 10. И снова адвокатура 377

И вот я снова в Москве. 377
Неожиданная свадьба 383
Дела житейские 386
«И в небо надпись – «Вероника» 392
Золотой ключик 397
Завершение адвокатской практики 403
«Здравствуй Торонто» 408
Ночное похищение 409
Шолом, Израиль 417
Обыкновенное чудо 420

Глава 11. Заключительная 425

Как стать девелопером-строителем 425
Проект «ГОЛУБЫЕ ПАРУСА» 427
Мажорное начало – минорный финал 430
Упасть легко. А вот подняться 434
Жизнь продолжается 437

Заключение 450

www.ingramcontent.com/pod-product-compliance
Lightning Source LLC
Chambersburg PA
CBHW040732220426
43209CB00087B/1612